신경언어프로그래밍 (Neuro-Linguistic Programming)

NLP
기본과 원리
NLP 심리 기법

| 전경숙 저 |

학지사

머리말

신경언어프로그래밍(Neuro-Linguistic Programming: NLP)은 인간에 내재되어 있는 능력의 우수성을 개발하는 새로운 접근 방법이다. NLP는 인간이 원하는 것을 쉽고 빠르게 실현할 수 있고, 개인적·직업적 문제를 잘 처리하여 최상의 자기 성취를 하게 하는 기능과 기술을 연구하는 임상과학이다.

사람은 자신이 살고 있는 자기의 세상 모형을 자신이 만든 것이라고 인식하지 못한 채, 자신이 만든 그림을 실제인 줄 알고 행동하고 느낀다. 이 '주관적' 경험은 사람이 실제에 반응하는 것이 아니라 실제라고 생각하는 것에 반응하기 때문에 발생한다. 그것이 그의 세상이다. 그가 그린 자신의 그림(지도)은 실제(영토)가 아니다.

NLP는 사람의 경험에는 모두 구조가 있으며 이 구조를 바꾸어 줌으로써 경험하는 내용도 바뀔 수 있다고 전제한다. 우수한 자기 성취를 하는 개인은 생각하고, 보고, 듣고, 느끼고, 감지하며, 행동할 때 공통적으로 특정한 형태를 취한다. 이 형태를 모델링하는 것을 골자로 하는 NLP 훈련은 그 패턴을 학습하여 하드웨어인 두뇌의 활동에 새로운 소프트웨어를 작동시켜 사용하도록 한다. 이

는 정서적 문제를 다스리고, 사회적 관계를 개선하며, 왜곡과 편견에서 벗어나 지도자로서 영향력을 발휘할 수 있게 하는 자기관리 방법이다.

NLP는 1970년대 중반에 미국 캘리포니아 주립대학교의 정보과학 전문가이자 심리학도인 Richard Bandler와 언어학 교수 John Grinder에 의해 창시되었다. 당시 새롭게 부각된 신경과학과 정보통신 학문 분야의 전문성이 각각의 우수성을 개발하기 위하여 통합적으로 투입되었다.

NLP는 커뮤니케이션 조직 이론가 Gregory Bateson의 이론, 두뇌공학적 체계 이론, 정보통신, 언어학적 원리, 생리학적 · 신경학적 이론, 정신의학적 · 심리학적 원리가 편견 없이 응용된 포괄적인 접근 방법이다.

미국의 〈Time〉지는 NLP가 사람의 갈등을 해결할 수 있는 무한한 가능성을 가지고 있다고 보도했으며, 〈Science Digest〉는 "1960년 이래 모든 인간 커뮤니케이션의 가장 종합적인 지식"이라고 논평했다.

이 책은 삶의 선택을 증가시키고, 인간의 본질을 터득하게 하며, 그 탁월함을 경험하게 하는 NLP 훈련생을 위한 안내서로 NLP Practitioner와 NLP Master Practitioner 교재로 활용하려는 데 목적이 있다.

이 책은 '경험과 실제'에 중심을 두고 개념적 이론이나 학술적 통계 결과에서 의미를 찾으려는 의도보다는 독자의 창작적 심상(creative imagination)과 정신훈련(mental exercise)을 촉진시키는 공간을 마련해 주고자 하는 데 그 초점이 있다.

NLP는 살아가는 방법을 가르치고 훈련한다. ('제2장 인간행동의 두뇌공학적 이해'는 NLP의 기반인 신경과학에 대한 이해를 돕기 위한 부분이므로 흥미가 없으면 넘어가도 무방하다.) NLP는 사람의 경험을 다스리는 것으로 실험실에서 유리관을 통해 관찰한 자료를 기반으로 하는 것이 아니기 때문에 심상, 체험, 느낌 등 추상적이고 영상적인 내용을 다룰 때는 용어 선택에 많은 표현적 제약이 따르므로 설명을 달고 해석을 하는 데 다소 어려움이 있을 수 있다. 이러한 점이 혼자서 문서와 책으로 학습하기에는 제약이 될 수 있으나 실제적인 훈련 과정을 통하여 이를 보완함으로써 많은 도움을 기대할 수 있다.

원고를 읽고 교정해 준 NLP 아카데미 인턴 연구원의 협조에 깊은 감사를 전하고 싶다. 그리고 원고에 큰 관심을 보여 준 NLP 아카데미 및 한국 NLP 전문가협회 동문, 한국 NLP 상담학회 여러분의 지원에 감사를 드린다.

끝으로 출판을 기꺼이 맡아 주신 학지사 김진환 사장님과 여러 직원분에게 깊은 감사를 전한다.

2012년
저자 전경숙

차 례

01
NLP의 배경과 개념

1. NLP 개념

NLP(Neuro-Linguistic Programming)는 사람을 우수하고 탁월하게 기능하도록 하는 방법을 연구한 것으로서, 인간 마음의 구조와 기능의 심층을 투시하여 신비로운 뇌 기능의 베일을 벗기고, 몸과 마음의 상호작용에서 얻어지는 결과를 통해 사람을 변화시키며, 능력을 개발하게 하는 과학적 기술이다.

다시 말해서, NLP는 사람이 어떻게 탁월한 성취를 이룩할 수 있으며, 변화를 만들어 낼 수 있는가, 혹은 어떻게 그 기술을 습득하여 변화를 쉽고 빠르며 철저하게 일어나게 할 수 있는가를 학습하고 연구한다.

NLP에서 사람이 어떻게 생각하고 감정을 만들어서 행동하며, 그것을 유지하고 지속시키는가는 매우 중요한 쟁점이다. 또한 NLP는 인간의 기억이나 경험이라는 것은 무엇이며, 그것이 어떻게 가능한 것인지, 생활하는 데에서 문제나 한계(limitation)는 어떻게 일어나며 결과를 다르게 하는 것은 무엇인지, 성공적으로 우수한 성과를 얻으며 행복하게 사는 비결은 무엇이며, 성취를 극대화시키는 우수한 지도자는 어떠한 삶의 패턴을 가지고 있는가에 대한 연구를 계속하고 있다.

북유럽 사람들은 스키를 잘 타는 사람에게 타고난 재능이 있다고 믿었다. 과학 기술의 발달로 우수한 스키 선수들을 관찰할 수 있게 되면서 모든 우수한 스키 선수들이 스키를 타는 방법에는 공통된 패턴이 있다는 것을 알게 되었다. 이 공통된 기술을 습득하면 누구나 스키를 잘 타는 선수가 될 수 있다는 것을 발견하게 되면서 전문 스키 기술 훈련이 큰 인기를 끌게 되었다고 한다.

스키 선수의 패턴을 모델링하는 것같이, 우수한 사람을 모델링하는 방법을 개발함으로써 모델링은 NLP의 지도 원칙이 되었다. 즉, NLP를 통해 모델링하는 방법을 개인에게 단계적으로 가르침으로써 그가 우수해지도록 지도할 수 있었다. 결과적으로 NLP는 개인에게 긍정적인 변화를 일으켜 컴퓨터 소프트웨어와 같이 뇌에 작용한다는 것이 발견되었고, 그것은 사람이 원하는 경험을 선택할 수 있도록 기술 습득과 문제해결을 넘어서는 결과 중심 (outcome oriented)의 변화 모델로 발전하게 되었다.

사람이 경험하는 느낌, 생각 및 활동은 신경작용과 뇌의 유기적 프로그래밍 기능에 의해 일어나고, 이때 그것을 신체생리적 체험으로 감지하여 정서가 개입하며, 언어를 활용하여 그 변화를 표현하게 된다. 치료나 변화를 유도하는 기법으로는 인간 경험의 근본적이고 구조적인 측면에 입각하여 총체적으로 인간을 작용하게 하는 감각 조직(sensory system) 기능, 뇌의 정보처

Neuro-Linguistic Programming의 어원적 의미

- Neuro: 인간의 경험을 만들어 내는 오감의 신경화학적 작용
- Linguistic: 학습된 언어로 신경화학적 반응을 자극한다는 의미
- Programming: 선택 증대를 위해 언어적 · 비언어적으로 경험하는 것을 구조화 또는 재구조화하도록 조직 · 정리하는 과정

리 방법, 심리생리적 연동성, 언어의 역할이나 의미, 주관적 경험의 여과체
등 인간의 본질을 통합적으로 다루는 기법들이 있다.

2. 역사적 배경

1970년에 캘리포니아 대학교 언어학 교수인 John Grinder와 대학원에서
심리학을 전공하던 정보전문가이며 게슈탈트 치료자인 Richard Bandler는
당시 세계적으로 명성이 높았던 심리치료자들을 연구한 후 인간의 우수성은
모델링이 가능하다는 것을 발견하고 이를 위한 심리치료 요법을 개발하게
되었다.

NLP는 사람이 어떻게 문제를 쉽게 해결하고 탁월한 성취로 만족한 삶을
이어갈 수 있는지, 이 기술을 어떻게 습득하는지, 기술이 어떠한 과정과 관계
되어 있는지에 관심을 가지고 시작된 심리치료 연구다.

구체적으로 NLP는 사람의 가시적 활동 이면의 신비로운 내면세계 활동을
구성하는 각각의 사고, 느낌의 진행 과정을 순차적으로 확대·분해한 후 그
주관적 경험(subjective experience)의 심리체계를 오감의 신경 기능, 생리작
용 및 내적 프로그래밍 과정을 통해 표현하도록 하는 언어의 의미 및 성취와
관련된 지도 방법이라 할 수 있다.

Richard Bandler

John Grinder

창시자인 Grinder와 Bandler는 어떠한 학설이나 이론에도 관심을 가지지 않았다. 단지 그들이 추적한 것은 당시 탁월한 치료자들이 짧은 시간에 타인의 인생을 쉽게 변화시킬 수 있었던, 마술과도 같은 방법과 그 패턴이었다. Grinder와 Bandler는 자신들이 대상으로 삼은 치료자들(V. Satir, F. Perls 및 M. Erickson)이 각자 접근하는 학문적 성격은 달랐으나 공유하는 유사한 접근 형태가 있었다는 것을 발견하게 되었다.

이 형태(pattern)에서는 다른 사람이 모델링을 통해 그 기능을 익힘으로써 동일한 영향력을 발휘할 수 있게 되고, 의사소통의 효율성을 높일 수 있으며, 원하는 것을 쉽고 철저하게 성취하도록 할 수 있다는 것이 발견된 후 이와 같은 모델링을 시도하는 것을 포함하게 되었다.

NLP는 성공한 탁월한 사람이 생각하고, 보고, 듣고, 느끼고, 행동하는 것을 모델링하는 것이라 할 수 있다. 1975년에 『마술의 구조 I, II(*The structure of magic I, II*)』가 출간되면서 NLP가 세상에 탄생하게 되었다. 그 후 NLP와 관련된 문헌들이 급속도로 출간되어, NLP는 오늘날 미국과 유럽 선진국뿐만 아니라 남아메리카 여러 나라와 아프리카, 북유럽 및 옛 소련을 비롯한 공산주의 국가까지 널리 퍼지게 되었고, 교육 · 스포츠 · 상담 · 심리치료 · 커뮤니케이션 및 산업 분야 등에 선풍적으로 활용되면서 여러 학문적 접근에 영향을 미치고 있다.

[그림 1-1] Master Practitioner 훈련 장면

　　Grinder와 Bandler는 영국의 인류학자이며 커뮤니케이션 조직 이론가인 Gregory Bateson의 이웃에 살면서 그의 영향을 크게 받았다. Bateson은 당시 다양한 학문에 조예가 깊어 생물학·유기화학·인류학·심리요법에 대한 많은 저술을 하였으며, 정신분열증의 이중성 이론을 발전시킨 장본인이기도 하다.

　　Grinder와 Bandler는 게슈탈트 치료자로 활발한 활동을 하였으며, 당시 게슈탈트 창시자인 Fritz Perls와 가족치료 창시자인 Virginia Satir로부터 훈련을 받았고, 그들의 비디오·오디오 제작을 맡아 협력하기도 하였다. 이들은 Bateson의 권유로 당시 세계적으로 명성을 떨치던 정신과 의사 Milton Erickson의 지도를 받으며 트랜스 요법을 연구하여 NLP의 개발 과정에 추가하게 되었다. 이처럼 Grinder와 Bandler는 표본으로 정한 Satir, Perls 그리고 Erickson으로부터 직접 훈련을 받고, 그들과 개인적으로 밀접한 접촉을 가지면서 인지심리의 발달과 새 영역을 정보통신 분야에 도입하는 데 크게 기여하게 되었다. 그러나 그들은 다른 어떤 심리요법의 학설을 창시하려는 의도는 없었다.

3. 다학제적 접근

　　이러한 배경으로 NLP는 신경과학, 생리심리학, 언어학, 두뇌공학, 정보통신 커뮤니케이션 및 심리학 원리에 이론적 기반을 가지고 인간의 사고, 경험 그리고 행동을 연구하게 되었다. 학문의 담을 넘어서 다학제(multidisciplinary)간 전문가들이 인간 변화에 첨단과학적 기술을 동원하게 된 것이다.

　　NLP는 현존하는 심리학파 중 그 어느 하나의 학문적 접근에 속하는 이론이나 학설이 아니다. NLP의 주요 관심은 조건화로 형성된 행동을 방해하고 변화하도록 하는 원리를 이해하여 응용한다는 데에서 '행동주의적'이라고 간주할 수 있으나, 자극과 반응, 강화의 학습 및 조건화라는 삼각 이론의 틀

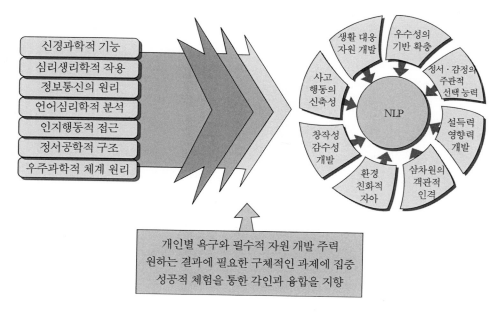

신경과학적 기능
심리생리학적 작용
정보통신의 원리
언어심리학적 분석
인지행동적 접근
정서공학적 구조
우주과학적 체계 원리

생활 대응
자원 개발
우수성의
기반 확충
사고
행동의
신축성
정서·감정의
주관적
선택 능력
NLP
설득력
영향력
개발
창작성
감수성
개발
환경
친화적
자아
삼차원의
객관적
인격

개인별 욕구와 필수적 자원 개발 주력
원하는 결과에 필요한 구체적인 과제에 집중
성공적 체험을 통한 각인과 융합을 지향

[그림 1-2] NLP의 원리와 전략

안에서 작동하지는 않는다. 그 효과의 대부분이 시도 뒤의 즉각적 강화 없이 단 한 번의 학습 시도에 의존하고 있기 때문이다. 이것은 학습과 기억이 전체성 개념에 더 많은 기초를 두고 있다는 것을 증명한다(Pribram, 1971).

Bateson(1972)은 '학습하는 것을 학습하는(learn how to learn)' 이차원의 조건화 혹은 행동을 지배하는 규칙을 강조한다는 데에서 'NLP는 배우는 것을 배우는 방법'이라고 했다. 또한 NLP는 행동적 프로그램들 간의 갈등을 해결하고, 내적 진행이나 분야들(parts) 간의 상호작용을 중요시한다는 점에서 '정신역동적'이다. 인공두뇌학(cybernetics)에 기초하고 있는 NLP는 체계의 각 부분이 서로 영향을 주고받는 전체 체계를 취급하고 있기 때문에 특정 증상은 단순히 증상의 문제로서만 다루어질 수 없게 된다. 전체는 부분에 영향을 주고, 또 그것을 포함하고 있기 때문에 부분과 전체는 유기적 관계로 규정이 된다.

[그림 1-3] 인간이해의 영역

또한 NLP는 "각 개인은 자신이 필요한 자원을 가지고 있으며 자신의 행동을 바꾸려 하는 능력과 기술을 가지고 있다."는 것을 중요한 전제로 하기 때문에 '인본주의적'이다. 마지막으로 NLP는 감각을 통하여 지각되는 실체를 표상화하는 과정이 인지적 여과 작업에 의존하고 있다는 점에서 '인지주의적 이론(cognitive theory)'을 수용하는 것이 크게 작용한다(Dilts, 1982).

NLP는 어떤 학설이나 이론의 제약을 넘어서 인간의 주관적 경험의 이면을 포괄적으로 둘러싸고 있는 문화적·정신적·심리생리적·사회적 요인의 상호작용과 그 진행 과정의 순차 및 변인들의 구조적 활동에 정밀하고 세심한 관심을 집중하므로 인간 생활의 전반적인 변화와 우수성을 담고 있다고 할 수 있다.

4. NLP의 전제

NLP는 다음과 같은 사항의 전제하에 접근한다.

• 사람의 모든 행동은 내적 변화에 의한 정보 자료다. 관찰 가능한 거시적 행동뿐만 아니라 미시적인 신체생리적인 변인들, 즉 몸의 자세나 음성

의 질, 얼굴표정, 얼굴빛이나 톤, 근육의 긴장도, 호흡의 위치, 눈의 움직임, 손의 움직임 등이 포함된다.

- 행동이라는 것은 상황에 따라서 습득되고 행해진다. 아무리 나쁜 행동이라 할지라도 그것은 환경에 적응하여 살아남기 위해 본능적 욕망에 순응하는 과정에서 습관처럼 형성된 것이다.

- 인간의 경험에는 구조가 있으므로 이 구조를 바꿈으로써 경험하는 내용도 바꿀 수 있다. 경험은 시각, 청각, 촉각, 미각 및 후각을 통해 이루어질 수 있다. 어떻게 보고, 듣고, 느끼느냐에 따라 경험이 달라지기 때문이다.

- 조직체의 국부에서 일어나는 일은 다른 모든 부분과 영향을 주고받는다.

- 인간의 복잡한 경험과 행동은 분해함으로써 최선의 배움이 이루어진다.

- 잘못된 것은 그것을 통해 배울 수 있는 기회가 된다. 따라서 실수는 피드백이다. 사람은 자신이 필요로 하는 자원을 가지고 있다.

- 인간 개개인은 우주를 떠도는 먼지덩이 위의 원형의 형성체로서 이상적 존재가 아니며, 반면에 하나의 우주 창조자이기도 하다는 기본적인 모순을 내포하고 있다.

- 사람은 실제에 반응하는 것이 아니라 실제라고 생각하는 그 생각에 반응한다.

- 어떤 사람이 할 수 있다는 것은 다른 사람도 배워서 할 수 있다는 것을 의미한다.

- 사람은 언제 어디서든지 자신에게 최선의 길을 선택한다.

- 모든 인간의 행동은 사용 가치가 있다. 망가진 사람은 아무도 없다.

- 융통성은 선택과 통제력이 많아지는 것을 의미한다. 의사소통은 언제나 일어나고 있다.

- '저항'은 융통성을 잃었을 때 상대방에게서 일어나는 반응이다.

- 개방된 감각 채널을 대치할 것은 아무것도 없다.

- 사람은 의식과 잠재의식이라는 두 가지 수준에서 의사소통을 한다.

- 모든 행동은 '긍정적' 의도가 있다.
- 사람은 내부적 · 외부적 환경이나 행동을 시각, 청각, 촉각, 미각 및 후각을 통하여 분간한다.
- 선택이 있다는 것은 없는 것보다 좋다.
- 사람은 언제나 변할 수 있다.
- 신축성이 있는 사람은 궁극적으로 그 조직을 조정한다.
- 내면의 분야들은 긍정적 의도에서 작동한다.
- 자신의 내면의 지도(map)는 영토(territory)가 아니다.
- 표상구조는 즉각적 안구의 움직임으로 관찰된다.
- 항상 하는 것만 하는 사람은 항상 얻는 것만 얻는다.
- 93%의 의사소통은 비언어적이다.
- 사람의 잠재의식은 신뢰성이 있다.
- 행동 변화를 야기하는 데 내용의 지식이 요구되지는 않는다.
- 우주의 본질은 변화와 변동이다.
- 자신이 모른다는 것을 아는 사람은 정보의 금광을 발견한 것이다.
- 제약(limitation)을 가졌다는 것은 가능성을 지적하는 것이다.
- 문제를 가진다는 것은 창조적일 수 있는 기회를 갖는 것이다.
- 에너지는 집중하는 곳으로 흐른다.

 연습

1. 해결하기 힘든 갈등이나 한계를 느끼는 문제 또는 갈등을 지정한다.

2. 바닥에 놓인 종이에 한 개의 원을 그리고 문제를 적어 넣는다.

3. 그 주변에 다섯 개의 전제를 넣고 원으로 둘러싼다.

4. 1번과 관계된 문제 사건을 중심부(문제 공간)에 놓고 문제의 개입(무엇이 보이고, 무엇이 들리고, 무엇이 느껴지는가)을 확인한다.

5. 밖으로 나와 전제 원으로 들어간다.

6. 중심부 문제 상황에 대해 관조적이고 객관적인 조망을 얻는다.

7. 다섯 개의 전제를 옮겨 가며 차례로 새로운 조망 학습을 한다.

8. 각 공간에서 배운 조망을 가지고 문제 공간에 다시 개입한다.

9. 어떤 변화를 경험하였는지 확인하고 무엇이 달라지고 변하였는지 적는다.

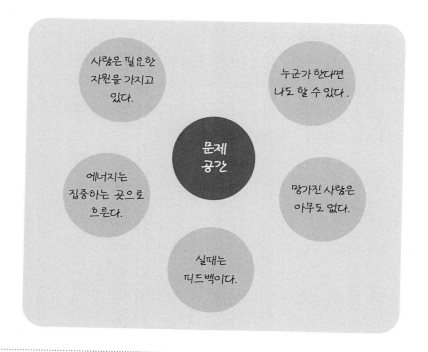

02. 인간행동의 두뇌공학적 이해

1. 두뇌의 조직과 체계

두뇌학 모델(cybernetics model)에서는 어떤 특정한 원인과 결과는 그 상황에서 분리될 수 없다고 본다. 체계 속의 부분은 전체 체계의 상황 속에서 동시에 고려되고 측정되어야 한다. 인간의 행동이나 경험이 이와 같은 체계의 결과로서 일어난다는 것은 의심의 여지가 없다. 개인의 경험이라는 것을 행동적·생리적·인식적인 측면에서 볼 때, 두뇌학 모델은 만족스럽고 틀림이 없는 개념이라는 것이 확인되고 있다.

이 이론은 근본적으로 NLP의 메타모델(metamodel)[1]이다. 즉, 모델을 하는 것에 대한 모델이라는 것이다. 이 두뇌학 모델은 전체 체계의 피드백을 다루는 선형모델이나 통계학적 모델 형태와는 다르다. 이 체계는 큰 체계 안의 어느 위치, 어느 부분에서 일어나는 어떤 사건이나 변화에 서로 영향을 주고

---

1) 제시된 여러 가지 모델의 수준을 넘어서 있는 이차원 모델이다.

받는다는 원리를 기반으로 하고 있다. 뇌의 학습모델은 인간의 뇌 활동의 신비를 파헤치기 위해 학문의 분야를 초월하여 모든 분야에서 열을 올리고 있으며, 신경과학자들은 이와 관련하여 여러 가지 이론을 제시하고 있다. 그러므로 이와 같은 연구가 어디까지 갈지는 신비의 미지수로 남아 있다. 여기서는 대표적 이론인 두뇌의 기능 이론, 인과 회로망 이론, 디지털 서킷 이론 및 통계적 두뇌 이론을 살펴본다.

최근에 발표된 두뇌의 기능 이론은 인간의 특정한 신체적·정신적 활동이 뇌 속의 특정 영역과 서로 감응한다는 것이다. 즉, 기억이나 학습된 반응을 이어가는 것은 연결된 세포의 반응을 활성화시키는 것인데, 이 연결 이론 (connection theory)에는 다음과 같은 두 가지 기본 가설이 있다.

첫째, 학습되거나 기억되는 지각 및 활동의 연쇄(sequence)로 세포 간에는 새 신경근이 자라나고, 그 신경근이 일어나는 곳에서 학습이나 지각이 일어난다. 둘째, 신경세포들 간에 계속되는 활동이 있으면 그 신경세포 사이의 시냅스 활동에 의해서 학습이 일어난다. 즉, 학습이나 기억은 이 세포들이 어느 정도의 강도와 빈도를 가지고 연쇄반응을 하여 발사되느냐에 따라 그 기능이 좌우된다는 것이다. 이러한 가설은 학습된 반응, 기억의 상실 혹은 망각이 이 특정 연결의 활동 부진이나 시간적 간격에 따라 일어난다는 것을 암시한다.

Milliner(1970)는 "고등동물은 입력되는 정보를 모든 모달리티(modality, 시각·청각·촉각·미각·후각)[2]에서 받아들여 운동 기능 조직에 접하게 한다."고 하였다. 이 모달리티가 대상이 표상하는 공통된 신경 활동을 인출하는 힘을 가지고 있기 때문에 감정적 입력이 피층의 발사패턴을 형성하게 되어 반 독립적 형태(이를 세포 집합체라고 부른다)로 있다가 이후 유사한 대상에서 입력되는 모드(mode)에 반응하여 발사가 가능해진다.

---

2) 인간의 지각은 감각적 경험을 통해 작용하는데, 그것은 보고, 듣고, 느끼고, 냄새를 맡고, 맛을 보는 등의 식별된 지각 형태를 지닌다.

인과 회로망(causal loops) 이론은 뇌 연결망이 피질에 분산되어 있다가 여러 모달리티에 의해 입력되는 다른 입력패턴과 합류하게 되는데, 이때 내부적 연결과 고리가 복합적으로 만들어진다는 것이다. 이러한 이론은 고등학습이나 경험을 포괄하지 않는다.

또 다른 이론은 디지털 서킷(digital circuit) 이론이다. 뇌의 기능 이론은 완성된 이론이라 단정할 수는 없으나 컴퓨터 서킷에 그 기능과 조직을 비교하는 것이 디지털 이론이다. 개개 신경세포의 역치자산, 공간 혹은 시간의 합산된 현상, 순간에 작용하는 시냅스의 억제작용을 컴퓨터칩의 서킷 전도 작업으로 유추(analogy)한다면 컴퓨터 서킷 이원(binary) 시스템에 의해 이송되는 정보나 정보 진행 유형을 비교하는 것이 된다. 이 이론은 기억을 저장하는 컴퓨터의 기능으로서의 체제(mechanism)를 함축하고 있다고 보는 것이다.

통계적 두뇌 이론은 Roy John이 제시한 것이다. 인간의 정신 기능은 어떤 특정 세포나 세포의 집합체 활동으로 일어나는 것이 아니라 인간이 특정한 기능을 수행할 때 뇌의 광범위한 영역이 그 진행 과정에 관계한다. 통계적 두뇌 이론은 이때 어느 한 영역이나 특정 영역이 다른 어느 영역보다 더 많은 개입을 함으로써 일어난다고 본다. 이 이론은 뇌 기능에 대한 두뇌학 모델로서 전체 두뇌학 체계 속에 있는, 뇌 구조에서의 가능한 정보에 새로운 정보를 제시하여 그것들을 종합하는 것이다(John, 1976).

이 체계는 위계적으로 더 큰 체계의 부분이며 역시 종속(하위) 체계가 구성되어 있고, 서로 영향을 주고받게 된다. 이와 같은 모델은 학습 형태나 기타 행동 구조, 뇌의 특정 기능을 위한 뇌반구 개발, 또는 한 가지 경험을 다른 경험에 연합시키는 과정에 대한 논리적 설명을 가능하게 한다.

John은 자신의 실험에서 특정 자극의 형태를 지정하여 그 형태의 전극자극을 복제하였을 때 동일한 반응을 환기시킬 수 있었다. 이러한 결과는 세포가 통계적 과정에 의해 정신 기능을 수행하는 것과 연관하여 이 발사되는 패턴이 기능을 조정한다는 것을 나타낸다.

더 나아가, 그는 학습된 것에 대한 기억이 뇌의 특정 영역에서 발견되는 것이 아니라 세포발사의 독특한 리듬에서 발견될 수 있다고 하였다. 즉, 많은 양의 피질 세포발사는 직접적인 감각자극에 대한 반응으로 일어나는 것이 아니라 특정 자극패턴의 전극 활동이 신경메타 조직에 들어가 하부 뇌구조, 특히 망상체 영역에서 통합되었을 때 일어난다(John, 1975).

이 이론을 종합하면, 학습 진행에는 다음과 같은 두 가지 중요한 부분이 요구된다. 시냅스 수준에서 집중적으로 신호를 투입하여 신경 서킷을 입력·형성하는 것과 일단 프로그래밍이 형성되었을 때는 일관성 있게 입력 작업을 하여 프로그램 서킷을 안정된 활동으로 개발하도록 하는 것이다. 완전히 학습된(습관화된 혹은 과도기적 조건형성) 행동은 인지 활동의 저하로 전위 활동이 뇌파도(electro encephalogram)에서 일관성 있게 느린 파장을 형성하게 된다. 습관화되고 무의식적으로 학습된 행동은 이러한 이유에서 알파 상태(alpha state)와 관계가 있다.

두뇌학 이론이 통계적 이론과 다른 점은 신경세포가 발사될 때 발사된 구조에서 파급되는 전체적 리듬이 그 구조에서 분리되지 않는다는 것이다. 그 리듬은 발생되는 새로운 리듬의 성질을 결정하여 종합하는 방법이 된다.

John의 주장은 근본적으로 인지적 수준이라는 점에서 일차원의 학습과 다르며, 기억에 제한을 가하고 있다는 점에서 두뇌학의 견해와도 다르다. 신체적 활동이나 조정은 인지 활동의 결과로서 리듬이 어떻게 뇌구조에 영향을 미치는지 보여 주지만 전압이 커지는 '학습'이 구체적으로 신체 활동 원심성 신경(efferent)을 자극하여 하나의 학습된 반응으로 지속하기 위해 어떻게 수정·여과·분류되는가를 고려하지는 않았다. 또한 환경이 달라짐으로써 뇌가 이러한 연쇄를 어떻게 다르게 피드백할 수 있느냐 하는 것 역시 문제로 남아 있다. 이것은 곧 마음과 몸의 분리가 어디서 어떻게 이루어져야 하는가의 이슈가 된다.

두뇌학에서 뇌는 지각적 표상의 영역화 개념이나 한 가지 이상의 지각적 분간력을 가지기 위해 뇌 피질의 각 부분들이 가지고 있는 동등한 잠재력을 무시하지는 않는다. 모든 현상은 하나의 전체로서 두뇌작용을 고려해야 한

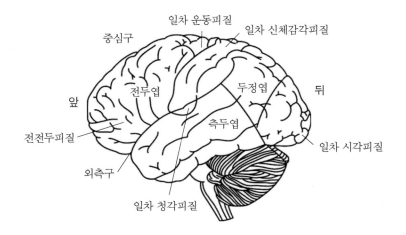

일차 운동피질
중심구
일차 신체감각피질
앞
전두엽
두정엽
뒤
전전두피질
측두엽
외측구
일차 시각피질
일차 청각피질

[그림 2-1] 대뇌피질

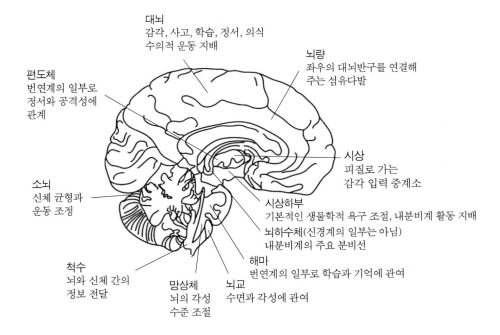

대뇌
감각, 사고, 학습, 정서, 의식
수의적 운동 지배

뇌량
좌우의 대뇌반구를 연결해
주는 섬유다발

편도체
변연계의 일부로
정서와 공격성에
관계

시상
피질로 가는
감각 입력 중계소

소뇌
신체 균형과
운동 조정

시상하부
기본적인 생물학적 욕구 조절, 내분비계 활동 지배
뇌하수체(신경계의 일부는 아님)
내분비계의 주요 분비선

해마
변연계의 일부로 학습과 기억에 관여

척수
뇌와 신체 간의
정보 전달

망상체
뇌의 각성
수준 조절

뇌교
수면과 각성에 관여

[그림 2-2] 뇌 종선 역할 구조

다. 뇌 영역 이론은 특정 지각이나 운동 활동을 영역화하는 정보 코딩 방법에 유용하며, 시각적 경험을 청각 혹은 촉각적 입력 경험에서 분리 코딩할 수 있다는 점에서 유리하다.

그러나 감지정보의 개념화나 일반화, 연합 혹은 재접근 방법은 뇌피질 내 특정 영역에 포함된 특정 신경세포의 단순한 발사나 재발사뿐만 아니라 질적으로도 다른 수준에서 이루어질 수 있다. 일반적으로 신경세포가 감각정보를 입수하고 진행시키는 과정에서는 특정한 조각내기(chunking)나 커뮤니케이션을 위하여 코딩을 하게 되는데, 여기에는 각기 다른 계층이 나타나기 때문에 서로 다른 수준이 존재할 수 있다는 결론을 내릴 수 있다.

2. 신경학적 표상체계[3]

Grinder와 Bandler에 의해 창시된 NLP 모델의 기본 개념 중 가장 중요한 내용이 표상체계(representational system)다. 이 개념은 인간이 감각으로 변형된 정보인 육감[4]에 근거하여 자신을 둘러싼 주위 환경과 접촉할 수 있게 된다는 것이다(Bandler & Grinder, 1975/1976; Dilts, 1977). 인간이 만들어 낼 수 있는 모든 내적 · 외적 행동과 사고와 감정 등을 경험하는 분별력은 이 감각 활동을 표상하는 것이다. 감각기제의 기능이 배제된 인간의 경험은 불가능하다.

NLP의 기본 전제는 육안으로 관찰할 수 있는 잉여물질이 행동의 기초를 이루고 행동을 통제 · 관할하고 있으며, 이 물질이 특정한 패턴을 이루어 작용하는 과정에서 행동이 일어난다는 것이다. 예를 들면, 언어 · 비언어, 안구

---

3) 시각(visual: V), 청각(auditory: A), 촉각(kinesthetic: K), 미각(olfactory: O) 그리고 후각
　(gustatory: G)이다.
4) 시각(보고), 청각(듣고), 촉각(느낌), 자극감응(내적 직감과 정서상태), 미각(맛) 그리고 후각(냄새)
　이다.

의 움직임, 손과 신체의 움직임 또는 몸의 자세와 위치 등의 신체적 활동이
있다.

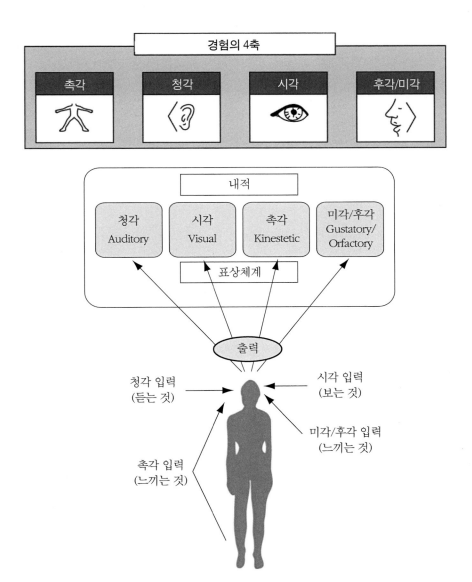

[그림 2-3] 입력과 출력 표상체계

NLP는 육안으로 관찰할 수 있는 거시적인 감각적 경험을 통해 가능한 인간의 경험과 행동에 대한 정보를 두뇌학 모델을 통한 신경생리학적 행동과 관찰 불가능한 경험의 미시적 정보에 통합한 것이다.

인간의 복잡하고 신비한 경험이나 학습의 과정, 기억과 의사소통 및 선택이나 동기 등을 총괄하는 자산이 무엇인가를 이해하고 응용하기 위해서는 인간 이해를 위한 이러한 접근 방법이 필수적이며, 이런 통합적인 이해 역시 절실하다.

NLP의 개념은, 인간이 가진 자각의 신경학적 체계를 단순히 외부 정보를 입수하기 위한 기제로만 고려하지 않는다. 이 기제는 정보 입수 채널인 동시에 인간행동을 창작해 내고 조절하고 변조시키는 진행체계로 간주된다. 이 각각의 지각체계는 기타 다른 행동에 대해 책임을 지는 삼중적 복합감각 운동신경을 형성하는데, 즉 입력(input)과 표상화(representation) 그리고 진행(processing) · 출력(output)을 진행한다.

입력 단계는 정보를 수집하고 개인의 내적 · 외적 환경으로부터 피드백을 받는 것과 관계되어 있다. 표상화 단계에서는 표상된 것을 진행시키기 위한

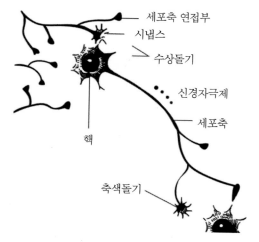

[그림 2-4] 신경세포 구조

환경을 만들고, 도식화 작업을 결정짓고 구현하는 제도작업(製圖作業)을 하게 된다. 마지막 출력 단계는 진행시킨 표상 도형을 특정한 결과물로 변형시켜 나타나게 하는 것이다. 이와 같은 작업을 진행시키는 삼중적 네트워크 체계를 '표상체계(representational system)' 라 부르며, 이를 커뮤니케이션에 적용하고 있다.

하나의 표상체계는 생리적으로 중추신경계를 중심으로 여러 개의 복합적인 연결망으로 형성되어 퍼져 있는 특정 수용기(receptor)와 감각기관에서 시작한다. 지엽신경 수용기나 전달체는 개인의 내적·외적 환경 상태에 전기화학 혹은 전자자극을 각기 다른 형태로, 서로 다른 기계적 역치 수준으로 발사하게 된다. 이러한 감각적 차이는 자동적으로 중추신경계를 통해 신경경로를 따라 뇌 하부구조와 감각적 연결 핵심부로 이동하게 된다. 물론 이 과정에서 진행은 다양하게 나타나고, 출력 현상도 그 경로를 따라서 여러 가지 수준의 경합에 의해 일어나게 된다(전경숙, 1993; Dilts, 1976).

1) 신경세포의 구조와 활동

신경 조직의 기초 정보 이송체는 신경세포다. 정보 이송체란 감각적 차이를 전달하는 전달체로서 표상의 요소를 그 내용으로 한다. 특정한 신경세포는 기능적으로 그것의 유전자 유형이나 타 세포와 관계된 위치 및 내부·외

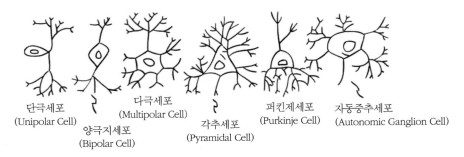

단극세포
(Unipolar Cell)
양극지세포
(Bipolar Cell)
다극세포
(Multipolar Cell)
각추세포
(Pyramidal Cell)
퍼킨제세포
(Purkinje Cell)
자동중추세포
(Autonomic Ganglion Cell)

[그림 2-5] 여러 유형의 신경세포

부적 상황, 성숙도, DNA 내용, 종합 단백질의 종류, 막피의 침투성, 발사역 치 수준, 굴절 기간, 연발사격성, 화학적 전달체(억제성과 흥분성)나 전기화학 적 충격을 발생시킬 수 있는 수준에 의해 그 의미가 결정된다. 세포의 지방질 농도와 세포체의 지방물질은 충격 전달을 가속화시키고 가소성(plasticity)을 감소시켜 그 기능에 심각성을 초래할 수 있다.

신경의 연결망은 근본적으로 두 가지 세포 유형, 즉 일급과 이급으로 구분 되어 신경 조직의 모든 계층에서 발견된다. 일급세포는 크고 긴 수초를 이루 는 축색으로 연결된 감각수용기와 운동신경 작동체의 지형학상 배열을 보존 하고 있다. 이급세포의 분포는 발달 초기에 지정된 것인데, 불변의 것으로서 수정이 되지 않는다. 이 세포는 발생을 위하여 감각적 자극을 필요로 하지 않 는다. 이급세포는 수초를 이루는, 지방물질이 되지 않은 짧은 축색을 이용하 여 타 신경 요소의 활동을 융합시키거나 수용기 작동 기능만을 하는 것은 아 니다. 이급세포를 개발하기 위해서는 감각적 자극이 필요하다. 여러 발육 단 계에 따라 감각적 자극이 주어지지 않을 때는 세포의 크기와 전기적 반응을 포함한 바로미터(barometer)의 수 또는 세포 활동에 생리적 퇴보 현상을 초래 한다(Dilts, 1977; John, 1975).

2) 신경 조직

신경 조직은 해부학적 계급이 있는데, 척수 조직은 일급세포를 우세하게 가지며 구성되어 있어 근본적 반사반응을 넘어서 진행시키는 것이 어렵다. 간뇌 조직은 일급/이급 세포로 구성되어 운동신경 조직과 감각 진행 그리고 하급감각운동신경 진행을 관여한다. 망상활성 조직은 신경 조직 내부의 핵 심으로서 척추에서 중뇌 핵심과 섬유질의 혼합으로 구성되어 있다(Dilts, 1977).

신경 조직의 다양한 수준으로 올라가면 특정한 감각적 입력으로 많은 양 의 고차원 구조 변형이 이급세포에 의해 진행되고, 나머지는 일급세포에 의

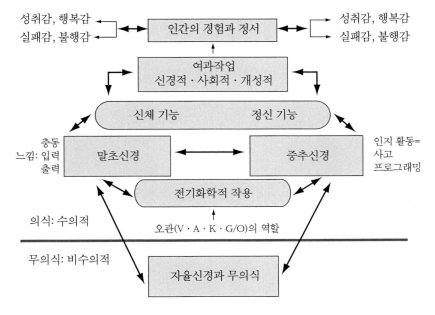

[그림 2-6] 인간 기능과 주관적 경험

해 이루어진다. 이와 같은 수준의 상호 연관 형태와 구조적 세목들은 진행되는 신경의 형태를 결정짓는다(Dilts, 1977). 핵심구조 속에 집중적으로 배열된 세포들은 대뇌 속에 쌓인 세포들이 지닌 정보보다 전기충격의 상호작용과 분포에서 차이를 드러낸다.

앞서 언급한 표상체계는 이 진행 과정 중 다양한 수준의 정보를 통합하는 신경 계급 내에서 하위 체계를 만들 수 있다. 특정 감각을 자극하는 정보는 일급세포에 의해 등급을 넘어서 이송되고, 총화와 분리를 하는 고차원적 기능은 이급세포에 의해 이루어진다.

각 표상체계는 감각 수준의 체계 속에서 특정 계열의 정보를 입력하여 각각의 하부 체계와 내부 체계 간에 교차 연결을 이어 가는 정보 출력을 결정하게 된다. 따라서 정보 입력의 차이는 출력 결과를 다르게 만드는 원인이 된다. 출력은 운동신경, 원심성 관을 통하여 외부적 환경을 향한 방향을 정한 후 시상하부, 자율신경 그리고 호르몬 조직을 통하여 내부 환경을 겨냥한다.

여기에서 자율신경 조직, 호르몬 조직 혹은 시상 구조나 그 상세한 기능에 대하여 논하려는 것은 아니다. 여기서는 인간의 감각정보가 어떻게 비가시적인 물리적 활동을 통해 다양한 수준의 특정한 활동 모형을 이용하여 다양한 피층 영역에 투사됨으로써 정보 교환이 이루어지는지, 그것이 어떤 과정을 거쳐서 외부 활동으로 표현될 수 있는지를 이해하고자 한다. 빼놓을 수 없이 중요한 것은, 지금까지 언급한 자율신경 조직이나 면역 기능 그리고 기타 활동은 그 순환적 기능이 망상활성 조직보다 상부의 구조를 이루고 있는 시상 구조에 의해 조정이 이루어진다는 것이다(진행상 대개의 기능은 복잡하게 얽혀 있으며, 아직 명확하게 밝혀지지 않은 기능이 많다). 시상의 세포핵은 변연계에 들어 있으면서 수용기의 지형을 투사하여 미각을 제외한 모든 감각 모달리티에 중계한다. 특정 시상투사 조직은 지형적으로 조직된 시각·청각·촉각의 감각적 출력을 피질의 특정한 지형적 영역으로 반사하게 된다.

시상투사 조직의 확산은 피질의 이차감각 영역에서의 구체화된 모달리티 투사를 약화시키고, 그 분포를 더욱 넓힌다. 시상투사 조직의 확산이 일어난 부분에서는 규칙적으로 동시성을 가지고 발사 진폭이 커지는 경향이 있으며, 피질 속 특정한 영역에 밀집된 감각정보가 한 가지 유형의 감각 활동을 규정짓는 경향이 있다. 예를 들면, 대개의 시각적 활동은 피질의 후두 옆에서 일어나고, 청각적 활동은 관자놀이에서, 촉감적 활동은 두정부(頭頂部)에서, 운동신경 활동은 피질 중앙부 쪽에서 통합이 이루어진다.

이러한 영역들은 특정 감각자극에 반응하는 신경 전기 활동을 측정함으로써 확인할 수 있다. John(1975)에 따르면, 피질의 특정한 영역과 시상에서는 감각정보의 피층적 표상이 상당히 중복되어 나타나는데, 이것은 해당 감각자극에 피층과 변연계의 여러 영역에 걸쳐 나타나는 세포가 동시에 발사하기 때문이다. 이와 같은 감각정보의 과잉은 공감각 형태와 평행 진행 및 표상체계의 주축을 발전시키는 데 중요하다.

3) 대뇌의 피질구조

피층은 세포의 메타구조 속에 존재하는 가장 고차원 수준의 구조이며, 가장 정교한 작업을 일으킨다. 다양한 피층 영역과 여러 층이 쌓인 겹층은 그 두께나 종속층, 피층 형태 그리고 세포의 수와 종류가 각각 다르다. 이급신경세포도 여러 형태가 있는데, 그것은 컴퓨터의 숫자와 유사한 방법으로 구성되어 있다. 시냅스가 연결되면 화학적으로 억제와 흥분이 일어난다. 이때 흥분 연결은 두 세포가 특정한 전기충격으로 바뀔 가능성을 증폭시키지만, 반면에 억제 연결은 증폭 가능성을 감소시킬 것이다. 물론 흥분과 억제는 서로 정도의 차이가 존재한다. 세포는 수없이 시냅스 연결을 할 수 있어 다양한 흥분과 억제를 만들어 내는 본질을 가지고 있다(전경숙, 1993).

이 시냅스 연결과 시간적·공간적 활동이 통합됨으로써 특정 세포의 발사 여부가 결정된다. 이러한 신경적 입력과 출력의 복합성이 서킷의 종류를 통해 자극-반응 연쇄를 이루고 있다. 구조적 수준의 계급도 입력과 출력을 변형시키는 계획 및 피드백 환선에 의해 컴퓨터와 같은 언어학적 서킷의 복잡한 연결망으로 구성되어 있다. 따라서 일급신경세포가 관여하는 단순한 반사반응 이상의 연쇄작용이 일어나게 되고, 이때 이급신경세포에 의해 종합적인 활동으로 통합된 결과로 학습된 행동이 나타나게 된다.

앞서 언급하였듯이, 이러한 신경적 통로의 발달에서 어떠한 신경의 기능적 의미는 그것의 유전자형(크기, 형태, 축색돌기의 수, 시냅스 등)과 그것이 다른 세포와 관계된 위치(그 직시적 상황에서의 세포의 수)와 성숙도, DNA의 내용, 종합 단백질 형태, 막 조직의 투과성, 발사역치 수준, 반사적 기간, 수초(myelin), 지방물질의 농도 등에 의해 결정된 것이다.

뇌의 피질층은 모든 면에서 그 양상이 다양하다. 흰 색깔의 자극반동(stimulus-bound)은 일급신경 수초 유액으로 형성되어 뇌피질 외피를 따라서 흐른다. 그리고 뇌피질의 회색 물질은 이급세포로 구성되어 여섯 개 층의 서로 다른 크기의 세포를 이루고, 서로 다른 수량의 수상돌기를 지닌 채 뇌피질의 외피를 흐른다. 아래층에는 소량의 수상돌기 정밀 연접부를 지닌 여러 개의 신경 몸체가 있고, 점차 위층으로 발달되면서 그 몸체가 작아져 최상층에 도달하게 되면 정밀한 신경근이 있는 수상돌기를 형성하게 된다. 이 정밀 신경근은 세포의 하위에 있는 큰 몸체보다 더욱 천천히 충격을 진행시킨다. 그리고 발사 유형도 일관성이 있고 안정을 이루고 있다.

뇌피질의 외피를 따라 흐르는 흰 물질의 일급세포는 다양한 수상돌기에 의해 피질에 자극반응정보를 제공하게 된다. 기초감각피질은 선처럼 가느다란 세포들이 빼곡하게 둘러싸고 있지만 운동신경 속의 세포는 무선으로 두껍고 크다.

4) 세포 조직의 정보 전달

구조적으로 신경출자(neuronal pool)에서의 신경충격의 집합과 확산에 의

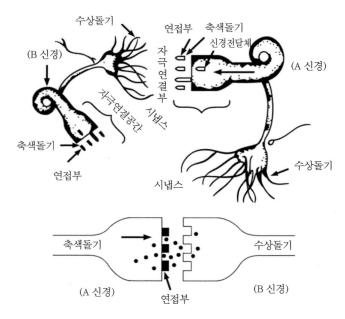

[그림 2-7] 신경세포 자극 전달 접속 과정

해 정보의 보급이 일어난다. 이것은 순수한 구조적 상호작용이며, 두 세포 사이에 있는 시냅스의 상호 연합의 결과로 발생한다. 흥분과 억제 전달체가 세포들 사이의 시냅스 연접부에서 방출되기 때문이다. 이 결과로 세포막 조직의 투과성이 변화하여 특정한 종류의 화학물질이 직접 그 환경에 방출되며, 이후 인과 연분이 급히 유입·유출된다.

활동은 세포 주위에 전기장(electric field)의 전위(電位) 변화를 유발하고 발사세포를 활성화시켜 그 발사율에 따라 화학적 전달체를 시냅스 연결부에 있는 다른 세포에 방출하도록 한다. 이때 두 개의 세포 사이에 있는 시냅스 연결부의 생화학적 접합 시간이나 민감성을 접합계수(coupling coefficient)라고 한다.

뇌의 가장 기초가 되는 신경세포와 신경원은 전기자극 형태로 정보를 전달한다. 세포들은 시냅스라고 하는 좁은 간격을 두고 분리되어 있으며, 하나의 세포가 자극을 받으면 신경전달물질을 시냅스에 방출하게 되고, 이 화학적 신경전달물질에 연접해 있는 다른 세포에 자극을 촉진 또는 억제하게

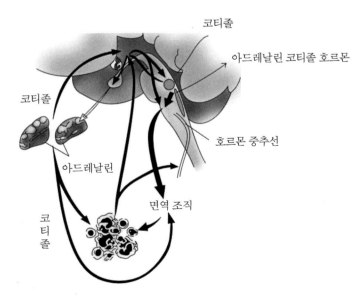

[그림 2-8] 면역 기능과 뇌 작용

된다.

접합계수는 수직적 평행열로 조직되는 일급세포(자극반동 정보 전달)와, 그러한 일급세포에 수직적 자기충격을 발생시키는 수평적 평행열의 이급세포(자극반동 정보통합과 진행) 간에 형성된다.

이급세포의 수상돌기는 정밀한 신경근을 가지고 있어 다른 세포와 연접하여 진행되는 충전이 일급세포의 두꺼운 수초에서 진행되는 것보다 느리다. 이 현상은 신경연결망 내에서 신속하게 동요하는 활동들 사이의 일관성을 유지하는 데 크게 기여한다.

이 구조적 요소 내부에서 일어나는 신호는 세포의 수상돌기의 밀집성과 신경 발사의 진폭과 빈도, 접합계수와 특정 입력 진행, 출력 연결망의 내부적 서킷에 의해 결정된다. 이것의 유용성은 대부분 그 입력 시의 힘과 조직 속에 배선된 피드백 유형에 의해 결정된다.

5) 표상체계와 행동

특정 표상적 하부 체계는 신호의 의미에 따라서 특정 감각적 영역 기능을 조종하는 기본이 될 수 있다. Bandler와 Grinder(1975/1976)는 임상에서 가장 고도의 의미를 가진 개체의 기본 표상체계를 찾을 수 있었는데, 그것은 인간이 자신의 행동을 기본적으로 이끌어 주는 하나의 감각경험 영역에 크게 의존하여 행동한다는 것이었다.

Bandler와 Grinder(1975/1976)에 따르면, 가장 고도의 가치를 지닌 표상체계에 의존하여 형성된 습성은 성격이나 행동 특성 면에서 서로 유사한 표상 유형을 지닌 사람들과 공통점이 있다. 이러한 특성은 특정한 재능이나 흥미, 가치관, 신념, 동기, 학습 그리고 기타 조직 양상에서 나타난다. 예를 들면, 엔지니어나 화가, 화학자는 시각적 성향을, 운동선수나 댄서는 촉각적 성향을 가지고 있으며, 음악가나 시인은 청각적 성향을 더 가지고 있다.

심리치료 분야에서 Dilts는 학파의 접근 모델이 특정 표상체계에 관여되어

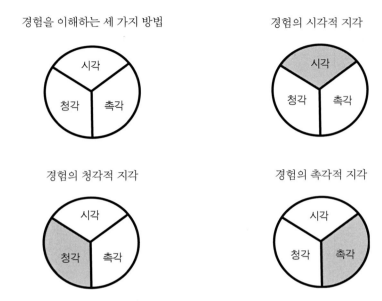

경험을 이해하는 세 가지 방법

경험의 시각적 지각

경험의 청각적 지각

경험의 촉각적 지각

[그림 2-9] 의식적 표상체계의 교차반응도형

있다는 것을 언급했다. 예술치료자나 Jung 학파의 상징 분석은 시각적 성향을 가졌으며, 마사지나 신체치료는 촉각적 성향을 가졌다고 볼 수 있다. 또한 게슈탈트(Gestalt)나 리치안(Richian) 치료는 정서적 표현에 많이 의존하고, 프로이티안(Freudian)이나 로저리안(Rogerian) 치료는 청각적인 성향을 가지고 있다.

의심할 여지없이, 개인의 표상적 경험을 조종하고 활용하는 근본적인 활동은 어떤 과업을 수행할 때 그 기능을 발휘한다. 악기를 다루는 음악가는 운동이나 수학에서 활용하는 것과는 다른 지각적 동작 프로그램을 형성하는 것을 필요로 한다. 그러한 프로그램이 작동할 때에는 언제나 기본적으로 자신이 조정하는 표상체계를 단계에 포함하고 있을 것이다. 이 단계를 위해 신경언어적 모델에서 가장 적절하게 소개되는 개념이 바로 '전략'이다.

03
경험의 축과 주관적 경험

1. 경험의 축

1) 경험의 축

인간이 세상을 경험하는 데는 다섯 가지의 기본적인 방법이 있다. 신경학적으로 이상이 없다면 우리는 보고(visual), 듣고(auditory), 느끼고(kinesthetic), 냄새를 맡고(olfactory), 맛을 보는(gustatory) 것을 통해 세상을 경험한다. 우리의 뇌 속에는 오관을 통하여 감각적으로 입력되는 정보를 진행시키는 유기체적 영역이 있다는 것이 신경과학자들에 의해 발표되고 있다. 기초 입력 자료가 원형 자극에 의해 다른 경험으로 전환되어 융합이 이루어지게 되는데, 이때 사람이 지각하는 것이 감각 조직이 전달하는 표상이나 모델이다. 이 모델을 표상체계(representational system)라고 한다(Grinder & Bandler, 1975).

사람은 의식하지 못하는 순간에도 끊임없이 모든 감각을 통하여 입력되는

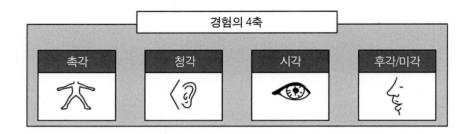

[그림 3-1] 경험의 4축

정보를 진행시키고 있다. 이 다섯 가지의 기본적 경험 채널을 통하여 입력·출력되는 표상을 네 개의 축으로 분류한 것이 표상체계의 4축이다. 보는 것은 시각(Visual: V) 체계, 듣는 것은 청각(Auditory: A) 체계, 느끼는 것은 촉각(Kinesthetic: K) 체계, 냄새와 맛은 후각/미각(Olfactory/Gustatory: O/G) 체계로 표시한다. 그리고 내적으로 일어나는 경험과 외적으로 들어온 경험을 구별하기 위하여 내적(internal) 경험은 'i'로, 외적(external) 경험은 'e'로 표시한다.

예를 들면 다음과 같다.

- 나는 책 표지에 있는 아름다운 새 그림을 보기 위해 그 책을 본다(V^e).
- 그 순간 새소리가 기억 속에서 들려 온다(A^i).
- 내면에서 봄날의 시원한 산바람을 느낄 수 있었다(K^i).

이와 같이 경험을 분류하는 목적은 우리 내부에서 일어나는 행동패턴과 다른 사람과의 상호작용에서 일어나는 행동패턴을 잘 분간하고 추적하여 응용하는 능력을 증가시키기 위한 것이다.

[그림 3-2] 보지 않아도 보이는 영상

2) 내적 표상체계와 신경관문

NLP는 사람의 감각체계에 많은 관심을 가지고 있다. 그것은 내면에서 일어나는 경험에 대하여 감각적 기초를 내포한 묘사를 중요시하며, 다른 사람의 표현된 행동 형태('미세단서 2')를 관찰함으로써 그의 내면에서 일어나고 있는 것을 알 수 있도록 하기 때문에 초점을 맞출 대상을 결정할 수 있는 기반이 된다. 여기서는 사람의 내면세계에서 일어나는 자신의 내적 경험을 어떻게 의식 밖에서 표현하고 보고하는가를 다루면서 내면세계를 더 탐험해 보고자 한다.

누구나 사람은 모두 다르다는 것을 인정한다. 동일한 사건에 대한 해석과 경험은 개인마다 각기 다르다는 것을 우리 모두가 알고 있지만 우리는 종종 그러한 사실을 잊어버리고 다른 사람이 나처럼 생각하고 반응하고 선택을 하기를 기대하게 된다. 그리고 그렇지 않을 때는 실망하고 좌절하거나, 또는 이상하게 생각한다. 어떤 사람의 보약은 다른 사람에게는 독이 될 수도 있는 법이다.

우리가 경험을 한다는 것은 오관을 통한 경험을 의미한다. 개인의 차이는 감각경험에 영향을 주는 특정 감각체계에 의해 결정된다. 어떤 사람은 시각체계를 통해 세상을 경험하고, 어떠한 사람은 촉각적 느낌으로 반응하여 그것이 그의 충동이 되고 감정이 된다. 자신의 경험을 그림으로 묘사하는 것보다 상상을 함으로써 느낌을 날카롭게 의식하는 사람도 있다. 반면에 청각조직을 압도적으로 활용하는 사람도 있는데, 이런 사람은 주위 소리에 민감하고 음정에 예민하다. 반면에 어떤 사람은 콘서트에 가면 경험하는 것이 좌절뿐이라고 말하는데, 볼 게 없다는 것이 그 이유다.

이렇게 각기 다르다고 해서 그 누구도 감각체계에 문제가 있다는 것은 아니다. 누구든 보고, 듣고, 느끼는 것은 정상인데, 단지 각자의 감각적 집중이나 경험의 관문이 다른 사람과 다르게 관계되어 있을 뿐이다. NLP는 사람이 주관적 경험을 어떻게 표현하느냐에 관심이 있기 때문에 시각, 청각, 촉각 및 미각/후각의 감각체계는 내적 표상체계로서 관계가 깊다.

개인이 선호하는 가치체계는 감정체계를 가지고 있는데, 개인은 이것을 다른 어느 것보다 더 활용한다. 물론 이는 의식적으로 사용하는 것은 아니다. 순간순간 우리에게 들어오는 정보는 너무나 많지만, 사람은 들어오는 정보의 모든 것에 관심을 쏟을 길이 없다. 주위 환경에서 일어나는 어떤 하나의 일에 관심을 집중하다 보면 다른 것은 무시되는 법이다. 신경학적 관문 이론(gate theory)에 따르면, 신경은 아주 단순하여 많은 것을 한꺼번에 처리할 수 없어 한 가지 집중된 것 외의 신경통로를 차단한다. 이것이 뇌가 하는 일이다. 만일 주위의 정보에 의식이 다 집중되어야 한다면 인간은 진화 과정 속에서 살아남지 못했을 것이다.

주위의 정보에 집중하는 연습을 해 보자.

- 등을 기대고 있는 의자에 느낌을 가져 보자.
- 주위에서 들리는 사람들의 소리를 들어 보자.
- 자신의 왼손 체온을 감지해 보자.

• 자신의 호흡 소리에 관심을 가져 보자.

이와 같은 것들은 의식을 상기시키지 않는다면 의식하지 못하는 것이다. 이것들은 언제나 우리의 감각에 박차를 가하며, 우리 자신과 함께 있었음에도 의식이 관계되지 않았던 것이다. 우리에게 언제나 있는 감각적 경험을 상관하지 않는다는 것은 그 경험의 어떤 부분을 의식에서 삭제시키고 당장 상관성이 있는 것에 집중한다는 것을 의미한다.

개인이 가장 가치를 두는 표상체계는 그 자신이 만들어 놓은 일반화에 지나지 않는다. 어떤 환경에서는 어떤 하나의 표상체계가 압도적으로 다른 체계보다 우선하여 작용할 수 있기 때문이다. 예를 들면, 그림을 감상할 때는 시각이 가장 고도로 작용하고, 사랑하는 사람과 사랑을 할 때는 촉각이 가장 많이 작용하게 된다.

3) 디지털 표상과 선호빈사

세상에 대한 모델을 형성하는 과정에서 언어는 다른 사회적 제약과 같이 사람이 경험하는 것과 관계되어 있다. 따라서 표상체계의 4축과는 다르게 언어로 되어 있는 디지털 체계는 유추체계(analogue system)[1]가 아니다. 언어는 직접적으로 감각 조직에 관계되어 있지 않으면서 다른 모든 표상체계를 대표할 수 있는 단 하나의 체계로서 그 자체의 체계를 포함해서 각각의 다른 체계(V, A, K, O/G)의 모델을 창작할 수 있는 강력한 체계다. 바로 이 기능 때문에 듣는 자(상담자)가 말하는 자(내담자)의 중요한 세상모델 정보에 변화를 일으킬 수 있는 것이다.

사람은 세상 경험을 여러 가지 측면에서 다른 사람과 나누기 위해 언어를 매개체로 사용하게 되고, 무언가를 듣거나 읽을 때 거기에 사용된 언어에 반

---

1) 연속적으로 질적 · 양적으로 변화를 나타내는 신체동작, 자세 및 표정이다.

응하여 감각에 기초한 내적 경험을 인출하며, 결국 그 내용을 이해할 수 있게 된다. 동시에 내적으로 창출된 이러한 경험은 전달자가 전달하려는 내용을 상대방에게 충분히 경험할 수 없도록 하는 작용도 할 수 있다. 우리가 무언가를 이해한다는 것은 그것이 내적으로 인출되었기 때문에 인간의 모델링 과정에서 그것에 대한 보편적인 일반화, 삭제 그리고 왜곡이 이루어진다는 것을 의미한다. 모든 사람은 자기 나름대로의 독특한 세상모델을 가지고 있으므로 세상에 반응하는 것도 그에 따라 결정되고, 의미 역시 달라지게 된다.

사람이 말을 할 때는 언어의 형태를 나타내게 되는데, 그 패턴은 대개 수식어인 동사와 부사 그리고 형용사라는 세 개의 표상체계를 전제로 하고 있다. NLP에서는 이것을 '빈사(predicate)'라 하며, '선호빈사(preferred predicate)'는 개인이 선호해서 사용하는 표상체계를 의미한다. 이 빈사는 그 사람이 세상경험을 어떻게 하는가를 지적해 주는 표상이다. 이야기를 할 때나 글을 쓸 때 자주 사용하는 빈사는 자신이 선호하는 한 가지의 표상체계를 다른 것보다 더 많이 사용하는 데서 나타나게 된다.

예를 들어 "그 늘씬한 미남의 신사가 보기 좋게 차려입은 공주처럼 아름다운 여자의 팔을 낀 채 걷는 모습이 아름다웠다."라고 표현했다면, 이는 시각적 표상으로 경험을 묘사한 것이다. 늘씬한(V), 미남(V), 차려입은(V), 아름다운 여자(V), 걷는 모습(V), 보였다(V) 등은 모두 시각적 표상체계다.

대개의 경우 이러한 선호빈사의 선택은 무의식중에 일어난다. 앞서 언급했듯이, 선호빈사는 여러 가지 표상(4축) 중에서 자신이 선택하여 습관적으로 사용하는 것을 말하는데, 중요한 것은 이것이 그 사람의 세상모델의 실마리가 되고 또한 그가 어떤 감각경험을 제일 잘 지각하는가를 지적해 주는 지표가 된다는 것이다. 이것을 바탕으로 라포를 형성하고, 기법에 변화를 주게 되고, 개입전략을 결정한다. 다른 표상보다 한 가지의 체계를 더 자주 사용한다는 것을 선호 표상체계라고 한다. 선호 표상체계는 의식적으로 혹은 무의식적으로 그 자신의 경험을 표현하고 이해하는 데 사용된다.

표상체계의 사용은 사람이 감각적으로 입력되는 정보를 세상모델이나 표상으로 바꾸는 하나의 방법이다. 또한 이 표상체계는 그 사람이 그것으로 세상모델을 창작한다는 것을 나타낼 뿐 아니라 자신이 경험하는 것에 대한 형태를 듣는 이에게 전달해 주고, 그의 세상모델이 다른 사람과 어떻게 다른지를 알려 주는 가장 조직적 방법 중의 하나다.

2. 주관적 경험

1) 세상모델과 지도

세상에는 여러 가지 물건의 모델(model)이 있다. 상품모델도 있고, 건축가들의 건물모델도 있고, 인간모델도 있다. 이런 모델은 추상적인 이론과 개념으로 묘사되고 설명될 수 있는 복잡한 형태와 상황을 단번에 시각적으로 볼 수 있게 한다. 이처럼 모델은 관찰자에게 그 구조나 모양, 상태, 작동 방법과 진행 과정을 이해하고 예측할 수 있게 해 주기 때문에 세상의 복잡하고 추상적인 형상을 취급해야 하는 어려움을 제거해 준다.

또한 정부기관이나 특정한 행정체계의 모델은 인간의 사회적 행동의 복잡한 조직을 이해하는 데 도움을 주며, 자연과학의 여러 가지 모델은 이론적 문제와 진행상의 문제 간의 관계를 이해하고 지각하는 데 도움을 준다. 인간은 살면서 이러한 모델을 통해 주위 환경 속의 모든 것을(조직이나 기술 등, 심지어는 삶의 과정까지) 여러 가지 표상으로 만들게 된다.

2) 모델과 양식

학자들은 사람의 정신 활동인 심리적 · 행동적 형태나 구조 그리고 그 진행 과정에도 이러한 모델이 작용한다는 것을 지적하고 있다(Bandler, Grinder, & Dilts, 1976; Lewis & Pucelik, 1982). 이들은 (정보통신, 언어학, 커뮤니케이션, 심리, 수학, 자연과학의 전문 지식을 동원하여) 복잡하고 미궁 속에 있는 인간 커뮤니케이션의 모호하고 추상적인 정신작용도 모델을 적용하면 그 '틀 작업(frame work)'을 쉽게 지각하고 이해할 수 있게 되므로 자신을 포함한 다른 사람의 삶을 더욱 건전하고 긍정적으로 만들 수 있다고 제시했다.

정보시대의 길잡이인 컴퓨터는 인간의 뇌와 그 역할을 모방하여 정보를 입력하고 진행시켜 저장·인출한 후 복잡한 연결망을 통해 세상과 정보를 교환하고 있다. 인간의 뇌는 프로그래머가 그것의 주체라는 점에서 컴퓨터의 하드웨어와 다르다. 이 하드웨어를 작동시키기 위해서는 소프트웨어가 필요하다. 이 주체가 어떻게 세상을 주관적으로 '경험'하느냐에 따라 소프트웨어의 프로그램도 달라지게 되는데, 그 과정이 우리에게는 신비로 남아 있다. 전문가들은 이 신비를 파헤쳐서 잘못 입력된 심리적 역기능을 행사하는 패턴을 추적하여 원하는 소프트웨어로 재입력시킬 수 있는 기술을 가지고 있다.

Robert Dilts(1994)는 '천재 연구'를 진행하여 천재나 성공을 한 사람들에게는 공통된 삶의 패턴이 있다는 것을 발견했다. 그는 이 패턴을 배우지 못한 사람은 성공을 하기가 어렵다고 하였다. 또한 가난한 사람과 부유한 사람의 삶의 역사를 살펴보면 그들의 삶의 패턴이 다르다는 것을 알 수 있다고도 하였다. 우리는 동일한 특정 패턴을 공유한 사람들이 동일 부류에 속하는 사회

Robert Dilts

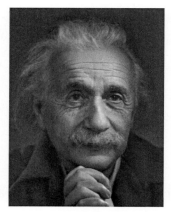

Albert Einstein

신분을 지닌다는 것을 주위에서 쉽게 발견하게 된다. 따라서 Dilts는 천재들이 보고, 듣고, 느끼는 데 공통 패턴을 지닌다고 주장하였다. 이들이 무엇을 보며, 무엇을 듣고, 무엇을 느껴서 이것을 어떻게 진행시키는가 하는 것은 NLP의 중요한 과제다.

세상에서 천재라고 불리는 사람은 여러 가지 혼란 속에서도 특정한 패턴을 빨리 식별하는 능력을 가지고 있다. 이들은 하나하나의 형태를 종합하여 전체 체계로 연결시켜 그 단계를 파악한다. 분석은 종합을 위해 가치가 있다. 문제 조각내기(chunking)를 해 보면 그 속에서 형태를 발견하고, 전체와의 관계를 이해하게 된다. 따라서 문제의 구조를 파악하여 그 구조의 기초 작업을 바꾸는 데에서 해결이 시작된다. 이처럼 구조를 바꾸는 과정에서 전체의 종합을 유도하면 경험하는 감정이 달라지게 된다. NLP가 시도하는 모델링 전략이 바로 이러한 것이다.

인간이 경험하는 세상에 대한 모델을 구축하는 것은 심리적 활동에 기초를 두고 있지만, 우리는 생리적 · 신경학적 근원 역시 배제할 수 없다는 것을 잘 알고 있다. 인간의 감정이나 느낌은 손에 잡히지 않고, 눈에 보이지도 않는 관찰 불가능한 심리 · 정신 활동임은 분명하지만, 이것은 피상적인 표상일 뿐 그 저변에는 신경 활동에 의한 견고한 물리적 근거를 가지고 있다. 오관의 작용(시각, 청각, 촉각, 미각/후각)을 통하지 않고는 '경험'이라는 것은 있을 수 없기 때문이다.

3) 감각 기능과 경험

신경계의 반응은 오관의 변인들로 신체적 · 심리적 · 생리적 경험을 주관하는데, 그것의 주관적 경험이 활용되어 '우수한 행동'을 구축하게 된다.

그 '경험'의 기능은 이 오관을 질적 · 양적으로 얼마나 가지느냐에 따라 달라지게 된다. 얼마나 철저하게 지각하느냐는 그 사람의 감각 기능에 의존하게 된다. 비록 모든 사람이 같은 감각기관을 가졌다고 해도 각자의 감각작용은 다르며, 동시에 무엇을 완전무결하게 착오 없이 감지한다는 것은 결코 있을 수 없는 일이다.

　Carl Jung(1964)은 『인간과 상징(*Man and His Symbols*)』에서 사람이 어떤 기구와 기제를 사용한다 할지라도 인간의 의식적 지식이 넘을 수 없는 필연에는 도달할 수 없다고 지적했다. 이것이 인간의 한계다. 수많은 철인들도 이 한계 앞에서 숙연함을 금치 못할 것이다. 그럼에도 불구하고 우리는 필연을 탐구하고 설명하려는 본능적 욕망의 충동을 지니기 때문에 무엇을 계속 이해하려고 하고, 바로 그것이 우리 자신의 세상모델을 만들어 내게 한다.

　또한 이렇게 만들어진 모델은 외부 세계로부터 자신을 사정없이 분리시켜 놓는 원인으로 작동하게 된다. 결과적으로 실제를 이해하는 데 한계가 발생하게 되고, 주관에 갇히게 된다.

　오늘날 신경과학자들은 인간의 지각이 신경자극 전달 과정의 전기화학적 현상이라 설명하고 있다. 수억 개의 세포가 인간의 신경조직을 형성하고 있고, 감각적으로 입력되는 압력(체온)에 의해 전자기적 전파가 달라지며, 이것이 중추신경계에 전달될 때는 궁극적으로 전기화학적 충동으로 변형이 일어나게 된다(전경숙, 1993).

　이 복잡한 에너지의 변화 작용은 우리가 경험하는 정서의 기반이 되어 현실(reality) 그 자체를 지각하는 것을 불가능하게 하고, 도리어 현실에 대한 신경학적 모델을 지각하게 한다. 이것이 세상에 대한 우리의 모델 기반이 되고, 우리의 현실모델(model of reality)이 된다. 그러나 사람은 현실에 반응하지 못하게 되고 현실이라고 생각하는 생각 그 자체에 반응하게 된다.

　이 과정에서 지각의 기반이 되는 감각기관은 사람마다 다르기 때문에 세상을 지각하는 것도 서로 다르며, 같은 현실을 가지고도 서로 다르게 보고 경험하게 된다. 이에 대한 차이는 아주 미세할 수도 있고, 대단히 다르게 드러날 수도 있다. 하지만 대부분의 사람들은 자신이 지각하는 세상에 대한 현실모델의 기반이 사실은 다른 현실모델의 기반이 된다는 것을 인정하지 않는다. 물론 인간의 신경학적 메커니즘의 유사성 때문에 사람들은 유사한 경험을 가질 수도 있는데, 그것은 사회적, 문화적으로 공유하고 함께 나눌 수 있는 경험이다.

이와 같은 것을 교감현실(consensus reality)이라고 한다. 이러한 사회구조의 기반을 이루고 있는 것 중에서 언어는 그 모델의 제1순위 예가 될 수 있다. 그러나 우주적인 공유성이 인정 또는 수용될 수 있는 경험 표상은 특정한 하나의 세상모델로 되어 있으므로 모든 사람에게 정확하게 같은 양식으로 작용하지는 않는다. 바로 이것이 인간의 다양성과 대조성을 나타내는 조건들의 스펙트럼을 형성하게 된다.

이러한 독특한 NLP의 인식론적 모델로 "지도는 영토가 아니다(Map is not Territory.)."라는 것이 있다. 지도는 현실에 대한 그림일 뿐이다. 내가 만들어 놓은 내 머릿속에 있는 현실에 대한 '지도'는 '실제 현실'일 수가 없다. 현실을 어떻게 경험하느냐에 따라 그 사람의 현실지도는 달라지고, 현실지도가 달라지므로 경험도 달라지게 된다.

이와 같이 생각하는 것 자체는 바로 그 사람의 경험 부분이 되어 그 사람을 메타위치(meta position)[2]에 끌어 올려놓게 된다. 중요한 것은 현실이 무엇이며 어떻게 묘사하느냐가 아니라, 어떤 방법으로 경험하느냐를 분명하게 하려는 것이며 그것이 바로 NLP의 전략이다. 얼마나 현실에 대한 정확성이 있느냐보다는 자신이 경험하는 세상모델을 어떻게 조직하고 반응할 수 있느냐에 가치 기준을 두는 것이다.

4) 모델과 필터 조직

Gregory Bateson(1972)은 우리가 놓인 '현실'과 '현실에 대한 모델'을 구분하는 것을 식당의 메뉴로 묘사했다. 우리는 어떤 물건과 그것을 지칭하는 이름이 하나일 것이라고 여기고 행동하는 경향이 있다. 마치 식당에 들어가

---

2) 상위의 위치를 말한다.

메뉴를 받아 들고 음식의 이름을 보는 것이 그것에 해당하는 음식을 먹는 것과 같다고 생각하는 것과 같다. 여기서 메뉴는 단순히 음식을 표상해 주는 것이기 때문에 지도와 현실의 모델은 동등한 비유로 고려될 수 있다. 이를 Bateson은 '논리 형성의 착오'라고 하였다.

만일 우리가 그 '메뉴'를 자신의 세상모델을 취급하듯 마치 '실제'인 것처럼 취급한다면 우리는 메뉴를 먹어야 할 것이다. Bateson(1972)은 "모든 의사소통을 하는 유기체는 이러한 지도를 영토로 오해하고 있다."라고 지적했다.

식당 메뉴를 보고 그것이 표상하는 음식이 좋아서 그 음식을 주문할지라도 실제 음식이 식탁에 나왔을 때 너무나 다른 모습에 놀라는 경우도 많다. 이상적으로 음식을 먹으려면 그 식당의 부엌에 들어가서 모든 음식을 조금씩 맛본 후에 무엇을 먹을까 결정할 수 있어야 한다. 그렇게 하고서도 종업원이 가져오는 음식이 내가 맛본 음식과 완전히 같은 것이라는 확신 또한 할 수 없다.

이 비유가 제시하는 것처럼, 우리가 음식을 표상하는 메뉴나 샘플은 믿을 수 없는 것이다. 그래도 억지로라도 믿을 대상을 찾고자 한다면 그것은 메뉴이며, 그것이 표상하는 것은 현실의 모델이라는 것이다.

사람은 자신의 세상모델을 마치 현실세계인 것처럼 생각하고 살아가고 있다. 상호 이해를 통한 만남이 이루어질 수 있는 의사소통 수단은 언어와 그 밖의 여러 가지 행동으로 이것을 통해 상대방의 세상모델에 합류하는 것이 가능해진다. 세상에 대한 이러한 모델 형성은 일생을 통하여 계속 진행되는 과정이며, 그 효과도 크다. 이 과정에 사용되는 구조적 기초가 되는 경험과 그것에 관한 기억들은 모델을 구축하는 데 제약을 가하거나 여과장치를 작동하여 영향을 미친다.

Bandler와 Grinder(1975)는 이 과정에 세 가지의 제약 및 여과장치를 제시했다. 그 첫 번째가 신경학적(neurological) 제약(학습된 오관의 기능)이며, 다음이 사회적(social) 제약(문화적 풍습, 예절, 언어 등), 그리고 마지막은 개인적(individual) 제약(개인적 성격, 교육, 인성)이다. 이 여과장치가 우리의 세상모

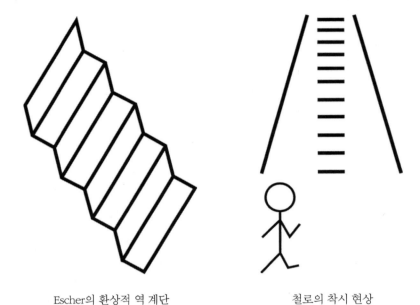

Escher의 환상적 역 계단   철로의 착시 현상

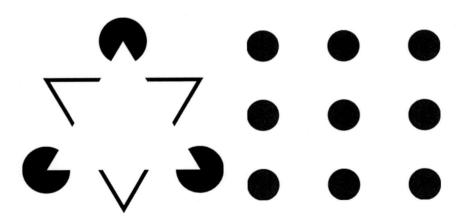

Kanizsa의 환상의 삼각   연필을 떼지 않고 아홉 개의 점을 네 개의
                                   직선으로 연결하라

[그림 3-3] 필터링 실습

델에 어떻게 영향을 주고 있는지를 인식하고 그것을 활용할 수 있을 때, 상대방의 행동패턴을 관찰하고 예언할 수 있는 능력의 기반을 구축하게 된다.

첫째, 신경학적 제약은 근본적으로 사람이 외계 정보를 오관의 신경을 통해 입수하는데, 가공하지 않은 정보가 들어올 때는 그것이 생화학 전기자극으로 해석되기 때문에 현실세계에서 사정없이 분리될 수 있다는 것이다. 하지만 신경이 사람의 경험을 여과시키는 한, 모든 사람의 여과체가 다르기 때문에 그들의 세상모델은 서로 다르게 나타난다. 이 사실은 사람이 살아가는데 '현실모델'에 반응하고 사는 것이 아니라 자신이 만든 자신의 '세상모델'에 반응을 하고 살아간다는 것을 의미한다.

사람이 세상 경험을 하고, 자신이 경험하는 것을 이용하여 모델을 만드는 방법은 일관성이 있다. 모델 형성 과정의 첫 단계로, 어떤 순수 경험이 신경학적 제약(neurological constraints)을 통해 여과되어 이차적으로 우리의 기본 지표인 시각, 촉각, 청각, 미각과 후각의 감각적 모델로 전환된다. 앞서도 언급했듯이, Bandler와 Grinder는 이 과정을 시각(V), 청각(A), 촉각(K), 후각/미각(O/G)으로 명명하여 감각의 4축(4-tuples)을 제시했다.

둘째, 사회적 제약은 모델 구축 과정에 근본적으로 쓰이는 언어를 예로 들수 있다. 이 언어는 인간의 세상모델 작동에 두 가지의 반대되는 방법으로 작용한다. 즉, 주위에 있는 세상에 대한 지각을 풍요롭게 하는 역할과 그 지각을 제한하는 역할이다. 다시 말하면, 언어는 내적 경험을 표현하는 도구인 동시에 각양의 경험을 만들어 내는 역할도 한다. 이것은 지각 현상을 말로 표현하는 코딩 과정을 통해 경험한 의미를 부여하려고 노력하는 마음의 작용에서 조작되는 것이다. 모국어를 제2의 언어로 바꾸어 사용할 때 보는 것과 관찰하는 것이 달라진다는 것은 외국어 학습자들에 의해 흔히 발견된다. 이것이 그 사람으로 하여금 세상을 다르게 변화시킨다는 언어학자들의 보고가 있다(Bois, 1966).

언어의 구성 요소에는 앞서 언급한 4축이 명시되는데, 이것은 신경학적 모델의 특정한 양상을 강화하거나 왜곡 혹은 삭제한다. 우리가 에스키모처럼

'눈(snow)'을 '눈(eye)'으로 볼 수 없는 것은 같은 눈으로 보되 서로 다른 세상모델을 가지고 보기 때문에 같은 지각을 가질 수 없기 때문이다. 같은 방법으로, 상대방의 세상이 왜곡되거나 제한된 것은 언어를 통해 알 수 있게 된다. 이때 그에게 경험하는 것에 대해 말하는 새로운 방법을 가르쳐 줌으로써 그들의 세상모델이 궁극적으로 변화할 수 있도록 지도할 수 있게 된다.

사람이 언어를 배우는 데는 법칙과 규칙이 있는 것과 같이, 동일한 방법으로 그 규칙은 사회적 체제에 적용되어 세상모델을 여과시키는 큰 힘을 가지고 지각과 행동에 영향을 주게 된다. 이 사회적 체제는 가능하거나 불가능하거나, 좋고 나쁘거나, 옳고 그르다고 믿는 것 사이에 경계를 형성하게 된다. 서로 다른 종속문화를 소유한 자들이 다른 법규와 관습을 가지고 화합을 이루려고 할 때, 각각의 모델의 기준과 규칙들이 다르기 때문에 문제가 발생하게 되는 것이다. 이 모델에 대한 제약이 잘 활용되기만 한다면 쌍방이 같은 언어를 사용하기 때문에 그 좌표를 형성하는 데에 가치로 따질 수 없을 정도의 의미가 있게 된다.

셋째, 개인적 제약은 그 사람의 개인적 경험의 결과와 직결된다. 이 경험은 개인사의 배경에 깔려 있는 것이다. 이것은 자신의 세상모델을 구축하고 수정하는 과정을 지속시키며, 신념과 가치체계의 본질을 구성하는 것이다. 이것이 자신의 삶의 역사 속에 모델로 자리 잡게 된다. 이 세상모델은 '내적으로 일어나는 자극'에 대한 개념으로서, 이미 언급하였듯이, 쉴새 없이 작용하는 4축(시각, 청각, 촉각, 후각/미각)의 지표에 의한 경험으로 만들어진 것이다. 인간은 매 순간 쉴 새 없이 4축이 경험을 종합하고 대치하는데, 이때 외적으로 일어난 자극에 따라 그림이나 이미지, 느낌이나 소리, 냄새 그리고 맛을 종합적으로 경험할 수 있게 된다. 사람은 순간순간 내적으로 일어나는 시각, 청각, 촉각 등의 기억을 떠올릴 수도 있게 된다. 이것은 그 사람의 필요와 소원에 따라 일어나는 필연적 사실이며, 그 사람의 과거 경험이 종합된 것이다.

우리가 성공적으로 치료적 변화를 일으키거나 무언가를 가리킬 때는 언제나 신경학적 수준에서 음성이나 행동에 대한 느낌 그리고 보는 것으로 시작

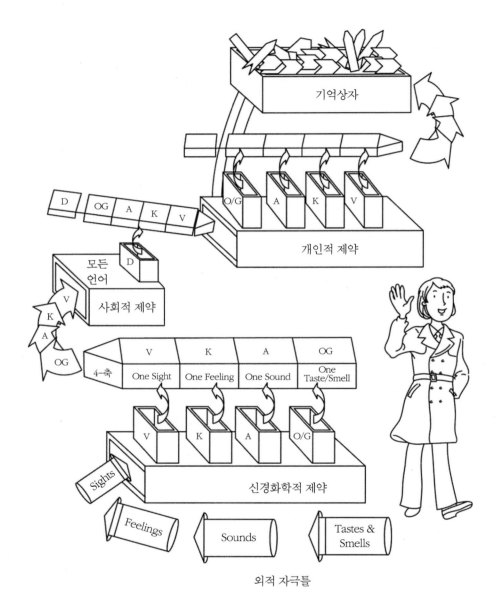

기억상자

D OG A K V

O/G A K V

개인적 제약

모든
언어

사회적 제약

D

V
K
A
OG

V	K	A	OG
One Sight	One Feeling	One Sound	One Taste/Smell

4-축

V	K	A	O/G

신경화학적 제약

Sights

Feelings

Sounds

Tastes & Smells

외적 자극틀

[그림 3-4] 정보 진행(Information Process): 필터 작용

출처: Grinder & Bandler (1975).

한다. 언어적 수준에서 개입될 때(메타 모형 참조)는 그 사람이 사회적 제약 수준에서 네 개의 축을 작동시키게 되는 것이다. 개인적 제약 수준에서는 그 사람의 세상모델이 어떻게 역기능을 하고 불필요한 고통과 어려움을 초래하며, 대안적 생각이나 감정 및 행동을 가지는 데 어떻게 방해 작용을 하고 있는가를 이해할 수 있도록 도와주어야 한다.

5) 경험의 형태와 인식론

(1) 경험의 본질

인간 경험의 구조는 너무 복잡하여 사람의 의식으로 다루기에는 벅차다. 우선 직관을 통해서만 경험할 수 있는 작은 패턴을 찾아낼 수 있어야 전체 경험에 연관된 실마리를 이을 수 있으므로, 여기에서 시작되어야만 이해가 가능하다.

경험은 외적 환경과 내적 진행의 상호작용에서 생겨나는 것이기 때문에, 사람이 고통이나 갈등의 기능장애를 일으키는 과정을 이해하기 위해서는 그 기능장애나 마비 현상을 일으키는 제반 상황과 관계된 여러 가지 변인들을 고려하여 포함시키는 것이 중요하다. 또한 여기에는 사람이 외적 정보, 즉 자극을 어떻게 입수하여 어떤 방법으로 코딩하고 저장하여 진행을 시키며, 진행시킨 내용을 외부세계에 어떻게 인출하여 주위 환경과 의사 교환을 함으로써 그 경험을 서로 나누고 상호작용을 형성하는지 등의 복잡한 과정이 관계되어 있다. 이 과정에서 내적 진행은 의식의 작용과 무의식적 작용의 혼합된 자료를 분류하고 연결시키는 것이 중요하다.

물론 상황적 분석(contextual analysis)도 중요한 요소지만, 무엇보다 빠뜨릴 수 없는 것이 인간의 주관적 경험이다. 이 주관적 경험은 그 개인을 변화시켜 세상을 바꾸어 놓게 하는 마술적인 힘을 지니고 있다. 생명을 걸 만큼 중요한 '신념' '환청' '환시' 같은 것은 그 좋은 예가 될 수 있다. 자신의 주관적 경험에서 벗어나지 못하고 그것에 집착하여 평생 그 주관의 노예 생활을 하는 인간 삶의 현실이 그러한 것이다. 이러한 사람은 자신이 만든 지도를 영토로 오인하는 사람이다.

NLP는 이와 같은 인간의 주관적 경험을 연구한다. 창시자인 Bandler와 Grinder는 경험에는 구조가 있다는 것을 발견하고, 이 구조를 변형시킴으로써 경험 자체를 전환시킬 수 있다고 하였다. 물론 이 구조는 사람에 따라 다르고, 자라는 과정에서 생존 본능으로서 발달하고 답습되어 생활의 패턴으로 형성된 것이다. 이것은 환경이 달라지고 시간이 지난 후 같은 패턴의 기능이 작용 부진을 일으키고 제동을 걸어도 재프로그래밍하여야 하는 것을 알지 못하며, 뿐만 아니라 하던 습관을 지속하는 것을 좋아하게 된다.

인간의 내적 경험은 관찰 가능한 행동에 영향을 끼치고 그 행동을 지배하게 된다. 이러한 것을 NLP에서는 '경험의 현상학'이라고 한다. Dilts는 이 현상학을 '지식에 대한 지식'이라고 일컬으며, 뇌의 진행 과정의 형태와 체계를 취급하는 조직이라고 하였다. 즉, 두뇌가 어떤 내용을 취급하고 있느냐를 취급하는 것이 아니라 어떤 형태로 조직하고 어떤 경험을 조작하느냐가 중요하다는 것이다.

이 현상학적 모델은 우리가 경험하는 것에 대한 모델인 동시에 바로 우리가 모델에 대해 생각하는 그 활동 자체가 경험의 부분이라는 것을 나타낸다. 이것이 NLP가 다루고 있는 특이한 모델에 대한 관점이다.

사람이 현실을 지각하는 본질을 가지고 있다는 것은 놀랍고 다행스러운 일이 아닐 수 없다. 치료자에게는 그 현실 지각의 본능이 어떻게 작용하여 행동패턴에 기능을 수행하는지를 발견해 내는 것이 중요한 과제다. NLP의 전체 주제는 이를 중심으로 이루어져 있다.

이미 언급하였듯이, 분석은 종합을 위해 그 가치가 있는 것이다. 어떤 문제를 분석하고 자르고 분해해 보면, 전체와의 관계를 알게 되어 그 속에서 일어나는 패턴을 발견하게 된다. 혼란스럽고 복잡한 진행 과정을 통해 일어나는 작은 패턴을 식별할 수 있으면, 그것의 작은 변화를 통해 전체 경험이나 행동이 그 변화를 따라가게 만들 수 있게 된다.

(2) 감각정보

인간의 감각정보(sensory data)는 중요하다. 사람의 마음은 어떤 정보를 진행시킬 때 감각기관을 통하여 하게 된다. 이 감각작용은 특정한 물리적 변조를 나타내는데, 이것은 내면의 경험을 표상하는 신호라 할 수 있다.[3] 예를 들면, 눈의 움직임, 안색, 근육의 긴장도, 호흡, 자세 등이 접근단서를 보여 주는 특정한 반응을 일으키는 것이다. 이 과정에서 일어나고 있는 각각 다른 신체생리적 부분의 관찰 가능한 미세한 변화는 경험을 통해 과정 지향적 인성모델을 만들어 가는 것과 관계되어 있다. 인간의 경험은 아주 복잡해서 제한된 의식으로는 다루기 힘들다. 이것이 추상적 개념으로 우리의 마음에 등장했다가 사라지는 이론에 그치지 않게 하는 것이 NLP 치료의 변화 과정에 필수적인 조건이다.

Dilts는 행동주의와 생리학적 인식론에 근거하여 경험 과정을 다음과 같은 세 가지 논리적 형태로 제시했다. 첫째, 즉각적 감각경험(immediate sensory experience)이다. 즉각적 감각경험을 지각과 대등하게 생각할 수 있을지 모르지만, 그것은 특정 시기에 감각기관(오관)을 통해 그 영역 내에서 수용되는 전체 정보의 총체를 말한다. 그리고 그것은 개인의 오관과 두뇌의 수용기 그리고 신경세포의 점화(點火) 작용에 의해 일어난다. 이 경험 과정에 문제가 되는 것은 즉각적 경험을 의식하고 지각하는 수준과 의식적/무의식적인 지각적 분석의 양적인 부분이 서로 관계되어 있다는 것이다.

둘째, 경험을 경험하는 것이다. 이 경험의 수준에는 즉각적 감각지각을 조직하고 반응하는 개인의 정신적 인지 도형과 그의 세상모델이 개입된다. 개인의 즉각적 감각경험에 질적 차이를 가져오는 것은 신경학적 측면에서 보면 뇌세포와 신경세포를 서로 연결 짓는 복합적 네트워크 작용 내의 자극에 대한 결과로서 나타나는 표상에 의한 것이다. 여기서도 경험이 일어나는 과

---

3) 즉, 접근단서로서 뇌가 어떤 정보에 접근할 때 어떤 표상 조직을 사용하는가를 지적할 수 있는 단서를 말한다.

정과 그 과정에 의해 일어나는 내용 표상이 있다. 이 과정에는 개인의 인지도
가 작용하게 되고, 여기에는 감각적 표상을 상징하는 언어가 관계되어 있다.

표상은 종합된 감각정보의 진행 결과로 발생하는데, 앞서 언급하였듯이
이 진행 과정에는 구조가 있다. Dilts(1980/1983)는 이것을 메타 표상이라고
하였다. 경험을 진행시키는 데에서 의식과 무의식적 경험을 분별하는 것은
극히 중요하다. 경험은 직접적으로 의식되는 것에만 제한되어 있는 것이 아
니기 때문이다.

의식은 이차적 진행 과정을 통해 일어나는 것으로, 그것은 단순한 신경정
신 활동의 신호일 뿐 우리 행동을 조정하는 세력을 가진 것도 아니다. 의식은
그 사람의 정보 진행이나 정보 분석 능력을 향상시키기보다는 개인의 의식
적 과업수행 능력에 제약을 가한다. 시험을 본다는 것은 실제 진행시키고 있
는 그의 정보의 양을 시험하는 것으로서 특정 어느 시기에 의식 수행 능력을
시험해 보는 것이 된다.

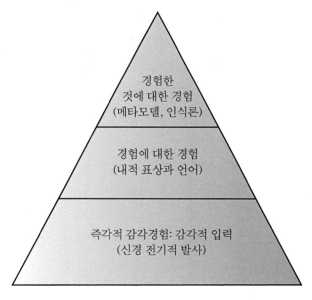

[그림 3-5] 경험의 수준

셋째, 경험에 대한 경험이다. 이 수준의 경험은 경험 자체의 진행을 담당하는 형태와 패턴을 취급하는 것이다. 모델링 과정에 모델을 만들어 가는 것이므로 이것은 메타모델이 생기게 되는 과정이다. 이런 경험은 경험이 어떻게 나타나는가를 제시하는 종류의 경험으로서 경험의 구조를 경험하는 것을 말한다. 이 세 가지 차원의 경험을 그림으로 나타내면 [그림 3-5]와 같다.

3. 마음상태

우리는 모든 일상생활을 말로 표현할 때 마음상태를 묘사한다. 공포스러운 상태, 지루하고 답답한 상태, 짜증나는 상태, 즐거운 상태 등 생활하는 데에는 각기 다른 마음상태가 수없이 많다. 마음상태에서 '상태'는 영어로 'condition'이라고 한다.

NLP에서는 더 구체적으로 일정한 시기에 한 사람의 그 내면에서 신경학적으로 진행되는 장(場)을 상태(state)라고 본다. 즉, 활동 중 진행되는 정신적·신체적 컨디션이 상태인 것이다(Dilts et al., 1980a/1980b). 상태를 이해하는 데 중요한 것은 그것을 경험해 보는 것이다.

다음의 상황을 경험해 보자.

책을 옆에 놓고 몸과 마음을 내면으로 집중해 본다. 자신이 지금 무슨 상태에 있다고 말할 수 있는가를 의식해 보자.
- 무엇을 배울까(호기심의 상태)
- 새로운 개념을 소화하려고 애를 쓴다(혼란스러운 상태).
- 많은 것을 배워서 정신적으로 부유해질 것을 생각한다(흥분한 상태).

다음으로 요즘 며칠 동안 특수하게 가졌던 상태를 떠올려 적어 본다. 우리는 많은 차이가 있는 '상태'를 하루에도 수없이 경험한다. 긍정적인, 행복한,

즐거운, 사랑에 찬, 자신감이 있는 마음상태, 혹은 부정적인 좌절, 피로, 슬픈, 화가 난 마음상태 등이 있을 수 있다. 어떤 것은 잠깐 머물지만 어떤 것은 하루 종일 혹은 그 이상 지속된다.

상태는 계속해서 변한다. 이름을 알 수 없는 상태도 많이 있다. 어떤 것은 좋은 것으로, 어떤 것은 좋지 않은 것으로 느낀다. 때로는 아무것도 제대로 되는 것이 없이 세상이 내 뜻과 반대로 흐른다고 느낀다. 어떤 때는 모든 것이 손만 대면 황금으로 변하는 것 같은 느낌을 가진다. 다른 무엇이 나를 건드리기까지는 아무 생각도 느낌도 없이 중간에 있을 때도 많다. 삶이 롤러코스터와 같은 사람도 많다.

이러한 상태는 의식 밖에서 생존 본능에 의해 발생하여 우리를 지키기도 하고 해치기도 한다. 이러한 상태에서 민첩하게 의식을 확장함으로써 마음상태를 달리할 수 있는 선택이 가능하게 되고, 자신에게 혜택이 있는 상태를 선택할 수도 있게 된다.

NLP는 상태조절이다. NLP의 세계적 개발자인 Dilts는 NLP 훈련을 간략히 말하면 '상태관리(state management) 훈련'(Dilts, 2011)이라고 하였다.

다음의 차례대로 마음상태 연습을 해 보자.

1) 내면 들어가기

1. 마음의 문을 활짝 열고 차분한 마음으로 내면으로 들어가 보세요. 끝없이 넓은 마음의 세계가 펼쳐집니다.
2. 그 마음의 소리를 들어 보세요. 내 몸에 흐르는 느낌을 감지할 수 있을 겁니다.
3. 우리의 의식은 자신의 무의식이 무엇을 하는지 모르고 있어요.
4. 사람은 모두가 달라서 배우는 방법도 다르고, 배우는 수준도 다르지요. 물론 경험하는 것도 다를 수 있습니다.
5. 각자는 자기 자신의 독특한 방법으로 경험도 하고 체험도 해요.

6. 자신의 보조에 맞추어서 조용히, 차분하게 그리고 천천히 자신의 내면
   으로의 문을 열 수 있습니다.

7. 어떤 사람은 당장 이 순간에 내면의 깊은 곳을 찾을 수 있지만, 어떤 사
   람은 좀 더 생각해 본 후 이런 상태를 맞을 수도 있습니다.

8. 다 좋습니다. 편안하고 차분하게 지금 이 순간에 머무르세요. 모든 것을
   원하는 대로 몸에 맡기세요.

9. 그 수많은 것을 배우던 어린 시절, 그때 그 호기심, 모든 것을 새롭고 신
   비롭게 느꼈던……

10. 아무것도 모르면서 철없이 부모님의 손을 잡고 걸음마를 배우며 말을
    배우던 때를 떠올려 보세요.

11. 그때 어떻게 그 많은 것을 배웠을까요?

12. 말을 배우기 힘들다고, 남들이 알아듣지 못한다고 해서 말하는 것을
    멈추고 포기했더라면……

13. 걸음마를 배우기가 어렵다고 포기했더라면 나에게는 결코 오늘이 없
    었을 것입니다.

14. 따라 하거나 흉내 내기가 힘들다고 해서 배우지 않았더라면 지금 말을
    하고 걸을 수가 있었을까요?

15. 유치원 또는 학교에서 1 + 1을 어떻게 배웠을까요? 어떻게 수많은 어
    려운 것과 새로운 것을 배우고 알게 되었을까요?

16. 그때 그 마음상태를 기억해 보세요. 그때와 꼭 같이, 아무것도 없이,
    아무것도 모르는 상태에서.

17. 그 뒤로 세상에 대한 호기심만 가득했던 그 마음.

18. 믿어지지 않는 것이 있으면 하지 않고, 안 되는 것은 놓아 주고, 좋은
    것은 하고, 또 과장하거나 확대하여 보고, 듣고, 몸으로 느껴 보세요.

19. 하면 된다고 믿는 마음이 모든 것을 가능하게 하는 힘을 가졌다고 전
    문가들은 말합니다.

20. 무엇인가 잡히는 것이 있으면 그것이 무엇이든지 총천연색의 선명하

게 빛나는 강렬한 그림으로 만들어 보세요.

21. 음악이 흐르거나 음성이 들리면 그것을 들어 보세요. 정다운 소리인가요? 노래의 멜로디, 아니면 물 소리, 새소리, 바다의 파도 소리. 더 크고 신나게 들어 보세요.

22. 잔잔한 호수에 퍼지는 파장처럼 몸으로 느끼는 어떤 울림에 의식을 모아 보세요.

23. 넘치도록 벅찰 수도 있고 포근함이 감돌 수도 있으며 평화롭고 차분한 마음에 고요와 잔잔함이 감돌 수도 있어요.

24. 날아가는 듯한 가벼운 시원함이 느껴지면 몸을 잊어버리고 몸과 마음이 하나가 되는 듯한 느낌이 듭니다. 어디에서 이런 느낌이 일어나는 걸까요?

25. 바람이 일지 않는 잔잔한 호수는 차츰 바닥을 드러냅니다.

26. 내가 찾던 것을 찾았을 때의 그림이 보이나요? 거기에 색상을 넣어 주고 어울리는 은은한 음악을 실어 준 후 몸속 세포가 따라 흐르는 느낌을 의식합니다.

27. 마음껏 보고, 듣고, 느껴 보세요.

28. 이때 경험하는 느낌이 내가 원하는 결과와 같은가 생각해 보세요.

29. 완성된(성취한) 결과가 보이고, 들리고, 온몸에 느껴집니다.

30. 인간의 뇌는 강력하게 경험한 것을 잘 저장해 두었다가 필요한 상황에서 다시 활용합니다.

31. 보이는 그림, 들리는 소리, 피부 속을 움직이는 느낌을 분명하고 확실하게 뇌리에 새긴 후 세포 속에 심고 저장하여 확실히 합니다.

32. 이제 천천히 자신의 보조를 맞추어 이 자리로 돌아옵니다.

33. 안녕하세요? 당신은 누구시죠? 이름이 무엇입니까?

2) 개인 마음상태 관리

1. 만족했던 자신의 참조 경험을 개인사에서 구체적으로 기억해 낸다.
2. 그때의 상태를 충분히 자신의 눈으로 보고, 귀로 듣고, 충동을 몸으로 느껴 호흡한다.
3. 구체적 색상, 증상, 시각적 단서, 소리, 단어, 충동 등의 상태를 앵커링한다.
4. 상태를 단절한 후(털어낸 후) 동일한 상태에 재접근하여 앵커링 테스트를 한다.
5. 상태가 깨끗이 정해질 때까지 1~4의 과정을 (쉽게) 반복한다.

3) 자원상태 조성

1. 자신의 관찰자가 되어 원하는 어떤 구체적 자원상태를 선택한다.
2. 공간을 정하여 자원상태로 앵커링한다.
3. 과거의 자원상태 개입 경험을 참조하여 충분히 완전한 상태를 유지하는 생리적 단서를 확인한다.
4. 개입된 자원을 그 자리에 두고 공간을 벗어나 관찰자 메타위치로 돌아와서 신체적 변화를 확인한다.
5. 자원상태에 다시 들어가 신체적 신호를 점검한다. 자원공간과 메타위치를 여러 번 교차하면서 둘의 차이점(내적 경험의 차이점)을 분간한다. 만일 상태가 불분명하고 의심스러우면 다른 위치에서 공간 연합을 한다.
6. 메타위치에서 자원상태에 개입된 인지패턴을 메타위치와 비교한다(표상과 종속모형).
7. 자원을 강화할 수 있는 신체 인지적 패턴을 알기 위해 자원공간에 들어가 실험을 실시한 후 어떠한 신체 신호를 확대할 것인가 확인한다.
8. 창작한 자원을 활용할 상태를 찾아 그 상황에 해당 자원이 이동하였다

고 상상하면서 그 자원공간에 발을 옮긴다(신체적 신호를 관계시켰는가 확인한다). 어떤 변화가 있었는가 확인한다.

4) 자신의 상태 편집

2인 1조를 구성하여 한 사람은 진행하고 한 사람은 탐험한다.

1. 자신이 만족하는 최적의 상태를 유지하며 걷는다.
2. 진행자는 최상의 상태에 초점을 맞춘다.
3. 최상의 상태가 이루어지면 상태를 유지하도록 코치하고 앵커링한다.
4. 내담자의 상태가 확인되면 표상을 찾게 한다.
5. 내담자의 표상이 선택점에 도달하면 확인을 한 후 앵커링을 이용하여 조절한다.
6. 반복적으로 문제가 되는 상황을 향상시키기 위한 다른 경험을 찾는다.
7. 개인의 역사 속에서 최상의 참조 경험을 선정한 후 균형과 융통성을 지니고 있는지 확인한다.
8. 그 상태에서의 최상의 신체 생리적 충동, 호흡에 개입한다.
9. 진행자는 호흡과 V, A, K 정보를 확인한 후 어깨에 터치 앵커링한다.
10. 피험자가 최상의 지점을 알리면 진행자는 호흡패턴을 의식하고 최상의 경험에서 보고 듣는 것을 자원으로 유지하게 돕는다.

4. 이중적 마음: 의식과 무의식

의식이 아무리 변화를 계획할지라도 무의식의 협조가 없으면 변화는 불가능하다.

－ Milton Erickson

1) 의식과 무의식

인간의 기능과 능력을 만드는 가능성에는 두 개의 마음상태가 있다. 기능을 수행할 때 이 둘은 많은 것을 같이한다. 상이한 기능이 얽히게 되면 내면 갈등이 외부로 표출되기도 하기 때문에 상담심리치료에서 갈등을 처리하려고 할 때는 이 둘의 작동을 함께 취급하는 것이 중요하다.

자동적으로 일어나는 많은 생각이나 느낌, 행동들은 무의식에 근거하고, 행동이 아닌 고정된 어떤 관념이나 분석적 사고는 의식작용 밖에서 상습적으로 발생하는 생활의 일면이 된다. 이렇게 일어나는 사람의 감정을 다스리고 갈등을 해결하기 위해서는 이성적 의식의 계획만으로는 불가능하며, 무의식의 협조가 필수적인 요소라고 할 수 있다.

사람의 가장 중요한 것들은 의식과 상관없이 진행된다. 다시 말해, 자극에 반응하고 경험하는 의사소통이나 상징적 해석은 그 가능성이 범세계적 견해를 지향하는 맥으로 이어진다.

의식적 마음은 사람이 지각하고 인지하는 것을 의식하게 되고 당면한 사안을 분석하며 합리성을 따지고 옳고 그른 것을 판단하고 종합한다. 가능한 것과 불가능한 것을 결정하는 마음과 의식하는 것을 행동으로 옮기는 것도 의식이 하는 일이다.

의식과 무의식의 마음을 가지고 있다는 것은 인간 기능을 작용하게 하는 모든 능력을 만들어 내는 가능성이 된다. 이 의식적 마음과 무의식적 마음은 기능성 면에서는 차이가 있지만 그 기능을 실행하는 과정에서 많은 것을 공유한다. 그 중복된 기능의 상이한 부분들이 내면의 갈등을 형성하고 다시 그것이 밖으로 표출될 때 함께 작업하는 것을 허용한다.

의식적 마음은 일어나는 일을 지각하고 인지하는 마음의 한 부분으로, 우리가 어떤 것을 인지하고 지각했을 때 혹은 어떤 것에 관심을 집중할 때 그것에 대한 의식을 하게 되는 것이다. 사람이 당장 지각하는 일은 그 순간 그 사람의 의식적 마음을 의미한다. 의식적 마음은 일을 분석하고, 합리화하고,

옳고 그른 것을 판단하는 능력을 가지고 있다. 극히 이성적으로, 무엇이 가능하고 무엇이 불가능하다는 것을 결정하는 것도 의식적 마음이 한다.

결과적으로 사람의 삶의 '한계'라는 것은 의식적 마음이 경험에 대하여 비판적 감정(appraise)을 시행하는 데 그 기반이 있다.

의식적 마음은 강력하고 놀라운 것이지만, 동시에 우리에게 가장 한계를 느끼게 하는 부분이기도 하다. 사람은 일순간 동시에 여러 것에 주목할 수 없다. 의식은 그 순간 많은 자극(V, A, K, G/O) 중에서 아주 적은 자극에 제한을 받게 된다. 너무 많은 자극이 동시에 가해지면 마음은 자신의 가치관이나 동기, 경험에 기초하여 최상의 것에 우선권을 주게 된다.

2) 몰입상태

우리의 생활 속에서 자동으로 일어나는 헤아릴 수 없이 많은 것이 무의식적 기능에 근거한다. 무의식은 의식과 대조적으로, 고정되거나 분석적인 것이 아니며, 가장 중요한 것들이 제한 없이 담당하고 관계한다. 무의식은 우리가 경험하는 의사소통에 응답하고, 증상에 대한 해석의 가능성을 지니며, 범세계적 견해를 가지는 경향이 있다.

치료자와의 의사소통을 할 때, 어떤 선택된 주목을 내담자로부터 이끌어 내어 작업하기 위해서 의사소통에 초점을 맞추어야 하고, 내담자 안에서 요구되는 특성은 내면에 몰입하는 마음상태를 필요로 한다. 이 몰입된 상태를 Erickson은 트랜스 상태로 변형된 의식상태(altered state of mind)라고 하였다.

내면 탐색에 민감하고 충실하게 반응할 수 있는 내면 몰입은 방어기제의 작동을 최소화할 수 있어야 하고 변형된 의식상태 세상을 관리할 수 있어야 한다. 여기에는 의식적·무의식적 선택이 함축되어 있다.

사람이 한순간에 모든 것에 집중할 수 없는 것은 의식이나 무의식을 결절점(focal point)으로 선정함으로써 세상을 관리할 수 있는 수준으로 축소하려는 사람의 기능의 심오함을 보여 주는 것이다.

자동으로 일어나는 많은 생각이나 느낌, 행동은 무의식에 근거하고 있다. 또한 그것은 고정된 어떤 관념이나 분석적 사고 및 행동이 아니라 의식작용 밖에서 상습적으로 발생하는 생활의 일면이다. 이렇게 일어나는 사람의 감정을 다스리고 갈등을 해결하기 위해서는 이성적 의식의 계획만으로는 변화가 불가능하므로 무의식의 협조를 동반하는 것이 가능성이 있다.

트랜스 상태의 내담자는 선정된 주목을 집행함으로써 의식적 마음에 집중하게 되고 마음이 그 의식을 점령하게 된다. 그 마음은 깊은 몽유적 관조상태에 있기 때문에 해당 의식을 전혀 알지 못하고 있거나 어느 정도 제한을 받게 된다.

예를 들어, 책을 읽을 때 특정한 주목이 선정되어 있다면 그 사람의 의식은 자신이 집중한 흥미에 개입된다. 이렇게 독서에 개입되어 있을 때는 주변에서 일어나는 일을 의식하지 못할 뿐 아니라 의식하지 않으려 하며 읽고 있는 것에 방해를 받지 않으려 하기 때문에 반응을 하지 않는다. 사람이 이름을 불러도 전혀 듣지 못할 때도 있고, 말을 들어도 지나치게 독서에 개입하면 반응이나 주목을 보이지 않을 수도 있다. 계속 부르면 "그래, 들을게. 에잇……!"과 같이 그 내적으로 부르는 소리를 줄곧 들었다는 경험적 반응을 보인다.

3) 업타임과 다운타임

의사소통의 효율을 높이기 위해서는 타인이 보이는 행동의 실마리에 관심을 가져야 한다. 이것은 Carl Rogers의 경청(attentive listening)과 관계된 상담 기법의 하나다. 관심을 집중하여 내담자의 습관적(automatic) 행동을 적중하게 되고, 그것을 의식화시킬 때 내담자는 자신의 행동을 스스로 조절하게 됨으로써 미래에는 의식하지 않고도 자동적으로 수행할 수 있게 된다. 의식의 방향을 잡아 그 의식에 집중하면 몸은 동작을 실시하게 된다. 의식적 마음은 매우 제한적이나 무의식적 마음은 제한 없이 짝을 이루고 있다.

의식은 특정한 시간에 의식하는 것이며, 무의식은 모든 기억이나 아는 것,

경험한 정보와 느낌에 딱지를 붙이고 의미를 부여하는 것이다. 이는 넓은 바다(무의식) 위에 띄운 쪽배(의식)를 탄 것과 같다고 할 수 있을 것이다. 의식은 순간에 제한된 정보를 가지고 방향을 찾아가는 것과 같다. 의식 기억은 이미지, 소리, 말, 충동감, 느낌 등일 수 있다. 이러한 의식의 내향적 활동은 NLP에서 다운타임(downtime)이라 불리며, 창작 작업이나 명상에 효력을 가지고 의식적 선택이나 자유롭게 상상하는 자아지각의 확장을 일어나게 함으로써 자신과의 소통을 가능하게 한다.

의식의 외향적(outward) 활동은 외부에 집중하여 듣고, 보고, 느끼는 것으로서 타인과의 만남에서 그를 관찰하거나 보고, 듣고, 느끼는 (VAKD의 변수) 인지 활동의 업타임(uptime)을 실시하는 것이다.

5. 학습과 의식의 신경생리

1) 학습과 신경 활동

학습은 두 가지 영역으로 진행되는데, 먼저 시냅스 영역에 신경서킷을 프로그래밍하기 위해 집중적 시그널을 입력하고, 두 번째로 프로그램이 일단 형성되면 그 프로그래밍된 서킷을 안정된 활동으로 만들기 위해 지속적으로 통합을 입력한다(Dilts, 1977). 습득한 행동(지나친 상태화가 이루어진 습관적인 것)은 신경 활동 과정의 통합된 서행 전위 형성과 직접적인 상관관계를 맺는다.

행동패턴이나 특정 전략의 여러 가지 단계와 표상을 한 번 통합시켰던 사람은 이후에도 그것을 잘하기 위해 의식적일 필요가 없다. 습관이 이루어질수록 그 행동에는 의식이 없어지게 되고, 결국에는 습관에 완전히 합병이 이루어지는 것이 보장된다(전경숙, 1996). 예를 들면, 운전 연습을 하는 사람은 가속 페달을 밟거나 거리 감각과 핸들의 방향을 의식하는 모든 단계적 압력을 배우면서 점차 그것을 의식하지 않게 되고, 결국에는 없어져 운전을 하나의 통일된 행동으로 형성하게 된다. 모국어를 말하는 데 단계적으로 문법적 인지 활동을 의식적으로 작동시켜서 이야기해야 할 필요성은 없다(그러나 언젠가 어릴 때 우리는 그 과정을 거쳤어야만 했다). 이처럼 습관화되고 무의식적으로 학습된 것은 서행 파장의 통합된 활동과 직접적으로 상관관계를 형성하고 있다. 예를 들면, 임상에서 알파 파장을 가진 상태는 내적 인지 활동 진행의 의식이 약화되었을 때 일어나게 되는 현상이다.

의식은 어떤 특정 전략이나 학습을 완수하고, 이를 전이 또는 일반화하는 데 극히 중요한 것이다. NLP 모델에서 의식은 다양한 표상체계 내에서 활동 신호치의 기능으로 고려되고 있다. 그 표상체계는 최고의 신호로 가장 의식적일 때 일어나는 것이다.

의식은 신경 수준에서 하나의 특정 표상체계가 얼마나 어떻게 변형을 이루고 있는가를 극히 유의해야 한다는 중요성을 지니고 있다. 의식은 그 활동을 일으키는 자산으로서 중요한 것이 아니라, 한 전략이 형성되는 과정에 필요한 것이기 때문에 중요하다. 의식은 시냅스의 접합계수를 충분히 변화시켜 강한 입력을 마련해 주기 위한 것이다. 일단 프로그램이 형성되면 의식은 통합을 이룬 습관화된 서행 전위상태로 대치된다.

2) 뇌의 조율 기능과 접근단서

인간이 매초마다 수천 바이트의 정보를 진행시키고 있다는 것은 신경과학적으로 증명된다. 이 정보에 조직적인 형태로 반응하기 위해 우리의 뇌는 대량의 정보를 여과(일반화, 삭제, 누락, 왜곡 등)시키지 않으면 안 된다. 그렇다면 사람이 인지적인 전략과 활동을 수행하기 위해 필요로 하는 신호치를 어떻게 회전시켜서 내적 상태를 조율할 수 있는가 하는 것은 매우 중요한 이슈라고 할 수 있다.

Bandler와 Grinder(1976)는 인간의 두뇌가 특정 모형(specific modality) 짓

기 활동에 관계되어 있는 전기 파장을 맞추기 위해 정신적·생리적 변동을 일으키는 행동을 '접근단서(accessing cue)'라고 하였다. 특정한 상태 접근 과정에는 호흡패턴이나 호흡의 위치, 근육의 긴장도, 체온, 신진대사, 호르몬 변화, 동공근육 활동, 심장박동, 혈압, 심지어는 음성 등의 광범위한 신체 및 정신 활동이 포함되어 있다.

실제로 이 중에도 한 부분에서 하나의 작동이 변인으로 작용하면 생리체계의 모든 다른 영역에도 특정한 방법으로 영향을 끼치게 되어 전체 상태에 파동이 일어나게 된다. 이런 현상이 접근 연쇄를 배우는 과정에서 일어나면 그 특성 '전략(행동)'의 통합에 의존하여 발생되는 것이다. 특정 접근단서는 이미지나 소리 혹은 느낌만 일어나게 하는 것이 아니라 라디오의 채널을 돌리는 것과 유사한 기능도 한다고 여겨진다. 여러 라디오 방송국은 계속해서 방송주파를 보내는데(우리 몸이 계속해서 감각적 정보로 포격을 가하고 있는 것과 같이), 이때 한 방송국의 라디오 주파의 내적 작동을 변형시킴으로써 다른 주파의 방해를 최소화하도록 맞추어질 수 있다.

중요한 것은 관찰 가능한 접근단서에 집중함으로써 그 사람의 특정 '전략'의 표상 형태를 알 수 있는 정보를 얻을 수 있다는 것이다. 그것이 미시적이든 거시적이든 간에 모든 행동은 내부에서 일어나는 신경학적 진행을 변형시키는 것이다. 이 과정은 내적 신경 진행에 대한 정보를 운송하는 것이다. 따라서 모든 행동은 그 개인의 내적 신경 조직 활동에 대한 것을 특정한 방법으로 커뮤니케이션하는 것이다.

대개 어떤 사람의 눈의 움직임이나 말의 선택, 음성을 듣는 등의 단순한 관찰만으로도 그 개인이 경험을 어떤 방법으로 조직하는가에 대한 정보를 획득할 수 있다. 물론 뇌파도에서의 뇌파 추적은 감각적 변화의 직접 관찰 외에 다른 방법으로도 그러한 변형을 측정할 수 있는 것이 될 수 있다(Grinder & Bandler, 1976).

04 내적 표상의 행동적 증표

1. 내면 경험의 생리적 표식

사회생활에서 상대방의 어떤 외적인 행동 변화가 일어날 때, 이것을 지각하고 감지하는 것은 그 개인의 내면에서 일어나는 유인 조직(leading system)[1]과 표상체계 간의 상호작용을 알도록 해 준다. 사람은 한 부분에서 일어나는 특정한 변화들이 어떤 방법으로든 다른 부분 전체에 영향을 미치게 한다. 전체 체계와 부분 사이의 상호작용 법칙이 이해되었을 때에는 파급되는 영향력의 패턴이 잡히게 되고, 예고도 가능하며, 변화를 유도할 수 있게 된다.

다시 말하면, 모든 행동은 내적 신경작용의 변화에 의해서 일어난다. 사람의 외부에 나타나는 모든 신체생리적 변화(인상, 미소, 눈의 움직임, 안색, 근육의 긴장도, 입술 모양, 호흡의 위치)와 관계된 이러한 정보는 빔어(Behavioral Manifestation of Internal Representation: BMIR)라고 하는데, 즉 내적 표상의 행

---

1) 의식에 입력시키기 위해 정보를 발견하는 주 활동 표상체계다.

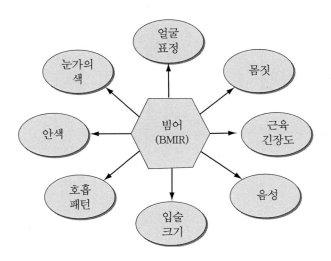

[그림 4-1] 빔어(BMIR)

동적 증표를 의미한다. 이런 과정을 통해 정보가 진행된다. 유기체는 의사전달이나 반응을 하지 않을 수 없으며, 미세한 행동일지라도 어떤 의사를 전달하는 방법을 제시한다.

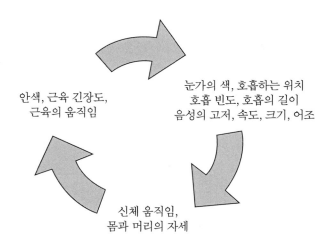

[그림 4-2] 내면 경험의 외적 증표

다음에 상세히 설명하겠지만, 이 원칙에 따라 NLP는 접근단서(예, 안구 활동)와 미세단서(예, 호흡, 안색, 근육의 긴장도, 입술, 음성의 탄력)를 내면에서 일어나는 어떤 마음의 상태를 외부로 드러내는 정보교환의 중요한 자료로 간주하여 감각 활동의 자료로 활용한다. 이것은 말로 표현되는 의사전달보다 더 강력한 의미를 지니고 있으며, 이것이 유추정보(analogue information)이고 메타커뮤니케이션(meta-communication)이다.

2. 체격 유형 단서

인간의 커뮤니케이션의 신비를 벗기는 과정에서 유용한 역할을 하는 도구로는 (오래전부터 Sheldon 등의 심리학자들에 의해 발표된) 성격과 신체적 특성을 들 수 있을 것이다. 이는 신체적 용모와 성격 간의 관계를 논하려는 것은 아니며, 여기서는 가시적인 개인의 신체적 특성이 어떻게 표상구조와 관계되어 있는가를 알아본다.

Lewis와 Pucelik(1980)의 연구에 따르면, 습관적으로 시각적(visual)인 표상을 사용하는 사람들의 신체적 특징은 야위었다는 것이다. 목이 쭉 뻗고, 어깨를 앞으로 굽히고, 등이 꼿꼿하여 옆에서 보면 의문부호형을 띠고 있으며, 걸을 때는 몸을 세워 올리고 마치 턱이 걸어가는 것처럼 보인다. 호흡은 가슴 윗부분에서 나타나고, 말은 약간 빠르고 분명하게 하는 경향이 있다.

촉각적(kinos)인 표상을 사용하는 사람은 얼굴이 불그스레하고, 둥글고, 부드러운 표정을 지으며, 웃을 때는 배로 웃고, 따뜻하고 무난한 감정을 드러내는 경향이 있다. 습관적으로 촉각적인 표현을 하는 사람은 다른 범주의 사람보다 몸이 다소 풍만하게 보이지만 비만형은 아니다. 어깨는 약간 둥글고, 몸은 중심을 잡고, 이야기를 하거나 들을 때 앞으로 어깨가 굽어진다. 호흡을 할 때는 허파의 아랫부분이 움직이고, 음성은 부드럽고, 느리게 말하며, 다른 유형의 사람들과 비교해서 어조나 목소리의 크기가 낮은 편이다. 신체감각이 비교적 예민하여 옷을 입어도 편안하고 부드러운 니트를 즐겨 입는다.

청각음조적(auditory)인 표상을 사용하는 사람은 비교적 체구가 작은 사람이다. 비만형보다는 야윈 체격을 가졌으며, 이야기를 할 때 팔짱을 끼고, 머리는 아래로 향하여 옆으로 기울이는 경향이 있다. 이야기할 때는 대화의 청각 부분을 아주 잘 조종하고, 목소리를 일정하게 유지하기 위해 전체 복부와 허파를 잘 활용하여 호흡을 깊게 한다.

디지털(digital) 표상을 사용하는 사람은 말을 할 때 어조가 딱딱하고, 흉부 위쪽에서 호흡이 일어나며, 언어 습득에 기초한 성숙성이 드러난다. 시각적 표상을 사용하는 사람처럼 감정 경험에서 분리되어 있으며, 신체적 형태는 촉각적인 표상을 사용하는 사람과 유사성을 나타낸다. 디지털 체계에 적응하게 된 이유는 즐겁지 않은 감정을 분리시키는 하나의 대처 방법이 될 수 있기 때문이다(Bandler, 1975; Dilts, 1983; Dilts et al., 1980a).

입술의 크기와 표상체계 분류를 살펴본 연구에서 시각적 · 청각음조적 · 디지털 표상 범주에 속한 사람은 입술이 얇고 긴장된 특성을 지니고 있으며, 촉각적인 범주에 포함된 사람은 풍만하고 부드러운 입술을 가지고 있음이 드러났다. 물론 기억해야 할 것은 이 모든 범주가 때에 따라 달라지고 또 몇 가지 유형들이 복합적으로 나타날 수도 있는 일반화된 이론이라는 점이다. 따라서 항상 지각의 채널을 열어 놓고 대처하는 것이 중요하다(Dilts & Delozier, 2000).

3. 신체 및 기타 비언어적 단서

1) 공간적 거리와 커뮤니케이션

시각적 의사소통자는 상호작용을 할 때 시각적 부분에 더욱 관심을 집중한다. 즉, 자신의 시각적인 내적 상상력을 창출하는 것을 포함하여 표정과 몸짓 그리고 자신의 주위에서 일어나는 동작에 관심을 집중한다. 이들은 이야 기를 들을 때는 그 내용을 잘 보기 위해 이야기 대상과 거리를 유지한다. 대 개의 경우, 시각적인 표상을 사용하는 사람은 모든 것을 잘 보기 위해 가장 잘 보이는 위치를 선정하여 상대방을 내려다보는 경향이 있다.

촉각적 의사소통자는 주위에서 일어나는 일을 이해하고 뜻을 파악하기 위 해 느낌을 중요하게 여긴다. 그래서 이야기하는 대상을 손으로 잡을 수 있을 정도의 가까운 거리에 서 있는다. 시각적 의사소통자가 상대방의 움직임, 근 육의 긴장도를 관찰하여 정보를 얻는 것과 같이, 촉각적 의사소통자는 가까 운 거리와 접촉을 통해 정보를 얻는다.

각자가 표상 선정을 다르게 하여 상대편을 이해하는 것은 이들이 각자의 선호 표상 구조에 의존하여 의사교환을 하기 때문이다. 이러한 사실은 서로 다른 선호 표상을 소유한 두 사람이 의사소통을 할 때, 오해와 불편함이 가중 된다는 것을 나타낸다. 시각을 많이 쓰는 사람은 분명한 그림을 보기 위해 가 능한 한 거리를 유지하려 하고, 촉각을 많이 사용하는 사람은 접촉감을 강화 하기 위해 가까이에 있기를 원할 것이다. 따라서 촉각적 의사소통자가 가깝 고 편안한 접촉감을 가지기 위해 접근한다면 시각적 의사소통자는 스트레스 를 받게 된다. 이런 스트레스는 유추 형태로 나타나는데, 머리가 조이는 느 낌을 받거나 음성이 떨리는 증상이 상대방에게 전달되어 촉각적 의사소통자 도 스트레스 반응을 보이게 된다. 물론 촉각적 의사소통자는 이런 경우에도 접촉을 원하고 가까이 하기를 원한다. 결과적으로는 이것이 두 사람 모두에 게 스트레스를 증가시킬 수 있는데, 이는 두 사람이 의식하지 못하는 가운데 이루어진다. 부부 상담에 오는 부부들 중에 이러한 경우가 자주 발견된다. 다 음은 이런 형태의 전형적인 대화의 예다(Dilts, 1983; Dilts et al., 1980a).

　　남편: 나는 우리 사이에 거리감이 너무 큰 것 같이 느껴져요. 어떤 접촉감도
　　　　 느껴지질 않아요.
　　아내: 나는 당신이 무슨 말을 하는지 감을 잡아 그려 볼 수 없어요. 내가 이야

기할 때는 항상 내 영역을 침범하고 밀어붙이면서요…….

이 대화에서 알 수 있듯이, 남편은 전형적인 촉각 표상으로 세상을 경험하려고 하고, 아내는 시각 표상의 정서 움직임을 나타내고 있다.

인류학자인 Hall(1976)은 아랍인이 대화를 할 때 서로의 거리를 서양인보다 더 좁게 한다고 보고했다. 즉, 아랍인은 촉감과 따뜻한 성격을 중요시하고 상대방에 대한 자신의 느낌을 중요시하는 반면, 서양인은 자신이 상대방에게 어떤 취급을 받고 있는가를 먼저 의식한다. 우리나라 사람들도 아랍인과 같은 특성을 많이 보인다.

커뮤니케이션 전문가는 대화를 나눌 때 두 사람 사이의 공간적 거리가 서로의 친밀성을 나타낸다는 연구(Bateson & Hall, 1972/1976)를 발표했다. 연구 결과에 따르면, 가까운 거리에서는 개인적인 대화가 가능할 뿐 아니라 감정 전달이나 신체적 접촉이 용이했으며, 따라서 피드백도 수월하게 이루어질 수 있었다. 반면에 공간적 거리가 먼 경우에는 대화의 제한을 받으며, 내용도 피상적으로 이루어졌다.

청각음조적인 사람과 디지털 표상을 사용하는 사람은 들을 수 있을 만큼의 거리에 위치를 정하기는 하지만 일관성이 약하다. 디지털 표상자는 대화 중에 시선 맞추는 것을 피하고 신체적 접촉을 기피하는 경향이 있다. 이러한 현상은 접촉이 그가 말하는 것에 필요한 고도의 집중력을 유지하고 조정감을 지탱하기 위한 디지털 입력에 방해가 될 수 있기 때문이다. 또한 접촉을 피함으로써 자기 자신이 관조적으로 자신을 분리시켜 놓을 수 있는 가능성을 가질 수도 있다. 시각적 의사소통자나 디지털 표상자는 말을 하기 위하여 정확한 언어를 생각하고 찾을 때, 다른 사람을 머리 위에서 내려다보고 눈은 아래로 내린 채 자신의 의도와는 반대로 말을 한다. 이것도 방해를 방지하려는 데서 발생하는 행동이다.

2) 시선 접촉

문화에 따라서 대화 중에 놓이는 시선의 위치는 각기 다르다. 커뮤니케이션에서는 표상 범주에 따라 특정 방식이 적용되는 경향이 있지만, 시각적 체계에서 움직이는 사람은 상대방의 말을 이해하기 위해 그 화자를 볼 수 있어야 한다. 이러한 욕구는 일반화되고, 시각적 의사소통자는 듣는 사람에게 이것을 투사하게 된다. 그들은 '내가 당신의 말을 듣기 위해서는 당신을 들여다보아야 하므로 당신이 듣고 이해한다는 것을 내게 알려 주기 위해서는 나를 쳐다보아야만 할 것이다.'라고 믿는다.

그러나 디지털 표상자와 청각음조적인 의사소통자는 듣기 위해 보아야 하므로 시각적 의사소통자와 반대다. 즉, 규칙이 반대로 되어 있다. 그들에게는 듣고 이해하는 능력을 방해하는 것이 시각 입력이기 때문에 "나는 듣고 이해하기 위해 보는 것을 제거해야 한다."라고 말할 수 있다. 즉, 듣기 위해 보아야 하는 청각음조자와 디지털 표상자에게 시각적인 구성 요소는 커뮤니케이션 과정에 중요한 요소가 아니다.

스트레스가 주어진 상황에서 디지털 표상자와 청각음조자는 시선 접촉(eye contact)을 강요당할 때 말의 내용을 이해하는 데 어려움이 생기게 된다. 촉각 표상자 또한 같은 영향을 받게 된다. 이들로 하여금 보게 한다는 것은 그들이 가장 분류를 잘하는 표상체계에 집중하지 못하도록 방해하는 것이다. 사람의 선호 표상체계에 어울리지 않는 표상체계는 정보를 쉽게 응용하는 데 실패를 가져오기 때문이다.

서구권의 아동 교육과정에서 시선 접촉은 중요한 정서적 지표가 되고 있다. 서구 문화에서는 이야기를 할 때 말하는 대상과 시선 접촉을 피하며 다른 곳을 보는 것은 거짓말을 하는 것으로 해석된다. 시선을 마주치지 않는 행동은 감정적으로 정직하지 않거나, 불편한 감정이 내적으로 경험될 때 일어나는 비언어적 행동으로 해석되기 때문이다.

시각적 체계를 가지고 외부에 반응하는 사람이 얼굴을 바라보면서 이야기하는 것은 쉬운 일이지만, 청각음조적 체계를 선호하는 사람은 그것이 어렵다. 또한 이러한 것은 문화적 차이나 개인적 차이를 고려하지 않으면 안 된다. 이런 선호 표상 구조에 연관된 경험 양상을 안다는 것은 두 가지 의미가 있다.

그 하나는 자신의 경험 표상체계를 상대방의 세상모델에 맞추어 조율하여서 접촉감을 만드는 마술적 힘을 가지게 된다는 것이다. 이것이 라포 형성과 유지에 기본으로 사용된다.

다른 하나는 상대방의 고정된 세상 경험 구조에 선택을 부여함으로써 경험을 달리 조작하여 신축성과 다양성을 유도할 수 있다. 시각적 혹은 청각적 모델만을 활용하여 세상을 처리하는 내담자에게 촉각적 기능을 개발하게 하는 것은 선택을 넓혀 주는 결과를 가져다줌으로써 더 다채로운 경험을 가지게 해 준다. 예를 들면, 당신으로부터 "너 같은 사람은 그것을 할 수 없어."라는 이야기를 종종 듣는 사람에게 당신은 "그것을 못하는 너 자신을 볼 수 있니?"라고 질문함으로써 그 사람이 그것을 할 수 없는 자신을 스스로 보도록 만들 수 있다. 이렇게 보는 것과 듣는 것을 대조하도록 하여 다른 경험을 유도함으로써 그 사람으로 하여금 자신에 대한 직관을 자극하게 할 수 있다. 이처럼 자신이 자신에게 하는 '대화'나 '느낌'을 첨가시켜서 진행하도록 만들 수 있다.

Mehrabian(1971/1972)의 커뮤니케이션 연구는 대화를 할 때 눈의 접촉이 긍정적 감정을 전달하고 긍정적 반응을 일으킨다고 보고하고 있다. 메시지 전달 과정에서 눈을 응시하는 행위는 메시지를 강력하게 만드는 영향력을 발휘하고 상호작용의 형태를 조정·통제하는 힘을 가진다. 두 사람의 관계를 발전시키고 가까운 감정을 가지기를 원하는 사람은 시선을 접촉하는 경향을 보인다. 따라서 눈의 움직임은 감정에 관계되어 마음의 창 역할을 하게 된다(Hall, 1979).

3) 얼굴표정

　메시지 전달 과정에서 미소를 짓는 것, 인상을 찌푸리는 것, 근육의 긴장이나 입의 움직임 등은 개인의 감정 상태와 생리적 감각경험을 전달한다. 이것이 의사교환의 통로이며, 특정한 감정경험의 신호다. 눈의 움직임이나 머리의 위치, 안색, 얼굴 근육의 움직임, 호흡패턴, 입술의 크기는 무의식과 의식의 양면성을 가진 단서이므로, 그 의미를 찾아 다루어야 하는 중요한 내적 자극의 신호가 된다.

4. 신체적 자세와 표상

　신체적 자세와 몸의 동작은 개인의 내적 감정을 표상하고 있다. Satir(1976)의 네 가지 유형의 자세, 즉 비난자(blamer), 달래는 자(placater), 훼방자(distracter) 그리고 논박자(computer)는 Bandler와 Grinder에 의해 개발된 네 가지 표상구조와 연결 지을 수 있다.

　손가락질하며 비난하는 것은 시각적인 표상구조를 지닌 사람이 하는 행위이고, 무릎을 꿇고 손을 모아 용서를 빌며 달래는 것은 촉각적인 표상구조를 지닌 사람이 하는 행위이며, 논박자와 같은 자세로 다른 사람을 머리 위에서 내려다보며 팔짱을 끼고 눈의 시선을 돌린 채 감각에 기초한 언어를 피하며 초월적인 논리로 상대방을 질식시키는 것은 디지털 표상자가 하는 행위다. 청각음조자는 이따금 논박자의 특성을 가지고 훼방자의 자세를 취하는 경우가 많다. 즉, 음조 단서에 예민하여 두 사람의 이야기에 화를 내거나 텔레비전 혹은 라디오를 크게 틀어서 방해하는 등 갑자기 대화의 중단을 시도한다.

　Satir(1988)는 신체적 자세가 개인의 내부에서 일어나고 있는 것을 실제로 보여 주는 것이라고 지적했다. 손의 움직임이나 몸동작에 안정감이 없고 분산되고 서두르는 모습은 상대방을 편치 않게 만들 뿐만 아니라 애매모호한 메시지를 전달하게 되므로 상대방이 신뢰감을 가질 수 없게 된다.

머리가 위를 향하는 경우는 시각 단서를 사용하는 것이고, 평형상태를 유지하는 것은 청각 단서를 드러내며, 아래로 향하는 것은 촉각을 활용하는 것이다. 머리를 기울이거나 손을 움직이거나 팔을 뻗을 때는 시각적 활동을 보이며, 손바닥을 위로 놓고 팔을 올리거나 굽힐 때는 촉각적 경험을 나타낸다. 팔짱을 꼈을 때 머리가 어깨 쪽으로 기울어지거나, 손이 턱이나 입을 만질 때 그리고 손가락으로 무언가를 헤아릴 때는 청각적 디지털로 말이 들리는 경우다. 근육의 변화를 살펴보면, 어깨와 복부의 긴장은 시각 접근을 말하며, 움직임을 보이는 것은 촉각 접근을 말한다. 근육에 일관성이 있게 율동적인 운동이 없을 때는 청각 접근을 한다. 안색이 창백할 때는 시각 접근을, 총천연색일 때는 촉각 접근을 말한다.

치료자는 내담자의 비언어적 행동에 관계되어 있는 내적 경험에 접촉할 수 있으므로 그것이 제공하는 메시지가 무엇인가를 발견할 수 있으며 안정감을 가지고 진지한 대답을 강구할 수 있다.

5. 호 흡

호흡은 마음의 상태를 드러내는 감정의 지표로 의식적 조정이 개입되지 않고 자연스럽게 진행되기 때문에 내적 경험의 정보 진행 양식을 지적하는 훌륭한 자료가 될 수 있다. NLP는 호흡 양식을 관찰하고 정서 안정을 시도하여 심리치료를 이끌어 가는 방법을 중요하게 제시한다.

Grinder와 Bandler 연구에 따르면, 흉상부 호흡과 호흡의 중단은 시각적 단서를, 깊은 복부 호흡은 촉각적 단서를 제시하고, 횡격막 호흡과 길게 내쉬는 전체 흉부 호흡은 청각적 단서를 제시한다.

6. 음 조

　음조는 정서상태와 관계가 높다. 음이 높고 후각 진동이 있는 음성은 시각적 접근을 할 때 나타나며, 뱃속 깊은 데서 나는 낮은 음성은 촉각 접근을 할 때 발생한다(감정적으로 흥분하지 않은 경우). 분명하고 깔끔한 어조는 청각적 접근단서를, 말하는 속도가 빠르거나 급한 말투는 시각 접근을 의미하며, 느리고 길게 끌어가는 말은 촉감적 접근단서를, 율동적인 속도는 청각적 접근단서를 나타낸다.

7. 기본 표상 분간하기

1) 생리적 지침

- 마르고 긴장된 몸　시각적인 사람
- 유연하고 충만한 몸　촉각적(내적)인 사람
- 촉각적 · 활동적 · 근육 이완　촉각에 예민한 사람
- 내적 청각 정보에 대해 의식적이면 몸이 유연하고, 외적 정보에 관심이 있으면 몸이 긴장되고 경직된다.
- 청각적 사람은 시각적인 사람과 촉각적인 사람의 중간이다.

2) 빈사 지침

　사람이 자신의 경험을 묘사하는 방법은 자신이 경험하는 것을 어떻게 지각하고 의미를 만들어 내는가를 보여 준다. 다음은 시각적 · 촉각적 · 청각적 의사소통자임을 알 수 있게 하는 표현의 예시다.

- 시각적인 사람   당신이 이야기하는 것을 볼 수 있어, 그것은 좋아 보여, 그 아이디어는 분명하지 않아, 나는 앞이 깜깜해졌어, 색상이 맑아서 좋아 등
- 촉각적인 사람   옳다고 느끼거든 해라, 그것에 손을 대 보았어, 개념을 포착해, 당신 자신과 접촉해 봐, 단단한 기반이 됐어, 나는 벽에 기대 서 있어, 입장을 바꿔 봐, 당신은 무감각적이야 등
- 청각적인 사람   알아들었어, '땡' 하고 신호를 보냈어, 좋게 들려, 내 말을 들어 줘, 그 아이디어는 머릿속에 걸리고 있어, 무엇인가 하지 말라고 말해 주고 있어, 나는 그 소리에 맞추었어 등

3) 신체 자세의 지침

- 시각적인 사람   어깨를 앞으로 굽히고 목은 뻗어(머리가 몸에서 분리된 듯함) 옆에서 보면 몸이 물음표(?)처럼 생겼다.
- 촉각적(내적)인 사람   머리가 어깨 위에 단단히 내려 앉아 있고, 몸은 중심을 잡고 있으며 크다.
- 외적인 사람   어깨가 넓어 운동선수 같으며, 곧은 머리는 단단하게 어깨 위에 놓였다.
- 청각적인 사람   어깨는 앞으로 수그리고, 머리는 옆으로 약간 기울이고, 팔은 자주 접거나 팔짱을 낀다. 몸을 약간 뒤쪽으로 기대는 경향이 있다.

4) 직업, 흥미, 재능 분야

어떤 특수 기술이나 확고한 감각적 양식(sensory modality)을 가진 사람은 하는 일이나 흥미, 재능 분야와 긴밀히 관계되어 있기 때문에 수행 능력과 함께 하는 작업을 구분할 수 있다.

- **시각** 엔지니어링, 예능, 과학(물리, 수학, 화학)
- **촉각** 운동, 촉각 예술(조각, 도자기), 수공(건축)
- **청각** 음악, 문학, 언어학

직업이나 흥미는 그 개인에게 가장 좋은 호감을 일으키는 감각체계에 의해 달라지는 경향이 있다. 특정 직업의 서로 다른 사고 계열은 다른 표상 접근을 하고 있다는 것을 지적할 수 있다. 리치안 신체 작업을 하는 치료자에 비해서 예술치료자 혹은 Jung의 상징적 접근을 사용하는 치료자는 더 시각적인 경향을 띨 수 있고, 정신분석가는 더 청각적인 경향을 가질 수 있다.

05.
접근단서

접근단서(accessing cue)는 두뇌가 어떤 정보를 기억하거나 구상할 때 내적 활동이 눈동자 활동의 변인으로 나타나는 것을 의미하며, 그것은 무의식적 반응에 의한 것이다.

1. 안구 활동과 뇌 작용

시각적 표상은 경험과 기억을 재생시키거나 어떤 구상을 구조화할 때 혹은 정보를 조직하는 과정에서 무의식적 활동의 신호로 작동하게 되는데, 이것을 '정보 접근단서'라고 한다. 언어는 그 사람의 내적 경험에 대해 의식적인 부분만 드러내기 때문에 어떤 경험이 어떤 방법으로 의식적 지각에 들어오게 되는지 그 과정을 찾아내기 위해서는 특정 신체 부분의 특정 행동에서 그 정보를 추적하여야 한다.

신경 활동의 생리반응 중 눈의 반응은 내적 자극의 지표라 할 수 있다. Edward Hall은 자신의 논문 「*Learning the Arab's Silent Language*」에서 눈의 반응이 마음의 즉각적인 표현이기 때문에 아랍의 보석 상인은 내적 동요를 드러내 보이지 않기 위해 색안경을 쓰고 흥정을 한다고 하였다.

시카고 대학교의 교수인 Eckhard Hess는 "눈은 마음의 창문."이라고 하였는데, 눈은 마음속에서 일어나고 있는 생각, 느낌 그리고 어떤 움직임을 보여 주는 창 역할을 하는 몸의 기관이라고 하였다. 또한 Bandler와 Grinder는 자신들의 연구에서 안구 활동의 패턴을 추적하여 사람의 내적 활동의 정보를 이끌어 내었다(Grinder & Bandler, 1975).

사람이 어떤 생각이나 영상을 구상할 때와 경험과 기억을 인출할 때는 자신의 내면에 몰입하게 되는데, 이때 내면에서 무슨 일이 일어나는가를 보여 주는 표상체계가 눈동자의 움직임이다. 이때 외적 시각 활동이나 어떤 자극에 대한 의식을 가질 수 없기 때문에 눈은 의식 밖에서 움직임을 드러내게 된다. 이렇게 정보 인출 조직 과정은 내면적으로 부각되는 심상이나 음조 혹은 어떤 신체적 촉감에 집중하게 된다. 구상을 할 때와 기억을 할 때 눈동자의 위치가 다른가 하면, 들리는 소리와 보이는 심상 혹은 촉각적 느낌을 가질 때 눈의 접근단서가 다르게 나타난다. 여기서는 Bandler와 Grinder 그리고 Dilts의 연구를 바탕으로 하여 그 차이점을 살펴본다.

사람의 내적 세계에서 순간순간 일어나는 것은 여러 가지 방법으로 또는 여러 가지 강도를 가지고 외적으로 드러나게 된다. 앞서 표상체계에서 언급하였듯이, 우리의 뇌가 어떤 정보에 접근하려고 시도하는 순간 신체 외부에 특정한 생리적 변화가 드러나게 된다. 이 외적 행동 단서는 내면에서 진행 중인 어떤 사고경험을 지적하는 자료로서, 이를 접근단서라고 한다. 물론 이것은 숙련되지 못한 사람의 눈에는 잡히지 않는, 아주 미세하고 예민한 변화일 수도 있다.

우리가 어떤 기억을 재생시킬 때는 거기에 대한 정보를 탐색하고 재생하고 접근하기 위해 내적 활동이 진행된다. 이 과정에서 가장 쉽게 드러나는 것이 눈동자다. 무언가 생각을 하고 있는 사람은 자신이 의식하지 못한 채 눈동자를 올리거나 내리고 이리저리 움직임을 보인다. 이러한 행동은 순간이나 마 자신의 주위에서 일어나는 것들을 차단하고 내적 진행을 시도할 때 일어나는 신호다. 그 내적 진행은 안구 활동의 구체적 작업을 동반하게 된다.

따라서 눈동자의 움직임은 그의 내적 세계의 구조에 대한 정보의 중요한 자료가 될 수 있다. 눈 접근단서의 독특한 코딩은 그 사람이 어떻게 생각하는가를 알게 하는 정보가 된다(Dilts, 1996). 사람의 내부에서 무슨 일이 일어나고 있든 간에 그것은 유추 형태의 행동으로 드러나게 된다. 이 행동 표현은 생리적인 것이 대부분이지만, 눈의 움직임은 내적 진행 과정의 양식을 잡는 것과 깊게 관련이 되고, 이 양식들은 대개 모든 사람에게 공통된 형태로 나타난다.

다른 말로 표현하면, 모든 사람이 위아래를 보고 좌우로 눈을 돌릴 때 같은 종류의 내적(표상 조직 활용) 진행을 하고 있다는 것이다. NLP의 창시자 Grinder와 Bandler 그리고 Dilts는 눈 접근단서에는 통상적으로 진행되는 일곱 가지가 있다고 지적했다([그림 5-1] 참조). 예를 들면, 당장에 떠오르지 않는 어떤 기억에 대한 정보를 다른 사람이 물어보면, 우리 뇌는 그 정보를 찾기 위해 어떤 내적인 진행을 가져야 한다.

이런 내적인 진행을 보조해 주는 활동으로 순간적으로 눈을 옆으로 움직이거나 위아래로 움직이는 것, 호흡 횟수나 위치 등이 변하는 것을 들 수 있는데, 여기에 행동 단서가 형성된다. 이때도 단순히 자기 자신이 사용하고 있는 방법으로 자신의 경험을 조직한다. 자신이 경험하는 표상 모형과 뇌반구 진행 정보를 표착하는 이 반응을 통하여 관찰 가능한 어떤 패턴을 얻을 수 있다.

Kinsbourne(1972, 1973), Kocel 등(1972), 그리고 Calm과 Ornstein(1974)의 연구는 눈의 측면 동작이 여러 종류의 인지적 과업에 반응을 하며 양쪽 뇌반구를 표착하거나 발동시키는 것과 관련되어 있다는 가설을 주장하였다. NLP는 이런 가설의 범위를 확장시켜 눈동자가 좌우로 움직이는 동작뿐만 아니라 위아래로 움직이는 동작까지 포함하여 감각 변별적 질문에 대한 반응을 연구하였다(Dilts, 1977; Owens, 1977; Thomason et al., 1980). 이와 같은

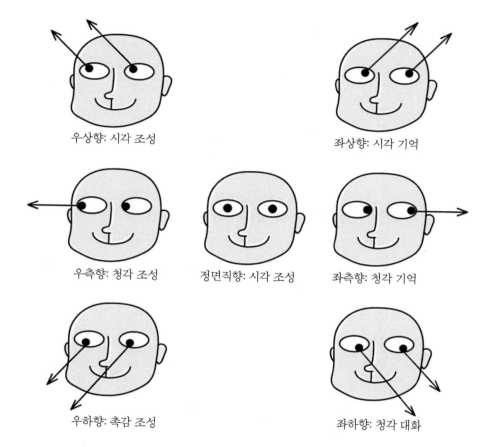

우상향: 시각 조성   좌상향: 시각 기억

우측향: 청각 조성   정면직향: 시각 조성   좌측향: 청각 기억

우하향: 촉감 조성   좌하향: 청각 대화

안구 접근단서 요약

• 우상향: 시각적 심상 조성   • 좌상향: 시각적 기억 영상
• 우측향: 언어적 음조 구성   • 좌측향: 기억되는 음조 듣기
• 우하향: 기억되는 느낌   • 좌하향: 음조 단서 구상이나 내적 대화
• 정면직향: 자신의 내적 이미지를 바라봄

[그림 5-1] 안구 움직임 형태

연구를 임상관찰과 종합하여 [그림 5-1]과 같은 일곱 가지 형태를 찾아낼 수 있었다.

2. 접근단서 활용

1) 우상향(右上向)

눈동자가 위쪽을 쳐다본다는 것은 그 사람이 어떤 내적 이미지를 접하고 있다는 것을 말한다. 오른쪽 위를 향하여 바라볼 때는 구상하는 이미지를 접하고 있는 것이다. 구상되는 이미지는 종종 분명하지 않거나 추상적이며 삼차원의 견지에 있다(자신의 모습을 그 이미지에서 보는 것처럼 느껴져 마치 자신이 동시에 두 곳에 있는 것처럼 보인다). 예를 들면, 자신이 어딘가에 앉아 이 책을 보고 있다고 상상하거나 정원을 어떻게 다듬어 놓을지를 상상하는 것이다.

2) 좌상향(左上向)

왼쪽 위로 눈동자를 올려 뜨는 것은 기억되는 이미지를 접하고 있다는 것을 나타낸다. 이 이미지는 명확하고 세밀하며 일차원의 견지에 있다(자기 모습을 자기 눈으로 보는 것 같은 것이다). 예를 들면, 친구에게 선물을 줄 때 그 친구의 표정을 보는 자신의 이미지를 기억하거나, 책을 읽으면서 문제의 해답을 얻어 자신이 기뻐했던 이미지, 또는 자기 집을 앞에서 들여다보는 것과 같은 기억된 이미지다.

3) 우측향(右側向)

오른쪽 측면으로 눈이 움직일 때는 청각적 구상을 접하고 있는 것이다. 이것은 소리를 듣고 마음을 함께 모으는 방법이다. 예를 들면, 누구에게 무엇을 설명할 것인지 생각할 때 이 접근단서가 동반된다.

4) 좌측향(左側向)

왼쪽 옆으로 눈동자가 움직이는 것은 기억되는 청각을 접하는 단서가 된다. 이것은 좋아하는 음악이나 소리, 말 등을 재생시키려 할 때 일어나는 현상이다.

5) 우하향(右下向)

오른쪽 아래로 내려보는 눈은 근본적으로 촉각적 접근을 시도할 때 일어난다(때로는 맛이나 냄새도 포함). 우하향을 하는 것은 어떤 전율이나 느낌, 동작 같은 것을 접하는 것으로, 못을 박는 활동 혹은 희망차거나 참을성을 갖는 것과 같은 느낌에 접근하는 신호다.

6) 좌하향(左下向)

이 접근단서는 청각 진행을 보여 준다. 소리와 말 같은 것을 포함하는데, 자신의 내적 대화를 듣는 것도 여기에 관련되어 있다.

7) 정면직향(正面直向)

눈을 움직이거나 초점을 맞추지 않고 정면을 바라보는 것으로, 상대방이

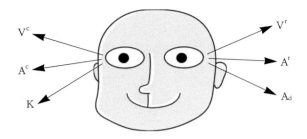

접근단서 표기법

- V = 시각(visual)
- A = 청각(auditory)
- K = 촉각(kinesthetic)
- D = 언어(digital)

- C = 구상(construction)
- R = 기억(remember)
- I = 내적(internal)
- E = 외적(external)

- V^c: 시각적 구상 혹은 재구조하는 심상(우상향)
- V^r: 시각적 기억(좌상향)
- A^c: 청각적 구상 혹은 단어 구상(우측향)
- A^r: 청각적 기억(좌측향)
- K^r: 감각적 느낌(냄새와 맛)(우하향)
- K^c: 음조적 구상 혹은 내적 대화(좌하향)

[그림 5-2] 접근단서

있는 곳을 바라보기는 하지만 그를 보지는 않는 경우다. 이런 경우 그 사람은 자신의 내적 이미지를 바라보는데, 그때 바라보는 것은 구상된 이미지나 기억되는 이미지일 수도 있다.

〈표 5-1〉의 접근단서 유출 질문은 특정한 감각체계를 활용한다는 것을 전제로 한다. 이러한 질문으로 피험자의 생각을 이끌어 내어 그의 단서 접근 양식을 조정하는 기회를 가지게 되는데, 대개의 피험자는 기대되는 단서 접근

〈표 5-1〉 접근단서 유출 질문

질문	빈번한 동작	사용 감각
수영복을 입고 눈 속에 떨어졌다면 그 느낌은 어떨까요?	우하향	촉각(K)
당신 어머니의 눈은 무슨 색입니까?	좌상향	시각(V)
당신 집의 어느 문이 제일 크게 소리를 냅니까?	좌하향	청각(A)
핸들이 열 개 달린 차를 그려 보세요.	우상향	시각구상(V)

양식이 실제의 양식과 일치하게 된다. 그러나 그렇지 못한 사람이 있을 때는 감각체계로 유인하는 질문을 하여 신체양식을 조정하면서 그가 접근을 시도할 때 눈의 움직임이 어디서 어떻게 일어나는가를 관찰해야 한다.

이러한 질문을 받을 때 피험자는 두세 가지 또는 그 이상의 접근단서를 보일 수 있다. 내적 진행을 위해 감각체계의 움직임이 연속적으로 이어지기 때문이다. 따라서 피험자에게 다음과 같은 질문을 하여 접근단서에 주시하도록 한다.

예를 들면, "당신의 발 하나는 찬물에 담그고 있고, 다른 하나는 따뜻한 물에 담그고 있다고 상상해 보세요."라고 말한다. 피험자는 아마 눈을 똑바로 보다가 왼쪽으로 올려 본 다음 오른쪽으로 갔다가 다시 왼쪽으로 가는 반응을 보일 것이다. 그러고는 오른쪽 아래를 내려다보며 잠깐 있다가 고개를 끄덕이며 다 끝났다는 신호를 보낼 것이다.

이것은 무엇을 의미하는가? 피험자가 지시받은 것을 완료하기 위해 무엇을 했는가를 차례로 추적해 보자. 피험자는 제일 먼저 지시받은 것을 반복하기 위해 내적 대화를 하고(좌측향), 그다음에 대야에 담겨 있는 따뜻한 물을 상기하여(우측향), 자신이 맨발로 대야 앞에 있는 것을 보고(우상향), 그 옆에 있는 다른 대야를 보며(좌상향), 그러고는 두 개의 대야에 발을 넣는 느낌을 갖게 될 것이다(우하향). 피험자가 사태에 초점을 맞추게 되었거나 그 접근단서의 정상 구성 형태를 알게 되었으면 끝낼 수도 있으나, 그렇지 않고 확신을 가질 수 없다면 "당신이 오른쪽 위를 쳐다보았을 때 머릿속에서 무슨 일이 일어나고 있었습니까?"라고 반드시 질문을 해야 한다.

접근단서의 목적은 내면에서 일어나는 상호작용의 흐름을 방해하지 않고 내담자의 경험을 형성하는 데 사용되는 감각체계를 알 수 있게 해 주는 것이다. 이 목적을 달성하는 유일한 방법이 실험자가 피험자에게 초점을 맞추는 것이다. 이 초점 맞추기는 특정한 형식을 갖췄거나 오랜 기간이 걸리는 것이 아니다. 필요할 때에 의도적으로 이끌어 가는 몇 마디의 질문을 하면 피험자의 접근단서가 정상적인 조직으로 이루어지는지 아니면 어떤 드러나는 변인들이 포함되어 있는지를 즉시 알게 된다. 그러나 사람들은 유출 질문을 받을 때를 기다리지 않는다. 매순간 접근할 정보들이 있으므로 진행 중인 대화에 관심을 집중하여 정보에 접근을 할 수 있도록 내면몰입을 이끌어야 한다.

예를 들면, "자, 보고 싶은 사람을 만났습니다. 무슨 색깔의 옷을 입었습니까?" "어떤 모습을 하고 있으며, 무슨 말을 합니까?"라고 질문을 하면 피험자의 단서 접근 양식을 바로 알아낼 수 있을 것이다.

안구 접근단서는 그 사람의 내면에서 일어나는 진행 과정에 대한 구조적 정보를 나타낸다. 그 정보는 기억·구상되는 이미지나 소리, 음성 혹은 촉감일 수 있다. 이러한 정보는 피험자가 전달하는 반응에 대하여 새로운 정보를 얻을 수 있는 기회를 제공한다.

예를 들면, 한 친구가 안구를 우하향을 하면서 "왜 그런지 모르겠어. 나는 불안과 두려움을 느껴."라고 말했다. 우리는 그 친구의 빈사, 즉 '느껴지고'라는 말에서 촉감에 의식이 집중된다는 것을 알게 된다. 그러나 분명한 것은 그 친구가 그 촉감에서 자신의 느낌을 이해하고 있지 않다는 것이다. 관찰자에게 전달된 메시지는 그 접근단서(우하향)를 통하여 분명하게 특정한 대답이 된 것이다. 피험자인 친구는 의식적으로 이미지 구상을 하고 있다. 그러나 그 이미지의 내용은 아직 관찰자에게 알려지지 않았고 그것이 무엇이든 자신을 불안하고 공포스럽게 하는 것이라는 것을 알게 된다.

이제 여기서 피험자의 관심을 어디로 끌게 하여 그 대답을 찾게 지도할 수 있는지 알게 되었다. "네가 안구를 우하향으로 하면서 불안함과 두려움을 느꼈는데 그 감정을 다시 한 번 가지면서 네 머릿속에 어떤 그림이 그려지고 있는지 내게 말해 줄 수 있니?"라는 질문을 하면 대답을 얻을 수 있고, 불안과 두려움의 구조를 알 수 있게 된다.

NLP에서는 피험자가 표현하는 감정이나 경험을 관찰자가 자신의 주관으로 해석해서는 안 된다. 상대방의 내면 진행 과정에서 일어나는 정보를 제공받고 있기 때문에 접근단서를 감지할 수 있는 능력이 생기면 그 상대가 행동하고 경험하는 것의 중요한 의미를 얻어낼 수 있어 또 다른 정보 채널이 될 수 있다.

3. 시간 조정

사람이 자신의 경험을 가지고 어떤 의미를 창출하려고 노력함으로써 기억되는 내적 그림 또는 느낌, 소리 등이 만들어진다는 것을 알게 되었다. 그렇다면 어떻게 사람이 있는 것을 보지 못하고, 들리는 것을 듣지 못하고, 느낄 수 있는 것을 느끼지 못하는 것이 가능할 수 있는가를 이해하는 것도 가능해진다. 내면에서 일어나는 자신의 경험에 대한 의미를 만들기 위해, 또는 질문자가 말한 것에 대해 어떤 의미를 구사하기 위해 사람은 내면몰입 상태에 들어가게 된다.

모든 감각체계는 내면에서 창출되었든, 외부적으로 일어났든 한 가지 사건에 대해 동일한 신경 채널을 통해 동시에 의식을 집중하는 데에는 한계가 있게 된다. 이러한 이유에서 어떤 사람은 내적 그림을 구상하는 동안 자신의 외적인 표정이나 몸짓 등을 의식하지 못하는 경우가 있다. 마찬가지로 청각적인 면이나 촉각적인 면에서도 이러한 현상이 일어날 수 있다. 이러한 현상은 의식 밖에서 진행된다.

접근단서를 관찰하면 이런 것이 언제 일어나는지 알 수 있게 되며, 이때는 어떠한 입력(input)도 비교적 불가능해진다. 일어나고 있는 커뮤니케이션이 중요한 것이라고 파악되었을 때는 피험자의 접근 작용이 끝날 때까지 기다리고 있다가 거기서 환기되어 현실감으로의 귀환을 기다린다. 피험자의 접근단서에 초점을 맞춘 후에 그 사람의 어떤 내적 표상에 반응해야 하는가를 알게 될 것이다. 일반적으로 피험자가 사용하는 감각체계의 빈사를 대등하게 하는 것이 가장 좋다.

예를 들면, 피험자가 눈을 우상향으로 하면서 "정말 이상하다."라고 말하면, 그가 그림을 떠올리고 있다는 것을 우리가 알기 때문에 "그것이 어떻게 보입니까?"라는 질문으로 반응할 수 있다. 피험자는 자신이 그림을 만들고 있다는 것을 알지 못할지라도 자신이 내적으로 진행시키고 있는 내용과 일치성이 있는 빈사로 질문자의 빈사에 더욱 쉽게 반응할 수 있게 된다. 이와 같이 질문자가 세상모델을 맞추는 것이 라포의 기초가 된다.

앞에서 언급하였듯이, 피험자의 접근단서의 서열에 따라서 그 내적 표상을 반영하는 것은 중요하다. 이 서열은 우연한 것이 아니라 질문자에게 들어오는 정보의 처리 순서를 나타내는 것이므로 빈사를 피험자와 같이 맞추어가는 것은 100배의 효과가 있다.

예를 들면, 어떤 친구가 수시로 시각적 구상을 하면서 자신과 대화를 가지고 결정을 내리기 전에 자신의 느낌을 발견한다고 하자. 일단 이 과정을 파악한 상담자는 그에게 "자, 네가 영화를 관람하기 위해 영화관에 갔다고 상상해 보렴. 좌석에 앉아서 너 자신에게 '이 얼마나 기분 좋은 일인가.' 하고 말하고 있다고 느껴 보렴."이라고 말하여 그가 경험할 수 있도록 권장하고 도울 수 있을 것이다. 친구는 이런 것을 습관적으로 하면서 살아왔기 때문에 자신의 내면에서 아주 훌륭한 연기를 하면서 즐기게 될 것이다. 이 결과로 얻어지는 학습은 그에게 강력한 영향력을 발휘하게 된다.

접근단서는 빈사나 안색의 변화, 호흡과 입술 크기의 변화 등과 같이 피험자의 내적 경험에 대한 정보를 제공하는 또 다른 방법이다. 그러한 변화에 조용하게 주목하여 얻은 정보를 가지고 그와 상호작용을 하는 데 의미 있게 활용하면 피험자를 변화시키기 위한 질문자의 반응을 달리할 수 있게 된다.

앞서 언급하였듯이 이러한 내적 진행은 정보의 표상을 인출하기 위한 활동과 관계되어 있으며, 그 정보는 영상이나 소리, 말이나 느낌, 신체 충동이나 냄새와 맛 등으로 표현될 수 있다.

이와 같이 표상을 추적하고 창출해 내는 과정을 접근이라고 한다. 대부분의 접근은 의식적 지각 밖에서 일어나기 때문에 우리는 그것에 대해서 이야기하지 않고, 빈사의 사용으로 그것을 구분하여 지칭하지도 않는다(그 빈사는 말하는 사람의 의식적 감각체계를 지적하고 있지만 말이다). 그럼에도 불구하고 질문자는 안구 움직임의 패턴을 지각함으로써 피험자가 접근하는 감각체계를 알아낼 수 있게 된다.

이와 같이 내적 표상과 접근단서의 상관 관계는(물론 약간의 예외는 있을 수 있다) 대개의 경우 관련성이 높다. 그래서 상대방의 접근단서 형태를 확인하기 위해서는 먼저 각각의 감각체계에 접근하는 피험자의 안구 움직임에 초점을 맞추는 것이 반드시 필요하다.

유인 표상체계

사람의 감각상에 당장 가능하지 않은 정보를 기억에서 인출하려 할 때 뇌의 기억 구조를 더듬어 정보를 인출해 내야 하는 과정이 진행되는데, 이때 안구 활동이 개입된다. 심상 구상도 마찬가지다. 이때 접근 방법은 표상체계의 작동으로 그림으로 나타나거나 소리로 들리거나, 느낌이나 감정으로 접하는가를 알려 주는 역할을 눈동자가 한다는 것이다. 기억이나 심상은 그림이 있고, 소리가 있고, 느낌이 있다. 이 과정에 맨 처음 사용되는 접근단서를 유인 표상체계(leading representational system)라고 한다. 이는 습관적으로 하는 경험의 첫 발걸음을 이끄는 단서를 의미한다.

예를 들면, 어떤 사건의 경험을 접하려 할 때 그 장면이 눈에 나타나면서 그것의 정다운 음성이 들리고 온몸에 흥분을 느끼는 감정 경험을 가지게 된다. 이것을 표식으로 나타내면 다음과 같다.

$$V \rightarrow A \rightarrow K$$

연습 1

다음 안구 활동의 표상 조직을 찾아 답을 약자로 써 넣으시오.

질문	눈의 움직임	접근 표상 조직
교회 종소리가 울려 퍼진다면 그 소리는 어떻게 들릴까요?		
눈을 비비면 어떻게 느껴질까요?		
내 자신에게 지금 무슨 이야기를 하고 있지요?		
가장 최근에 어머니를 봤을 때 무슨 색의 옷을 입고 있었나요?		
어머니의 머리가 푸른색이라면 어떻게 보일 것 같나요?		
제일 좋아하는 음악의 리듬을 기억할 수 있나요?		

 **연습 2**

다음 문장 표현에 맞는 눈의 움직임에 ○를 하시오.

1. "내가 작업을 해야 할 일이 있어."

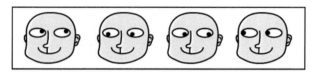

2. "내가 사람들에게 얼마나 좋은 인상을 주었다는 것을 볼 수 있어."

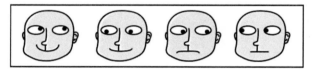

3. "당신이 이야기하는 것에 몰두할 수가 없어."

4. "얼마나 흥분되는 일인가 상상할 수 있어."

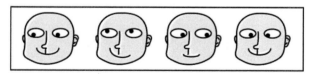

5. "나는 할 수 있다고 내 자신에게 말하고 있어."

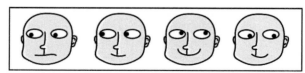

연습 3

다음 그림에 알맞은 접근단서를 약자로 표시하세요.

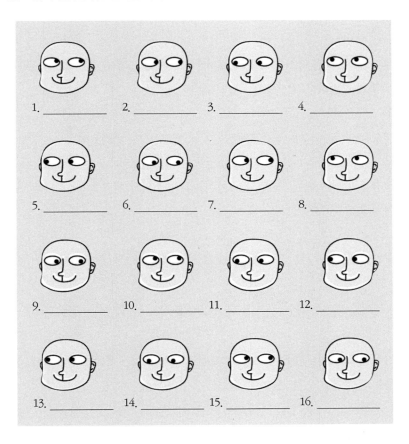

1. _____ 2. _____ 3. _____ 4. _____

5. _____ 6. _____ 7. _____ 8. _____

9. _____ 10. _____ 11. _____ 12. _____

13. _____ 14. _____ 15. _____ 16. _____

연습 4

다음 질문을 교대로 하여 상대방의 안구 움직임을 주시 · 관찰하시오(두 사람이 교대로 서로 질문함).

1. 시각 구상: 만일 당신이 주황색 머리카락과 파란 수염을 가지고 있다면 어떻게 보일 것 같습니까?

2. 시각 기억: 당신의 초등학교 3학년 때 담임선생님의 얼굴은 어떻게 생겼습니까?

3. 청각적 소리나 단어 구상: 당신 아버지의 목소리가 어린아이의 음성과 같다면 어떻게 들릴까요?

4. 청각적 소리나 단어 기억: 초등학교 조회 때 불렀던 교가를 속으로 불러 보세요.

5. 촉감적 느낌: 귀여운 강아지를 안고 쓰다듬어 줄 때 느낌이 어떻습니까?

6. 청각적 소리나 내적 대화: 오늘 저녁에는 무엇을 먹기 원하는가에 대해 내적 대화를 해 보세요.

만일 눈동작을 알아내는 것이 어려우면 심층 진행이 요구되는 질문을 만들어 본다. 질문이 어려울수록 기억을 떠올리기 위한 접근단서가 더욱더 분명해진다. 기술이 개발되면 아주 작은 안구 움직임도 지각할 수 있게 될 것이다.

 **연습 5**

상태에 맞는 차이를 적어 넣으시오.

관찰 부분	현 상태	자원상태	원하는 결과
• 호흡 　횟수-빠른, 중간, 느린 　위치-위, 중간, 아래			
• 몸 　머리 기울임 　자세			
• 몸짓 　전체/부분, 국부 움직임의 횟수, 근육 　긴장도			
• 눈 　접근단서 　움직임			
• 얼굴 　안색 　아랫입술 크기 　표현			
• 음성 　어조-높은, 낮은 　속도-빠른, 중간, 느린 　크기-큰, 중간, 은은한			
• 음성패턴 　유창성 　고저 변화 　빈사			
• 분류 범주 　현재, 과거, 미래, 머무르는 시간, 지 　나가는 시간			

• 가치 기준-자신, 남			
참조 지정-나, 우리, 당신, 그것, 어떤			
• 메타/Milton 모델			
삭제-미정된 동사, 명사화			
일반화-적대화, 강요된 제한			
강요된 가치관의 왜곡-원인과 결과인			
마음 읽기, 가정			

4. 접근단서 종합

접근단서의 실용성에 대해 생각해 보지 않을 수 없다. 첫 번째, 인간을 이해하고 보다 질적인 도움을 제공하기 위한 과정에서 언어단서 못지않게 중요한 것이 비언어적 감각 기능의 표상인 신체적 단서를 읽는 것이다. 커뮤니케이션 연구가인 Mehrabian(1971)과 Ruben(1988)의 발표에 따르면 인간의 커뮤니케이션의 93%는 비언어적 단서에 의해 이루어진다.

이 비언어적 단서는 대개 의식 밖에서 일어나는 신체적 신호들이기 때문에 어느 단서보다 강력한 순수 정보이며, 따라서 그 가치는 무시될 수 없는 중요한 것이다. 이 단서의 중요성과 실용성은 내담자의 지각 밖에서 일어나는 내적 진행을 순간적으로 포착하고 피드백할 수 있다는 것이다. 이 감각 기능의 단서는 어떤 내적 경험에 연결되어 증표로 나타난 것이므로 그 유추의 뜻을 알아야 하는 것이 중요하다.

두 번째, 상대방의 단서에 자기 자신이 대등하게 참여할 수 있어 라포 형성에 도움이 된다. 피험자는 빈사를 사용하여 말, 손 그리고 몸짓이나 눈으로 언어적 · 비언어적 보정(pacing)[1]을 할 수 있게 된다. 이미 지적하였듯이, 이

---

1) 효율적인 라포 형성을 위하여 내담자의 빈사를 일치시키고 신체적으로 반영하는 것이다.

와 같은 반응은 동질감을 형성하는 데 마력적인 힘을 행사한다.

세 번째, 상대방이 정보 접근을 내적으로 어떻게 하는가를 지적해 주기 때문에 정보 입수와 진행 과정에서 어떻게 의식 속으로 정보를 끌어들이는지(빈사) 그리고 그 정보를 어떻게 무의식적으로 진행시키는지(안구의 움직임)를 결정지을 수 있다. 따라서 상호 관계의 의사소통이 쌍방 통행으로 이어져 이해가 가속화되고 변화와 치유가 상담자의 유인(leading)[2]으로 일어나게 된다.

선호 표상체계와 접근단서는 유년기에 학습된 환경에 적응하는 행동으로 개발되어 계속 유지되고, 그 개인의 지각과 사고에 중요한 역할을 하게 된다. 가장 두드러지게 이것이 표출될 때는 스트레스가 주어졌을 때인데, 이때는 가장 선택이 필요한 순간이다. 그러나 역설적이게도 다른 표상체계를 모두 제외시키고 선호 표상으로만 자신을 제한시키는 것이 인간의 특징이다. 내담자는 이런 상황에서 제한된 자원이 문제가 되어 치료를 받으러 찾아오기도 한다. 이 점을 감안하면 처음으로 해야 할 일은 내담자로 하여금 새로운 지각이나 행동을 선택함으로써 대안을 발견하도록 돕는 것이다.

이 과정에서 내담자가 사용하는 표상체계를 확인하고 그 체계를 사용하여 커뮤니케이션이 이루어진다면 상담은 고도의 효과를 거둘 수 있게 된다. 동질감을 통하여 관계가 신속하고 강렬하게 형성됨으로써 신뢰가 형성되고, 원하는 것을 도와줄 수 있는 정보 수집이 용이해진다.

이러한 과정을 통해 내담자는 자신이 세상모델을 어떻게 만들어 가며, 어디서 자신의 모델이 제한을 받는지를 알게 된다. 이러한 정보로 상담자는 내담자가 경험하는 것을 보정할 수 있고(라포 획득과 유지), 이와 동시에 그에게 제한을 가하고 고통을 일으키는 지각과 행동을 일으키는 방향으로 이끌어 갈 수 있게 된다. 이것은 몸의 자세나 호흡, 음성의 톤 등 유추체계를 응용하기 때문에 언어적 · 비언어적으로 이루어질 수 있는 것이다. 상대방의 커뮤니케이션 범주의 여러 면, 즉 몸의 자세, 음정, 빈사, 호흡, 얼굴표정, 몸짓

---

2) 설정이 완전히 이루어지면 내담자를 인도하여 원하는 경험으로 이끌어 가는 것이다.

등에 일치시키고 반영할 수 있는 치료자는 내담자의 한계나 고통을 추적하게 될 뿐만 아니라 내담자의 의식적인 지각 밖에서 일어나는 내담자 자신의 모습을 보고 듣고 느끼도록 기회를 마련해 주게 된다.

라포가 유지되는 한, 상담자는 내담자의 이러한 피드백을 상담에 응용할 수 있게 되며, 더 나아가서는 상담자 자신이 이러한 변화에 민감하게 반응하는 것을 내담자가 모델링하게 되어 더욱 편안한 상태에서 기능적인 상황으로 이끌어 갈 수 있게 된다.

06
빈사와 감각정보

1. 빈사

1) 빈사의 개념

빈사(predicate)란 말하는 자가 사용하는 표상구조를 나타내는 감각에 기초한 단어로서 형용사, 부사 그리고 동사를 말한다.

우리는 이 빈사를 통하여 말하는 자에게서 필요한 정보를 얻어 낼 수 있다. 누락되거나 삭제된 부분에 대해 즉시 질문함으로써 말하는 자와 구체적 정보를 서로 나눌 수 있기 때문에 이 질문은 가치가 크다. 이렇게 피상구조에 개입하는 것은 말하는 자가 의미하는 것을 충분히 표현하도록 하는 능력을 함양시키는 역할을 한다. 사람이 사용하는 언어는 그가 다양한 경험을 풍요롭게 감지하느냐 그렇지 않느냐 하는 것을 나타내는 동시에, 제한이 어디에 있는지도 제시한다. 이런 한계점이나 왜곡은 말하는 자가 어떤 상황에서 어떻게 느끼고, 어떻게 행동해야 하는지 선택할 수 없게 만든다.

사람이 시각과 청각 혹은 촉각 중 어느 것을 가지고 자신의 세상을 조직하는지를 아는 것은 의미 있는 일이다. 사람이 자신의 경험을 표현하는 데 어떤 표상체계를 이용해야 하는지를 알려 주는 것은 무엇일까? 다음 문장에서 빈사로 불리는 단어의 종류를 찾아 보자. 대개 감각 조직 모형을 구체적으로 드러내고 있다.

- 나는 앞날에 대한 비전이 있어.
- 내 귀는 조율이 되었어.
- 나는 그것을 취급할 수 있어.

빈사는 '비전'과 '조율' 및 '취급'으로 시각·청각·촉각 표상체계를 반영한다. 이 세 가지의 문장은 공통적으로 '나는 이해한다.' 라는 의미를 가지고 있으나 주관적인 경험은 완전히 다르게 표현되고 있다.

문제는 '이해' 한 것을 어떻게 뇌가 코딩을 했는가에 차이가 있다는 것이다. 첫 문장의 표현자는 이미지를 통해서 이해하였고, 두 번째는 소리를 통해, 세 번째는 느낌을 통하여 이해한 것이다.

사람은 자신을 표현할 때 놀랍게도 '문자적'이다. "당신이 무슨 이야기를 하는지 볼 수 있어요."라고 반응하는 사람은 상대방이 그에게 말하는 것이나 제시하는 것을 시각적인 그림으로 받아들인다. 이것은 상대방이 말한 단어의 그림일 수도 있고, 어떤 실제의 그림일 수도 있으며, 상상한 경험일 수도 있다. "내게는 좋게 들려."라고 대답하는 사람은 청각적으로 상대방의 말을 받아들이고, 어떤 청각기억과 비교하거나 혹은 자기 자신에게 그렇게 이야기하기도 한다. "내게 잡히는 것이 있어."라고 하는 사람은 촉각적으로 느낌이나 충동을 가지고 진행시키는 사람이다. "달콤한 생각이야."라고 했다면 그는 후각/미각 체계로 표현을 하면서 맛있는 음식과 그 음식의 맛을 보는 것을 생각하고 있을 것이다. 이 예문에 나타난 문장이 전하는 메시지는 같은 것이지만 그 메시지를 각각 다르게 코딩했다는 것이다.

자신의 경험을 이야기할 때 자신이 의식하는 것에 대해서 말한다는 것은 자연스러운 일이다. 빈사는 사용하는 사람 자신이 가장 의식하고 있는 것이 무엇이고, 그 순간 가장 관계된 감각경험이 무엇인가를 알려 주게 된다.

2) 빈사와 커뮤니케이션

앞서 언급하였듯이 모든 사람의 세상모델이 다른 것은 신경학적·사회적·개인적 제약 때문이다. 그런데 서로 다른 세상모델이 어떤 것을 결정하려 할 때 도움을 주는 것은 언어 양식이다. 예를 들면, "당신이 하는 말이 무엇을 뜻하는지 볼 수 있어요."라고 했다면, 이것은 자신이 타인의 말을 어떻게 받아들이는가를 알려 주는 귀중한 정보다. 일단 이것을 알았으면, 그 상대방의 모델에 맞추어 자신의 언어를 수정할 수 있게 된다. 상대방이 사용한 시각적 빈사를 사용하여 자신이 이야기하는 것을 상대방이 더 분명하게 보도록 도울 수 있는 것이다.

Lewis에 따르면, 사람은 스트레스를 받을 때 자신에게 익숙한 표상체계를 더 많이 사용하고, 의식적 지각에서 다른 체계를 삭제시킴으로써 반응하는 능력을 제한시키게 된다. 가장 선택이 많아야 할 때 이런 제약이 생기게 되므로 새로운 선택이나 대안을 선택하지 못하게 된다. 이것은 지금까지 사용하지 않았던 표상체계 밖에서는 지각이 작용하지 않기 때문이다.

3) 빈사의 역할

표상체계의 언어는 사람이 자신의 내적 경험의 의미를 어떻게 만들고 있는가를 제시할 뿐 아니라 라포를 얻는 데 매우 효과적으로 작용한다. 이야기하고 있는 상대방의 언어에 맞추어 자신의 언어를 변화시키는 것은 두 가지의 이득이 있다. 그 하나는 상대방을 편안하게 해 주어서 자신이 그를 신뢰하고 있고 좋아하고 있다는 것을 알려 주는 것이고, 다른 하나는 커뮤니케이션상의 오해를 제거할 수 있는 환경을 조성하게 된다는 것이다. 같은 말을 한다는 것은 같은 세상모델과 내적 경험을 가지고 내담자의 이야기를 들어 주며 참여한다는 것으로, 이는 내담자와 같게 되는 것을 의미하기 때문이다.

외국에서 살아 본 사람은 자신과 동일한 언어를 사용하는 사람을 만났을 때의 기쁨을 잊지 못할 것이다. 상담 현장에서는 내담자와 같은 말의 빈사를 사용함으로써 이해와 신뢰가 형성된다. NLP에서는 일단 언어의 조화가 이루어지는 것을 보정(pacing)이라 한다. 이것을 바탕으로 상대방의 언어를 조직적으로 다른 표상으로 전환시켜 경험을 다르게 해 보도록 지도함으로써 선택을 더욱 확대시킬 수 있게 된다.

대화를 통한 상호 이해를 증진시키는 데 사용되는 커뮤니케이션 범주는 선호 표상체계를 위주로 하여 시각, 촉각, 청각 그리고 디지털 체계로 분류될 수 있다.

이 네 가지 표상체계는 그 사람이 어떤 상황에서 특정 표상을 얼마나 많이 경험하느냐에 따라 다르게 명명된다. 청각체계와 많이 연관된 행동 특성이 나타나면 그는 청각음조적(tonal) 사람이며, 시각 특성을 많이 드러내는 사람은 시각적(visual) 사람이며, 신체감각에 연관된 특성을 많이 드러내면 촉각적(kino) 사람이고, 종합하고 판단하고 결론을 내리는 이성적 묘사는 디지털형이다(Lewis, 1980). 이것은 특정 상황에서 자신이 경험하는 체계를 나타낼 수 있는 주도적 행동의 모델을 말해 준다.

어떤 사건이 "좋게 들립니다." 라고 한다면 청각음조적인 경향이 있는 사람이고, "좋게 보입니다." 라고 한다면 시각을 많이 활용하는 사람이며, "좋게 느껴집니다." 라고 한다면 촉각을 사용하여 경험하는 사람이다. 그리고 "좋다고 생각합니다." 라고 한다면 디지털적인 사람이다. 같은 사건을 경험하는데 사람마다 무의식적으로 다른 표상구조를 통해 경험을 한다는 것은 인간 정신 활동의 신비다. 그 사람이 경험을 어떻게 하느냐를 지각한다는 것은 경험의 구조(structure of experience)를 파악하는 것이어서, 그 구조를 변경시킴으로써 경험에 변화를 일으킬 수 있는 강력한 근거를 찾아낼 수 있게 된다. 이것이 그 사람의 행동을 지각하고 이해하고 예고하는 것을 쉽게 하며, 행동양식을 추적하는 것 또한 간단하게 만들어 준다.

물론 이런 명명(labeling)은 다른 심리상태와 마찬가지로 절대적인 것이 아니고 때에 따라 변할 수 있는 유동적이며, 일반화된 이론이라 할 수 있다. 변화를 유도하기 위한 대화에서는 한 가지 표상에 밀착하는 것을 차단하고 방해하여 다른 표상을 개입시킴으로써 경험의 변화를 의식하게 해야 한다. 예를 들면, "어머님의 음성이 들린다면……." 혹은 "그녀의 모습을 볼 수 있습니까?"라고 질문을 하여 청각적 경험에 시각을 첨가하는 것이다.

4) 빈사와 라포 형성

사람과의 관계에서 표상체계와 빈사에 대한 학습이 이루어지면 의사소통이 원활해진다. 상대방이 사용하는 빈사를 들음으로써 그가 어떻게 세상모델링을 하고 있는지 당장 알아낼 수 있게 되고, 일단 이러한 분간이 이루어지면 상대방의 세계에 발을 들여놓기가 쉬워진다.

사람은 누구나 이해받기를 좋아한다. 상대방의 빈사를 사용하여 말을 하면 그 상대방은 자기와 같은 말로 공감을 해 주는 사람을 무의식적으로 좋아하게 되고, 자신을 이해해 준다는 친근감을 느끼게 된다. 이렇게 함으로써 상호 신뢰가 쉽게 형성되므로, 이것이 라포의 기반이 될 수 있다.

5) 경험 확장

상대방의 빈사를 지각한다는 것은 상대방이 의식하는 것이 무엇인지 알게 될 뿐만 아니라 상대방이 무엇을 의식하지 않고 있는지도 알게 된다는 것이다. 또한 이것은 현재 의식하지 않는 경험을 보충하고 확대시키는 아주 좋은 기회를 가지게 한다. 상대방이 관심을 가지지 않는 감각경험이 무엇인지 알게 되면 그 관심 없는 표상체계를 기존 체계에 첨가하여 소개할 수 있게 된다.

예를 들면, 오케스트라 연주회에서 볼 것이 없다며 따분해하는 시각적인 사람에게는 지휘자의 움직임에 맞추어 악단들이 반응하는 것을 보여 줌으로써 그의 따분함을 없앨 수 있다. 그러고는 그 율동적인 선율을 따라 흘러나오는 음악의 부분별 음률을 듣고 화음에 집중하도록 지도한다. 이것을 계속하여 그가 보고 있는 음악의 동작 형태와 듣고 있는 음악과의 연결을 강화시킬 수 있다. 이렇게 함으로써 그 음악의 형태를 감상하는 것도 배울 수 있게 된다. NLP에서는 이 과정을 보정과 유도라고 한다.

6) 반응의 적절성

사람은 상호작용을 할 때 있는 그대로 의사 교환을 시도하지 않을 때가 많다. 의도하는 결과가 무엇이든, 잘못된 커뮤니케이션을 하여 잘못된 결과를 얻으려는 사람은 없다. 실제로 문제는 커뮤니케이션 자체의 잘못에서 오기보다는 커뮤니케이션 누락에서 오는 경우가 많다. 초점 맞추기에서 언급하였듯이, 사람은 자기 자신의 내적 세계에 대하여 중요한 정보를 계속 전달하고 있다. 따라서 그것을 어떻게 알아낼 수 있느냐 하는 것이 중요하다.

옷가게에 손님이 들어와서 편안하고 부드러운 스웨터를 찾는다고 한다면, 이 손님은 촉각적 빈사를 사용하는 촉각적 사람이다. 옷가게 주인이 보기 좋다거나 색상의 조화가 잘 되어 있다고 하면서 어떤 옷을 권유했다면 그 주인은 시간만 낭비한 것이 된다. 라포가 잘못 형성된 것이기 때문이다. 이 손님의 주요 관심은 그 옷에 대한 느낌이다. 즉, 어떻게 보이느냐가 아니라 어떻게 느끼느냐라는 촉감이 중요하다는 것이다. 이 주인이 만약 손님의 빈사에 맞추어 부드럽고 편안한 스웨터를 골라서 제시했더라면 그를 만족시키고 그날의 매상도 올렸을 것이다.

이와 마찬가지로 아주 중요한 사람에게 좋은 인상을 남기려고 식사 대접

을 하려 한다면, 먼저 그 사람에게 그가 가장 좋아하는 레스토랑이 어떤 곳인
가, 무슨 음식을 좋아하는가를 물어보아야 할 것이다. 만일에 그가 촛불을
켜 놓고 음식을 먹는 것을 좋아한다거나, 그릇과 컵이 예쁜 식당을 좋아한다
거나, 샐러드의 채소류가 다채로운 것을 좋아한다면, 여러 가지 다양한 색깔
의 채소류를 사용하여 샐러드를 만들고, 음식을 예쁜 그릇에 보기 좋게 담으
며, 화려하고 밝게 꾸며진 식당을 찾아야 할 것이다.

　사람이 사용하는 빈사는 상대방을 즐겁게 해 줄 수 있는 정보이기 때문에
주목해야 할 가치가 있다. 직장 동료가 "나는 이것이 어떻게 작동하는지 감
이 눈에 들어오지 않아."라고 할 때 그렇다고 "금방 발로 차버리지는 마." 또
는 "당신에게 안 맞는 느낌이 든다는 말입니까?"라고 했다면 그 동료가 이야
기하는 표상빈사에 초점을 맞추어 이야기한 것이 아니다. 자기가 느끼는 것
을 이야기하거나 들리는 것을 말하는 것일 뿐이다.

　〈표 6-1〉과 〈표 6-2〉의 표상체계와 연관된 빈사의 여러 가지 항목을 통해
언어가 서로 다른 감각체로서 특정 표상을 드러낼 수 있고, 세상에는 이처럼
특정 표상으로 드러낼 수 있는 빈사가 충만하다는 것을 발견할 수 있다.

〈표 6-1〉 빈사 혹은 의식적 표상

시각	청각	촉각
희미한	듣다	서늘하다
밝은	부르다	느낀다
보이다	조용한	단단한
그림 같은	말하는	압박감
어두운	울리는	감동하다
반짝이다	들리는	흐르는
눈에 꽉 찬	지난 생각	다 씻어 내린
내게 보인다	수다스러운 입	끓어오르는 솥
새 눈알 만한	종소리 같이 맑은	이가 빠진 그릇
눈에 잡히는	세목별로 묘사하다	손에 잡히는
명확히 분간된	명확히 표현하다	자신을 조정하는
막연한 견해	귀가 막히는	시원한
눈에 비친	자신을 드러내는	튼튼한 기초
전망을 얻다	귀 기울이다	가벼운 공기에 뜬
범위가 정해진다	들리는 음성	고리를 잡는다
구름 같은 이상	숨은 메시지	짐을 지고
대조적 색상	혀를 지키다	접촉을 가지다
견해	쓸데없는 이야기	손에 손을 맞잡은
대면해서	주 강연자	머무르고 있다
~와 같이 보인다	크고 청명한	열렬한 다툼
장면을 만들다	말하는 습성	잡고 있다
정신적 그림	관심을 집중하다	매달리다
마음의 눈	끙끙 앓는	뜨거운 머리
힘이 없는 눈	말이 지나친	가벼운 머리

〈표 6-2〉 표상체계 빈사

시각	청각	촉각	미각/후각
안개 낀	듣다	느끼다	맛보다
희미한	경청하다	따스한	향
그림 같은	이야기하다	접촉하다	냄새
어두운	융화	취급하다	맛
불분명한	소음	잡다	코를 쏘다
불투명한	부르다	부드러운	나쁜 맛
전망	큰소리	딱딱한	쓴 잔
초점	소리치다	매끈매끈한	단맛
구름 낀	말하다	거친	
비전	귀를 기울이다	단단한	
견해	울리다	압력	
보이다	불협화음	긴장	
곁눈질	화성	견고한	
제거하다	억양	상처	
묘사하다	음률	대강	
지각하다	속삭임	단정치 않은	
주시하다	애도하다	이완	
흘겨보다	숨소리	부은	
조사하다	음성	떨리는	
드러난	울다	덜덜 떠는	
비추다	조용한 음색	흔들리는	
힐끗보다	고함치는	파고드는	
노려보다	칭얼거림	적시는	
연극	흐느낌	뚫어지게	
아름다운	불평	열이 오른	
분명한		비치는	
빛나다		가려운	

　　이번에는 우리가 일상생활에서 들을 수 있는 익숙한 빈사들, 또는 상대방이 제시한 내적 경험이지만 그에 대한 정보를 들을 수도 없었고 관심을 가지지 않았던 것들을 예로 들어서 빈사에 익숙해지도록 해 보자.

〈표 6-3〉 표상별 빈사의 예시

시각
당신이 말하는 것이 분명히 보여. 그것은 좋게 보여. 그 아이디어는 확실치 않아. 내게는 그것이 약간 희미해. 나는 잠깐 깜빡 했어. 그 이야기는 빛이 난다. 당신한테는 새로운 전망이 요구돼. 나는 이렇게 봐. 그것은 다르게 나타난다. 그것은 다채롭다.

청각
내가 네 이야기를 들어. 그것이 경종이야. 그것은 내게 좋게 들려. 모든 것이 갑자기 재각 맞아. 자신의 소리를 들어. 그 아이디어는 내 머리에 울리고 있어. 무엇인가 내게 조심하라고 말해. 나는 네가 말하는 것에 맞게 조율이 돼.

촉각
쓰린 가슴을 안고 산다. 느낌이 좋거든 해라. 내가 다 취급할 수 있어. 기초 개념이 잡히지. 자신과 접촉을 해. 나는 흙으로 더럽혀졌어. 당신은 너무 집약적이야. 당신 생각이 옳다고 느껴. 나는 막다른 곳에 갇혔어.

미각/후각
무슨 좋은 냄새가 난다. 그녀의 한마디가 나를 씁쓸하게 했어.

감각체계와 상관없는 다섯 번째 빈사가 있다. 일단 빈사를 분별할 줄 알면 언어 속에는 감각정보를 찾아낼 수 있는 감각경험을 묘사하는 단어가 풍부하게 들어 있다는 것을 알게 된다. 물론 감각체계의 어떤 표상도 드러내지 않는 빈사도 많다. 이런 것을 '비특정화된 빈사'라고 한다. 예를 들면, '생각하다'는 비특정화된 빈사다. 시각적인 경향이 있는 사람은 '생각하다'를 시각 빈사로 그림화하는 경향이 있고, 청각적인 경향이 있는 사람은 청각 빈사로, 촉각적인 사람은 촉각 빈사로 생각하는 경향이 있다. 물론 감각체계라는 것은 크게 보면 사람이 어떻게 생각을 하느냐에 달려 있다. 그러나 생각하는 것은 비특정화된 빈사다.

다음은 비특정화된 빈사를 나열한 것이다.

- 생각하다
- 알다
- 이해하다
- 기억하다
- 배우다
- 변화하다
- 믿는다
- 좋다
- 직관하다
- 상처를 받다
- 존경하다
- 선택하다

비특정화된 빈사를 사용하는 사람은 감각적 표상체계를 이용하지 않는 것은 아니다. 내적으로 진행되는 모든 것은 표상체계의 다양한 종류와 연속으로 종합된 것이다. 그 사람이 어쩌다 비특정 빈사를 사용할 수 있는데, 이때 '당신은 어떻게'라는 질문을 함으로써 표상체계를 발견해 낼 수 있게 된다. 예를 들면 다음과 같다.

- "나는 알고 있어."라고 했다면, "어떻게 알지?"
- "그것은 정말 좋아."라고 했다면, "어떻게 특별히 좋은 것이지?"
- "나는 기억해."라고 했다면, "어떻게 그것을 기억하고 있지?"
- "나는 배웠단 말이야."라고 했다면, "어떻게 그것을 배운 거지?"

이렇게 물어보는 것은 감각적으로 특정지어진 빈사를 풍부하게 표현하는 구술적 반응을 확충시킬 수 있다. 접근단서에서 언급하였듯이, 안구의 움직임 파악하기와 같은 비언어적 행동을 자극하여 감각적 체계를 구체적으로 나타내게 할 수 있다.

사람은 항상 자신의 경험을 느낌, 시각, 청각 혹은 미각/후각으로 표현할 수 있는 것은 아니지만, 그것은 자신의 표현에 내포되어 있기 때문에 원하기만 한다면 '어떻게'라는 질문을 함으로써 정보를 얻어낼 수 있다.

다음은 상대방이 사용하는 빈사에 일치시키거나 일치시키지 않으면서(다른 빈사 사용) 빈사 추적을 하는 연습이다. 이 연습을 함으로써 빈사의 일치와 비일치에 의한 의사소통의 영향을 알게 되고, 자신이 가장 선호하는 표상체계를 알 수 있게 된다.

예 1.
  반응: 오늘 밤의 하모니가 깨졌어.
  일치: 그래, 우리는 서로 장단을 맞추었어야 했는데.
  비일치: 이 다음에는 우리가 원하는 것에 초점을 맞추어야 해(이것은 완전히 다른 빈사를 사용한 것이다. 즉, 청각을 시각으로 반응했다).

예 2.
  반응: 그 사람들은 굉장히 떠드는 집단이야.
  일치: 그래, 소란을 피우는 편이지.
  비일치: 그래, 보기 흉하지.

7) 표상 조직 반응 연습

두 사람이 짝을 지어 네 가지의 빈사(시각, 청각, 촉각, 미각/후각)를 포함하여 비특정화된 빈사까지 여러 번 연습을 한다. 그리고 상대가 나의 빈사에 일치

했을 때와 그렇지 못했을 때의 경험이 어떻게 다른가 찾아낸다.

　사람은 언제나 빈사를 사용하기 때문에 이야기나 대화를 경청할 때에 그 빈사는 지침이 되고 매우 유용한 것이 된다. 어떤 반응을 해야 한다는 압박감 없이 그저 들으면서 관찰하여 듣는 사람과 말하는 사람의 커뮤니케이션이 서로 일치하는가 또는 그렇지 못하는가, 그리고 그때마다 어떤 반응이 일어나는가에 대해 주시해 보자. 이렇게 빈사를 추적해 낼 수 있다는 것은 내면에 그치지 않고 일어나고 있는 그 사람의 표상경험의 단서를 잡을 수 있게 해 준다. 이와 같은 정보를 가지면 상대방에 대한 이해가 더욱더 높아질 것이며, 빈사에 함으로써 라포가 신속하게 형성되고 질적인 관계가 유지되는 데 도움이 될 것이다.

8) 빈사 종합

　내담자 혹은 상대방의 표상체계를 추적하는 것과 같은 방법으로 자신이 사용하는 빈사를 듣는 연습도 아주 중요하다. 자신이 어느 감각체계에서 움직이고 있는지 안다는 것은 자기의 행동과 반응을 이해하는 기반을 형성할 수 있도록 한다. 연습과 의식적 참여를 통하여 자기가 선호하는 빈사가 무엇인지를 발견하게 되면 남에게 베풀 수 있는 능력을 소유하게 될 것이다.

　이미 언급하였듯이, 감각에 기초한 빈사(sensory-based predicate)는 사람이 경험하는 내적 표상으로서 그 경험표상의 언어적 표현일 뿐 아니라 그 표상체계에 방향을 제시해 주는 역할을 하게 된다. 자신이 원하는 감각적 경험(시각, 청각, 촉각 등)을 확장하고 싶으면, 그 감각체계(지금까지는 무시당했던)를 의식적으로 활용하는 빈사를 사용함으로써 증가시킬 수 있다.

　예를 들어, 지금까지 자기 자신이 경험했던 것들 중 촉각적인 것이 가장 미약하게 의식하는 분야였다면, 이제부터는 자신을 표현하는 데 느낌에 대한 단어를 많이 사용하는 것이다. 즉, '부드러운' '따뜻한' '신선한' '유한' '거친' '탄탄한' 등의 감정을 나타내는 언어를 자주 사용하도록 한다. 동일한 방법으로 시각적인 경험이 가장 의식하지 못하는 부분이라면, '환한' '밝은' '어두운' '반짝이는' '빛나는' '푸른' '화사한' 등의 단어를 사용하여 약한 표상체계를 강화시킬 수 있다. 마찬가지로 청각체계에서도 '화음' '장단' '속삭이는' '음률' '음악적' 등과 같은 표현을 의식적으로 선택하여 의사소통에 사용할 수 있다.

이러한 단어를 사용하여 말할 때 자신의 지각에 어떤 변화가 오는가에 관심을 기울이고 느낌을 추적하는 것은 원하는 것을 얻는 데 중요한 역할을 하게 될 것이다. 우리는 감각체계를 통하여 세상을 알게 되고, 더 나아가서는 그 의미를 만들게 된다. 내적인 영상이나 소리, 느낌, 충동 그리고 냄새를 통해 그것이 외적 혹은 내적으로 창출되었는지 여부에 관계없이 그 정보를 재현하고 표현하는 경험의 재현 모드(mode)가 표상체계다.

모든 사람이 모든 체계의 표상을 만들고 있으나, 한순간에 한 가지의 표상체계만이 의식적으로 참여하게 되는 것이 이런 사실을 의식하는 데 한계를 만들고 제한을 가하게 된다. 사람에게는 경험이 작용하는 표상체계가 빈사로 나타난다. 다시 말하지만, 이 빈사는 감각체계에서 인출된 동사, 부사, 형용사 등이다.

개인의 세계는 감각경험의 표상으로 형태가 이루어지는데, 그 세계는 개인의 주관적 창작물이다. 다른 사람을 이해하고 안다는 것은 자기가 만드는 감각표상에 대하여 안다는 것을 의미한다. 그 알게 하는 관문을 열어 주는 열쇠가 그가 경험하는 것들을 묘사할 때 사용하는 디지털 구조의 빈사다.

이런 빈사에 관심을 갖게 되면 내담자의 감각적 경험과 일치될 수 있어 라포 형성이 순식간에 이루어지게 되며, 이로써 내담자는 강한 접속감을 갖게 되고, 신뢰감과 동질감이 형성되어 치료에 도움을 줄 수 있다. 독특한 표상작동은 행동을 만들어 내고, 행동을 변조시키고, 경험을 독특하게 이끌어 가는 중요한 채널이기 때문에 이를 활용하여 내담자의 자원으로 확대 · 심화시키는 것이 가능해진다.

내담자는 자신이 필요로 하는 자원을 이미 가지고 있기 때문에 없는 것을 만들어 넣는 것이 아니라 있는 자원을 활용할 줄 알아야 진정한 치료의 효과를 얻게 되는 것이다. 사람의 가장 강한 욕망 중 한 가지는 자신의 말을 타인이 듣기를 원하는 것이다. 들어 주는 자가 말하는 자의 내적 경험을 이해하기 위해서 말로 의사를 전달하는 것보다 표상 조직을 통해 단서를 표착하는 것이 NLP의 중요한 과제다.

　또한 중복된 표상으로 그 의미를 강화시킬 수도 있다. 예를 들면, "보기 좋은 음식이다."라고 했을 때 "보기 좋은 음식은 맛도 있지요."라고 하는 것이다. 또는 "그녀는 음성이 고와요."라고 하면 "음성이 고운 사람은 마음도 따뜻하지요."라고 할 수 있다. 시각을 쓰는 사람에게 미각을 첨가하고, 청각을 가지고 경험하는 사람에게 촉각을 첨가함으로써 그의 세상 경험에 여러 가지 선택을 더해 준다.

 연습 1

두 명이 짝을 지어서 A와 B를 정한다.

1. 일치
- A가 한 가지의 감각체계를 나타내는 빈사가 들어 있는 하나의 문장을 말한다.
- B는 그 빈사를 추적하여 감각체계가 일치하는 빈사를 사용하여 반응해 줌으로써 서로 아는 것을 증명한다.
- 만일 B가 빈사를 놓치면 A는 새로운 문장을 만든다.

2. 비일치
- A가 한 번의 문장을 말한다.
- B는 다른 감각체계 빈사를 사용하여 반응한다.

3. 1과 2를 다섯 개의 범주(시각, 청각, 촉각, 미각/후각, 비특정화된 빈사)로 각각 적어도 3회 이상 반복한다.

4. 역할을 바꾸어 B가 문장을 만들고, A가 1, 2, 3단계를 반복한다.

 연습 2

두 명이 짝을 지어서 A와 B를 정한다.

1. A가 두 개의 다른 표상체계의 빈사가 순차적으로 나타나는 문장을 B에게 말한다.

2. B는 그 빈사의 순서에 따라 표상체계의 순서가 맞도록 문장을 만들어 반응한다.

3. 1과 2를 단계적으로 각기 다른 빈사를 사용하여 6회 반복한다.

4. 역할을 바꾸어 B가 문장을 만들고, A가 1, 2, 3단계를 반복한다.

2. 감각정보

1) 감각정보의 개념

NLP의 대부분이 외적 행동과 주관적 경험을 연결시키는 것에 관련되어 있다. 사람의 어떤 행동에 대하여 언급하려 할 때에는 서로가 동의할 수 있는 '이렇다' '저렇다' 라는 것을 분명히 하는 공감 언어가 필요하다.

이런 언어를 통해 현실을 같이 느끼고 생각하면서 서로의 공감각을 형성하게 된다. 그러나 어떤 행동에 대한 해석들을 이야기해 보면 그것이 서로 동일한 의미를 지니지 않는 경우가 많다. 해석은 각자의 주관에 따라 다르기 때문이다. 서로 나누는 내용이 같게 나타나는 것은 오관작용의 실제(fact)인 감각경험뿐이다. 이렇게 몸으로 느끼는 감각경험의 정도를 추적하면 특정한 신체적 증상이 상호 공감과 언어적 묘사를 통하여 우리에게 나타나게 된다. 감각에 기초한 언어는 보고, 듣고, 접촉하고, 냄새와 맛을 아는 그 실제를 묘사한다.

사람의 어떤 감각적인 경험에 대하여 해석을 시도하는 그 순간부터 비감각적인 언어가 사용되어 경험은 해석되고 설명된다. 우리가 자신의 경험을 묘사하는 것은 언어를 비감각적으로 사용하여 자신의 해석을 작동시킨 것이기 때문에 실제와는 다른 것이다. 이렇게 해석된 비감각에 기초한 설명이나 묘사를 듣고 있는 사람은 그런 해석을 싫어하게 된다. 이런 방식으로 묘사된 같은 사람의 행동은 다른 사람에게는 다르게 해석될 수 있기 때문에 공통성이 없는 묘사가 된다. 따라서 감각에 기초한 묘사는 그 사람의 생리적 표상을 그대로 전달할 수 있다는 점에서 비감각적 묘사와 다르다. 예를 들면, "그녀는 머리를 떨군 채 혼자 벤치에 앉아 있었다." 혹은 "그녀는 이야기를 할 때 울먹이는 음성으로 한숨을 자주 쉬었다." 등의 묘사가 될 수 있다.

감정은 사람의 몸에서 느끼는 것이다. 그러나 사고는 머리에서 한다. 이야기를 하면서(사고) 얼굴이 붉어지는(생리) 것을 볼 수는 있으나, 그에 따르는 감정은 우리가 오관을 통하여 보고, 듣고, 느끼고, 맛을 보고, 냄새를 맡을 수 없는 내면에서 일어나는 것이다. 그래서 내면에서 일어나는 느낌을 이야기하기 전까지는 서로 이해하는 공통적인 정보는 있을 수 없다.

상대방에게 반응하는 것은 자신이 느끼는 감정과 다른 것이 반응하여 나타나는 것이다. 화가 난 사람과 수치심을 느끼는 사람이 느끼는 감정은 다르지만 외적으로 드러나는 것은 구별하기 어렵다. 예를 들면, 아버지와 딸이 함께 식사를 하고 있었다. 딸은 차를 몰고 오는 도중에 접촉사고를 당했다고 말했다. 이 이야기를 하는 순간 듣고 있던 아버지는 눈을 치켜뜨면서 턱을 내려뜨리고 어깨를 올렸다. 이야기를 하던 딸이 "아빠, 또 화났지요? 내가 잘못한 것이 아니라고 말했잖아요."라고 했다. 아버지는 화가 난 것이 아니라는 것을 확인시켜 주려고 노력했다. 그러나 그것이 논란으로 이어졌는데, 아버지는 자신의 어깨나 눈의 움직임이 '딸이 얼마나 놀랐을까?' 하고 걱정하는 데서 생긴 것이라고 설명했다.

이 딸의 반응은 적절한 것이 아니었다. 딸이 아버지의 내면에서 일어나고 있는 것과 자기의 시선에 들어오는 것을 분간할 수 있었더라면 어깨가 올라가는 등의 신체행동이 무엇을 의미하는 것인지를 파악했을 것이고, 그 내용에 대해 반응했을 것이다. 그렇게 했다면 두 사람의 관계는 더욱 좋아지고 다툼으로 이어지지도 않았을 것이다.

우리는 얼굴이 붉어지고 어깨가 올라가는 행동의 의미를 안다고 생각하지만 그것은 물론 옳을 수도 있으나 잘못된 생각일 수도 있다. 상대방이 보이는 반응의 감각에 기초한 묘사를 포착하는 것은 내면에서 일어나는 내용을 모를 때 그것을 파악하도록 해 주는 근거가 되며, 그럼으로써 반응을 더 하기 전에 짚고 넘어가야 할 점이 있다는 것을 알게 해 주는 자료가 된다. 이렇게 함으로써 그 사람의 행동에 대한 자기 자신의 의미와 상대방의 의미를 분간할 수 있게 해 주는 것이다.

연습 3

다음 표상 조직을 V, A, K, O/G로 표기하시오.

_____ 1. 걸려 넘어진	_____ 11. 지근덕거리는 상황
_____ 2. 냄새가 심한	_____ 12. 어둠에 헤매는
_____ 3. 와글거리는	_____ 13. 떨리는 음성으로

　　　　　　　4. 희미한　　　　　　　　　　　14. 다양한 아이디어

　　　　　　　5. 명석한 생각　　　　　　　　　15. 조용한 사람

　　　　　　　6. 쓴 생각　　　　　　　　　　　16. 쓴 생각을 하며

　　　　　　　7. 손을 대어 보며　　　　　　　17. 융합이 잘 된 관계

　　　　　　　8. 큰 소리를 내는 입　　　　　　18. 지평선 위의 달

　　　　　　　9. 변화를 느끼다　　　　　　　　19. 압력을 받는 사정

　　　　　　　10. 코를 쏘는 냄새　　　　　　　20. 그림 같은 묘사

　　실제로 보고, 듣고, 느끼고, 냄새 맡고, 맛을 보는 것에 상대방의 해석이 추가로 제공될 때 감각에 기초한 말과 비감각적인 묘사를 분류하는 신호탄이 될 것이다.

　　예를 들면, 누군가에게 어떤 식당이 좋다는 이야기를 듣고 그곳에 가서 음식을 먹어 보면 맛이 없을 때가 있다. 사실 그 말을 한 사람은 음식에 대해 이야기한 것이 아니라 단순히 그 식당이 좋다는 말이었던 것이다. '좋다는 것'이 감각에 기초한 말이었는지 아닌지 분류할 수 있었더라면 그것이 무엇을 의미하는 것인지를 바로 알 수 있었을 것이다. 그러기 위해서 질문할 수 있는 감각에 기초한 구체적 묘사를 예를 들면 "어떻게 좋습니까?" 혹은 "무엇이 좋습니까?"와 같은 것이 있을 것이다.

　　NLP는 감각에 기초한 묘사를 바탕으로 한다. 해석을 한다는 것은 근본적으로 상대방과 자기 자신 사이에 거울을 두는 것이다. 그것이 나쁜 것은 아니지만, NLP는 해석을 포함하지 않는다. Bandler(1981)는 "궁극적으로 감각에 기초한 묘사는 상대방의 세계 속에 있는 거울을 투명한 유리창으로 바꾸는 일"이라고 하였다. 그는 해석적 묘사에서 해방되고 자유로운 선택을 가질 때까지는 누구도 NLP에 능숙한 사람이 될 수 없다고 주장했다.

　　대개의 경우, 우리는 감각에 기초한 묘사를 한다. 이것은 이상하거나 새로운 것이 아니다. 그러나 우리는 감각적인 묘사와 해석적인 묘사를 분류하지

〈표 6-4〉 감각적 묘사와 해석적 묘사 비교

감각에 기초한 묘사	해석적 묘사
손바닥을 비비다	불안하다
팔짱을 끼다	놀라 두려워하다
얼굴이 붉어진	신경질이 난, 수치심을 느낀
음성이 떨리는	바보 같은

않은 채 살고 있다. 감각에 기초한 언어를 사용하면서 해석적 묘사가 그 증거인 것처럼 반응하는 것이다. 이 두 가지의 차이를 살펴보면 〈표 6-4〉와 같다.

2) 감각적 언어

감각에 기초한 언어로 반응하는 것은 오해와 왜곡을 방지하는 중요한 역할을 한다. 감각적 묘사와 해석적 묘사를 쉽게 분류하기 위해서 이 두 가지의 대조적 반응을 계속 익히는 것은 아주 중요하다. 그 결과는 분류지각 능력의 향상뿐만 아니라 언어기술의 단련으로도 이어진다.

이 두 가지의 묘사를 구별하기 위하여 극적인 영화를 틀어 놓고 등장인물 중 한 명을 선정하여 그 사람의 비감각적인 행동을 관찰한 후 묘사해 보자. 그가 '좌절하고' '화를 내며' '슬퍼하였다' 라는 언어적 표현으로 그의 행동을 적어 내려간다. 영화는 그가 보고, 느끼고, 듣는 것을 통하여 어떻게 그러한 감정(좌절, 화, 분노와 슬픔, 즐거움 등)으로 결론을 내리게 되었는가를 설명하고 보여 줄 것이다. 예를 들어 "그 남자가 슬퍼서 견딜 수 없었다." 라는 판단을 내렸다면 그것은 그가 얼굴을 손으로 감싸고 입술을 깨물며 고개를 아래로 떨어뜨린 채 앉아 있었다는 것에 근거를 두었을 것이다.

그다음 단계에서는 주인공의 생각이나 느낌을 판단하지 않고 감각에 기초한 언어를 계속해서 적는다. 예를 들면, "주인공은 팔짱을 끼고, 눈썹을 위로 치켜 올렸다가 내렸다 하면서, 얼굴의 근육이 이완된 상태에서 미소를 지으며, 손을 이리저리 흔들어 보였다." 라는 표현이다.

이와 같이 언어적 표현, 신체생리적 증상과 듣는 사람의 해석적 표현 등을 변별하는 것은 혼란을 미리 예방하는 신호로 작용하게 되어 주위 환경에 반응하는 능력을 길러 주며, 어떻게 느끼고 어떻게 반응해야 하는가를 선택할 수 있도록 도와준다.

이러한 학습을 강화하기 위하여 다음과 같은 연습을 해 보자.

 연습 4

두 사람이 짝을 지어 A와 B를 정한다(A: 관찰자, B: 피험자).

1. 두 사람이 마주 앉아서 한 사람(A)이 상대방(B)에게 여러 가지의 감정을 경험하도록 지시한 후 그가 나타내 보이는 행동을 노트에 적는다. 그다음에 감각적으로 기초한 것이 아닌 해석적인 묘사를 찾아낸다. 관찰자(A)는 피험자(B)가 경험하는 것을 해석한다.

2. B는 여러 감정(좌절, 슬픔, 노여움, 호기심, 즐거움)을 비언어적으로 표현한다. A는 지각되는 표현을 과장되게 묘사한다.

3. B는 A가 비감각적 표현, 즉 해석적 표현을 할 때 계속 자신 내부의 감정 변화를 유지하며 이끌어 가다가 A가 감각에 기초한 묘사를 할 때는 즉각 중단하고, 그 감각적 묘사를 지적한다.

4. 몇 분 동안 이렇게 하는 것(감각적 묘사에 대한 지적)을 계속한 다음에는 해석적 묘사에 관심을 집중하여 그것이 지각되면 즉시 중단하고 그 점에 대해 지적해 준다.

5. 몇 분 동안 계속하다가 역할을 바꾸어, 즉 관찰자가 피험자가 되어 감각에 기
   초한 언어의 분간력을 연습한다.

....

이 연습은 보고, 듣고, 느끼고, 냄새 맡고, 맛을 보는 감각적 경험을 분간
하는 능력을 기를 수 있게 하는 동시에 다른 사람이 이러한 지각에 어떤 해석
을 하는지 알 수 있게 되므로 주위 사람이나 상황에 반응하고, 느끼고, 경험
할 때 더 폭넓은 선택을 할 수 있게 된다.

우리는 이렇게 자기 자신의 내면에서 일어나는 보고, 듣고, 느끼고, 냄새
맡고, 맛보는 감각경험과 외부에서 일어나는 경험에 대해 해석하는 것을 분
리시키는 법을 배운 적이 없다. 이것이 오해를 하고 추측을 하게 만든다. 현
실에 대한 사실과 그것에 대한 해석을 분류할 수 있다면, 우리는 상대방이 경
험하는 것을 더 잘 알 수 있고, 그에 대한 반응을 더 적절하게 할 수 있게 된
다. 예를 들어, 미소를 짓는다는 것은 얼굴 근육이 수축되고 입술 근육이 이
완되면서 시작한다. 하지만 미소를 짓는다는 것을 행복하다는 의미로 단정
하는 것은 너무 단순한 결론이다. 놀라움이나 불안, 그 외의 어떤 귀찮다는
느낌에서도 웃음이 나타날 수 있다. 그 웃음의 진정한 의미를 파악하려면 웃
는 사람에게 그 의미가 무엇인지 물어볼 필요가 있다.

피험자의 자세나 근육 긴장도가 관찰자에게 편안하게 보였다면, 피험자가
느끼는 감정이 관찰자의 해석과 일치하는가를 점검해야 한다. 모든 사람이
즐거움과 슬픔을 어떻게 느끼는 것인지 다 알고 있지만, 모든 사람이 이러한
감정을 같은 방법으로 표현하지는 않는다. 감각에 기초한 묘사를 하면서 이
감정을 자신에게 또는 다른 사람에게 말로 표현해 본다. 몇 주 동안 실습을
하면서 어떤 경험이 자신에게 일어나고, 어떤 변화가 생기는가를 찾아본다.
그러면 언제 감각적 묘사가 필요한지를 알게 될 것이다.

이렇게 비감각적 언어와 감각적 언어 간의 차이점을 인식하고 분별하는
것을 배우는 것은 상대방이 표현하는 것에 어떻게 반응해야 하는가를 선택

하는 데 도움을 제공한다. 서로 관계를 가지고 의사교환을 할 때 상대방이 사실 지각을 전달하는지 아니면 지각한 해석을 전달하는지 분간하여 들을 수 있게 된다. 또한 자기가 한 표현에 대해서 분간을 할 수 있게 된다. 이렇게 하여 얻어지는 정보는 그때 자기가 원하고 필요로 하는 정보인가 아닌가에 대한 결정을 내릴 수 있게 한다. 하지만 감각에 기초한 묘사를 언제 어디서나 찾아서 활용할 수 있다는 것은 아니다.

예를 들면, 어떤 사람이 나의 느낌을 지적했는데, 그것이 완전히 틀렸다고 하자. 또한 내가 곁에 있는 사람이 느끼고 생각하는 것을 짐작했는데 이후 어떤 좋지 않은 일이 생겼고 내 생각과 짐작이 잘못되었다는 것을 발견하게 되었다고 하자. 그리고 어떤 영화를 본 친구가 내게 그 영화가 매우 근사하다고 말해서 내가 그 영화를 보았는데 별것이 아니거나 재미가 없었다고 하자.

바라고 생각했던 것과 완전히 다른 결과를 낳은 한 가지 상황을 선택하여 그 결과를 얻기 직전으로 현재 의식을 되돌려 보자. 거기서 경험하는 것을 감각적 언어를 사용하여 설명하는지, 비감각적 언어를 사용하는지 분류해 보자. 여기서 배운 것을 지금 자기 앞에 일어나고 있는 사건을 변화시키는 데 사용하여 어떤 분별력이 일어나는지 관심을 집중한다.

자신이 직접 보고, 듣고, 느끼고, 냄새를 맡고 맛을 봄으로써 알게 된 사실을 묘사한 것을 감각에 기초한 언어라고 한다. 감각적으로 인출된 표현은 누구나 공유하는 사실에 근거한 것이다. 그와 반대되는 방법은 감각적 경험의 해석을 보고하는 것이다. 이것은 시각적 · 청각적 · 촉각적 표현을 해석한 것으로 비감각적 근거에 대한 보고이며 하나의 판단이다. 동시에 자신의 사고와 느낌에 대한 직접적 확인이 없다면 그것은 서로가 같이 나눌 수 있는 사실에 근거한 것이 아니다.

다음과 같은 연습은 이 두 가지를 분간하지 않거나 혹은 비감각적인 언어를 사용하여 해석한 타인의 행동을 분별하지 않고 결정지어 사용하는 것이 얼마나 심각한 일인가를 알게 해 준다. 이러한 것은 의사소통에서 서로가 같이 나누는 사실이 될 수 없다.

연습 5

두 사람이 짝을 지어 연습한다.

1. 두 명이 짝을 지어 마주앉아 얼굴표정이나 자세를 바꾸어 가면서 비언어적인 정서상태(좌절, 호기심, 슬픔, 환희 등) 몇 가지를 표현한다.

2. 그 과정에 비감각적 언어만을 사용하여 자신이 지각하는 것을 큰 소리로 묘사한다. 한 명이 감각에 기초한 묘사를 사용할 때 다른 한 명은 그를 당장 중단시키고 그 감각적 묘사를 지적한다.

3. 몇 분(5~7분) 동안 연습한 후 이번에는 지각하는 감각에 기초한 묘사 언어를 사용하여 큰 소리로 묘사한다. 만일 해석적 묘사가 사용되면 다른 한 명은 그를 당장 중지시키고 해석을 지적한다.

4. 연습이 끝나면 역할을 바꾼다.

 연습 6

감각적 표현을 V, A, K로 분류해 적으시오.

1. 영화를 보면서 일정 부분에서 주인공의 특성을 비감각적인 언어로 묘사하여 적는다. 그다음 부분은 그 주인공의 특성을 설명하기 위한 판단을 하는데, 보고 들은 것(판단의 기준)을 묘사하여 적는다.

2. 다음 부분에서는 주인공이 하고 있는 반응을 묘사하는데, 그가 느끼고 생각하는 것에 대한 판단은 중지하고 감각에 기초한 언어만 찾아 적는다.

3. 두 사람이 짝을 지어 이야기를 나누면서 상대방에게 같은 방법으로 번갈아서 감각에 기초한 묘사와 해석을 한 후 동시에 반응한다. 그런 다음 서로의 느낌을 비교한다.

4. 관찰되는 경험(좌절, 분노, 슬픔, 즐거움)의 신체적 증상을 포착하여 그것의 의미를 알아낸다. 관찰자의 해석이 경험하는 자와 공통으로 나눌 수 있는 사실인가를 알아본다.

07
초점 맞추기, 조각내기 및 라포

1. 초점 맞추기

　사람이 좋은 의도를 가졌다고 해서 그 의도를 성취하는 것이 항상 보장되는 것은 아니다. 집을 방문하여 물건을 팔러 다니는 방문판매원은 사실 소비자를 귀찮게 할 의도는 전혀 없다. 단지 자신이 말하는 것에 관심을 가지며

[그림 7-1] 화살의 초첨

물건을 사 주기를 바라는 마음뿐이다.

　힘든 하루 일을 마치고 귀가하는 남편에게 집안의 보일러가 고장났고, 지붕에서 물이 샌다는 말을 하는 아내는 남편을 괴롭히려는 의도가 아니라 남편이 모르고 있는 그날의 일을 알려 주려는 것뿐이다. 하지만 의도는 좋아도 때를 잘 맞추어 이야기하지 않으면 잘못된 해석으로 받아들여지고, 그 순간 집안 분위기는 편안하지 않게 될 수 있다.

　좋은 의도를 성취시키는 데 누락된 것이 있다면, 그것은 그 순간 상대방이 느끼는 마음을 이해하는 능력이 없었다는 것이다. 물론 자신의 느낌을 말할 수 있었을 것이지만 당장 그렇게 하는 것은 상대방을 귀찮게 하는 것이 된다. 그래서 의도는 설명에서 삭제되고 표면적 의사만 전달된다.

　실제로 사람은 자신의 사고, 느낌, 선호를 말로 하는 것처럼 내면에서 진행시키지는 않는다. "이런 것을 느낄 때는 이렇게 해야 한다"고 말을 하기는 하지만 결과적으로 이해의 부족으로 인해 잘못된 커뮤니케이션이 일어나게 되고, 표현되는 행동에 들어 있는 누락된 메시지를 찾아내는 데 어려움만 남게 된다.

　사람이 생각하고 느끼는 것은 약간의 차이만이 있으나 외적으로는 아주 특이하게 표현되는 경우가 많다. 느끼고 생각할 때의 안구의 움직임은 추적하기 어렵지만 그것이 내적 경험의 표현이라는 것은 부인할 수 없다(Bandler & Grinder, 1975). 거짓말을 해야 할 때 정직함으로 위장하기 위하여 얼굴의 근육을 조정하고, 그 움직임에 신경을 쓰고, 음성을 가다듬는 데 얼마나 노력을 해야 하는가를 상상해 볼 수 있다. 어색한 웃음, 얼굴의 화끈거림, 음성의 떨림 혹은 긴장 등은 거짓말이 아니라는 것을 위장하고 그것이 마치 통합성 있는 표현인 것처럼 보이려고 애를 쓰는 거짓말을 하는 사람의 행동이다.

　초점 맞추기는 다른 사람의 표현행동을 감지하고 그 행동을 자신의 내적 반응에 연관시키는 것을 의미한다. 초점 맞추기를 하면 상대방이 짜증스러워할 때 입술을 열고 가느다란 한숨을 지으며 실망을 할 때 입술을 다물고 한숨을 짓는다는 것을 감지할 수 있다. 이런 행동을 관찰하고 연관을 지으면 그 당시의 상대방의 기분(짜증, 실망 등)을 알 수 있어 적절하게 반응할 수 있는 기반이 된다.

초점 맞추기는 표현되는 행동이나 유추행동에 대해 자신의 행동을 동일하게 배치시키는 것을 바탕으로 한다. 상대방이 자신을 표현하는 그 즉시의 정서적 상태를 파악하여 그것에 자신의 행동을 연결하는 것이다. 요약하자면, 상대방이 표출하는 행동이나 말에 대해 세심한 관찰을 함으로써 그의 내적 상태를 민첩하게 감지하고 반응을 보이는 등의 조치를 취할 수 있다. 그럼으로써 상대방이 자신의 외적인 행동에 내적 행동과 반응을 연결할 수 있게 하는 지도자적인 역할을 하는 것이다.

초점을 맞추기 위하여 〈표 7-1〉을 통해 감지되는 유추행동[1]을 예로 살펴보자. 여기서 제시한 여러 가지 현상은 의식 밖에서 일어나는 표현행동의 감각에 기초한 요소들이다. 초점 맞추기는 상대방의 유추 형태 변화를 감각에 기초하여 묘사하는 것으로 시작한다. 일단 같은 표현행동이 여러 번 동시에 나타날 때마다 질문을 하여 확인하였다면, 특정 감정상태에 초점 맞추기를 잘하고 있는 것이다. 이후에도 같은 유추 변화 신호를 상대방에게서 발견하게 되면 그에게 물어볼 필요 없이 그 사람의 내면에서 일어나고 있는 것을 알

〈표 7-1〉 유추행동의 표상

시각	청각	촉감	후각
안색 변화 안면근육의 긴장도 눈동자의 움직임 입술의 긴장도 머리 움직임 손발, 다리, 팔, 어깨 동작 몸의 자세 가슴의 호흡	말의 속도 말의 크기 어조 말의 고저	근육 피질 체온 근육 긴장도 피부 수분의 농도	땀 호흡의 강도 음주 호흡 향, 체취

---

1) 오관의 자극에서 비롯되는 내부 경험이 외부로 나타나는 신체생리적 변화와 디지털 종속모형을 포함한다.

수 있게 된다. 아파서 누워 있는 사람의 머리에 손을 얹어 열이 있는지를 가늠하는 것은 초점 맞추기다. 혹은 선물을 주면서 받는 사람이 나의 선물을 좋아하는지를 알기 위하여 음성과 표현에 주목하는 것도 초점 맞추기다. 초점 맞추기는 의사소통을 하는 데 중요하고 필연적인 것이다.

사람이 의사를 표현할 때 단어를 어떻게 사용하느냐에 따라 그 의미가 변한다. 즉, 같은 말이라도 고저, 어조 혹은 속도나 음성의 질, 대답이 '예'인지 '아니요'인지에 따라서도 그 의미는 달라진다. 이것을 분별하기 위해서는 말하는 사람의 내용을 뒷받침하고 있는 감각적 단서를 주의 깊게 살펴보아야 한다. 집중된 변화에 대한 민첩성은 말로 표현된 언어에 반응을 하게 할 뿐만 아니라 의사소통을 가능하게 한다. 초점 맞추기의 목적은 사람들 사이의 의사소통을 원활히 하는 데 있다.

일단 우리가 보고, 듣고, 느끼는 상대방의 사고와 감정에 대한 유추 변화에 연관지어 초점이 맞추어지면, 우리는 상대방의 내면에서 일어나고 있는 것에 대해 서로 공유하는 실제(shared reality)를 형성할 수 있으며, 또한 반응을 하는 데에도 적절성과 존중감을 가지게 될 것이다. 초점 맞추기가 그저 유추행동의 변화를 지각하는 것뿐만 아니라 행동 변화에 따라 내적으로 일어나는 것을 발견하는 것도 포함되어 있다는 것을 반드시 기억하여야 한다.

초점 맞추기를 잘하기 위해서는 감각적 단서에 대한 경각심을 가져야 한다. 그래야만 사랑하는 사람이 좋지 않은 일을 경험했을 때 금방 알아차릴 수 있게 되고, 그것을 일상적인 일로 간주하지 않고 무슨 일이 일어나고 있는가 알아야 할 신호로 파악할 수 있게 된다. 많은 경우 우리는 타인의 유추행동에 자동적인 반응을 보인다. 그런 행동이 무엇을 의미하고 있는지 자신이 알고 있다고 단정하고 있기 때문이다. 그것 때문에 의사소통에 오해가 발생하게 된다.

예를 들면, 청소년은 자기 자신에게 무슨 일이 일어나고 있는지 말하기를 주저한다. 그럼에도 부모는 자녀가 피곤해하거나 의기소침해 있다는 것을 알고 거기에 맞추어 반응할 수 있다. 어린아이는 자신의 욕망을 말로 잘 표현하지 못하지만 그들이 표현하는 레퍼토리에 초점을 맞추어 텔레비전을 보다가 놀라거나, 혼란을 느끼거나, 적대감을 가지거나, 따돌림을 받는다는 것을 알게 된다.

상대방과 의사소통을 해서 지금까지 알지 못하고 의식하지 못했던 것을 의식한다는 것은 상대방의 속을 들여다보는 것과 같은 것이다. 이상할지 모르지만, 관심을 가지고 있는 상대방의 내부에서 일어나는 것을 알고 싶어 하는 것이 인간의 본능이다.

이와 같이 알고 싶은 것에 대하여 우리가 추측하는 것보다 더 효과적인 방법은 '초점 맞추기' 라 할 수 있다. 초점 맞추기의 능력은 다른 사람의 내부에서 일어나는 것을 이용하여 (그것을 모르고 있는 것보다) 더 적절하게 그들에게 반응할 수 있는 기회를 마련해 주는 것이다.

유추에 초점을 맞추기 위하여 상대방에게 질문을 하는 것은 조작성이 있지 않느냐고 반문하는 경우가 있다면, "자신이 갈 길을 찾기 위하여 눈을 크게 뜬다는 것이 조작성이란 말인가!" 라고 반문할 수 있을 것이다. 우리가 질문을 하거나 그렇지 않거나를 막론하고 사람은 비언어적 의사소통을 제공한다. 초점 맞추기 연습을 하는 장면을 제외하고는 이런 질문을 누구에게도 하지 않게 될 것이다. 초점 맞추기를 하기 위하여 질문을 하는 사람에게는 성취하고자 하는 어떤 의도가 있다. 직장 동료와 사이좋게 지내기 위해, 내담자의 문제를 도와주기 위해, 혹은 사랑하는 사람을 지원하기 위해서 할 수 있는 일이다. 간단히 말하면, 초점 맞추기는 고객에 대한 서비스가 될 것이다. 초점 맞추기는 조작성이나 이익 추구를 위한 것이 아니라 순수한 기술이다. 단지 그 기술을 가지고 무엇을 할 것이냐 하는 의도가 문제가 되는 것이다.

1) 초점 맞추기 학습

초점 맞추기는 유추 상태(유추행동 표상)를 파악하는 기술을 습득하여 사람의 현재 내적 상태와 연관시키는 것을 의미한다. 이러한 내적 상태의 생리적 증상을 '미세 단서(minimal cue)' 라고 한다.

사람은 이러한 놀라운 표현을 계속하고 있기 때문에 정상 의식의 역치 수준에 미달하는 표현을 많이 한다. 정상 의식의 역치 수준은 감각적 체계에 의해 결정이 되는 것이 아니라 유추 상태를 의식하는 습관에 의해 결정된다.

한숨을 쉬거나 호흡의 패턴을 바꾸는 것은 틀림없이 어떤 내적 상태를 변화시킬 때 일어나는 현상이다. 이런 호흡 패턴은 당장 지적될 수 있는 것이지만, 그것을 의식하는 사람은 거의 없다. 이처럼 유추 최소단서 전환의 특징으로 호흡패턴을 들 수 있다. 이런 신체생리적 변화는 의사소통 과정에서 얼마든지 발견되는 단서다.

〈표 7-2〉에 열거된 유추 분류에 관심을 가지고 초점 맞추기를 해서 순간적으로 상대방의 내면에서 일어나고 있는 상황과 연결할 수 있도록 끌어 주는 것이 유추 초점 맞추기의 고유한 방법이다. 한두 가지의 분류 범주에 얼마 동안 집중하여 연습하는 것이 익숙해지면 다음으로 넘어가는 것이 효과적이다.

한꺼번에 모든 것이 다 지각에 들어와 초점 맞추기가 이루어져야 하는 것

〈표 7-2〉 유추 초점 맞추기

미세 단서	안구 단서	눈동자의 시각적 공간, 방향 단서
	근육의 긴장도	얼굴 근육의 윤기, 이완, 탄력, 긴장도
	입술 크기	풍만성, 얇게 되거나 탄탄해짐
	얼굴빛	달아오른, 새하얀, 붉으락푸르락
	자세	앞으로 구부러진, 옆으로 기댄, 허리를 쭉 뻗은, 앞을 꼿꼿이, 긴장되고 고착된, 이완된, 팔짱을 낀/다리를 꼰
	움직임	율동적인, 흔드는, 추스리는, 토닥이는, 산만한
	호흡	규칙적/비규칙적, 숨을 죽이는, 갑작스러운 한숨, 상흉부 또는 깊은 흉부나 복부에서 나오는 숨
	냄새	땀, 젖음
언어	어조	거친, 속삭이는, 짧게 끊어지는, 고정된
	속도	빠른, 느린, 더듬는, 고른, 평온한, 떨리는
	소리	큰소리, 중간, 조용한
	높낮이	높은, 중간, 낮은, 계속되는, 오르락내리락

은 아니다. 유추 표현에 참여한다는 것은 상대방의 표현 방법에 달려 있다. 예를 들면, 어떤 사람은 화가 났을 때 음성의 높낮이가 바뀌고 호흡패턴에 전환이 일어나는가 하면, 또 다른 사람은 음성과 호흡에는 아무런 전환이 없지만 고개를 숙이고, 몸이 굳어지며, 얼굴 근육이 거칠어진다. 연습을 할 때는 어떤 유추 요소를 찾으려 하지 말고 상대방이 자기표현을 할 때 어떤 유추 표식이 일어나는가 관찰하고 듣는 것이 더욱 효과적이다. 이것을 확실히 하기 위해서 여러 번 반복하여 연습함으로써 상대방의 여러 가지 표현에 얽혀 있는 각기 다른 반응을 분류할 수 있게 된다. 결과적으로 상대방의 어떤 반응이 자신의 질문이나 행동에 측정 의미가 있는가 알게 될 것이다.

 연습 1

두 사람이 짝을 지어서 한 사람은 경험자(A), 다른 한 사람은 관찰자(B) 역할을 한다.

- 1단계　A는 눈을 감고 정말 좋아하는 사람을 생각한다. B는 A의 유추 전환에 초점 맞추기를 한다.
- 2단계　B는 A를 1단계 상태에서 분리시킨다.
- 3단계　이번에는 A에게 싫어하는 사람을 생각하게 한다. B는 A의 유추에 초점 맞추기를 한다.
- 4단계　B는 A가 3단계 상태에서 분리되도록 지시한다.
- 5단계　A에게 좋아하는 사람을 생각하게 하고, 싫어하는 사람을 생각하게 함으로써 비교되는 점에 대해 체크한다.
- 6단계　A에게 그 두 사람에 대하여 생각을 하면서 여러 가지 묻는 말에 대답하게 한다. B는 A가 누구를 생각하며 유추 메시지를 드러내는가 알아맞힌다.

연습 2

다음 연습은 Lesile Bandler의 시범에서 나타난 구체적 방법을 간단히 요약한 것이다.

- 1단계   A에게 자신이 좋아하는 아주 특별한 사람을 생각하도록 요구한다. 따뜻하고 친근감을 가지는 음성으로 말하며, 반응할 시간을 준다. A에게 그 사람이 마음에 떠오르면 그가 방금 문을 열고 들어왔다고 상상하게 하여 그가 나타난 것에 반가움을 느끼면서 그의 음성을 듣고 그가 움직이는 것을 보며 손을 잡으라고 한다(특별히 좋은 사람을 맞아들이는 경험에 완전히 몰입되었을 때 상대방의 유추에 초점을 맞춘다).

- 2단계   1단계의 정서 경험상태를 분리시킨다(1단계 경험을 벗어나게 함). 이때 A에게 상관성이 없는 질문을 할 수 있다. 예를 들면, "어느 학교를 졸업했는가?" "액세서리가 예쁜데 어디서 샀는가?" 등의 질문을 지금까지 사용한 음성과 어조를 달리 해서 물어본다.

- 3단계   A에게 그가 아주 싫어하는 어떤 사람을 생각하게 한다. 이 사람은 같이 있으면 소름이 끼치는 대상이 될 수 있다. 그것이 어려우면 나쁜 사람이나 문제를 일으키는 사람, 혹은 나쁜 습관을 가졌거나 말이 거칠고 무례한 사람도 좋다. 마음에 그 사람이 떠오르면 그가 뒤에서 나타나 어깨에 손을 대면서 말을 시작한다고 상상하게 한다(A가 지나치게 드라마틱한 사건을 택하지 않게 하고 유추상 지나친 경험을 떠올린다고 인식되었을 때는 다른 사람, 약간 위험이 덜한 대상을 선정하게 해야 한다). A의 경험이 충분히 이루어지도록 유추를 확충하여 초점을 맞춘다.

- 4단계   3단계의 정서 경험상태를 분리시킨다. A에게 좋아하는 사람을 생각할 때와 싫어하는 사람을 생각할 때 경험하는 것의 차이점을 물어본다(좋은 사람을 생각할 때는 따스하고 친근감 있는 목소리로 이끌어 가고, 싫은 사람을 생각할 때는 거친 목소리를 사용한다). 체크한 후에 A의 경험 분리를 유도한다.

• 5단계 A에게 그 두 사람에 대한 여러 가지 질문을 하여 대답을 하게 한다. 두
  사람이 서로 비교가 되는 질문을 하는데, 예를 들면 다음과 같다.
  – "누가 당신과 더 가까운 곳에 살고 있는가?"
  – "누가 더 긴 머리를 했는가?"
  – "누가 더 교육을 받았는가?"
  – "누가 더 얼굴색이 검은가?"
  – "누가 더 돈을 많이 가졌는가?"
  – "누가 더 친구가 많은가?"
  – "누가 더 키가 큰가?"
  – "누가 더 발이 큰가?"

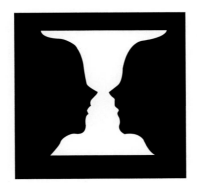

[그림 7-2] 초점의 중심
흰색에 초점을 두면 화분이, 검은색에 초점을 맞추면
두 사람이 마주보는 것으로 보인다.

질문을 하면서 A가 누구를 생각하는가 추적해 본다. A에게 반응하는 시간적 여유를 주면 그가 한 사람을 생각하고 그다음 사람을 생각할 때 두 가지 감정상태를 오가는 것을 발견할 수 있게 될 것이다. 마지막으로 떠오르는 상태가 대답을 제시하는 것이다. 만일 반응을 드러내 보이지 않으면 질문을 하여 체크를 하거나, 필요하다면 새로 초점 맞추기를 하게 한다.

이 연습에서 중요한 것은 한두 번의 연습을 통해서 숙달되는 것이 아니라는 점이다. 여러 번 연습을 하면 유추 분별에 익숙해지며, 일상생활 속 다른 사람과의 관계에서 기술로 사용할 수 있게 된다. 이것은 지식으로 배워 파일 속에 넣어서 치워 놓는 것이 아니라 계속 연습함으로써 개발되는 기술이다.

우리가 초점을 맞출 때는 사람의 자세를 지나치게 집중하는 경우가 많은데, 그 이유는 그 사람의 얼굴의 미세한 변화를 찾아내려고 주목하기 때문이다. 의미가 있는 유추 변화는 입술 크기의 변화뿐만 아니라 상대방이 몸을 앞으로 구부리느냐 다리를 포개느냐 등의 자세 변화도 중요하다. 상대방의 전체를 보고 음성을 들어서 무엇이 독특한 유추 변화인가 살펴본다.

기억은 학습을 가능하게 하는 인간의 자원이다. 사람이 기억에 접근하는 경험과 기억 자체를 경험하는 것에는 차이점이 있다. 사람에게 일어나는 내적 변화에 초점을 맞추기 위해 가장 중요한 것 중의 하나는 접근단서다. 접근단서는 사람이 정보를 추적할 때 일어나는 변화다. 이 변화상태를 지각함으로써 그 사람이 내적으로 진행시키고 있는 상태를 기다리거나 중단시킬지 여부를 알게 된다.

또한 사람이 내적 경험상태를 드러낼의 때의 유추 유형의 변화는 독특성을 가지며 각기 다를 수 있다. 예를 들면, 어떤 내적 상태를 이야기할 때 눈썹의 움직임을 보이는 사람이 있는가 하면, 음성과 호흡 양식으로 그 느낌을 나타내는 사람도 있다. 인간의 경험은 여러 겹으로 싸인 반응이 동시에 일어나는 것이다.

그 순간에 내적으로 의식되는 여러 가지 일에 대한 하나의 표현이 인간의 유추 변화다. 정확한 초점 맞추기는 드러난 감각적 단서가 어떤 상태와 연관되어 있는가를 분류할 수 있는 능력과 관련이 깊다. 이렇게 하는 것은 시간을 달리하여 특정 반응에 재초점 맞추기를 실시함으로써 가능해진다. 여러 가지 개인 상태에 정확하게 초점 맞추기를 한다는 것은 많은 시간이 경과되어야 가능한 일이다. 상대방의 어떤 경험상태에 잘못된 초점 맞추기를 계속한다는 것은 그 사람의 여러 가지 다른 상태를 질적으로 분류시키는 감각적 단서를 놓쳤기 때문이라고 할 수 있다. 상대방에게 일어나는 상태에 초점 맞추기를 하기 위해서는 준비가 이루어져야 하며, 만일 확실하지 않을 때는 재초점 맞추기를 하도록 준비해야만 한다.

　연습 1, 2에서는 시각적 초점 맞추기 기술을 연습하였다. 그러나 유추정보에는 청각적으로 드러나는 것도 상당히 많다. 앞에서 연습한 것을 기반으로 하여 청각 유추 연습을 하는데, 이번에는 눈을 감거나 상대방을 외면하며 할 수 있다.

　　연습 3

두 사람이 짝을 지어 연습한다.

- **1단계**　A에게 아주 좋아하는 사람을 생각하게 한다. 그 사람이 떠오르면, 그가 지금 문을 열고 들어오며 자신이 즐겁게 맞아들이는 장면을 상상하도록 요구한다. 그 사람의 음성을 상상하고, 손을 잡고, 서로 움직이는 것을 상상하게 하여 그 사람에 대해 특별한 묘사를 하게 한다. A의 음성의 어조, 속도, 크기, 높낮이에 초점 맞추기를 한다.
- **2단계**　상태분리를 유도한다.
- **3단계**　A가 싫어하는 사람을 생각하게 한다. 마음에 그 사람이 떠오르면 그가 뒤로 와서 어깨에 손을 얹으면서 이야기를 한다고 상상하게 한다. A에게 그 사람에 대해 간단한 설명을 하게 한다. 그가 싫어하는 사람을 묘사할 때 음성의

어조, 속도, 크기, 높낮이에 초점 맞추기를 한다.

- 4단계   상태분리를 유도한다.
- 5단계   A에게 좋아하는 사람에 대해 더 많은 이야기를 할 것을 부탁하며 초점 맞추기를 한다. 싫어하는 사람에 대해서도 같은 것을 하게 한다.
- 6단계   A에게 그 두 사람과 관계되는 여러 가지 질문을 하여 대답하게 하는데, 이때 '이 사람' 이라는 용어를 사용해야 하는 것을 기억한다. 질문할 내용은 다음과 같다.
  - "이 두 사람이 사는 곳에 대해 내게 이야기할 수 있어요?"
  - "이 두 사람의 머리색에 대해 내게 이야기할 수 있어요?"
  - "이 두 사람의 교육 정도에 대해 내게 이야기할 수 있어요?"
  - "이 두 사람의 직장에 대해 내게 이야기할 수 있어요?"
  - "이 두 사람의 친구에 대해 내게 이야기할 수 있어요?" 등

....

대답은 한두 마디로 끝날 수 있다. A가 두 사람에 대해 묘사하는 것에 초점 맞추기를 한다. 이 연습을 여러 사람과 번갈아 가면서 실습하고, 청각적 초점 맞추기의 기술을 정교하게 다듬는다. 이 연습을 할 때는 물론 한 사람만을 대상으로 하지 않아도 된다. 감미로운 음악으로 아늑한 방 분위기를 연출하거나 다른 대상을 응용할 수도 있다. 진행 방법은 같지만 실험하는 질문은 다를 수 있다.

예를 들어 대상이 물건이라면, 그것들 중 어느 것이 더 부드러운지 혹은 가벼운지, 색상은 어떻게 다른지를 질문할 수 있고, 음악에 대한 것이라면 소리가 어느 것이 더 큰지, 하모니는 어느 것이 더 좋으며, 어느 소리가 더 길고 어려운지 등이 될 수 있다. 여러 가지 대조적인 것으로는 동의와 부동의, 이해와 혼돈, 기쁨과 짜증, 호기심과 싫증 등으로 질문하여 대답하게 한다. 이것을 표상체계의 종속모형이라고 한다.

초점 맞추기를 하는 궁극적 목적은 사회생활 혹은 피험자와 상호작용을

할 때에 상대방과 초점을 공유할 수 있도록 하는 데 있다. 불안, 초조, 사랑의 감정, 짜증, 열기와 같은 강렬한 내적 상태의 외적 표현은 더욱 극적인 경향이 있기 때문에 처음부터 이것에 초점을 잘 맞추어 내적 상태를 같이 느끼는 것은 관계에서 중요한 역할을 한다.

2) 체험에 초점 맞추기

NLP는 사람에 대해 어떤 가정을 하지 않는 것에 중요한 기반을 가지고 있다. 그 사람이 어떤 사람인가 추측을 하는 것보다 진정 그가 어떤 사람인가 찾아내려는 것이 NLP의 목적이다. 그 사람의 내면에서 일어나고 있는 것이 외부적으로 반영될 때 그것을 보고 듣고 느끼는 것에 연결지을 수 있는 것과 연결시킬 수 있는 진실한 방법이 초점 맞추기다.

모든 사람이 행복하거나 슬프거나 화가 났을 때의 감정을 같은 모습으로 표출한다고 생각하는 것은 잘못이다. 초점 맞추기를 실습해 보면 그렇지 않다는 것을 발견하게 된다. 가정을 하고 추측을 하는 데서 벗어나게 하는 것이

[그림 7-3] 유추 표식의 절정

출처: Lewis & Pucelik (1982).

초점 맞추기다. 초점 맞추기는 유추 표식에 관심을 집중하는 것이다. 이때 중요한 것은 다른 사람에게 그의 내면에서 일어나고 있는 것을 확인시켜 주고 진정으로 알아야 하는 새로운 세계로 이끌어 주는 것이다. 여기서는 이와 관계된 몇 가지를 살펴본다.

- 유추의 의미 유추(analogue)는 사람이 사용하는 언어를 제외하고, 우리가 오관을 통하여 보고, 듣고, 느끼고, 냄새를 맡고, 맛을 보는 전체 행동을 포함한다. '슬프다'고 표현할 때 그것에 관계된 음성의 높낮이, 속도, 길이, 크기는 유추의 일부다. 그러나 그 단어 자체는 유추가 아니다. NLP에서는 말(언어)을 숫자적 의사소통이라 부르며, 그 외의 것은 모두 유추 의사소통이라고 한다.
- 음성의 어조와 높이 음악의 악보와 같은 것이 음성의 고저를 나타내는 피치(pitch)다. 소프라노의 피치는 베이스 피치보다 훨씬 더 높은 음정의 범위를 포함한다. 대화 중에 보통 높은 피치로 이야기하는 사람들이 있는 반면, 낮게 이야기를 하는 사람도 있다. 어조라는 것은 사람이 처한 상황에서의 감정에 따라 극적으로 변할 수 있다. 같은 악보를 가지고 연주하더라도 바이올린과 아코디언의 톤이 다른 것처럼, 사람도 정서의 질에 따라 톤이 다르게 나타나기 때문에 음성의 톤이 감정의 질을 드러낸다고 믿는 사람도 많다.
- 얼굴빛의 변화와 다른 표현 기억을 더듬어 찾을 때 순간적으로 얼굴이 달아오르거나 창백해지는 것을 보게 된다. 대개의 경우 이러한 증상은 의식에서 그냥 지나친다. 사람이 종종 지나치고 의식하지 않는 것이 피부빛의 변화다. 이러한 것은 개인적 경험에서도 많이 찾아볼 수 있는 것이므로 주위 사람의 얼굴표정이나 피부 빛의 변화를 의식하는 것은 아주 중요하다. 주위 사람의 얼굴표정이나 피부 빛의 변화를 의식적으로 살피면 그 변화를 쉽게 찾을 수 있게 된다. 하지만 대화 중에 눈동자의 움직임이나 피부 빛 그리고 입술 크기의 변화를 의식적으로 조정하는 사

람은 거의 없을 것이다. 머리나 몸을 살짝 움직이는 것과 같은 변화를 조정한다는 것은 어려운 일이다. 대개의 사람들은 이러한 행동 표현을 의식하지 않고 있다.

3) 동시성 유추행동 처리 방법

처음에는 모든 유추에 주의를 집중하기가 어렵다. 한 번에 한 가지(피부 빛이나 입술의 크기, 몸의 자세 등)만 선택하여 며칠 동안 그 사람의 유추 부분에 관심을 집중한다. 그래서 그 부분의 변화가 분명하게 보이면 다른 부분(말하는 속도)에 관심을 돌려 집중한다. 그런 다음 또 다른 것에 집중하다 보면, 결국에는 여러 가지 유추 신호에 동시에 반응할 수 있게 될 것이다. 빨리 배우는 데 얼마의 기간이 걸리느냐 하는 것은 그 사람의 의식적 노력에 달려 있다. 단순히 사람에게 일어나고 있는 경험에 대한 무의식적 의사소통 방법을 발견하기 위해서는 그것에 대한 호기심의 문제가 중요한 영향을 미친다.

이미 언급하였듯이, 호흡은 경험의 상태에 따라 변한다. 호흡패턴을 알고자 할 때는 어깨에 관심을 집중해야 한다. 호흡을 할 때는 어깨가 움직인다. 숨을 들이쉬고 내쉴 때는 코의 공기 통로가 약간씩 확장된다. 이런 실습을 통해 시각의 의식적 장이 확산될 수 있다.

사람은 자신의 내면에서 일어나는 것에 대해 다른 사람이 아는 것을 싫어할 수도 있다. 그러나 사람은 이미 가정과 추측으로 다른 사람의 내면에서 일어나는 것을 안다고 생각하고 행동하기 때문에 그 추측이 잘못되었을 경우에는 감당할 수 없는 일이 발생할 수도 있다. 추측의 의도는 좋았으나 그것을 통해 얻은 정보가 잘못된 것이다. 실제로 가정이나 추측을 하기보다 우리 안에서 일어나는 것에 초점을 맞추는 것은, 이미 언급하였듯이 반응을 더욱 잘할 수 있도록 우리에게 민첩성을 더해 준다.

내면에서 일어나는 것에 초점 맞추기를 할 때는 특히 감정과 연관되어 있는 음성의 톤에 집중해야 한다. 사람에 따라서 또는 감정의 내용에 따라서 달라질 수 있으나, 이러한 음성의 톤은 그 사람에게 자연적으로 일어나는 앵커[2]로 작용하게 된다. 또한 어떤 경우에는 그 앵커가 어떤 감정의 상태나 사람을 상기시키는 신호로 사용될 수도 있다.

사람은 각기 다른 독특성을 지니고 있기 때문에 상대방에게 초점 맞추기를 원한다면 상대방에게 맞는 새로운 언어를 배워야 한다. 대개의 사람은 싫어하거나 좋아하는 것에 동의를 하고 호기심을 보일 때 서로 유사하게 보이는 경우가 있다. 그러나 서로의 이해에는 상당한 차이가 있다는 것을 언제나 명심해야 한다. 예를 들면, 짜증이 나는 사람이 미소를 지을 때는 일반적으로 그 사람의 얼굴은 어두워지면서도 부분적으로 창백해진다. 미소라는 것이 행복함을 보여 주는 것이라고 단정하는 사람은 화가 날 때 미소를 짓는 사람에게 부적절한 반응을 보이게 될 것이다.

효과적이고 민감한 커뮤니케이터가 되기를 원한다면 계속적으로 다른 사람에게 초점 맞추기를 해야 한다. 상호작용의 흐름을 중단하지 않기 위해서는 (유추 분류와 일단 익숙해 있으면) 언제나 상대방이 행하고 있는 것에서 표현의 변화를 찾도록 하고, 그 변화를 상대방의 내적 상태 변화에 관계 지을 수 있어야 한다. 초점 맞추기를 하는 이유는 그때 그 순간에 상대방의 내면에서 일어나고 있는 변화를 알기 위해서다.

우리 주위에서는 다른 사람의 내면에서 일어나고 있는 것을 확인하지도 않고 안다고 생각하는 것 때문에 상대방의 감정을 상하게 하고, 자기 자신이 아픔을 당하는 일이 많이 일어난다. 그래서 그 '알고 있다' 는 것이 잘못 추측된 것임을 알게 된다. 초점 맞추기는 추측과 가정, 일반화를 일삼는 것이 아니라 많은 것을 깨닫고 사건이나 경험을 명확하게 알게 해 준다.

우리의 경험에서 다음과 같은 상황을 상상해 보자.

---

2) 내적으로 경험되는 행동에 특수 단서를 부착해 이를 활용하여 다른 경험으로 전환시키기 위한 자극 형성이다.

- 나와 같이 있는 것을 그 사람이 좋아한다는 것을 어떻게 확신하는가?
- 내가 사랑하는 사람을 위해 어떤 행동을 했을 때 그가 가장 좋아하는가?
- 사랑하는 사람에게 중요한 질문을 할 때 적당한 때인지 아닌지를 결정 못하는 경우는 언제인가?
- 사랑하는 사람이 의기소침해하는 것인지, 화가 난 것인지, 그저 피곤해서 그런 것인지 알 수 없을 때는 어느 때인가?

　이 중에서 잘못 추측한 경우 하나를 기억에서 추적해 낸다. 기억에 떠오르는 그 사건에 다시 개입하여 그것을 과거에 처음 시작할 때 보았던 것처럼 보고, 들었던 것처럼 들으며 재경험한다. 이처럼 학습한 초점 맞추기 기술을 가지고 그 당시를 진행시키는데, 그 당시 지금 내가 알고 있는 것을 알았더라면 어떻게 달라질 수 있었을까 생각하며 그 기억을 변화시키고 재구성한다.

연습 4

두 사람이 짝을 지어 연습한다.

1. 상대방에게 정말 좋아하는 사람을 생각하게 한다. 상대방의 유추(안구의 움직임, 얼굴빛, 근육 긴장도, 입술의 크기, 음성, 호흡, 자세, 움직임 등)에 초점을 맞춘다.

2. 분리상태를 확인한다.

3. 상대방에게 정말 싫어하는 사람을 생각하게 한다. 상대의 유추에 초점을 맞춘다.

4. 분리상태를 확인한다.

5. 상대방에게 좋아하는 사람과 싫어하는 사람을 각각 생각하게 하여 유추 초점을 체크한다.

6. 상대방에게 그 두 사람을 생각하게 하여 여러 가지 관계된 질문에 대해 대답하게 한다. 초점을 맞추어 상대가 생각하고 있는 사람이 누구인가 알아낸다.

2. 조각내기

문제가 크면 클수록 그 정도에 따라 애매한 정도도 커진다. 애매모호함을 막고 명확한 사실을 파악하기 위해 여러 가지가 엉켜 있는 함축적인 덩어리를 작게 하거나 적당하게 자르지 않으면 그것을 처리하고 다스리기 곤란하여 그 진상을 파악하는 데 어려움이 있을 수 있다. 문제 덩어리가 크면 클수록 모호성도 증가하기 때문에 작은 부분으로 자르고 고립시켜 전체가 개체에, 그리고 개체가 전체에 대한 상호작용을 이해하게 해야 한다. 이는 CT 촬영을 하면 세포 속을 샅샅이 헤아릴 수 있어서 병리적 소재를 찾아낼 수 있는 것과 같다.

현대 과학은 광활한 우주 전체에서 가장 작은 부분(입자)을 격리시켜 그 본질을 파악하고 연구함으로써 발전이 가능해졌다. 또한 측정 대상은 결코 측정하는 주체로부터 완전히 독립될 수 없다. 주체로부터의 영향을 줄이기 위해 관찰 조직체와 대상이 서로 멀리 떨어지고 고립되면서 동시에 상호작용이 있어야 하는데, 이렇게 대상에서 멀리 분리시키는 측정 장치는 준비 영역에서 측정 영역으로 통과하는 동안 주체의 영향을 약화시켜 실제를 파악할 수 있게 함으로써 문제를 해결한다.

심리적으로 우리는 많은 것을 원한다. 이 원하는 것을 성취하기 위해서 거기에 관계되어 있는 복합적이고 방대한 감정과 정신 활동을 여러 개의 단위로 자른 후 무엇이 어떻게 연관이 되어 있는가 정리하고 조명의 위치와 거리를 확인하는 것은 결과를 얻는 데 중요한 요소로 작용한다.

조각내기(chunking)는 상향과 하향, 측향 질문으로 구성되어 있다. 내담자가 원하는 것을 확인하여 그것에 대한 구체적인 질문을 함으로써 대답을 얻을 수 있으며, 내담자는 자신이 원하는 것을 정리하여 그것을 확고하게 만든다.

상향 질문은 긍정적 조망을 가능하게 하고, 하향 질문은 부정적인 결과에 대해 확인할 수 있도록 하며, 측향 질문은 현재 원하는 것과 유사한 원하는 것이 있는가 찾을 수 있게 한다.

 연습 5

상향

1. 성취하고 싶은 것 혹은 변하고 싶은 것을 확인한다.

2. 무엇이 그것을 중요하게 만드는가? (중요성 확인)

3. 그것이 내게 무엇을 해 줄 것인가? (혜택)

4. 그것으로 생이 주는 가치와 의미가 어떻게 달라질 것인가? (생의 의미)

5. 그것이 이루어진 상황을 상상했을 때 그려지는 그림을 보고, 들리는 소리를 듣고, 몸으로 느껴지는 느낌을 감지한다.

6. 원하는 것이 어떻게 달라졌는가 확인한다.

하향

1. 방해하는 것이 무엇인가?

2. 그것을 얻기 위해 필요한 자원은 무엇인가? (요구되는 자원)

3. 그것을 가지기 위해 무엇을 해야 하는가? (개입할 활동)

4. 그것을 가지지 못했을 때 발생하는 최악의 결과(V, A, K)는 무엇인가?

5. 마지막으로 동기와 원하는 것의 변화를 확인한다.

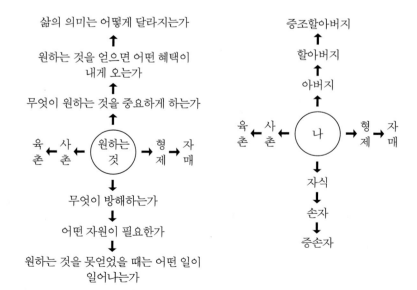

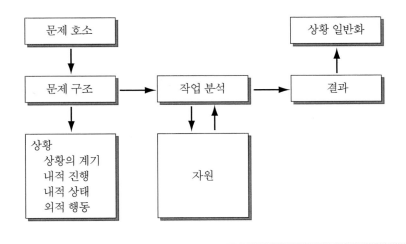

3. 라 포

1) 라포의 의의

어떤 관계에서든지, 특히 상담치료 관계에서는 상대방을 그의 수준, 그가 있는 자리, 그의 입장에서 마주 앉는다는 것이 아주 중요하다. 이것은 정서와 마음상태를 말하는 것일 수도 있으나, NLP에서 강조하는 라포(rapport, 관계)라는 것은 신체생리적인 데 역점을 두고 있다. 공감하는 정서는 신체생리적인 것이기 때문에 그것을 기반으로 해야만 라포의 형성이 가능하다. 이것은 신체적 자세, 움직임, 표정, 태도 등을 상대방과 일치시키는 것을 의미한다.

라포는 내담자의 커뮤니케이션 표상체계를 사용하고, 그가 쓰는 빈사를 사용하며, 그가 의사를 전달하고 세상을 경험하는 방법을 그대로 반영하는 것이다. 의사전달 과정에서 자신만의 방법 혹은 어떤 다른 방법으로 커뮤니케이션을 시도한다면 내담자에게서 충분한 이해를 받지 못하고, 공감과 신뢰를 형성할 수 없으며, 또한 접속도 이루어지지 않는다. 그러므로 의도하는

[그림 7-4] 키 맞추기

내담자를 목표 지점으로 안내할 수 없게 된다.

내담자의 세상모델을 따라 형성된 라포는 설득력을 가지게 되며, 그의 후원과 협조를 얻는 데 성공하게 된다. 치료자를 위한 길잡이의 열쇠는 여기에 있다. 변화를 시도하는 전략에 수반되는 모든 것은 이 라포와 연관되어 있다.

한 부부의 경우를 살펴보자. 남편은 직장에서 돌아올 때마다 아내가 좌절하는 표정을 짓는 것을 자주 접하게 되었다. 처음에는 말로 격려를 하며 안정시키려 했는데, 그것은 그녀로 하여금 더 깊은 절망에 빠지게 했다. 아내의 몸이 움츠러들고, 피부색이 변하고, 음성이 느려지며, 속삭이던 음성이 높은 음성으로 질이 바뀔 때, 남편은 아내가 절망스러워하고 있다는 것을 알게 되었다. 이때부터 남편은 아내를 편안히 앉게 하고, 말 없이 어깨와 목을 마사지해 주었다. 그녀가 무엇이 자기를 절망감에 빠지게 했는가를 이야기하는 데는 30분 정도가 지나고 난 후였다. 남편은 아내가 말한 상황에서 어떻게 행동해야 하는지 이야기해 주었다. 아내는 기분이 몹시 언짢아 자신의 생각을 말할 수 없었을 때 남편이 자기를 그대로 존중해 주었다는 것에 대해 진심으로 고맙게 느꼈다.

라포의 핵심은 상대방이 이해를 받고 있다는 느낌을 가지게 하고, 적절한 반응을 받는다는 느낌을 가지게 하는 것이다. 우리는 느낌을 말로 표현하는 것을 싫어하고, 밖으로 표현하는 것을 원치 않으며, 어떤 때는 느끼는 것이 무엇인지 알아차리지도 못하고, 내면의 변화를 의식하고 깨닫기 전에 외적으로 변화를 이어 간다.

초점 맞추기는 라포를 유지하는 근본적인 방법이다. 라포는 우리 자신을 그때그때 중요한 사람에게 적절하게 반응할 수 있도록 만들어 주는 기제일 뿐만 아니라 언어적 · 비언어적 반응을 하기 위한 선택을 하게 해 준다. 예를 들어, 직장 동료나 상관이 피곤해 보이고 지쳐 보일 때는 복잡한 일이나 어려운 업무 상황을 의논하기에 적절한 때가 아니라는 것을 알아차리게 된다. 상대방의 기분에 초점 맞추기를 잘한다면 언제 상대방과 이야기를 시작할 것인가를 지각하게 될 것이다. 이야기를 나누기 전에 상대방이 수용할 수 있고 마음상태를 변화시킬 수 있는 기분상태가 되기를 기다리는 선택도 할 수 있게 된다.

또한 교사가 학생들이 수업을 재미있게 이해하는지, 혼란스러워하는지 혹은 지루해하는지를 지각한다면, 그 교사는 학습을 어떻게 촉진시킬 수 있느냐 하는 것에 더 많은 융통성을 가지게 될 것이다. 취업 면접을 하러 갔을 때는 회사가 찾고 있는 사람이 자기와 같은 사람인지 자신을 가늠해야 하고, 이 회사가 바로 자기 자신이 원하는 일자리인가 그렇지 않은가를 결정지어야 한다. 면접관의 모든 면에 초점을 잘 맞춘다면 자기 자신의 욕망을 충족시킬 수 있는 반응과 판단을 쉽게 할 수 있을 것이다. 유추 반응을 통한 의사소통이 비언어적 정보를 제공하게 되므로 그 얻어진 정보를 근거로 하여 선택이 가능해질 수 있다.

가까운 친구나 가족과는 오랫동안 그들의 내적인 욕망이나 반응에 초점을 맞추는 기회를 많이 가져왔다. 상대방에게 초점을 맞추어 그의 느낌과 생각에 정확하게 반응할 수 있다면, 상호작용이 더욱 원활해질 것이며, 또한 상대방은 존경과 이해를 충분히 받고 있다고 느끼게 될 것이다.

진공청소기 판매원이 고객의 질문이나 상호 관계에서의 의견 또는 생각에 초점 맞추기를 하지 않는다면 그 상품을 파는 데 어려움이 있을 것이다. 판매원의 관심사가 고객의 관심사에 초점이 맞추어졌을 때 판매원이 고객의 욕구를 알고 있다는 신념을 가지게 될 것이다.

내담자의 느낌이나 생각 또는 신념이 표현될 때, 상담사가 거기에 초점 맞추기를 잘할 수 있다면 상담을 성공적으로 이끌어 가는 데 큰 도움이 될 것이다. 이때는 내담자의 감정에 정확한 반응을 하게 되므로 라포 발전이 신속히 이루어진다.

라포는 내담자와 발걸음을 맞추는 보정과 유인이라는 두 가지 단계로 구분된다.

2) 보정과 유인

(1) 보정

라포의 본질은 보정(步整, pacing)이라고 할 수 있다. 보정은 어린아이가 가고 싶어 하는 곳을 어머니가 그 아이의 발걸음에 맞추어 함께 걸어가는 것과 같다. 보정은 내담자의 세상모델에 같이 서서 그의 의식적 · 무의식적 기호에 맞추고 그의 지각과 생각과 감정을 반영하며, 표상체계를 일치시키고, 언어적 · 비언어적 행동을 병행하여 피드백을 가하는 것이다.

이것은 기술을 시행하면서 영향력을 발휘해야 할 때 힘을 발휘하는 기반이 되는 요소로 작용하게 된다. 따라서 내담자의 내적 경험인 표상체계와 무의식적 행위(신체적 · 생리적 · 언어적 표현)를 함께 반영하는 것이 라포라 할 수 있다.

반영(mirroring)은 Satir나 Bandler, Erickson과 같은 마술적인 치료자들에게서 공통적으로 발견되는 기술들의 중요한 패턴 중 하나다. 반영은 내담자의 비언어적이고 무의미한 것

[그림 7-5] 보정

처럼 보이는 행위에 의미를 부여해 주는 현장성(imediacy) 있는 모델이다.

이런 기술을 습득하기 위해서는 표상체계의 작동에 대한 예리한 분별력이 요구된다. 이것은 의사소통 과정 중의 의식 밖에서 나타나는 아주 미세한 생리적 반응이기 때문이다. 바이오 피드백(biofeedback)에서의 전극의 피드백 작용과 같은 것이다. 이는 환자가 자신의 생리적 활동이 확대되어 나타나는 전파의 움직임이나 전압을 기구에서 피드백 받아서 보고, 듣고, 느끼고, 자기 수정을 가하는 것과 동일한 원리다. 치료자는 피드백의 기구와 같은 역할을 하게 된다.

보정행동이 충분히 이루어지지 않았을 때에는 저항이 일어나는데, 저항은 치료자의 신축성 부족을 지적해 주는 정보다. 이럴 때는 유인이 이루어지지 않으며, 유인이 이루어지지 않을 때는 다시 보정으로 돌아가야 한다.

(2) 유인

일단 보정이 성공적으로 잘 이루어졌으면, 다음 단계로 피험자가 새로운

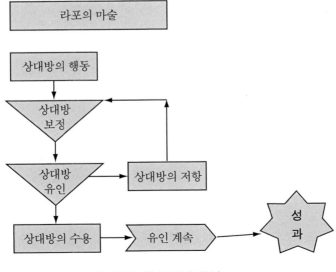

[그림 7-6] 보정과 유인

경험을 할 수 있도록 이끌고 나가는 것이 필요하게 된다. 문제 소재가 파악되고 환자의 세상모델과 경험 구조가 명확하게 드러났을 때 전략의 결정(단계적 시공)이 가능해져서 건축 공학적 기술을 요하게 된다. 그 첫 단계가 보정을 전환시키는 것이다. 보정이 바뀌면서 그 패턴이 유도(leading)로 역전하게 된다. 이 단계에서 안내자의 길 안내 활동이 활발해진다. 목적으로 하는 방향으로의 유인이 잘 이루어지느냐 않느냐는 보정이 얼마나 잘 이루어졌는냐에 의존하고 있다. Richardson의 설명을 그림으로 나타내면 [그림 7-6]과 같다.

(3) 보정과 유인에 관계된 개념 정의
- 보정　다른 사람의 행동에 나의 행동을 일치시키는 것
- 유인　내 행동을 바꿈으로써 상대의 행동을 따라 바꾸게 하는 것
- 반영　다른 사람의 특정 자세나 몸짓에 맞추어 보이는 것
- 라포　보정의 결과로 일어나는 다른 사람과의 조화나 동질감
- 빈사　동사, 형용사, 부사
- 표상 조직　뇌 조직 속에 저장된 부호화된 경험의 재현(V, A, K, G/O)
- 선호빈사　의사를 전달하기 위해 습관적으로 한 가지 표상체계를 통해 사용하는 빈사

(4) 보정과 유인 종합
보정과 유인은 내담자가 원하는 결과(outcome)를 얻도록 하는 과정이다. 초점을 맞추어 보정과 유인을 해야 하는 세부적 유추행동은 다음과 같다.

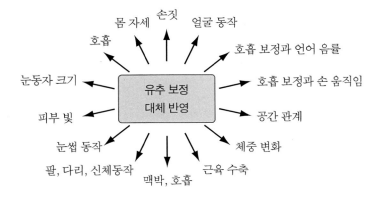

[그림 7-7] 유추 보정과 대체 반영

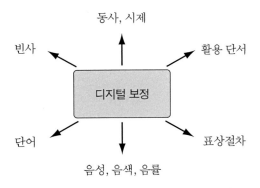

[그림 7-8] 디지털 보정

내담자에게 사용하는 말을 일치시키는 것은 라포에 큰 영향을 주게 된다. 다음의 연습은 언어에 나타나는 표상을 확인하기 위한 것이다.

연습 6

세 명이 짝을 지어 대화를 한다.

1. A가 세 가지 표상 조직을 적용하여 말을 한다.

2. B는 A의 말과 일치하는 표상을 사용하여 반응을 보인다.

3. C는 A가 사용한 표상과 동일한 표상을 사용하여 반응을 보인다.
   예) A: 내가 말하는 것이 보여?
   B: 그래, 그림이 떠오른다.
   C: 좋게 느껴지네.

4. A는 어느 반응이 더 의미가 있으며 더 공감과 이해를 받는다고 느끼는가 찾아본다. B와 C는 다른 표상체계로 반응을 하고 의식을 한다.

- 표상이 일치되었을 때 경험자가 어떤 생리적 반응을 보였는가?

_____

- 표상 조직이 일치되지 않았을 때는 어떤 생리적인 변화가 있었는가?

_____

- 언어적 표상일치와 비언어적 표상일치 중 어느 것이 라포에 더 큰 영향력을 발휘했는가?

_____

4. 표기법

• 표기의 의미

- 표상체계	- 상위기제	- 하위기제
A = 청각	r = 기억하는	t = 톤/템포
V = 시각	c = 구상하는	d = 숫자(말)
K = 촉각	i = 내적인	
O = 후각/미각	e = 외적인	

예)

A^e = 외적 청각 A^i = 내적 청각

A^r = 청각적 기억 A^c = 청각적 구상

A^r_t = 기억되는 음의 톤 A^i_d = 청각내적인 대화

V^c = 시각적 구상 K^r = 기억되는 느낌

V^i = 내적 시각 K^e = 외적 감촉

• 표기와 통어(統語) 상증

- 통어

$\rightarrow$ = 유인   연쇄: $A^r \rightarrow V^c \rightarrow K^i$

/ = 비교   시험: V^e / V^r

$/\searrow$ = 종합   시각 감각 동시 발생: $V^c /\searrow K$

$\rightarrow$ = 메타반응   그림에 대한 이야기: $V^i \rightarrow_m A^i_d$

$\rightarrow_m$ = 극반응   들어오는 소리와 그림의(시각) 동시성: A^c / V^e

$\rightarrow_p$ = 동시성(방해 없는)

• 코딩 방법

$^{+}$: 긍정적 감정
$^{-}$: 부정적 감정

– 연습 1. 그런 생각에 집중하면 $= V^{c}$

옳다고 느껴지다가도 $= K^{+}$

곧바로 불가능할 것이라고 나 자신에게 말하게 되고 $= A^{c}_{d}$

위축된다 $= K^{-}$

즉, $V^{c} \rightarrow K^{+} \rightarrow A^{c}_{d} = K^{-}$

– 연습 2. 어머님의 모습이 머리에 떠오르면 $= V^{r}$

다정한 감촉이 온몸에 느껴지며 $= K^{+}$

그 음성이 귀를 울리고 $= A^{i}$

어머님이 그리워 슬퍼져요 $= K^{-}$

즉, $V^{r} \rightarrow K^{+} \rightarrow A^{i} = K^{-}$

– 연습 3. 내게 좋은 기회가 있으면 $= V^{c}$

그 기회를 잘 이용해야 한다는 말을 나 자신에게 하지만 $= A_{d}$

분주히 쏘다니면서 기회를 놓치지 않으려는 자신을 보면 $= V^{c}$

긴장되고 피곤하여 그것을 포기하고 만다 $= K^{-}$

즉, $V^{c} \rightarrow A_{d} \rightarrow V^{c} = K^{-}$

08
전략과 TOTE 모형

1. 전 략

　'전략'이란 행동이 결과로 나타나는 표상 활동의 순서적 배열과 그것의 연속이라 할 수 있다. 예를 들면, 사고는 내면의 시각적 이미지와 소리 그리고 음성, 내적 대화, 느낌 등을 서열화하여 구성된 전략이다.

　전략에는 가장 중요한 두 가지 관점이 있는데, 첫째는 구체적 단계가 코딩되는 표상체계이며, 둘째는 표상 간의 관계와 서열이다. 예를 들면, 댄서가 창작 연기를 하기 위한 전략의 첫 번째 단계는 주위(외부)에서 들려오는 음악을 듣는 것이고, 두 번째 단계는 그 음악에서 정서적 감정을 작동시키는 것이다. 그리고 세 번째 단계는 그 감정에 맞추어 여러 박자와 동작으로 움직이는 자신의 시각적 이미지를 구상하는 것이며, 네 번째 단계에서는 그 이미지를 실제 신체 촉감적 움직임의 동작으로 변형시킨다. 이 단계들이 종합된 전략은 다음과 같이 표기할 수 있다.

들려 오는 음악	내적 느낌	시각적 이미지	촉각적 동작
A^e ⟶	K^i ⟶	V ⟶	K

2. TOTE 모형

앞의 예에서 나타난 전략의 표상을 분석해 보면, 외부 음악의 청각적 입력부터 순서적으로 일어났다는 것을 알 수 있다. 이것은 내적인 직감적 감정을 통하여 만들어서, 감정을 내부적 시각 이미지를 창출하고, 다음으로 운동 촉각적 출력을 하게 된다.

일반적으로 실제 운동 출력 전 마지막 단계는 전략을 분석하기 위해 가장 높은 가치로 고려되는 것이다. 가장 효과적인 전략은 '시험(Test), 작동(Operate), 시험(Test), 그리고 탈출·퇴각(Exit)의 연속체(Test Operate Test Exit: TOTE)'로 일어나는 것이다.

이 개념은 George Miller와 그의 동료 연구자가 낸 『행동의 계획과 구조(*Plans and Structure of Behavior*)』에 소개되었는데, 자극 반응 연쇄(Stimulus Response Chain) 행동 이론에 의거한 것이다. 이것은 어떤 내적 자극을 진행하는 형식상 절차를 위한 신경학적 모델이다. TOTE는 행동 그 자체의 연쇄 안에서 피드백 작용을 병합시키는 것이다. Miller와 동료 연구자는 "시험해 보는 것은 어떤 반응이 일어나기 전에 요구되는 조건 상황을 맞추어 줄 조건을 제시한다"고 하였다.

이 시험 단계의 요구 조건을 맞추어 주었다면 자극에 의해 만들어진 활동은 행동 연쇄의 다음 단계를 출구로 삼게 된다. 만일 그렇지 못할 때는 자극의 어떤 면이나 유기체의 내적 상태를 변화시키기 위한 조직 작동에 피드백 절차가 포함되게 되며, 그다음으로 다른 시험 단계를 거쳐 끝이 나게 된다.

Miller와 동료는 다음과 같이 언급하였다.

자극 수용체의 반응(출력세포)은 시험의 결과에 의존하고, 그 시험의 결과를 수정하려는 노력에 의해 가장 효과적으로 사용될 것이다. 행동은 유기체의 상태와 시험해 보는 상태 사이에서 완충성 없이 일어나게 되고, 그 비완충성이 없어질 때까지 지속된다. 시험 결과에 나타나는 비완충성이 사라질 때까지 입력되는 에너지를 시험하며, 이렇게 하여 시험 단계에서는 행동의 결과에 대한 피드백이 있게 되고, 순환적 고리에 직면하게 될 것이다.

한 유기체가 수행하는 작동(Operation)은 계속 다양한 시험의 결과에 의하여 완성된다. 이 과정을 TOTE 모형이라 부르며, 종합하면 [그림 8-1]과 같다 (Miller, 1957).

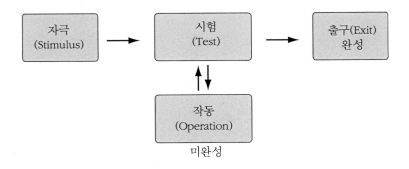

[그림 8-1] TOTE 모형

표상 조직 개념과 인지적 전략을 통한 NLP의 모델은 TOTE 모형에 한 단계를 더 첨가한 것이다. 초차원적 인지와 복잡한 행동을 진행하기 위해 TOTE의 조건을 시험하는 것은 다른 모든 작동과 함께 표상체계의 한 가지 혹은 여러 가지에서 복합적으로 이루어져야 하기 때문에 이때 입력되는 자극은 임의로 저장된 어떤 표상에 대한 검증을 받게 된다. 예를 들면, 벽에 못을 박는데 그것이 적절히 들어갔는가 튀어나와 있지 않은가는 못의 위치를 알려 주는

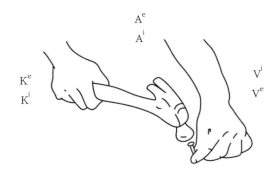

[그림 8-2] 표상체계 작동

시각적 경험, 즉 입력되는 시각에 의해 알 수 있다. 이것은 외부 자료에서 일어나는 반응인 인과관계(V^e: 외적 시각)로 약칭을 하고, 임의의 시각적 표상으로 못이 튀어나오면 어떻게 보인 것(V^i: 내적인 시각적 경험)이라는 내적 표상(V^i)으로 약칭한다. 청각이나 촉각에도 A^e, A^i, K^e, K^i 등의 기호를 사용한다.

못을 때리는 소리는 크고 작을 수 있고, 때릴 때 들리는 외부 소리와 내적으로 저장된 알고 있는 소리는 같이 작용하며, 신체적 느낌도 같은 방법으로 작동에 합류하게 된다(Bandler, 1975a, 1975b).

사람은 자신이 '시험'하고 '작동'하는 현장에서 다른 표상체계보다 특정한 하나의 표상체계에 더 가치를 두는 경향이 있다. 시각적 경향을 가진 사람은 언제나 못과 망치가 '시험'하는 것(V)에 편중할 것이며, 촉각적 성향을 가진 사람은 그것을 느끼는 데(K) 편중할 것이다.

시험의 결과로서 완충성이나 비완충성의 경험이 나타나는데, 못이 잘 박히지 않았음을 볼 때 그 외적 경험과 저장된 내적 경험 사이의 비완충성은 이미지와 소리, 그리고 소리와 느낌으로 표상될 수 있다. 그 사람이 자신의 머릿속에서 "아직 아니야."라는 소리를 들으며 "더 쳐야 해."라고 말할 때 그 소리에서 느낌이 일어나고, 그 소리를 들으며 망치의 치는 소리를 내적 이미지로 보게 된다. 이 기능 수행체계는 NLP의 참조체계다. 시각적 표상의 비완충성이 두 개의 약자로 기술되는 촉각적 표상으로 드러날 때, 예를 들면 아버지의 화난 얼굴을 보면 야단맞을 것을 알게 되어 "큰일 났다."라는 내적 대화를 하면서 기분이 상하는 것은 $V^e \rightarrow V^i \rightarrow K^i$로 표기할 수 있다.

내적 표상과 외적 표상 사이에서 일어나야 하는 검증은 내적 표상 간에서도 가능하다. 시각적 표상은 다른 시각적 표상과의 완충성을 검증해야 하고, 청각은 다른 청각과, 그리고 촉각은 다른 촉각과의 완충성을 검증해야 한다. 동일한 표상체계 내의 표상들을 동시에 짝짓는 것은 인간의 두 개의 두뇌 영역의 기능에 의한 것이라 할 수 있다. 작동을 진행하는 것은 표상 조직의 공감각(신경적 교차 접속)이나 공공연하게 드러난 운동신경 활동의 결과다.

검증과 작동에서 전략을 통해 표상 형태를 만들어 내므로 NLP 모델은 TOTE 단일체를 더욱 접근 가능하고 조직적인 조각내기 행동으로 전환시키게 된다. 이렇게 하는 것은 문제든 자원이든 그것을 더욱 이해할 수 있고 조정할 수 있는 행동패턴으로 만들기 때문에 심리치료 상황에 매우 유용하다. 뿐만 아니라 어떤 성격적인 것이나 사업, 의료, 교육 등 상호 작동적 커뮤니케이션이 관계된 곳에서 그 활용성이 크다.

3. 암기와 스펠링 기법

일의 종류에 따라 각기 다른 표상에는 서로 다른 절차를 활용하게 된다. 예를 들면, 언어를 배우는 사람 중에는 시각적으로 철자를 익히는 사람이 있고, 들리는 음으로 철자를 익히는 사람도 있다. 이 둘 중 시각으로 철자를 외우는 사람은 한 단어가 나타났을 때 그 전체 단어를 시각적 이미지로 전환시키는 공감각 진행을 하게 되고, 이 구상된 이미지가 그 단어의 철자로 기억되는 시각적 이미지에 비추어 검증될 것이다.

두 개의 철자의 완충성과 비완충성은 내적 느낌인 촉각적 표상으로 검증된다. 만일 구상된 이미지가 옳지 않게 '보이면' 그 사람은 부정적 감정을 가지게 되고, 다시 다른 이미지를 구상하여 작동하게 된다. 만약 두 개의 이미지

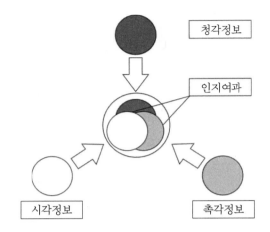

[그림 8-3] 감각적 지각 자극의 인지여과

가 완충성이 있으면 그 사람은 만족하고, 그 이미지는 음성화되며, TOTE에서 빠져나오게 된다.

두 번째 작동은 단어를 외적으로 써내려 가는 것이다. 이렇게 하는 것은 마음속에서 그 단어의 구상된 이미지를 잡고 있으려는 노력을 제거하고, 기억하고 있는 적절한 참조 이미지를 찾는 데 뇌가 집중하도록 하여 자유롭게 해 준다.

발음대로 글자를 쓰는 사람은 작동 단계에서 그 단어의 각 음운을 반복적으로 (내적·외적으로) 시각적 이미지로 만듦으로써 단어가 소리로 나오게 된다. 일단 시각 이미지가 만들어지면 그것을 자신에게 읽어 주며 그 단어의 소리를 시험해 보고, 본 단어의 소리와 대조해서 읽는다. 그 두 소리가 같으면 그것으로 끝나게 되지만 만일 완충성이 없으면 "새로 시도해 보자."라고 말하고 작동 단계로 되돌아가 다시 시도해 본다.

아동이 학교에서 철자를 배울 때 그 효능을 아동 자신이 찾아내도록 내버려 두는 것은 매우 힘든 일이다. 뇌는 수행해야 할 과업에 따라서 다른 종류의 표상체계를 활용하고 있다는 것을 명심해야 한다.

표상을 분석하는 데에는 두 가지 목적이 있다. 첫째, 특정 결과를 얻도록 유도하는 단계로 가장 적절한 표상체계를 발견해 내는 것이다. 둘째, 학습을 하고 수행을 하기 위한 자원으로 모든 표상체계를 활용할 수 있게 하려는 것이다. 모든 체계를 이용한다는 것은 한 가지의 일을 완성시키기 위해 한 가지 표상체계만 사용하는 것이 아니라, 대치할 만한 다른 체계 전략을 선택하거나 그 상황에 적절하다고 생각되면 여러 가지 체계를 동시에 응용할 수도 있는 것을 말한다. 이것은 그 개인의 선택이나 능력에 많은 레퍼토리를 제공하게 된다. 이를 표기하면 다음과 같다.

$$A^i \rightarrow V^e \rightarrow V^i \rightarrow K^i \rightarrow Exit$$

이 과정에서는 어떤 이미지가 다른 어떤 느낌보다 더 강렬해야만 TOTE에서 나갈 수 있을 것이다. 앞서 생리적 진행 과정에서 논한 역치(threshold) 시험은 시냅스 관문에 의한 자극을 결절(nodes)로 강화시키는 채널의 영향과 작용의 결과다. 이 활동에서 신경세포의 모양을 결정짓는 것은 세포 환경의 기능이 된다.

앞서 살펴보았듯이 이급세포의 성장이 요구되는 기간에는 세포 크기와 전기반응을 포함한 여러 가지 감각자극의 지표 유무에 따라 세포 활동이 상당히 개발되거나 저해를 받게 된다. 특정한 전략을 응용하면서 보내는 이 기간 동안에는 세포가 다양하게 상호 연결된 서킷통로를 형성하기 위해 이동하므로 신경학적으로 통합을 이루기 위한 전략이 많이 일어나게 된다. 세포의 이동이 일어나는 과정은 신호를 구조화시키고 기본적 조종 체제를 형성하는 데 도움을 주고 있다.

신경 조직에 신호 가치(signal value)를 분포시키기 위한 주요한 두 번째 체제는 시냅스의 생화학적 작용이라기보다는 전기 활동이다.

전기장의 변화는 세포 집단의 상호작용 발사에 의해 일어나 세포 주위의 이온 농도를 변화시키고, 화학적·전기적 영향을 준다(전경숙, 1993; Pribram,

1971). Pribram은 이러한 신경 진행을 연접미세구조(functional micro structure) 라고 하였다. 이 연접감수성은 미세해서 세포의 인접한 주변에서 일어나거나 혈관을 통해 이질화학물이 들어와서 일어날 수도 있는데, 이로 인해 세포 주 변의 이온 농도와 세포막 조직의 생화학적 구조를 변경시킨다. 신경세포의 안정전압, 발사역치, 발사율, 상태 등이 변화를 일으키게 되는 것이다.

앞에서 언급한 신경학적 메타체계 계급에 따르면, 저변의 회전이나 반사 작용, 자율 조직이나 호르몬 조직은 견고하게 선으로 꼬여 있고 타고난 것이 며, 상부 조직체보다 신경 주변의 변화에 민감성이 덜하다. 또한 사람의 내적 균형 유지에 호의적으로 작용한다(Ashby, 1959). 이것은 자율신경이나 호르 몬 조직이 내적 상태의 영향을 받지 않는다는 것이 아니고 다른 조직이나 하 부 조직에서 피드백이나 입력을 받지 않는다는 것도 아니며, 상부 활동이 하

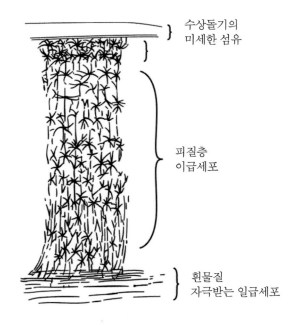

[그림 8-4] 접합계수 구조

출처: Dilts (1977).

부 회전 본능을 강화할 수 있고 억제도 할 수 있다는 것을 의미한다.

하부 구조의 영구 전자회로의 행동은 특정 입력 에너지로 되어 있으나 상부 뇌의 기능은 더 복잡하고 정교한 출력을 위하여 협조하도록 표상을 조직하고 배열을 하며, 전기상태(ephatic state)에 많은 영향을 받는다. 전기 상태는 지엽세포와 수상돌기, 지엽세포 네트워크(연접부 미세 구조의 이온 농도의 영향)의 신호치 비율 같은 지표에 의해 결정된다.

더욱 중요한 것은 하부 구조의 입력에 의해서도 같은 결정이 나온다는 것이다. 시상 투사 조직의 확산 입력은 뇌의 상태에 크게 영향을 주게 된다. 동시에 상층 구조에서 피드백을 주어 하층 조직의 상태에 영향을 미치게 된다.

특정한 행동패턴이나 전략이 형성되는 것은 신경 메타체계에서 일어나는 전기 활동의 특정 통합패턴 때문이다. 패턴의 병합은 뇌의 하부 구조, 특히 망상 영역에서 일어난다.

09
앵커

1. 앵커 개념

NLP에 도움을 주는 도구들 중 내면에 긍정적 마음상태를 조성하고 설치하는 것이 앵커링 기술이라고 알려져 있다. 즉, 앵커링은 어떤 외부적 자극이 특정 내적 상태나 반응을 촉발시키는 것이라 할 수 있다.

우리가 지각하고 기억하는 모든 것은 앵커(anchor)로 작동한다. 사람은 좋아했던 음악을 들으면 대개의 경우 처음 그 음악을 들었을 때 누구와 어디에서 무엇을 했는지를 떠올리며, 특정 음식의 냄새, 옛날에 살았던 집에 대한 기억, 사랑하는 사람과의 접촉 등의 기억을 떠올린다. 이와 같이 내적인 반응이 외적인 어떤 자극과 연관되어 내부 경험으로 일어나는 것을 앵커라고 한다.

앵커링은 Pavlov(행동주의 심리학자)의 종소리와 함께 제공되는 음식에 침을 흘리게 된 개가 음식 없이 종소리만으로도 같은 반응을 보이는 것과 같은 행동의 조건반사와 유사하다.

옛날에 운전하던 빨간 자동차(외적 자극)만 보아도 그때가 기억에 떠오르며(내적 반응) 따라오는 감정반응을 자극하게 되고 그때로 마음상태가 조성된다. 또한 어머니가 좋아했던 노래 소리만 들어도 어머니의 모습이 떠오르며 힘을 받게 된다.

또한 싫어하는 사람을 닮은 사람만 보아도 기분이 상하는 것은 부정적 앵커의 일종이다. 이런 부정적 경험의 극단적 예가 공포반응이다.

사람에게 어떤 과거의 경험이 재생될 때, 그 자극은 생각이 떠오르는 당시 경험에 몰입되어 현재의 현실 감각을 방해하는 경우가 많다. 어떤 기억은 순간적으로 떠오르기 전에 지나가지만, 어떤 기억은 압도적으로 주위를 맴돌며 현재 상황에서 완전히 다른 장소와 다른 시간으로 마음을 옮겨 놓는 경우도 많다. 우리가 의도하지는 않았으나, 어떤 사건 경험과 그 특정 감각표상(보고, 듣고, 느끼고, 냄새 맡는)이 연합하여 과거 그 당시의 경험이 현재의 경험과 일치되고 그 당시의 감각이 현재의 감각으로 느껴지게 되는 경우가 많다. 이러한 자극을 가하는 시각 또는 청각, 촉각, 미각적인 것이 바로 앵커다. 보고, 듣고, 느끼고, 냄새를 맡을 때 그것이 특정한 마음의 상태를 지울 수 없게 하는 자극을 형성하는 것이다. 사람이 어떤 특정 자극(소리, 느낌, 시각적 입력 혹은 냄새나 맛)을 의도적으로 주입하고도 과거에 있었던 경험에 충분히 접촉할 수 있게 되면 그때 그 자극은 재생된 경험과 연합하게 된다. 이때의 경험이 그 자극에 의해 앵커가 된다. 그리고 같은 자극을 반복하여(앵커) 본래의 경험을 의식 속으로 가져오게 하는 과정을 앵커링이라고 한다.

일단 앵커가 성립되면, 그 앵커는 경험을 의도적으로 자극함으로써 몇 번이고 사용될 수 있다. 예를 들어 과거에 사랑하는 사람과 한때 어떤 음악을 들으면서 로맨틱한 감정을 서로 나누었다면, 그 음악을 다시 듣고서 당시의 로맨틱한 생각과 느낌을 의도적으로 다시 가질 수 있게 된다.

우리는 언제나 이러한 경험들을 음악, 그림 또는 신체적 느낌에서 재생시키고 있다. 그러나 이것이 앵커를 자극하는 것이라고 의식하지는 못한다. 앵커링을 하는 이유는 이러한 느낌을 의도적으로 연합하여 내가 원하거나 필요할 때 그 느낌을 사용할 수 있기 때문이다.

2. 앵커 작동

사람은 알지 못하는 가운데 서로 앵커를 한다. 편안하고 따뜻함을 느끼는 순간은 어떤 촉감이나 표정 혹은 특정 음성의 톤, 냄새 같은 것과 연관이 이어져 앵커가 일어나게 되는 것이다. 그리고 불쾌감을 느끼는 순간은 이와 반대되는 앵커가 일어나게 되는 것이다. 즐거움이나 불쾌감이라는 것은 그러한 앵커가 다시 나타날 때 자극되는 느낌이다.

이러한 것을 안다는 것은 다른 사람과의 관계를 개선하려고 할 때 앵커를 사용할 수 있다는 것을 의미한다. 충고를 하고 용기를 북돋는 이야기를 하여 상대방의 자긍심을 높여 주고 위로해 주는 것은 앵커와 같은 기능을 하지는 않는다. 미리 앵커가 되어 있는 마음의 상태를 재발시키는 것은 그가 당장 경험하고 있는 것을 변형시키는 데 작용한다. 친구가 흥겨운 느낌을 가질 때 특수한 방법(귀를 올렸다 내렸다 하거나 손으로 팔꿈치를 확 잡는 등)으로 어떤 특수한 접촉을 한다면, 그 친구의 '흥겨운 느낌'을 그 접촉감으로 앵커링하는 것이다. 그 후 팔꿈치에 같은 접촉감을 주면 그는 흥겨웠던 그때의 감정에 재접근하게 된다. 이렇게 창출된 앵커는 상대방의 흥겨운 느낌에 접근해야 되는 경우에 상호작용의 질을 향상시킬 수 있는 기회로 사용할 수 있게 되며, 동시에 상대방이 즐거운 새 앵커를 형성할 수 있도록 한다.

텔레비전에 나오는 괴물이나 어둠 속에서 나오는 귀신을 보고 놀라는 어린아이에게 '안정감'과 '사랑을 받는다는 느낌'을 주기 위해서는 견고한 앵커를 형성하는 것이 중요하다. 꼭 껴안아 주거나, 손을 잡아 주거나, 고개를 끄덕이며 웃음을 보이거나, 두 팔을 높이 들어 흔들어 보이거나, 또는 '잘했어' '좋았어' '최고야' 등의 말을 하는 것은 그들이 어려움에 처했을 때 영향력을 행사하는 강력한 자극이 되어 자신감과 안정감을 가지게 해 주며, 이는 중요한 것이 무엇인지를 앵커해 주는 것이 된다.

또한 사람은 직장이나 작업 현장에서 직무를 수행하기 위해, 또는 다른 사람과 즐겁게 지내기 위해 어떤 정서상태에 접근하기를 원한다. 교사는 학생들이 흥미와 호기심을 가지도록 앵커를 형성할 수 있고, 작업 현장의 감독관은 직원들에게 결단력이나 열성, 자신감을 앵커할 수 있다. 또한 의사는 환자에게 자신감이나 침착성 등 적절한 마음상태를 앵커해 준다. 작업장에서 작업의 질이나 효율성은 같이 일하고 있는 사람의 정서상태에 의해 크게 좌우된다. 앵커링은 모든 사람이 여러 가지 환경에서 가지기를 원하는 상호작용과 경험을 지원하고 도와주는 데 그 의미가 있다.

다른 사람을 앵커링하는 것 못지않게 중요한 것은 자기 자신에 대한 앵커링이다. 어떤 상황에서 앵커가 필요할 때 앵커에 접근하는 기술은 아주 가치 있는 것이 된다. 저자는 마음이 약해지고 자신감을 잃을 때마다 어린 시절 아버지께서 "너는 치마만 입었을 뿐 여자가 아니야."라고 말씀하시며 용기를 주시던 그 음성과 모습을 상상하면서 마음을 다잡는 적이 많았다. 진정 귀한 보석처럼 숨겨 놓고 필요할 때 꺼내어 즐기는 것이 바로 그 앵커였다. '만일 부정적인 앵커를 내게 하셨더라면 나는 어찌되었을까?' 하고 상상하는 것만으로도 저자는 우울해진다.

앵커는 모든 표상체계(시각·청각·촉각·미각/후각)를 사용하여 착상시킬 수 있다. 예를 들어, 어떤 사람이 많은 사람이 모인 장소에 가면 심하게 불안을 느낀다고 하자. 그는 이런 느낌이 들 때마다 편안한 마음을 가지고 자신감 있는 행동을 하는 앵커를 설정하기로 결정하였다. 그는 과거에 자신이 편안했던 기억을 찾아 그 기억 속으로 자신을 이끌어 갔다. 현재의 신체적 긴장을 풀면서 자신이 그때 어떻게 행동했으며, 주위가 어떻게 보였고, 무엇이 들렸는가, 특히 무엇을 느꼈는가에 대한 경험으로 들어갔다. 몸이 편안해졌을 때 그는 두 손을 깍지끼거나 손가락으로 동그라미를 만드는 등 아주 특수한 방법으로 힘을 주었다. 자신이 가장 자신감을 느꼈던 때의 기억을 떠올리며 그때 그 감정으로 들어가 두 손(손가락으로 동그라미)을 같은 방법으로 같은 위치에서 힘을 주고 이를 몇 번 반복하여 그 경험을 강화시켰다. 이것을 앵커 축적(stacking anchor)이라고 한다. 이 앵커를 연습하고 시험해 봄으로써 그는 편안해졌고 앵커는 잘 작동하였다. 그 후 그가 사람들이 모인 장소에서 불안을 느낄 때 같은 방법으로 실험을 해 보았는데 문제가 없었고, 그 앵커를 여러 번 사용할 수 있었다. 시간이 지나고 그 앵커가 약해졌을 때 다시 맨 처음 경험하였던 그 앵커를 재생시켜 몇 주 동안 사용했다. 그리고 그는 더 이상 자신에게 사람들이 모인 곳에서 앵커가 필요하지 않게 되었음을 발견했다.

3. 앵커 착상

앵커는 경험의 어느 부분이나 전체를 나중에 주관적으로 재생할 수 있게 한다. 과거 경험에서 어떤 특정 의미를 가졌던 시각적·청각적 경험 혹은 충동이나 냄새 같은 것이 현재 경험으로 작용하게 된다. 언어도 앵커로 작용한다.

우리는 중요하다고 여겨 표시해 두는 단어나 말에 세상경험을 연결시키면서 살고 있는데, 그 단어나 말이 경험을 접하게 하는 앵커가 된다. 예를 들면, '어머니'라는 단어를 들을 때 우리는 어떤 경험을 가지는가? 어머니에 대한 느낌과 모습과 음성이 그 단어에 앵커되는가?

광고는 그 상품의 질이나 가치를 최상의 브랜드에 연결시키려는 것을 목적으로 한다. 예를 들면, '그랜저'라는 단어와 '티코'라는 단어가 연결되는 감정경험을 비교해 보면, 언어는 일단 라벨이 붙으면 그 자체로 큰 힘을 가지게 된다는 것도 알 수 있다. 강화를 통해 앵커가 부착되면 그 상표나 브랜드만 보아도 그것에 부착된 감정을 느끼게 되고, 그것을 구매할 확률은 높아지게 된다.

앵커의 기술은 의도적인 경험과 관계된 어떤 뚜렷한 시각적·청각적·촉각적인 표상을 연관시키는 것이다. 그러한 경험으로 앵커가 형성되면 나중에 그 전체의 경험을 재생시킬 수 있으므로 필요할 때 활용할 수 있게 된다. 앵커의 기술을 사용하여 경험을 인출하기 위해서는 그 경험과 관계되어 있었던 어떤 독특한 앵커를 정확하게 반복해야 한다. 이렇게 하기 위해서는 본래의 앵커와 똑같은 이미지, 소리 및 접촉감을 제시하여 그 본래의 경험 전체가 주관적인 현재 감각으로 되살아날 수 있게 한다.

앵커 착상 시 앵커 효과를 높이기 위해서는 다음과 같은 몇 가지 중요한 요인을 고려해야 한다.

1) 강도

느낌의 강도는 여러 가지가 있다. 강도가 높으면 그 사람이 경험한 것은 더 충만해지고 나중에 그 앵커를 발사할 때 강한 상태로 재생시킬 수 있게 된다. 본래의 강도가 낮으면 나중에 앵커할 때 그 상태가 약해서 경험하는 감정이 그저 현재 경험하고 있는 것처럼 위장될 수 있다. 자기 자신을 앵커할 때나 남을 앵커할 때 강도가 약하면 그 상태를 앵커하려고 시도하기 전에 강도를 높이는 것이 필요하다.

2) 고유성

새롭고 독특한 자극으로 앵커를 하는 것은 이미 앵커되어 있는 어떤 다른 상태와 혼동할 가능성을 배제시킨다. 특정한 앵커는 작동시키는 사람이 의도하는 상태만 자극하는 분명한 지침이 있어야 한다. 예를 들어 접촉감을 앵커로 사용한다면, 접촉을 하는 위치나 압력을 일상적으로 하는 것과 같지 않은 방법으로 하여 분명히 구분되게 한다. 자신감을 앵커하려고 한다면 껴안아 주기보다는 어떤 말을 해 주거나 팔꿈치를 손으로 잡는 것이 더 좋을 것이다. 가령 안아 준다는 것은 환영한다는 마음상태를 나타내므로 앵커를 의미하는 것이 아니기 때문에 자신감을 축적시키는 데 적절하지 않을 수 있다.

앵커가 고유성이 있어야 한다는 것은 그 앵커가 다음에 다시 발사될 때 정확하게 반복될 수 있어야 한다는 의미를 가지고 있다. 팔꿈치를 손으로 잡을 때는 팔을 잡는다거나 팔꿈치를 건드리는 것이 아니라 손의 접촉으로 특별한 방법으로 힘을 주어 처음 앵커를 형성할 때와 똑같은 방법으로 과거의 경험을 재생하도록 해야 한다. 시각적이거나 청각적인 앵커도 마찬가지다. 앵커를 형성할 때는 어떤 상태에 충분히 재접근할 수 있도록 본래의 자극을 명확하게 설정해야 한다. 자극 재생이 분명하게 앵커가 설정될수록 반응도 더욱 강력해질 것이다. 재생이 불확실하거나 부정확한 앵커는 부분적 상태를 제거시키거나, 그렇지 않으면 전혀 재생을 불가능하게 한다.

3) 타이밍

우리가 경험하는 어떤 감정상태는 롤러코스터처럼 올라갔다가 내려가는 것과 같다. 잠깐 동안 절정을 형성했다가 그 감정이 감소되면 다른 상태가 대치된다. 절정을 형성하는 기간이나 없어지는 속도도 많이 다르다. 모든 상태는 이런 현상을 나타낸다. 앵커는 경험이 절정상태에 있을 때 정착시키는 것이 가장 효과적이며, 그래야만 그 경험에 충분히 젖어들 수 있게 된다. 그렇지 않으면 앵커를 형성하는 과정이나 소실되는 과정은 근본적으로 혼합된

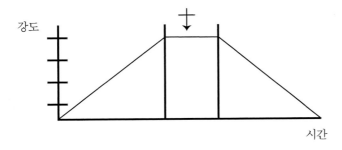

[그림 9-1] 착상의 타이밍

상태이기 때문에 앵커하는 데 적절하지 못하다. 물론 자신에게 적용할 때는 절정의 경험을 알기 때문에 앵커할 시기를 맞출 수 있다. 그러나 다른 사람을 앵커할 때는 그의 성숙된 경험 상태를 추적하는 기술이 절대적으로 필요하다. 이것을 위해서는 앞선 장에서 언급한 빔어(BMIR)를 잘 읽을 수 있어야 한다.

4) 긍정적 자원

긍정적 자원을 이용한 앵커는 필요할 때 구체적 상황에서 구체적 마음상태를 가질 수 있게 한다. 예를 들어, 자신감이 있고 세련된 행동은 중요한 미팅에 참석했을 때 가치가 아주 높다. 이때 자원 앵커링을 만들어 낼 수 있는 단계는 연습 1과 같다.

 연습 1

1. 더 많은 자원을 느끼고 싶은 상황을 설정한다.

2. 상황에 맞는 원하는 자원을 찾는다(예, 자신감).

3. 과거에 자신감을 경험했을 때를 떠올린다. 그때의 느낌을 느끼며, 그때 들었던 말을 듣고, 그때 보았던 것을 본다. 그때의 자원에 관계된 세부적 표상을 일일이 체크하고 확인되면 중단한다.

4. 세 가지의 앵커(시각, 촉각, 청각)를 선정한다.

5. 3번에서 느꼈던 몸의 느낌과 보았던 그림과 들렸던 소리를 다시 떠올려 자원상

태 앵커를 발사한다.

6. 앵커를 놓아 주고 다른 마음을 가지는 상태를 단절한다.

7. 5번 앵커 상태를 몇 번 반복하여 최상의 강화된 느낌을 연결시킬 수 있는 세부적 표상 정보를 접목한다.

8. 앵커를 발사하여 자원상태가 작용하면 성공한 것이다. 잘 되지 않으면 5번과 7번을 반복한다.

9. 자원상태를 활용하여야 할 몇 개의 장면에 개입하는 것을 상상하고 자원 앵커를 발사하여 자동 연결을 시도하고 확인한다.

4. 앵커링 연습

1) 자신을 위한 앵커링

앵커의 효력을 이해하는 가장 효과적인 방법은 자신이 그것을 경험하는 것이다. 앵커링의 경험은 그것이 얼마나 압도적인가를 느끼게 할 뿐만 아니라 자신이 어떻게 느끼고 어떻게 반응하고 있는가를 결정하는, 즉 새로운 선택이 필요할 때 그 순서를 알게 한다. 다음을 자세히 읽고 순서를 익혀서 자신에게 단계적으로 적용해 보자.

• 1단계 왼손 엄지와 중지를 이용하여 두 손가락이 닿을 듯할 정도로 원을 만든다.

- 2단계   자신의 삶에서 자주 가지고 싶은 즐거운 감정(아주 흥겹고 즐거운 것)을 잠깐 생각해 낸다.

- 3단계   이런 감정을 강렬하게 느꼈던 과거의 경험 한 가지를 찾아낸다.

- 4단계   타임머신을 타고 그때로 돌아가 그 경험을 거기서 가진다. 무엇을 볼 수 있으며, 무엇을 들을 수 있는가? 또는 무슨 냄새를 맡을 수 있는가?

- 5단계   그 장소에 머무르며 완전한 느낌을 가진다. 몸의 충동과 전율을 느끼며, 어떤 자극을 결심하고 그 느낌을 앵커한다. 그 자극을 유지하면서 압력, 이미지 또는 소리 등의 상태를 강도 있게 느낄 수 있는 한 계속 유지한다. 그 느낌의 강도를 충분히 경험하면서 손가락 두 개에 힘을 주어서 서로 닿게 하고 현실로 돌아와 손가락을 원래대로 살짝 뗀다.

- 6단계   앉아 있는 방 주위를 돌아보며 몸을 움직이면서 현재의 감각을 되찾는다. 잠깐 시간을 보내고 두 손가락으로 다시 힘주어 원을 만든다. 어떤 일이 일어날까? 아마 얼마 전에 앵커를 한 감정이 현재의 경험이 되어 되살아날 것이다. 그 경험에서 가진 이미지와 소리로 가득차게 될 것이다. 재생되는 경험이 충분하지(분리된 관조상태였을 때) 않았다면, 앞서 언급한 몇 가지 요소, 즉 강도(앵커된 경험을 더욱더 생생하고 감각적으로 만드는 것), 고유성(앵커를 주입시킬 때 사용한 똑같은 방법으로 접촉하는 것) 그리고 타이밍(경험이 절정에 달했을 때 앵커를 정착시키고 소실되기 전에 해제시키는 것)과 긍정적 자원(긍정적인 자원을 이용하여 앵커링함으로써 구체적 상황에서 구체적 마음상태를 가질 수 있게 하는 것)을 조절해야 한다는 뜻이다.

일단 자신을 앵커하는 과정이 익숙해지면 자신이 원하는 종류의 경험을 가지기 위해 앵커를 사용할 수 있게 된다.

2) 앵커링 절차

- 1단계 어떤 상황에서 필요하거나 원하는 상태를 정한다.
- 2단계 사용할 앵커를 결정하여 작동시키도록 준비한다.
- 3단계 이와 같은 상태를 강력하게 경험했던 한 가지 경험을 찾아낸다.
- 4단계 그 경험에 들어가 머무르는 동안 무엇을 듣고, 무엇을 보았는지, 또 무슨 냄새가 났는지를 떠올린다.
- 5단계 그 상황에 푹 빠져서 몸의 모든 충동을 느끼며 그 감정에 잠겨 보는데, 그때 앞에서 결정한 자극을 사용하여 그 감정을 앵커한다. 그 경험을 강력하게 느꼈을 때 앵커를 해제하고 현재의 감각으로 돌아온다.
- 6단계 방 주위를 돌아보며 몸을 움직이고 현재감으로 완전히 돌아와(약간의 시간을 가지고 난 다음) 그 앵커를 발사하여 작용하는가를 시험한다. 본래의 마음상태로 앵커되면 7단계로 옮겨갈 수 있으나, 그렇지 못하면 4단계로 되돌아가 경험하는 강도를 증가시켜 앵커를 다시 시도한다.
- 7단계 가까운 장래 어느 때 어떤 환경에서 이 앵커된 상태가 필요하거나 그것을 원하게 될 것인지를 상상한다. 그 상황을 생생하게 보면서 필요로 하는 정확한 시점에 요구되는 상태의 앵커를 발사한다. 다음 단계로 넘어가기 전에 새로운 경험이나 행동의 선택을 위해서 여러 가지 다른 상황에 자기를 위한 앵커링을 차례에 맞추어 몇 번씩 실시하는 기회를 가져야 한다.

3) 타인을 위한 앵커링

다른 사람을 앵커링하는 것은 자기 자신을 앵커링하는 것과 똑같은 것이다. 단지 근본적으로 다른 것은, 언제 앵커링을 발사해야 하는가를 알아내기 위해 그 사람 내면에 들어갈 수 없다는 것이다. 그 강도와 시기를 판단하기 위해서는 초점 맞추기에 근거를 두어야 한다. 이 초점 맞추기는 앵커를 효과적으로 하기 위한 전제 조건이다. 상대방이 특정 상태에 있을 때 그것을 보거나 들을 수 없다면 무엇을 언제 앵커하는지 알 수 없고, 또한 그 앵커가 효과적인지 아닌지를 알 수 없게 된다. 다른 사람을 앵커하는 순서는 경험을 확충하는 것을 제외하고는 자기 자신에게 앵커하는 순서와 동일한 방법으로 할 수 있다.

　1단계에서 7단계까지 똑같은 단계를 따르며 상대방에게 앵커링을 시행하면서 미세단서를 면밀히 주시하여 경험의 극치를 포착한 후 절정에 이르는 순간 앵커를 발사하여야 한다.

5. 앵커 실행: 초점 맞추기와 유인

　앵커를 할 때 초점 맞추기는 필수적이다. 이미 언급하였듯이, 마음상태를 앵커할 시기를 알기 위해서는 상대방의 반응에 초점을 맞추어야 한다. 강도 높은 상태가 유지되고 있는 한 앵커를 잡고 있다가 그 경험의 정도가 하강하는 것을 보는 순간에 앵커를 해제시켜야 한다. 만일 앵커를 발사하기 전에 경험의 강도가 사라지는 것이 나타나면 다시 경험을 가지게 하여 강렬한 반응이 나타났을 때 앵커를 해야 한다.

　앵커를 할 때 확실히 해야 하는 것은 그 사람이 어떤 상태를 가졌던 기억에 대한 앵커가 아니라 가지려고 하는 상태를 앵커해야 한다는 것이다. 기억을 찾기 위해 탐험을 하면서 초점 맞추기를 하고 기억을 재경험하기(association, 개입 상태)보다 기억을 단순히 하나의 정보로서 떠올렸을 때 그것을 확충한다. 피험자가 정보 추적을 하는 것을 볼 때는 기다린다. 그가 찾은 기억을 관조하고 있는 것을 보면 기억으로 들어가 시각·청각·미각/후각·촉각적인 것을 재생하도록 돕는다. 그 사람은 보고, 듣고, 느끼는 것에 대하여 이야기하지 말아야 한다. 따라서 그는 경험을 쉽고 충분하게 하면서 동시에 그것에 대하여 이야기할 수 없게 된다.

쉽게 앵커할 수 있는 방법은 손을 피험자의 팔이나 무릎에 얹고 가볍게 눌러 주는 것이다. 만일 이미 손이 무릎 위에 놓여 있거나 팔을 잡고 있으면 의도는 그렇지 않았더라도 재발생이 이미 이루어지고 있는 것이다. 얼마나 오랫동안 앵커를 잡고 있을 수 있느냐 하는 것은 내담자의 경험상태 강도가 얼마나 오랫동안 절정상태로 유지되느냐에 달려 있다. 상태의 변화가 일어나는데 계속 앵커를 유지하고 있으면 앵커에는 혼합체로서 경험한 모든 것이 종합된다.

앵커를 확실히 할 때는 앵커된 상태가 다음에 재생이 가능한가 시험해 보고, 원하는 상태가 앵커되었는가를 확인해 보아야 한다. 이렇게 하기 위해서는 다른 마음상태에 초점 맞추기를 하여 앵커를 시험할 수 있다(제7장 초점 맞추기 참조). 완전히 문제를 바꾸어 질문하여 그 사람의 느낌을 변화시키고 나서 앵커를 재발사하여 같은 반응을 나타내도록 하는 데 성공을 거두면 된다.

그런데 외상성 감정이나 과격한 비통감 같은 것을 다룰 때는 앵커링 절차를 사용하지 말아야 한다. '시각/촉각(V/K) 관조요법'이라 불리는 NLP 기법이 외상요법이나 공황반응에 유효 적절하게 작용하고 있다(이 기법은 Cameron-Bandler(1985)의 『Solutions』에 잘 묘사되어 있다).

6. 앵커 충돌

몇 개의 앵커를 충돌시킴으로써 앵커의 가치를 증명하는 쉬운 방법이 있다. 이것은 두 가지 마음상태가 동시에 압력을 가해 올 때는 조절과 절충이 일어나 두 가지 본래의 상태 통합이 이루어지면서 제3의 상태가 형성된다는 이론을 근거로 하고 있다. '자원상태(resourceful state)' 앵커(자신감, 확신, 창작성 등)를 성립시켜 '비자원상태(unresourceful state)'인 불안이나 부적절성, 주저함, 의기소침함 등의 다른 앵커를 동시에 발사한다.

앵커 충돌의 단계는 다음과 같다.

- 1단계   비자원상태를 한 가지 기억해 낸다. 예를 들면, 불안이나 부적절성, 주저, 의기소침한 때 등이다. 부정적 감정에 개입된 상태로 이끌어 가기 위해 중첩법(overlaping)을 사용하여 빔어가 충분히 나타났을 때 촉감으로 앵커를 한다.
- 2단계   그 상태에서 분리상태를 유도한다.
- 3단계   자원상태를 도출시켜 충분히 개입되도록 중첩법을 사용한다(자신감이나 확신 등). 충분한 빔어가 나타났을 때 촉감으로 앵커를 한다.
- 4단계   다음과 같은 방법으로 앵커를 한다.
  분리상태를 도출한다 → 첫 번째 앵커를 발사하며 조종한다 → 분리상태를 도출한다 → 두 번째 앵커를 발사하고 조종한다 → 만약 그 앵커가 충분한 반응을 얻는 데 실패하면 그 상태에 재접근하여 다시 앵커를 하고 분리상태를 도출하여 시험한다.
- 5단계   두 개의 앵커를 동시에 발사하여 충돌이 일어나는 것을 볼 때 앵커를 놓아준다. 만일 부적절한 상태가 강하게 나타나면 자원상태를 더 강화해야 할 필요가 있다. 상대방에게 무엇이 혹은 어떤 감정이나 자원이 그를 더 만족시킬 수 있나 알아내야 한다. 1단계에서 5단계까지를 반복하는데, 비자원상태를 바꿀 때까지 여러 번 해 본다.
- 6단계   검증을 한다. 비자원상태를 발사하여 혼동된 반응이나 통합된 반응 중 어느 것이 나타나면 비자원상태나 자원상태가 나타나는가 주시해 본다. 비자원상태가 나타나면 이 절차를 반복하고 더욱 적절하고 강력한 자원상태에 앵커하도록 변화를 주어야 한다.

이와 같이 두 가지의 앵커를 형성하는 한두 개의 상태를 확충해야 한다. 동시에 두 가지의 앵커를 발사할 때 피험자가 두 개의 상태에 번갈아 반응하는 것을 보게 될 것이다. 이것은 신경조직의 자연스러운 활동으로서 양쪽 상태를 동시에 시도하기 때문이다. 두 가지 상태는 잠깐 동안 계속되다가 융합을 하게 되는데, 이것은 총화가 이루어지는 신호다.

만일 한 가지 상태가 다른 것보다 더 강하면 그 강한 느낌이 마지막 결과이며, 그것이 그 사람의 느낌의 실제다. 그럼에도 불구하고 그 강력한 느낌은 약한 느낌에 의해 어느 정도 수정될 수 있다. 비자원상태의 앵커를 발사하기 바로 직전에 자원상태의 앵커를 발사하는 것이 최선의 방법이다. 이렇게 하는 것은 원하는 자원상태를 가지고 시작하기 때문에 원치 않는 비자원상태의 현재 불쾌감과 싸우는 것보다 더 효과적이기 때문이다.

앵커 충돌은 상반되는 상태의 앵커를 동시에 발사하여 충돌을 통해 부정적 앵커가 긍정적 앵커로 변하게 하는 것이다. 즉, 원치 않는 앵커를 파멸시키기 위해 원하는 앵커와 접하게 한다.

두 가지의 앵커를 동시에 발사할 때 긍정적 앵커의 효력을 강화하여 힘을 내게 하려면 그것이 부정적 앵커보다 더 강해야 한다. 그 앵커가 효력을 내지 않을 경우 자원강화를 위해 앵커를 중첩시킬 수 있다.

 연습 2

1. 문제상태를 설정한다.

2. 문제를 이겨낼 자원상태를 설정한다.

3. 문제의 크기와 자원의 크기를 1~10 중에서 확인한다.

4. 긍정적 상태를 그림, 소리, 느낌으로 재생시켜 그 크기를 강화한다.

5. 상관없는 말이나 행동으로 상태를 단절한다.

6. 긍정적 앵커가 이루어진 것을 생리적 증거로 확인한다.

7. 문제상태 앵커를 접하게 한다.

8. 상태를 단절한다.

9. 부정적 상태에 긍정적 앵커를 개입시켜 시험한다(긍정적 앵커를 강화하여 결과가 확인될 때까지 진행한다.).

10. 상태를 단절한다.

11. 두 가지의 앵커를 동시에 발사한다. 긍정적 앵커가 부정적 앵커를 없앨 때까지 두 개의 앵커를 잡고 있는다.

12. 빔어 변화를 확인하고 부정적 앵커가 어떻게 됐는지 질문한다.

13. 다음에 유사 상황을 상상하여 그 앵커로 들어간다.

14. 상태 점검을 한다.

7. 앵커의 미래 용도

앵커링은 자신이나 남에게 원하는 경험을 가지게 하는 데 사용되는 자원으로, 이러한 기회가 존재한다는 것을 의식하는 것은 매우 중요하다. 예를 들면 다음과 같다.

• 친구나 가족의 기분이 아주 좋았다가 그 기분이 곧 사라졌다. 그 좋은 기

분을 되찾도록 하는 방법을 알고 싶을 때 다시 사용한다.
- 내가 아주 좋은 경험을 했는데, 그때 그 순간의 느낌을 다시 재생시켜 경험하는 방법을 알고 싶을 때 다시 사용한다.
- 내가 사랑하는 사람의 기분을 맞추거나 어떤 사람과 깊이 의사소통할 수 있는 상태로 만들고 싶을 때 다시 사용한다.

이와 같은 경우는 자기 자신의 기분을 다르게 하거나 다른 사람의 기분을 바꾸고 싶을 때 일어난다.

그 결과로 당시의 여러 가지 상황이 떠오르면 그 사건이 시작될 때 자기 자신이 거기에 다시 가 있는 것처럼 그때 그 경험으로 되돌아가게 된다. 그때 본 것을 보고, 들은 것을 듣고, 느낀 것을 느끼게 된다. 그리고 거기서 얻은 앵커링을 가지고 자원상태에 접근하는 앵커로 사용하여 그것이 무엇을 이야기하는가를 찾아내게 될 것이다.

그 자원상태를 알고 접하는 것은 부정적 상황에서 아주 필요하다. 그때 자원을 앵커하는 방법을 알았더라면 좋지 않은 기억들을 변화시켰을 수도 있었을 것이다.

8. 종합 및 요약

1) 종 합

앵커는 과거의 경험에 다시 직면할 때 그 경험 전체를 주관적 경험으로 살려 내는 것이다. 앵커는 일어나고 있는 감정상태와 대등한 자극으로 의도적으로 만들어진다. 즉, 영상, 몸의 동작, 어떤 대상, 소리, 음성 변조, 접촉감, 전율, 냄새, 단어 등이 앵커로 사용될 수 있다. 강력한 앵커를 형성한다는 것은 상태를 확충시키는 강도에 달려 있고, 그 상태를 앵커하기 위해 사용한 자극을 분별력 있게 만들어 주며, 자극의 시점이 그 상태가 절정으로 집약되었을 때 같이 맞추어져야 한다.

성공적인 앵커의 사용은 상대방이 어떤 감정상태에 있으며, 언제 가장 그 감정을 강하게 느끼는가를 알아낼 수 있는 감각적 정보를 추적할 수 있는 초점 맞추기 기술에 의존한다. 앵커를 통해 자신의 자원상태와 타인의 자원상태를 접할 수 있다. 강력한 자원상태와 비자원상태(자원 고갈상태)를 충돌시킴으로써 어떤 상황에 처했을 때, 어떤 반응을 하는 데 많은 선택을 가질 수 있게 될 것이다.

앵커의 방법을 요약하면 다음과 같다.

1. 원하고 필요로 하는 상태를 파악한다.
2. 앵커를 선정한다.
3. 그 상태를 강도 높게 경험하는 순간을 찾아낸다.
4. 내담자가 그 경험에 들어가 그 자리에 개입하도록 조력한다.
5. 그 상태를 앵커한 후 현재감을 가지도록 지도한다.
6. 검증을 실시한다.
7. 미래 보정을 한다.

2) 요 약

(1) 자신 앵커링

1. 어떤 상황에서 필요하거나 원하는 상태를 지정한다.
2. 앵커를 어떤 것을 쓸 것인가 결정하여 그것을 사용하도록 준비한다.
3. 그와 같은 상태를 강력하게 경험한 경우를 찾아서 정한다.
4. 그때의 경험을 추적하여 그 경험에 잠긴다.
5. 그 자리에서 느꼈던 감정이 절정에 다다를 때 앵커를 사용한 후 다시 현실감을 가진다.

6. 검증을 실시한다.

7. 미래 보정을 한다.

(2) 타인 앵커링

1. 필요로 하고 원하는 상태를 지정한다.

2. 앵커를 선정한다.

3. 상대방에게 그 상태를 강하게 경험했던 한 사건을 찾아내게 한다.

4. 상대방으로 하여금 그 경험에 잠기도록 도와 그것을 유지하게 한다.

5. 앵커를 하고 현실감을 가지게 한다.

6. 검증을 실시한다.

7. 미래 보정을 한다.

(3) 앵커 충돌

1. 비자원상태를 접하게 한다.

2. 상태분리를 한다.

3. 자원상태를 접하게 지도한다.

4. 다음과 같은 방법으로 앵커를 시험한다.

    – 관조상태 접근

    – 비자원상태 앵커를 발사하여 확충

    – 분리상태를 접하게 함

    – 두 번째 앵커(자원)를 발사하고 확충시킴

5. 두 개의 앵커를 동시에 발사하여 그 두 개의 상태가 충돌하는 것이 보이
   면 앵커를 놓아 준다.

6. 검증을 실시한다.

7. 미래 보정을 한다.

10

원하는 결과

앨리스라는 소녀가 열심히 길을 달려오다가 갑자기 여러 방향으로 갈라지는 갈림길에 도착했습니다. 그 갈림길 모퉁이에 고양이 한 마리가 앉아 있었습니다. 앨리스는 어디로 가야 할지 몰라 당황하던 중 고양이에게 갈 길을 물었습니다.

"제발 내가 여기서 어느 길로 가야 하는지 좀 말해 줘."

"그것은 네가 어디로 가기를 원하느냐에 달려 있어." 하고 고양이는 말했습니다.

"나는 어디를 가든지 상관없어." 앨리스는 대답했습니다.

"그렇다면 너는 어느 길로 가든지 상관없잖아." 하고 고양이가 대답했습니다.

–『이상한 나라의 앨리스』 중에서

NLP에서 원하는 결과(도착하려는 목적지)는 중요하다. NLP 훈련은 우리가 과거의 장애물을 넘어서 원하는 것을 향해 이동하는 과정에 도움을 주는 기술로 가득 차 있다. 그 기술을 활용하기 전에, 내가 가고 싶고 성취하고 싶은 확실하고 분명한 지점이 있어야 한다. 내가 원하는 것을 안다는 것은 NLP를 효율적으로 실천하기 위한 생명과도 같은 것이다. 혹은 다른 사람을 돕기 위해 NLP를 활용하는 사람이라면 상대방이 원하는 것을 아는 것은 필수다.

NLP는 다른 어떤 사람이 원하는 것을 결정해 주는 도구가 아니라 그 사람이 자신의 목적을 달성하도록 도와주는 것을 말한다. 그가 성취 가능한 결과 (outcome)를 인출하도록 이끌어 가는 데 결과의 구체적 정보를 얻는 것은 가치가 크다. 이 구체적으로 디자인된 질문은 목적 달성의 맞춤 세트로 이루어져 있다.

"당신이 원하는 것이 현실적으로 성취성이나 생태적 적절성, 구체성이 있는가?" "그 원하는 것이 현실적으로 가질 가치가 있는가?" "중요성은 무엇인가?" 이 질문은 우리 자신의 삶에서 혹은 다른 사람을 도우려 할 때, 결과를 실현하기 위해서 알아야 할 중요한 질문이다.

내담자로 하여금 자신이 원하는 것을 결정하고 탐색하게 하려면, 그 내담자 자신에게 결과에 대한 구체적인 가치판단을 하도록 하여야 한다. 상담자의 가치판단이 내담자가 원하는 결과를 결정하거나 안내할 수 있는 것은 아니다.

Erickson의 말에 대한 은유에서 배울 수 있는 상담자의 역할이 있다. 떠돌던 말 한 마리의 집을 찾아 주기 위해 뒤에서 고삐를 잡고 있기만 하면서 말이 자기 길을 가다가 풀을 뜯어 먹거나 개울의 물을 마시려고 길을 이탈하려 할 때에만 길에 올려놓는 역할만 했는데 그 말은 자기 집을 알고 길을 찾아 갈 수 있었다는 것이다. 이는 상담자의 역할을 보여 주는 적절한 묘사다.

1. 결과의 틀

일상생활에서 난처한 처지에 빠져 이렇게 할 수도 저렇게 할 수도 없는 상황에 있을 때 갈등을 참고 고통을 억누르면서 그저 인생이 지나가도록 놓아두는 사람이 많다. 이들은 '타고난 팔자다.' '운명의 장난이다.' 라는 이름을 붙여 놓고 '한'을 품고 살아가는 사람들이다.

이들은 어떤 자리를 떠나야 할 충분한 이유가 없어서 떠나지 못하는 것이 아니다. 어디로 가야 할지 몰라서 떠날 수 없는 것이다. 당황하도록 스스로 결정을 내린 것이다. 대개의 사람은 자신이 원하는 것이 무엇인지 알지 못해서 머물러 있는 것이지 문제가 없기 때문에 머물러 있는 것은 아니다.

우리는 원치 않는 것이 왜 일어나는가 알려고 애쓰는 데에 귀한 시간과 에너지를 소모한다. 마치 낯선 곳의 갈림길에 뚝 떨어져 자신이 어떻게 이 자리에 오게 되었는가 곰곰이 생각하며 앉아 있는 것과 같다. 그러고는 어떤 사람이 갑자기 차를 멈추고 나를 태워다 주는 행운을 기대하면서 있는지도 모른다. 그러나 그 기대 또한 낯선 땅에서의 헛된 기대일 뿐이다.

우리는 살면서 여러 가지 신체적·개인적·직업적 경험을 한다. 이러한 것을 경험하는 장소가 자기 자신이 택한 것이냐 아니면 환경의 무정한 흐름에 의해 일어난 것이냐가 문제다. 중요한 것은, 자기 자신이 어디로 가기를 원하는지 결정을 내리고, 방향을 잡고 에너지를 집중하여 능력에 맞추어 목적을 달성하는 것이다. 이것은 새로운 이론이 아니다. 이렇게 해서 어떤 완성된 결과물이 생성되고 개인 생활이 윤택해질 수 있다.

결과틀(outcome frame)이란 사람이 원하는 것이 무엇인가를 찾아내어 그가 어떤 자원을 가지고 있는가 알아서 원하는 것을 얻는 데에 이 자원을 사용할 수 있는 방법을 발견하게 하는 것이다. 엄격히 말하면, NLP는 인간 행동의 변화를 진행시키는 데에서 결과틀이 강력한 힘으로 작용되어 탄생한 것이다. 결과틀은 자기 자신이 원하는 것을 얻어서 그것이 즐거움이나 만족감을 최대한 극대화시킬 수 있는 사고 방향을 잡게 하는 몇 가지 일련의 질문으로 되어 있다. 따라서 변화가 불가능하다고 생각되는 것에 결과틀을 적용함으로써 환경 탓이라고 믿고 있었던 많은 것을 자신의 선택으로 돌릴 수 있게 한다.

결과틀의 목적은 유익하고 바른 방향을 제시하여 그 방향을 향해 옮겨 가게 해 주는 데 있다. 예를 들면, 어떤 여자는 하루 종일 집 안에 머물면서 따분하고 외로운 마음을 어떻게 해야 할지 모른다. 그녀는 이 따분한 감정이 환경에 의해 일어난 것이라고 생각하고 있다. 그때 그녀가 자신이 원하는 느껌을 가지기 위해 어디를 가든지 무엇인가 해야 한다는 것의 신호로 따분함을 받아들였다면, 그녀는 자신이 원하는 것을 더 쉽게 얻을 수 있었을 것이다. 그 이유는 첫째, 그녀가 자신이 원하는 것을 알기 때문이며, 둘째, 그녀가 원하는 것을 얻기 위해 무엇인가 하게 될 것이기 때문이다.

결과틀은 실제로 지각하는 경험을 선택할 수 있도록 방향을 이끌어 가는 방법이다. 문제가 왜 생기느냐의 논점을 파헤치는 것이 아니라 원하는 것이 무엇이냐, 어떻게 그것을 성취할 수 있느냐 하는 것을 중심으로 경험을 조직하는 것이다. NLP는 이 두 가지의 중요한 전제를 기반으로 하여 이루어져 있다.

2. 결과틀의 목적

목적은 기본적으로 한 개인이나 집단이 원하는 상태(desired state)나 원하는 결과를 말한다. 이것은 "무엇을 원합니까?" "바꾸거나 달라지고 싶은 것이 무엇입니까?" 등의 질문에서 나오는 대답이며, 자신과 집단의 가치관에 대한 확실한 표현이다. 이 대답은 그 사람의 동기의 근본이며, 의식적·무의식적 자원 동원의 원천으로, 과정을 조직하고 진행을 촉진시키며 담당하게 된다.

결과는 모든 NLP 기술과 전략 및 실천의 기본 중심이며, 특정 개입이나 전략과 연관된 모든 활동의 핵심 초점과 목표로 구성되어 있다. 만일 원하는 것이 아무것도 없다면 NLP는 아무런 가치가 없다. 따라서 적절하고 의미 있는 목적을 세우는 것은 아주 중요하다.

대개 사람들은 자신이 하려고 하는, 또 하고 있는 일을 성취하려는 목적을 가지고 있다. 그 목적(goal)과 목표(objective)를 성취하는 사람도 있으나 거기에 도달하지 못하는 사람도 많다. 무엇이 이 두 가지를 결정하는 요인인지 안다는 것은 살아가는 데 큰 차이를 가져올 수 있다.

NLP에서 결과(outcome)라는 용어는 목적을 대신하여 쓰인다. 『콜린스 영어사전(*Collins English Dictionary*)』은 'outcome'을 행동에 따르는 결과로 정의하고 있다. 이 결과와 목적은 당장 드러난 차이가 없는 것 같이 보이지만 사실 많이 다르다. 목적은 언제나 우리가 원하는 것, 가지고 싶은 것이지만, 결과는 우리의 활동의 결과로 얻는 결과물이다. 욕심을 가짐으로써 얻어지는 것이 아니다. NLP에서 원하는 결과는 우리가 분명하고 정확하게 성취하기 위해 추구하고 진행하는 어떤 일의 결과라고 차별하여 사용된다. 원하는 결과는 NLP의 심장부다. NLP의 여러 가지 기술이나 패턴은 정해진 목적 달성에 초점을 두고 있어 이런 목적이 없다면 NLP는 우리에게 아무것도 제공할 것이 없다고 말할 수 있다.

3. 잘 형성된 결과 진술

산업 분야에서 SMART라는 약어를 종종 사용하는데, 이는 구체적(specific), 측정 가능한(measurable), 성취할 수 있는(achievable), 현실적(realitic), 시간 제한적(time bound)의 약어로서 목적을 분명하게 하려는 의미를 가지고 있다. 이 SMART는 가치 있는 약어이긴 하지만, 과정이나 목적이 추상적이고 철저히 세분화되어 있지 않아 성공 없이 끝날 수 있다.

NLP의 결과는 잘 형성되어 계획된 상황이나 규정을 철저한 절차를 밟아서 성공 가능성을 증진시키는 것이 기본이다. NLP에서 결과 진술은 구체적이고 분명하게 볼 수 있으며, 느낄 수 있고, 들을 수 있는 현실적이고 측정 가능한 일이어야 한다. 이러한 진행을 하기 위해 성공 가능성을 증가시킬 수 있도록 디자인된 느낌이나 상태의 절차를 충족시켜야만 한다.

이 기준과 상태는 다음과 같다.

• 결과 진술은 긍정적으로 서술한다.

- 그 결과는 자신이 조정할 수 있어야 한다(독립적으로 하되, 남에게 의존하는 조건 없이).
- 항상 구체적이고 행동적이어야 한다.
- 감각을 기반으로 한 증거로 진행된다.
- 자원 도출 가능성이 고려된다.
- 결과는 생태적 건전성이 확인되어야 한다.

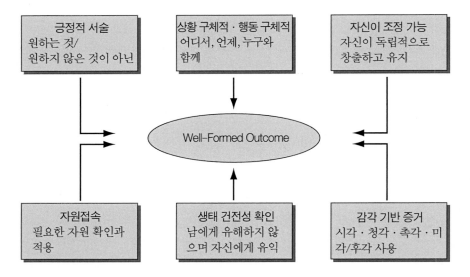

[그림 10-1] 잘 형성된 결과 진술

4. 결과 탐색 전략

1) 문제상태 확인

- 바꾸고 싶은 것이 무엇인가? _____

• 나의 문제는 _____

2) 결과 설정 시 유의 사항

1. 문제상태 부인　무엇을 중지하고 피하고 싶은가?

• 나는 _____를 중단하기 원한다.

　결과 설정은 현재상태나 문제상태에 관계되어 형성되는 것이 상례다. 예를 들면, 어떤 사람이 대중연설에 공포심과 관계되는 문제를 지니는 상태에 있다면 목적 설정의 가장 단순한 형태는 문제상태를 없애는 것으로 결정될 수 있다. 즉, 이 사람은 자신의 목적을 "나는 대중 앞에서 이야기하는 데 대한 두려움을 없애고 싶다."라고 정할 수 있을 것이다.

　이것은 목적을 확인하는 일반적 방법으로 좋은 시작일 수 있겠지만 사실이 전략의 문제는 NLP의 핵심인 "무엇을 원합니까?"라는 질문 규정에 적절한 대답이 아니다. 이것은 그가 원하지 않는 것을 중단하고 싶은 진술이지 원하는 것의 표현이 아니다. 실제 이런 부정적 진술은 원하는 상태보다 문제상태에 초점을 맞추는 것이다.

2. 문제상태의 양극을 확인　문제상태의 반대 현상은 무엇인가?

• 나는 그 대신 _____ 하기를 원한다.

　목적 설정 전략은 문제상태의 반대이자 양극으로서 목적을 결정하는 것이다. 사람을 만나는 일에 두려움을 느끼는 사람은 "나도 많은 사람을 만날 때 자신감이 있기를 원합니다."라고 말할 수 있을 것이다. 이것은 논리적 전략이고, 그로 하여금 문제 상황보다 다른 부분에 초점을 맞추게 하지만 아직 내적으로 양극적이며, 갈등을 창출할 수 있다. 이것은 계속되는 문제상태와 비교·참조하도록 한다. 문제를 만들어 내는 것과 같은 수준의 사고로는 문제를 해결할 수 없다. 왜냐하면 양극은 그것의 반대로서 같은 수준의 사고로 규정될 수 있기 때문이다.

3. 외부적 참조를 가지고 원하는 상태 설정　당신이 원하는 것과 비슷한 원하는 상태를 성취시킬 수 있는 사람이 있는가?

• 나는 ＿＿＿＿＿＿＿＿＿＿＿와 같이 행동하기 원한다.

이 목적 달성은 외적 참조나 원하는 상태를 결정하기 위한 수단으로서 '모델'을 사용하는 것과 관계된다. 조직적 계획과 발전을 하는 데에 이것은 기준점으로서 참조가 된다. 대중연설을 예를 들면, 이 사람은 "나는 마틴 루터 킹과 같이 대중에게 연설하기를 원한다."고 말할 수 있다. 이것은 부인하거나 양극화하는 것보다 유리하다. 문제상태를 떠나 직접적 주목을 하고 비교할 구체적 참조를 제시한다. 그러나 이것 역시 적절치 못한 기대감을 형성하게 하고 모방에서 오는 진지성이나 불협의 양상을 창출할 수 있으며, 이는 부정적 비교와 실패감을 불러올 수도 있다. 또한 적절하지 않은 상황에 부적절한 행동을 적용하는 생태적 위험이 있다.

4. 원하는 상태의 구조를 연역적 원리를 사용하여 설정　무엇이 내가 원하는 상태를 나타내는 것과 같은 중요한 특성인가?

• 나는 ＿＿＿＿＿＿＿＿＿＿＿와 같은 특성을 가지고 싶다.

목적 결정을 위한 다른 전략에서는 원하는 상태의 구조를 결정하는 데 규칙과 원리가 관계된다. 대중연설과 관계하여 "나는 대중 앞에서 연설을 할

때 융통성이나 통합성 또는 통일된 질적인 자질을 갖추고 싶다."라는 논리적
인 것이 개입될 수 있다. 이것은 연역적 접근으로 구체적 상황에서 추상적 원
리를 드러내는 것이 관계되어 있다. 행동과 표현에 더 많은 융통성의 문을 열
면서 지적으로 더 도전적이며, 다른 전략보다 삭제와 왜곡, 일반화에 더 주관
적이다.

5. 생성적 결과 형성, 지니고 있는 자원의 질 확장　원하는 상태와 관련된 어떤
　질적인 것을 더 가지고 싶거나 혹은 이미 가지고 있는가?

• 나는 더 많은 ＿＿＿＿＿＿＿＿＿＿＿＿＿＿을 가지기 원한다.

이 전략은 생성적 결과를 형성하는 데 관계된다. '생성적 결과'는 문제상태
나 외적으로 추상적 참조를 가지고 결정하는 것보다 이미 지니고 있는 자원
의 질을 확장하는 것과 관계된다. 예를 들면, 대중연설에서 "나는 더욱 균형
이 잡히고 창의적으로 되기를 원한다."라고 할 수 있다. 생성적 목적에는 여
러 가지 유익한 점이 있다. 하지만 이 사람은 적극적이며 질적으로 적절한 것
을 확인하는 것을 전제로 하는데, 이것은 때로 그 사람이 문제상태로 힘들어
하고 있을 때 어려울 수도 있다.

6. 만약 ~처럼(as if)으로 행동　만일 당신이 이미 원하는 상태를 가졌다면 무
　엇을 하고 무엇을 줄일 것인가?

• 나는 원하는 상태에 이미 도달해서 ＿＿＿＿＿＿＿일 수 있다.

이렇게 마지막 목적을 규정하는 전략은 '만약 ~처럼' 행동하는 것으로
그는 이미 원하는 상태를 도달하게 된 것이다. 사람이 문제상태에 개입되어
있는 동안 원하는 것을 결정하는 것은 더욱더 어렵게 된다. 실제로 이것이 바

로 문제 자체다. 사람이 문제상태에서 진퇴양난에 빠져 있을 때는 대안을 생각해 내거나 창작적이게 되는 것이 더욱 어려워진다.

하지만 '만약 ~처럼' 전략을 사용한다면 자신을 문제상태에서 이동시켜 자신의 원하는 상태가 이미 이루어진 것처럼 상상함으로써 원하는 상태의 시점으로 옮겨갈 수 있다. 따라서 대중연설과 관계하여 이 사람은 "내가 이미 원하는 상태에 도달했다면 지금 당장 그 사람들 앞에서 편안하고 긴장이 없어지게 될 수 있다."라고 할 수 있다.

모든 목적 결정을 위한 전략은 유리한 점과 어려운 점에 도전적일 수 있으며, 어떤 목적 결정 과정을 방법으로 사용하든 그것이 최적이 될 수도 있다. 그러나 여러 전략을 종합하여 여러 가지 조망에서 성취할 수 있는 결과를 탐색하고 설정함으로써 힘 있는 전략을 형성할 수 있다.

일단 목적이 형성되면 그것의 적절성을 확인하고 점검하는 것이 중요하다. NLP의 결과에 도움을 주는 적절성 검색의 조건이 있는데, 이것은 목적이 현실적인지, 동기 자극적인지, 성취 가능성이 있는지 확인하는 것이다.

목적을 설정하는 모든 과정에서는 어떤 정서적 저항을 가질 수 있다. 우울한 감정이나 절망감, 과중한 부담 같은 여러 가지 방법으로 경험될 수 있는 감정이 개입될 수 있어 자신을 방해하는 욕구도 느낄 수 있다. 이런 정서적 경험은 삶에서 원하는 것을 피해 가는 방법에 대한 실마리가 될 수 있고, 느낌은 전체 과정을 철저히 즐기며 고도의 흥미와 자각을 가질 수 있는 기회가 될 수 있다.

목적을 선택할 때는 지나치게 복잡하거나 너무 심각하지 말아야 한다. 아주 단순하고 분명한 일로 시작하여 언제나 진행해 나가면서 바꾸고 다시 발전시킬 수 있다.

5. 결과 성취의 단계

원하는 결과가 정해졌으면 진행상 절차나 통로(path)가 마련되어야 한다.

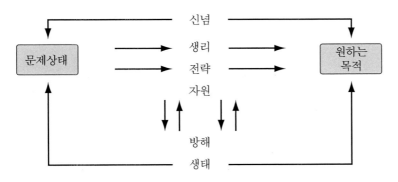

[그림 10-2] 결과의 통로

출처: Dilts & Delozier (1977).

[그림 10-2]는 고려해야 할 절차와 통로를 보여 주고 있다.

- **신념** 자기 자신과 원하는 결과, 세상에 대한 일반화된 신념의 역할
  무엇이 가능한가, 한계가 어딘가, 무엇을 의미하는가, 무엇이 필요하고 중요한가, 무엇이 그것을 완성시키는가, 그것이 무엇을 가져오게 할 것인가, 나는 누구인가, 나는 무엇을 할 능력이 있는가?
- **생리** 목적을 달성하는 데 필요한 생리신체적 조건, 목적 달성에 요구되는 행동의 구체적 절차, 접근단서(눈의 움직임, 자세, 호흡 등), 신체적 상태(면역 기능, 영양, 기력 등)
- **전략** 신체적 행동과 몸의 반응을 조직하고 이끄는 정신적 지도나 프로그램(뇌), 감각적 조직(보고, 듣고, 느낌, 냄새, 맛 등), 종속모형, 감각적 표상의 질(강도, 속도, 위치 등), 계획 속의 구체적인 절차
- **자원** 방해를 제거하는 데 필요한 기술과 기교
- **방해** 목적 달성 과정의 방해 요소
  과정에 혼란이 일어나는 이유 → 목적과 단계에 대한 명확성의 결핍, 자원 → 정보 수집 기능 자원 → 감각적 민첩성, 재난적 각인 → 개인사의 트라우마, 부적절한 기대와 기준, 불협화음, 이차적 소득, 숨은 의도, 외

적 장애, 목적 성취에 대한 의심

- 생태 원하는 목적을 위해 사려되고 보존되어야 하는 주변 조직으로부터의 요소, 또는 원하는 것을 얻었을 때 방해를 받거나 해를 입을 주변 상황이나 사람

6. 가능성의 인식

어떤 사람에게 가능한 것은 나 자신에게도 가능하다. '어느 누가 할 수 있는 일은 나도 할 수 있다.'라는 NLP의 전제는 어떻게 할 수 있느냐를 제시한다.

어떤 문제나 기술을 성공적으로 이끌고 성취를 하는 사람에게는 그것을 그렇게 할 수 있는 어떤 패턴이 있다. 그 패턴을 습득함으로써 모든 사람은 원하는 것을 성공적으로 가지게 된다(Dilts, 1994). 그러나 현실에서 이것을 믿지 않고 자신의 능력을 인정하지 않으며 제한시키는 사람이라면 이것은 불가능하다. 하지만 그것을 믿고 행동하고 시도한다면 자기가 느끼고 행동으로 옮기는 데 제한이 없게 될 것이며, 결과틀이 만들어져 성취할 수 있게 될 것이다. 결국 결과틀은 주체적 가능성의 영역에 들어가는 것이다. 자신이 진정 그것을 원하느냐가 문제일 뿐이다. 이는 성공적인 방법을 배운다는 것이 아니다. 그것은 선택이다.

1) 실패의 의미

자기가 원하는 것을 가질 수 없다는 것은 그것을 위해 자신이 더 이상 할 수 있는 일이 없다는 것을 의미하고, 더 나아가 실패할 수 있다는 것을 의미한다. 빈털터리가 되어서 실패자가 되었다고 가정하자. 결과틀을 '어떻게(how)' 만들어 가느냐는 어쩔 수 없는 좌절과 난처한 함정으로 피드백을 경

험하게 한다.

자기가 구체화된 목적의 결과를 가지고 있는 한, 계속 그 목적을 유지시키고 그것을 획득할 수 있다는 것을 알면 모든 좌절은 결과를 향해 가는 과정에 얼마든지 일어날 수 있는 일로 간주될 수 있다. 모든 일에서 최종 판결로 결론을 내리기보다 결과틀에 집중한다면 자기가 지향하는 노력을 위한 유용한 피드백을 그 결실로 볼 수 있게 될 것이다. 그 결과는 만족이나 실망과는 관계가 없다. 결실을 향해 가는 마당에 바르지 않은 길을 가고 있다는 것을 알게 되고 실망하는 일은 단순히 자기가 원하는 결과를 얻는 데 유용한 것이 아니라는 것을 지적해 주기 때문에 그 지침을 바꿀 필요가 있다는 것을 의미한다.

이와 같은 두 가지 전제는 NLP 접근에서 필수적이다. 이것을 기능적으로 만드는 것은 어떤 슬로건이나 이론이 아니라 결과틀이다.

2) 원망틀

대조가 되는 예를 듦으로써 결과틀의 의미를 촉진시킬 수 있게 될 것이다. 결과틀을 구체적으로 설명하기 전에 대개의 사람이 자신의 문제를 어떻게 생각하는가 알아보자. 다음의 원망틀(blame frame)을 살펴보자.

1. 현재 살아가는 데 약간의 문제가 되는 것을 생각하자.
2. 다음 질문으로 넘어가기 전에 묻는 말에 대한 대답을 하나하나 노트에 적는다.
   - 문제가 무엇인가?
   - 왜 이 문제가 생기는가?
   - 이것이 얼마나 오랫동안 문제가 되고 있는가?
   - 어떻게 이것이 자기를 제한시키는가?
   - 이 문제로 자기가 하고 싶어 하는 것을 할 수 없는 경우는 어떤 것인가?

[그림 10-3] 원망틀의 결과

　　- 이 문제를 가지는 것은 누구의 잘못인가?
　　- 자기가 이 문제를 가장 심각하게 느꼈을 때가 언제인가?
3. 대답을 다 기록했으면 잠깐 깊게 호흡한 다음 이 대답을 쓰면서 어떤 느낌을 가졌는가 느껴 보자. 원망틀은 자기를 제한시키거나 선택이 없는 것을 경험하게 하는 것이다. 이것은 자기가 원하는 것을 얻지 못하는 것에 대해 변명을 하고 정당화시키는 진술을 하게 만든다.

3) 틀 잡기 연습

　　깊게 호흡을 하고 앞서 언급한 2번의 대답을 쓰면서 느낀 것을 적어 본다.
　　원망틀과 결과틀의 질문에 대한 대답은 상당한 정서적 차이점이 있다. 원망틀은 무엇이 잘못되었는가를 찾아가기 때문에 대개의 사람들은 원망틀을 다 완성하기도 전에 기분이 상하게 될 것이다. 문제라는 것이 환경적 요소이므로 그것을 바꾸는 데 선택이 없다고 느끼기 때문이다.
　　그와 반대로 결과틀은 미래와 장래를 지향하는 것으로, 사람에게 희망을 주고 어떤 가능성을 제공한다. 이제 우리는 어떤 문제를 다룬다는 것이 선택의 영역이라는 것을 알게 되었다.

 ## 연습 1

다음의 질문을 체크하면서 확인한다.

1. 내가 원하는 것이 무엇인가?

2. 어느 때 어디서 그것을 원하는가?

3. 내가 그것을 가졌다는 것을 어떻게 아는가?

4. 내가 원하는 것을 얻었을 때 달라지는 것은 무엇인가?

5. 이것을 가진 것이 나에게 어떻게 자원으로 활용될 것인가?

6. 내가 가진 이 자원을 어떻게 최선으로 응용할 수 있겠는가?

7. 내가 원하는 것을 가지기 위해 지금 무엇을 시작해야 하는가?

7. 틀 검열

1) 원하는 것 검열

"자신이 원하는 것은 무엇인가?" "어떤 결과를 얻으려 하는가?" "상대방이 원하는 것은 무엇인가?" 이와 같은 질문을 하는 것은 자신과 다른 사람이 지향하고 있는 것에 대한 더욱 구체적인 표상을 형성하게 해 준다.

무엇이 잘못되었느냐에 관심을 집중하는 것은 자기가 원치 않는 것이 무엇인지 알게 해 줄 뿐이다. 그것은 마치 혼잡하고 매연으로 가득 찬 도시 한복판에 서서 자신이 그 자리에 있고 싶지 않다는 것과 그곳에서 빠져나가야 한다는 것을 알게 하는 것과 같다. 만일 어디로 가고 싶은지 모르고 있다면 헤매다가 또 다른 불결하고 끔찍한 장소를 만나게 될 것이다.

가장 중요한 질문은 자기가 원하는 것이 무엇인가를 찾는 것이고, 그것은 하던 것을 중단하고 원하는 결과의 세계로 향하게 하는 것이다. 자신이 원하는 것이 분명해지면 그 방향을 향하여 에너지를 집중한다. 이는 자신의 발전과 노력하는 것의 유용도를 검증해 볼 어떤 자료를 제공하게 될 것이다. 그리고 이것은 효과적인 활동 계획을 세우고 전략을 세우는 데 주축이 된다. 이런 질문을 하면 어떤 때는 이미 자신이 그 원하는 것을 가졌는데 그것을 인식하지 못하고 있었음을 깨닫는 경우도 있다.

2) 제한 검열

"현재 무엇이 원하는 것을 방해하는가?" "현재의 상태와 원하는 결과 상태와는 어떻게 다른가?" "지금 무엇이 자신이 원하는 결과를 얻지 못하도록 방해하고 있는가?" "그것이 어떻게 제한점이 되고 걸림돌이 되어서 도달하고 싶은 곳을 가로막고 있는가?" "어떻게 이 한계점을 넘어갈 수 있는가?"

등의 질문은 자신의 앞에 놓여 있는 방해물을 지각하게 하고, 그것을 제거하는 방법을 찾게 해 줄 것이다.

3) 결과 측정

"원하는 것을 얻었다는 것은 어떻게 알게 되는가?" 이 질문은 자기가 원하는 결과를 얻었다는 것을 알려 주는 자기의 내면과 주위에서 일어나는 것을 보고, 듣고, 느끼는 것을 구체화시켜 줄 것이다. 종종 사람들은 자신이 원하는 것에 대한 구상은 있지만, 원하는 것의 표상이 분명하지 않아서 그것을 획득하고 실제로 그것을 성공적으로 얻었다는 것을 알기 위해 무엇을 해야 하는지 모르고 있다.

자신의 결과를 얻어 내는 것을 알게 하는 방법을 구체화시키는 것은 성공과 실패를 검증할 수 있을 뿐 아니라 작업을 하는 데 따라와야 하는 안정감에 대한 중요한 정보를 제공한다.

4) 상황 검열

"언제 그 결과를 원하는가?" 대부분의 사람이 원하는 결과를 자신을 위해 정할 때 공통적으로 잘못하는 것이 있다. 그것은 무엇을 가지는 것이 좋고, 그 가지게 되는 것은 언제나 좋을 것이라는 막연한 상상을 하는 것이다. 어떤 능력, 경험이나 행동은 그것이 즐겁거나 불쾌한 것이거나에 상관없이, 어떤 상황에서는 적절한 것이지만 다른 상황에서는 부적합할 수도 있다. 예를 들면, 자신의 원칙에 위배되는 어떤 일을 했을 때 죄의식을 느끼는 것은 적절성도 있고 효과도 있다. 그러나 타인이 자기 자신의 원칙에 위배된 일을 했다는 이유로 화를 내는 것은 부적절한 반응이 된다. 동시에 자기가 무엇을 성취했을 때 자기가 성취한 것에 대해 만족해하는 것은 아주 훌륭한 것이지만, 그것을 자기의 태도로 계속 유지한다면 더 이상 성취하는 것을 방해하게 된다.

"언제 이 원하는 결과를 가지기를 원하는가?" 이 질문을 하는 것은 적절한 시기와 상황을 구체화시켜 준다. NLP에서는 이 구체적인 시간과 장소를 상황 구체화(contextualizing)라고 한다.

5) 생태 검열

"내가 원하는 것을 얻었을 때 내가 살아가는 데 어떤 변화가 있는가?" 인간이 살아가는 데 고립된 경험으로 일어나는 일은 아무것도 없다. 자기가 만들어 내는 자기의 능력, 경험 혹은 행동의 변화는 여러 가지 각도로 자기 인생의 환경 조건에 영향을 끼칠 것이다.

이 질문은 자신의 남은 인생 경험과 상황에서 자기가 원하는 결과(소원)에 연결을 해 준다. 자신의 삶에 자기가 원하는 결과가 유익할 것이라고 아는 것은 그 결과를 얻도록 하는 데 도움을 준다.

6) 자원 검열

"이 결과를 가지고 자신을 도울 수 있는 어떤 자원을 얻을 수 있는가?" 이제 자기가 원하는 것을 알았으니 언제 그 원하는 것을 가지게 될 것인가를 알고 그것의 중요성을 인식한다는 것은 그 결과를 현실로 만들기 위해 에너지를 모아 기동력을 발휘하는 계기가 된다. 그러기 위해서는 자원이 요구될 것이다.

이 질문은 자신의 자원을 분명하게 만든다. 그렇지 않다면 이 자원은 적절한 상황에 활용되지 않게 될 것이다. 자원은 자신의 현재 능력(학습 능력, 유머감각 등)만 포함하는 것이 아니라 물질적 자원(돈, 교통수단 등) 그리고 다른 사람들(가족, 친구, 친척, 애인 등)이 자원이 될 수 있다.

7) 자원 응용 방법 검열

"자기가 가진 자원을 어떻게 최대한으로 응용할 수 있는가?" 자원이 정해졌으면 다음 단계는 그것을 어디서 어떻게 사용할 것인가를 생각하는 것이다. 어떤 것은 당장 사용 가치가 있고, 어떤 것은 차후에 이용하게 될 수도 있다. 만일 어떤 다른 사람을 자원으로 생각하고 있다면 그 사람과 어떻게 최선의 교섭을 할 수 있는가 생각해야만 그가 의미 있는 방법으로 자기를 도와주게 될 것이다. 이 질문은 자신의 결과를 획득하기 위한 계획을 세우는 데 도움이 된다.

8) 계획 검열

"자신이 원하는 것을 얻기 위해 당장 무엇을 시작해야 하는가?" 사람은 자신이 원하는 결과를 위해 계획을 세우고 진행하는 데 오랜 시간을 기다린다. 결과가 무엇이든 결과를 향해 지금 할 수 있는 일은 항상 존재하는 법이다. 이 질문은 그 단계를 시작하도록 하는 것이다.

결과에 대한 이와 같은 질문 반응은 극히 구체적이고 감각에 기초한 대답이어야 한다. 상담자의 성공은 내담자에게서 얼마만큼 구체적이고 분명한 진술을 얻어낼 수 있느냐에 달려 있다.

결과틀은 작업을 하기 위한 틀을 만드는 것, 즉 작업을 위한 질문이라는 점에서 중요하다. 가능성을 위주로 조직해 나가기 때문에 단순한 말로 대답하는 것에 의미가 있는 것이 아니다. 이 질문을 받는 사람은 자신의 경험, 자극되는 느낌, 자신의 갈등(원치 않는 불평)이 어떤 영향을 받고 있다는 것에 방향을 집중하도록 이끌어 가게 된다.

9) 결과틀 미래 보정

사람은 큰 문제만 보고 그것에 도전하는 경향이 있으나, 실제 생활에서는 크고 작은 여러 가지 도전해야 할 문제들이 겹겹으로 싸여 있고, 갈등으로 가득 차 있다. 이 모든 것은 우리에게 어떤 결과를 가져오는 것들이다. 결과틀의 진정한 가치는 앞서 제시한 특정 질문에 있는 것이 아니라, 이 질문이 가져오는 육성적 영향력에 있다. 이것은 가능성 있는 선택에 자발적이고 자원적인 지침을 제공한다. 이렇게 되면 생활 속에 일어나는 장애물에 대응하는 데 자동적 장치로 작동하게 된다.

원치 않는 상황이 재발하는 것을 자신이 원치 않는다는 것을 알고 있으나 원하는 상황이 무엇인지를 모르기 때문이다. '사람들과 처음 만나는 경우 수줍어하지 않기를 원한다.' 라는 것을 알고 있는 것은 새로 만나는 사람과 어떻게 해야 한다는 것을 아는 것과는 관계가 없다.

10) 결과틀 종합

문제를 중심으로 삼는 경향은 사람이 그 문제를 위해 실제로 무엇을 하든, 하지 않든 처리할 것을 생각하게 되고 거기에 대한 느낌을 가지게 됨으로써 영향을 받게 된다. 문제에 대한 일반적인 반응은 왜 그 문제가 생겼으며, 누가 그것에 책임이 있는가를 찾아 개인적 한계점을 상상하게 하여 환경의 손에 내맡겨지게 하는 것이다. 이것이 바로 절망감이나 핍박받은 느낌으로 이어지는 원망틀이라 할 수 있다.

미래의 원하는 것을 선택하는 데 관심을 집중하고 노력하는 것은 가장 유용하고 효과적인 인간의 성향이다. 미래를 획득하는 데 요구되는 정보와 자원을 구체화시켜 이 자원을 동원하는 것이 결과틀이다.

11) 결과 구체화 연습

NLP는 '문제가 무엇인가'가 아니라 '무엇을 원하는가'에서 도움이 시작된다. 가지고 싶은 결과가 중요하다. 자신이 원하는 것을 알아야 그곳으로 가는 방향이 정해지고, 방법과 기술 응용이 가능해진다. 어디로 가야 하는지 모르는 사람은 자신이 원하는 곳에 서지 못한다.

일반적으로 상담이 요구되는 내담자는 방향감각을 잃었거나 원하는 것을 모르고 혼란스러운 문제상태에 있는 사람들이다. 상담자는 문제에 대한 집착에서 벗어나 내담자가 원하는 것을 확인하고 명확히 규정할 수 있도록 질문으로 구체화시킬 수 있게 도와준다. 내용적인 것에서 벗어나, 내담자의 문제를 해결하려 애쓰는 것이 아니라 내담자가 자신의 문제의 대답을 찾도록 안내한다. 다음은 안내하는 질문의 일부다.

연습 2

1. 원하는 것이 무엇입니까(얻고 싶은 결과, 결과틀)?
   - 긍정적 서술
   - 자신에 의해 창출되고 통제할 수 있는 것
   - 상황 구체적 · 감각적 행동

2. 그것을 가졌다는 것을 어떻게 알 수 있습니까?
   - 적절성과 시간적 피드백
   - 어떤 증거를 가질 것인가?

3. 언제 어디서 누구와 그것을 원합니까?
   - 생태적 적절성

- 감각적 기초가 있는가?

4. 원하는 결과를 얻으면 내 삶에 어떤 영향을 줄 것 같습니까?

5. 지금 원하는 결과를 무엇이 방해합니까?
   - 감각에 기초한 서술
   - 메타모델 오용 점검

6. 자신이 원하는 결과를 얻기 위해 어떤 추가적 자원이 필요합니까?

7. 그것을 얻지 못하면 어떤 최악의 경우가 발생할 것 같습니까?

질문에 대답을 마치면 원하는 것이 어떻게 변화되었는가를 확인한다.

 연습 3

세 명이 조를 이루어 진행한다.

1. 다음 결과 진술 중 결과의 구체성이나 규정 조건에 합당치 않은 것을 찾는다.
   - 나는 담배 피우는 것을 그만두기 원한다.
   - 나는 언제나 지각하는 것을 중단하고 싶다.
   - 나는 체중을 줄이려는 충분한 의지를 가지고 싶다.
   - 나는 부자가 되기를 원한다.
   - 나는 언제나 피곤하지 않기를 원한다.
   - 나는 내 상관이 좀 더 결단력이 있기를 바란다.

- 나는 더 건강하기를 원한다.
- 나는 NLP에 대한 전문성이 있기를 원한다.

2. 어느 진술이 더 분명하고 구체적 결과를 성취시키는 데 적절성이 있는지 확인
   한다.

11

자원전략: 관조와 개입, 지각적 입장

1. 자원전략

1) 자원의 필요성

　사람은 갑자기 난처한 상황에 처했을 때 적절하게 자동적으로 대응할 수 없게 된다. 다툼이 생기면 긴장하고 열이 올라서 그 순간 절실히 필요한 말을 잊어버리게 되고 당황한다. 이는 본능적으로 자기보호를 시도하기 때문이다. 그러나 열이 식고 마음이 가라앉으면 '내가 이 말을 했어야 했는데……' 하고 생각하는 경우가 있다. 나중에 후회하게 되지만 그때는 이미 그 일을 할 수 없는 때가 되어 버린다. 그런데 만약 그 상황에서 친구나 가까운 사람이 어떻게 행동하는 것이 좋은 효과를 낼 수 있다고 제안했다면, 우리는 그것을 개인적 공격으로 받아들여 방어적으로 대응했을 것이다. 시간이 지나고 친구가 말한 것이 기억날 때 친구의 말을 내면에서 진심으로 듣게 되고 생각하게 된다. 그리고 그때 자신이 친구에게 보였던 반응이 다시 보이면서 또 한 번

후회를 하게 된다. 이와 유사한 후회가 여러 가지 장면에서 언제나 일어난다면 창피와 좌절감, 후회감이 원천으로 작용할 것이다.

자원전략은 불안, 울화, 수치감 같은 자원 결핍으로 정서상태가 진퇴양난에 빠졌을 때 그 상황을 잘 다스릴 수 있는 방법을 제공한다. 이 전략은 마치 영화관에서 영화를 보는 것처럼 내가 나를 관찰할 수 있고 자원이 없는 상태의 감정과 느낌에서 벗어나 어려운 상황에서 객관적으로 적절한 반응을 선택할 수 있게 한다. 자원을 통해 일단 선택이 다양해지면, 선택한 반응이 가능해지며, 그 선택을 가지고 느낌을 조절할 수 있게 되고, 결과를 좋게 할 수 있는 자신감과 능력을 가지게 되며, 호기심 속에서 그 상황에 돌입할 수 있게 된다.

자원전략의 요점은 문제 상황에서 개입(association)과 관조(dissociation)의 차이점에 기초하고 있다. 개입을 한다는 것은 내가 그 상황에서 실제로 느끼고, 듣고, 보는 것을 자신의 내면에서 느끼고, 듣고, 보는 것을 말한다. 관조를 한다는 것은 내가 자신 밖으로 나와 지각적으로 분리되어 그 상황을 외부에서 관찰하는 것 같이 상호작용을 일으키는 것을 의미한다. 예를 들면, 번지점프를 하고 있는 자신의 모습을 영화에서 보는 것처럼 보는 것이다. 높은 곳에서 낭떠러지로 떨어지면서 줄이 늘어졌다가 당겨지는 것을 따라서 깊이 떨어졌다가 올라갔다 하며 입에서는 비명 소리가 흘러나오는 것을 보고 있는 것이다.

2) 자원전략의 정의

급격하게 발생하는 불쾌한 경험을 하게 되는 경우, 그 상황에 필요한 자원은 순간적으로 차단이 된다. 이와 같은 방법으로 압도를 당하지 않도록 하기 위해서는 밟아야 할 어떤 순차적 단계가 있다. 이 순차적인 단계를 '자원전략(resource strategy)' 이라고 한다.

자원전략은 불안하고 화가 나고 창피와 당혹감 같은 경험으로 적절한 반응이 불가능해지는 자원 고갈상태의 감정에 빠졌을 때 그 상황을 다스릴 수 있는 좋은 방법을 제시한다. 이것은 자원 고갈상태를 벗어나 그 감정을 분리시켜 마치 영화를 보는 것처럼 자신이 관찰자가 되도록 한다. 관찰자의 입장에서는 그 상황에 더욱 객관적으로 되고 적절한 반응을 선택하기 위한 풍부한 자원을 가지게 한다.

반응을 할 때 선택할 수 있는 기회의 다양성을 가진다면, 선택한 새 반응을 가지고 그 상황에 다시 들어가 자신감이나 능력감, 심지어는 호기심을 가지게 되며, 효율성이 있는 감정경험으로 느낌을 조성할 수 있게 될 것이다.

자원전략의 의미와 효율성은 문제를 가지게 된 상황에서 개입과 관조상태를 구별하는 데 기반을 두고 있다. 개입을 한다는 것은 자신이 그 상황을 실제로 보고 듣고 느끼는 것을 자신의 내면에서 보고 듣고 느끼는 것을 의미한다. 그리고 관조한다는 것은 자신이 그 상황과 작용을 하고 있는 자신의 외부, 즉 외부세계에서 분리된 감각으로 관찰하는 것을 의미한다.

2. 관조와 개입

1) 관조

관조는 자신이 어떤 장면에 있지 않으면서 그 장면에 있었던 과거 상황의 자신을 관찰하는 것을 의미한다. 예를 들면, 영화 스크린에서 바라보는 것과 같이 자기 자신을 어떤 특정 상황으로부터 거리를 두고 자신과 분리시킴으로써 관조가 이루어진다.

관조가 이루어지면 자신이 어떻게 자기 자신과 남, 또는 주변 세상과 관계를 하고 있는가에 대한 직관을 얻는 것이 가능해진다. 관조가 가능하면 어떤 상황이든 그 상황에서 더 효과적으로 행동할 수 있게 된다. 관조는 NLP의 여러 가지 기술 중에서 매우 자주 쓰이며, 변화를 촉진하는 데 강력한 방법이다.

관조를 하는 방법에는 다음과 같이 여러 가지가 있는데, 이것들은 자기 자신을 도울 수 있으며, 남을 도울 수 있는 효능도 크다.

- 자신의 방에 앉아서 책을 읽고 있는 자신을 보는 상상을 한다.
- 과거 기억 속의 자신의 모습을 영화 스크린에 나타난 것처럼 상상하고 본다.
- 과거 어떤 활동에 개입했던 것에 대해 이야기하는 것을 제삼자의 입장에서 본다.
- 저쪽 방에서 내 소리가 들리는 것을 들어 본다.

언제 관조를 하고, 어디서 관조를 하며, 어떻게 관조를 할 수 있는가가 결과 효능의 기반이다. 관조나 개입 중 어느 것이 좋고 나쁘다는 가치 판단은 불가능하다. 어느 것이 더 좋은 것도 아니고 나쁜 것도 아니다. 주어진 매 순간 관조와 비관조(개입)의 상태에서 어느 것을 선택하느냐가 열쇠다. 원하는 결과를 얻을 때 자신은 그 상황에서 이 두 개 중 어느 선상에 위치를 선정했느냐에 따라 성공적이었는지를 알게 될 것이다.

2) 개입

어떤 긍정적 상황을 자원으로 만들려면 개입을 하여 그때 보고 듣고 느끼는 것을 확인한 후 그 경험한 표상을 강화시켜 앵커로 사용할 수 있다. 어떤 경험이나 기억에 완전히 개입될 때 그 경험과 연결된 느낌에 푹 빠지게 된다. 이때 완전히 몰입되고 내면에서 강화가 있게 되는데, 그때 그 시간에 있는 것처럼 개입하게 된다. 반면에 어떤 체험이나 기억에 완전히 관조될 때는 체험하는 느낌과 거리가 생기며, 자신은 관찰자로서 외적으로 일어나는 것을 관찰하게 된다.

사랑을 하는 것과 같은 긍정적 경험에 완전히 개입되는 경우도 있으며, 비평을 받는 경험에서 관조되는 긍정적 경험도 있다. 어쨌든 여러 상황에서 자신이 개입과 관조의 중간 어디에 있는 것이다. 이는 내부와 외부의 사이에서 움직여야 하는 신축성이 강조되기 때문이다.

마치 롤러코스터를 타고 있는 자신이 나오는 영화를 관람하고 있는 것처럼 그림을 그려 보자. 롤러코스터의 앞자리에 앉아서 서서히 레일의 높은 곳으로 올라가는 자신과 그 롤러코스터를 본다. 롤러코스터가 낭떠러지로 깊이 떨어질 때 거기에 탄 자신의 머리카락이 날리고 자신의 입에서 나오는 비명 소리를 듣자.

이번에는 롤러코스터가 떨어졌다가 밑에서 위로 다시 올라가기 시작하면, 자신이 그 자리에 앉아 있는 것을 느끼면서 몸 안으로 개입을 하자. 높은 곳을 쳐다보면 검은 체인이 롤러코스터를 끌어올리는 것이 보인다. 롤러코스터가 상공에 오르는 순간 그 아래 깊은 곳이 보이고, 갑자기 높은 데서 떨어지면 바람이 얼굴을 스치며 몸은 떨어져 위장이 튀어오르는 것을 느끼게 된다. 아래를 향해 떨어질 때 질렀던 자신의 외침을 그때 한 것처럼 느끼고 듣는다.

이 관조와 개입이라는 경험은 크게 다르다. 이 다름이 치명적인 것이다. 자신을 바라볼 수 있는 영화의 장면처럼 스크린에서 보이는 것은 관조상태다. 자신이 보고, 듣고, 느끼는 그 상황 속에서 직접 경험을 하지 않고 마치 다른 사람이 경험하는 것을 구경하는 것 같이 몸에서 느낌을 가지지 않을 것이다. 이것을 앵커링했을 때는 결과틀에서 한 것과 반대의 것이 된다. 이것은 원하는 결과를 경험하는 것으로 개입을 시키는 것이었다. 즉, 모든 감각적 자극을 재경험하게 하기 위해 앞서 일어난 상황을 다시 현재의 감각으로 느끼게 하는 것이었다.

자원전략은 관조와 개입이라는 두 가지 방법을 기반으로 한다. 관조는 기억되는 불가항력 상황에서 일어나는 감각적 자극으로부터 격리되도록 설계된다. 그 자극이 상황을 처리할 수 있도록 분명하게 생각을 하게 하고, 자원을 접할 수 있는 시간과 공간을 가지게 해 준다. 이렇게 함으로써 상황에 반응하는 행동이 선택한 반응으로 나타나게 된다.

긍정적인 과거의 경험은 반대로 개입을 유도하여 갈등 해결을 위한 자원으로 활용할 수 있다.

3) 관조와 개입 확인

극히 개입상태인 세 가지 상황을 생각하자. 이것은 스포츠 공연이나 문화공연에 완전히 빠져 있을 때이거나 내가 통제할 수 없는 어떤 걱정에 잠길 때일 수도 있다.

1. 이 선택의 긍정적이거나 부정적인 상태를 한 가지 선택한다.
2. 다음 질문에 대답을 한다. 내가 비슷한 상황에 다시 들어가면 관조와 개입 선상에서 어떤 지점을 선택하기를 원하는가?

극히 관조되어 있는 세 가지 상황을 생각하자. 이것은 거기에 관계된 감정을 조금도 가지기 원하지 않는 상황일 수 있으며, 아니면 그 상황을 여러 면에서 관찰하고 싶은 경우일 수 있다.

3. 이 선택의 긍정적이거나 부정적인 것을 상상하여 나열한다.
4. 비슷한 상황이 다시 있으면 관조와 개입 선상의 어떤 지점을 선택하기 원하는가?

관조를 함으로써 유리한 혜택을 가질 때가 많다. 종속모형도 변화를 통해 관조의 적절한 기술이나 그림의 크기를 조종하고, 장면의 선명도를 달리하는 것 혹은 앵커를 하여 그 장면의 경험을 3차원의 입장에서 관찰하게 하는 것, 지각적 입장 전환 등은 모두가 관조를 하는 것이다.

3. 자원전략 기법

자원전략은 상황이 긴박해질 때 자신을 그 상황에서 격리시키는 능력을 가지게 하는 관조상태에서 이루어진다. 관조는 더욱 적절한 반응으로 사건에 접하게 하고, 감정적 반응에서 자유롭게 한다. 이 전략은 어떤 반응을 하는 데 선택 능력이 제한되고 중단되는, 즉 신체충동이 압도적으로 닥쳐 오는 상황에서 유용하게 쓰일 수 있다.

예를 들면, 직장은 스트레스가 있는 곳이다. 해고를 한두 번 당한 사람은 자신에 대한 가치상실로 심한 고통을 겪는다. 이런 사람들은 다른 직장을 찾아 면접을 볼 때 불안에 떨면서 적합성을 잃게 되는 경우가 허다하다. 이때 자신의 면접 장면을 관조상태로 볼 수 있으면 안심하여 적절한 반응과 자세를 취하고 자신감 있게 면접을 볼 수 있게 될 것이다. 그 후로부터 이 기술을 사용해서 직장에서나 기타 스트레스를 느끼는 상황에서 더욱더 안정되고 품위 있는 반응을 할 수 있게 될 것이다.

개인적 인간관계에서도 자원전략은 유용하다. 삶을 함께하는 부부간에도 긴장이 고조되고 언쟁이 일어난다. 대화 중에 심한 언쟁으로 갈등이 생길 때 관조를 하는 부부는 화가 나는 순간적 긴장감에서 벗어나 상황을 더욱 객관적으로 바라볼 수 있게 될 것이다. 일단 관조상태가 이루어지면 자신이 원하는 것이 무엇인가를 물어볼 수 있는 여유가 생기게 되며, 상황에 반응하는 방법을 변화시킴으로써 상호 간에 유익한 것을 찾을 수 있어 효과적인 행동을 하게 될 것이다.

다음의 7단계 방법에 따라 자원전략을 연습해 보자.

- 1단계-상황 설정 개인의 과거를 더듬어 자신을 비자원상태로 이끄는 상황(좌절, 창피감, 불안감, 감당 못할 감정)과 그 상황이 발생한 계기를 선정한다. 상황의 제기를 지정한다. 즉, 그 자원 고갈상태를 유발하는 것이

무엇인가 결정한다. 이는 어떤 단어(예, 해야만 해) 혹은 어떤 어조(예, 빈 정대는), 어떤 표정(예, 화난 얼굴), 어떤 사람(예, 상사), 어떤 상황(예, 자 신의 요구를 청하는)일 수 있다. 일단 그 상황의 계기를 알게 되면 문제 상 황에 이를 포함시켜 상상하게 하기 때문에 변화는 이 계기와 연관된다.

- 2단계-그 사건에 개입 자신을 난처(예, 자원 고갈)하게 했던 상황의 도화 선이 된 상황에 들어간다. 거기서 들었던 것을 듣고, 보았던 것을 보고, 느꼈던 것을 느낀다.

- 3단계-그 상황에서 관조 깊게 호흡하면서 그 상황에서 걸어나와 자신이 무엇을 하고 있는가 관찰한다. 또 다른 사람이 거기서 자기에게 무엇을 하는지 듣고 관찰한다. 이렇게 할 때 그 기억되는 장면에서 자신이 감정 적으로 반응하는 것을 느끼게 될 수 있다. 따라서 관찰하는 자신과 활동 중인 영상 속의 자신과의 사이에 거리를 넓히면서 관조할 수 있는 동시 에 그 기억을 영화 스크린에 담을 수도 있다.

- 4단계-가장 적절한 반응을 지정(자원 개발) 관조상태를 유지하고 진행시키 기 위해서 이 상황에서 가져야 할 최선의 반응이 무엇인지를 자신에게 질문한다. 어쨌든 이 과제의 틀을 잡아서 이 시점을 진행시키는 데 중요 한 것이 무엇이며, 자기가 바라보고 있는 '자기 자신'이 어떻게 그 상황 에서 더 적절하게 반응할 수 있는가를 선정해야 한다. 이렇게 하는 동안 자신을 관조상태로 유지하며, 필요로 하는 여러 가지 반응을 선택하고 시도하면서 문제 상황을 그대로 유지할 수 있다.

- 5단계-새로운 반응을 그 상황에 재결합시킴 이제 새로 선택한, 더욱 적절한 방법으로 자신을 그 상황으로 다시 걸어 들어가게 한다. 이 장면에 들어 갈 때는 완전히 개입된 상태로 문제 상황에서 새로 선택한 반응을 사용하 면서 보고, 듣고, 느끼는 것을 통해 그대로 접한다. 만일 새로 얻은 반응 이 자기가 원하는 경험을 가지게 하지 않는다면 3, 4단계로 돌아가 다시 새 행동을 선택해야 한다. 이 관조시킬 수 있는 능력을 일반화시켜서 완 전히 다른 혹은 유사한 자원을 이끌어 낼 수 있게 한다. 이것은 1~5단

계를 여러 번 반복하면 가능해진다.

- 6단계-미래 보정　이 단계는 미래에 접착시키는 과정이다. 앞에서 있었던 실제 상황과 같은 일이 미래의 어느 때 일어나게 된다고 생각하자. 일단 그것이 지정되면 2~5단계를 반복하는데, 이 미래 상황을 문제 상황으로 가정하여 관조상태에서 얻은 자원을 사용한다.

- 7단계-검증　이제까지 한 것의 효능을 실제 검증해 보는 것은 과거에 자신을 압도했던 것과 같은 상황에 실제로 당면하는 것이다. 그러나 그 전에 시험해 볼 수 있는 방법은 자기 자신이 유사한 상황 속에 있다는 것을 생각하여 자신의 반응을 주시해 보는 것이다. 만일 자원 고갈상태로 빠져든다면 그 전략 단계를 몇 번 더 반복하여 그 상황에서 자동적 반응이 일어날 때까지 계속할 필요가 있다.

이와 같이 실험을 하면서 전략 단계를 자동적으로 통과하게 되면 배운 전략을 완수할 수 있다는 것을 알게 되고, 실제 상황에 대면할 수 있게 된다. 기타 여러 가지의 기능과 마찬가지로, 이 기능도 반복하여 연습하다 보면 자동적 반응으로 자리잡게 된다. 따라서 자원전략은 반응의 신축성을 확장시키고, 여유를 가지도록 내면의 공간을 주며, 객관적 조명을 가능하게 함으로써 자기표현을 자유롭게 이끌어 가는 창조력을 제공하게 된다.

효율성 있고 강력하게 세상을 움직이기 위해 우리는 여러 가지 상황과 사건에 반응하기 위한 선택을 많이 가져야 한다. 내적 자원의 고갈상태에서 관조상태 능력은, 삶의 다양한 상황에서 적절하고 만족스럽게 반응할 수 있는 자원에 접하도록 함으로써 부정적이고 부적절한 반응이 나타나는 상황에서 유효하고 적절하게 반응하도록 새로운 선택을 제공하게 된다.

압도적인 경험 때문에 무엇을 어떻게 해야 할지 모를 때, 너무 감정적으로 일을 처리한다는 말을 들었을 때, 소외감이나 창피감을 느낄 때나 울화가 터질 때, 잘못 처리하여 후회한 사건에 대해서 그 상황에 자원을 가지고 들어가 반응 방법을 달리하여 사용함으로써 변화를 일으킬 수 있다. 그 반응이 자신에게 만족스러우면 시간을 추적하여 현재로 돌아와 세상을 효율성 있게 살기 위해 모든 일에 자원전략이 얼마나 변화를 주는가 점검해 볼 수 있다. 다르다는 것은 지금으로부터 시작되는 것이다.

 연습 1

1. 내담자가 경험한 문제상태의 진퇴양난의 상황을 선정한다.

2. 그 상황에 개입을 유도하여 앵커를 한다.

3. 개입상태 단절을 한다.

4. 같은 장면을 관조상태로 접하게 하여 앵커한다.

5. 관조상태 단절을 한다.

6. 관조 앵커를 점검한다.

7. 상태 단절을 한다.

8. 내담자로 하여금 진퇴양난의 상태를 생각하게 하는 동시에 관조 앵커를 발사하여 그 상태에 연결시킨다.

9. 내담자가 필요로 하는 자원을 관조상태 속에서 찾게 하여 환경 점검을 한다.

10. 자원상태 앵커를 발사한 후 피험자가 자원을 충분히 접하는지 확인한다.

11. 동시에 발사되는 자원 앵커를 충분히 가지고 진퇴양난의 상황으로 개입한다.

12. 자원 작동의 상태를 점검한다.

13. 미래 보정을 하여 미래의 유사한 상황에 대응한다.

 연습 2

1. 원하지 않는 자신의 마음상태(예, 불안감)를 선정한다.

2. 개인사에서 자신감이 없어 힘들었던 구체적인 상황을 선정한다.

3. 그 상황에 개입시켜 당시와 같은 경험을 하게 함으로써 표상을 앵커하여 강화한다.

4. 상태 단절을 한다.

5. 과거 경험한 자신감이 많았던 상황을 찾아 그때의 표상을 확인하고 앵커를한다.

6. 발사된 앵커 강화를 몇 번 연습하여 정착을 확인한다.

7. 상태 단절을 한다.

8. 자원 앵커로 다시 개입을 시켜 그 앵커상태를 가진다.

9. 자신감이 없어 힘들었던 그 장면으로 개입시킨다.

10. 어떤 변화를 경험하는가 확인한다.

11. 미래 보정을 하여 미래에 유사한 상황에 자원이 작동하는가 확인한다.

4. 지각적 입장

세상을 지각할 때 모든 사람은 서로 다르게 지각할 때가 많이 있다. 자신의 세계관이나 가치관에 밀착되어 다른 사람이 보는 것과 동일하게 이해하지 못하는 것이다. 어떤 의미에서 우리 모두는 경우에 따라 자신의 현실에 깊이 빠져 다른 사람의 입장이나 행동을 고려할 수 없게 된다. 사람은 실제에 반응하는 것이 아니라 실제라고 생각하는 것에 반응하기 때문이다. 다른 사람의 세상 지도를 이해하고 커뮤니케이션을 더 잘하게 되면 라포 유지와 공감이 쉬워지고, 갈등을 해결하거나 효과적으로 협상하는 것도 가능하며, 고객 서비스도 가능해질 수 있게 될 것이다.

Grinder, Bandler와 Delozier(1975/1976)는 조직적인 지각적 입장을 4차원의 모델로 전환시켜 의식적 지각에 누락될 수 있는 상황의 정보를 가능하게 하는 모델을 조명한다.

이 네 가지의 지각적 입장을 각각 1~4차원 입장이라고 한다. 자신의 입장에서 사물을 보는 것이 1차원 입장이며, 다른 상대의 상황에서 보는 것이 2차원 입장, 떨어져 관찰자 혹은 제삼자 입장에서 보는 것이 3차원 입장이다. 그리고 4차원 입장은 처한 상황에 대한 이해를 넓히기 위해서 상대방이나 관찰자의 입장에 서서 즉각적인 다른 관점을 얻기 위해 지각적 입장을 다르게 하는 것이다.

1) 1차원 입장

1차원 입장에 서서 자신의 환경이나 상대방을 주관적 견해에 따라 보는 것이 사람들의 자연스러운 자신에 대한 지각이다. '나'라는 단어를 쓰며 개인적 입장이나 제스처를 가지는 이 입장에서 우리는 나 자신의 눈으로 보고, 내 귀로 듣고, 내 몸으로 느낌을 느낀다. 마음의 눈으로 본다면 그것은 1차원 입장일 수 없다.

1차원 입장에서 우리는 자신에게 영향을 주는 것에 대해 나 자신의 지각과 입장으로만 인지하고 생각하게 된다. 이때 타인의 느낌에 대해서는 이기주의적이고 자기중심적이며 몰지각하게 되어 상대방에게 이를 들키고 만다.

2) 2차원 입장

어떤 특정한 상호작용에서는 상대방의 신발에 발을 넣고 그 사람의 눈으로 경험을 하는 것을 상상한다. 그 사람처럼 자세를 취하며 그 사람처럼 호흡을 하는 등 마치 그처럼 행동한다. 그의 현실을 내가 보고 듣고 느끼는 것이다. 내 생각과 느낌과 신념에서 떨어져 나와 그의 눈으로 내 자신을 보고, 내가 그 사람인 것처럼 생각하는 것이다.

이렇게 함으로써 그 사람과 같이 그 일을 인식하는 것이 증폭될 수 있다. 내가 그의 신념과 가치관, 메타 프로그램 그리고 다른 내적 표상 측면을 더 취할 수 있는 만큼, 그의 입장에 대해 더 정확히 이해할 수 있다. 이처럼 2차원 입장을 취함으로써 상대방과의 관계에 대해 새로운 중요한 정보를 얻게 되어 동정심과 연민을 가질 수 있다. 또한 이 과정을 통해 나 자신에 대한 가치 있는 정보를 입수할 수 있게 된다. 내 마음의 눈으로 자신을 볼 수 있고 표정과 몸짓과 소리를 들어 나의 행동을 관찰할 수 있어서 그것을 받아들이는 사람이 어떠할 것이라는 지각을 얻게 된다. 이것이 그 상대와 어떻게 관계해야 할 것인지 선택할 수 있게 한다. 2차원 입장은 특히 상대가 왜 회피 행동을 하는지 이해할 수 없을 때 유익한 방법이다.

3) 3차원 입장

3차원 입장이란 외부세계의 지각으로 상호작용을 하며, 보고, 듣고, 느끼는 것이다. 즉, 두 사람의 입장을 멀리 떨어져서 보는 것이다. 이것은 상호작용의 진행을 밖에서 볼 수 있으므로 일어나는 일에 대한 증인으로서 작용하게 만들어 준다. 이 입장은 두 사람과 관계는 되어 있지만 상호작용으로부터 떨어져서 자원을 느끼게 하여 일어나는 일을 분석할 수 있게 허용한다. 따라서 얻어지는 정보를 1차원 입장에 가지고 가게 한다. 헬리콥터에서 내려다보는 것처럼 멀리 서서 객관성을 가지고 바라보는 경관은 지극히 값진 조망을 가질 수 있게 한다.

감정이 개입된 상황에서 그것이 갈등적이거나 도전적 행동일 때 감정은 방해 작용을 하게 된다. 자기 자신의 경험 밖에 설 수 있는 기회를 마련해 주는 이 3차원 입장은 NLP의 여러 가지 패턴과 변화 기술을 만드는 위치라고 한다. 이것은 1차원과 2차원 입장으로부터 직관을 거두어 들이는 조직적인 방법으로서, 특히 관계 문제나 갈등이 많을 때 효과적으로 대응하게 하는 데 유용한 활동이다. 일반적으로 상황 개선을 위해 우리의 행동을 미묘하게 변화하게 한다.

연습 3

바닥에 세 개의 공간(1차원, 2차원, 3차원)을 그려 놓고 공간의 입장을 경험한다.

1. 개선을 원하는 특정 관계를 한 가지 선정한다.

2. 1차원 입장에서 힘든 관계를 가졌던 구체적 장면에 개입한다. 그때 그 상황에 개입하여 상대방을 직면한 후 자신의 눈으로 보고, 그가 말하는 것을 듣고, 얼굴표정을 보며, 자신이 어떻게 느끼는가 재경험을 한다. '나' 는 1차원 입장의 단어다. 내면에서 혹은 소리내어 말할 때 이와 같이 주어는 주로 1차원 입장이다.

3. 상태 단절을 위해 내용과 무관한 질문을 하거나, 손을 흔들어 그때의 기분을 털어 낸다.

4. 2차원 입장에 들어가 상대방이 된다. 상대가 경험하는 것을 내가 경험한다. 그의 신발을 신고 옷을 입은 후 그의 가치관과 신념을 가지고, 그가 행동하고 말하는 것을 한다. 그의 입장에서 저기에 있는 '당신(나)' 을 관찰함으로써 사고를 하고 직관을 가진다. 2차원 입장에서 경험되는 언어를 사용하며, 자신을 '당신' 이라고 표현할 수 있다.

5. 상태 단절을 한다.

6. 3차원 입장에 들어가는, 1차원과 2차원 입장을 관찰할 수 있는 떨어진 장소로 옮겨 간다. 장면을 재연하면서 영화를 보고 듣는 것처럼 호기심을 가지고, 모든 것을 잘 알고 있는 관찰자의 역할을 하며, 관찰자의 조망을 통해 무엇을 배울까를 의식한다. 그 관찰자가 1차원 입장의 나에게 무슨 말을 해 주는가를 확인한다.

7. 여러 지각적 입장에서 배운 것을 가지고 1차원 입장에 들어간다. 경험하는 것이 어떻게 달라졌는지 집중한다.

8. 필요한 다른 지각적 입장을 여러 번 돌면서 1차원 입장에서 끝을 내고,미래에

어떻게 반응을 다르게 할 수 있는 변화가 생겼는지 확인한다.

4) 4차원 입장

4차원 입장은 1차원, 2차원, 3차원의 지각적 입장을 서로 상호작용하게 하고, 종합된 전체 체계를 한꺼번에 경험할 수 있도록 하는 입장에 개입하는 것이다. 이 지각적 입장에서는 '우리' 라는 단어가 쓰인다. 이 '우리' 는 '같은' 혹은 '하나'의 체계 구성원으로 경험하는 것으로 근본적으로 효율적인 팀 구성 요소다. Dilts는 이것을 동일성을 느끼는 감각이며, 하나의 체계의 모든 구성원과 동일시하는 것이라고 하였다.

Dilts는 NLP의 상위의 거울(meta mirror) 기술을 1988년에 개발하여 4차원의 입장을 제시한다. 이것은 문제가 있는 관계를 보는 남과 자신의 상호작용

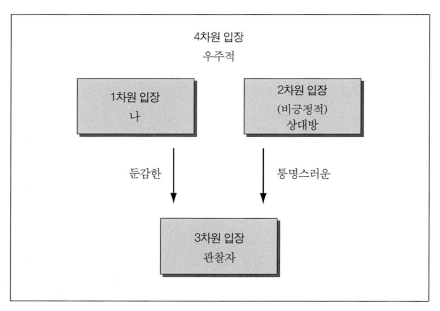

[그림 11-1] 지각적 입장(정신도)

방법을 이해하고 개선하는 데 사용할 수 있다. 그 상대가 나를 취급하는 것은 우리가 우리를 취급하는 것을 반영하는 것이므로 '상위의 거울' 이라는 용어를 사용한 것이다.

 ## 연습 4

바닥에 네 개의 공간(1차원, 2차원, 3차원, 4차원)을 그려 놓고 공간의 입장을 경험한다.

1. 1차원 입장에서 더 좋은 관계를 맺기를 원하는 사람을 선정한다. 마음의 눈으로 그림을 그린 후 개입하여 경험한 것을 보고, 듣고, 느끼는 것을 상기한다. 2차원의 입장에서 관계를 맺는 데 무엇이 힘들게 하는지를 찾으면 그가 둔감함을 알 수 있다.

2. 상태 단절을 한다.

3. 3차원 입장에 들어가 그 상황에서 마치 내가 나를 관찰하는 것처럼 관조를 한다. 나의 반응을 찾고, 나의 어떤 행동이 상대방의 그런 반응을 일으키는가를 찾는다.

4. 상태 단절을 한다.

5. 배운 것을 잠깐 반영한다. 어떻게 상대에게 반응을 달리하기를 원하는가를 생각한다.

6. 상태 단절을 한다.

7. 더 멀리 4차원 입장에서 자기 자신에게 반응할 방법을 묘사하는 단어를 찾는다. 어떻게 '퉁명스러운' 반응이 상대의 행동의 반영되는 이미지가 되는가?

8. 4차원 입장에서 1차원, 3차원이 교차되는 것을 상상한다. 이것은 1차원 입장에서 하던 것에 돌아간다. 자신이 자신에게 반응하는 것을 하고, 상대도 그렇게 돌아가는 것이다.

9. 2차원 입장에 들어가 그의 산발을 신고, 그의 입장에서 저기에 있는 나를 본다. '나의 행동'에 대해 그가 어떻게 느끼는가? 나는 무엇을 여기서 배우게 되는가?

10. 다시 1차원 입장에 들어가 어떻게 내 느낌이 달라졌는가 확인한다.

11. 각각 다른 입장으로 바꾸어 가며 내가 바뀌기를 원하는 융합된 느낌이 들 때까지 계속한다.

5) 추가 자원 개발

지각적 입장 이외에도 여러 가지 자원을 개발함으로써 정신적 궁핍을 막을 수 있다.

- 개인사 개인의 과거 역사 속에서 긍정적 경험을 상기하여 자원으로 활용할 수 있도록 자원 구축이 가능하다.
- 모델 선정 주변에 자신이 하고 싶어 하는 것을 훌륭하게 잘하는 사람으로부터 원하는 행동이나 생각, 또는 사는 생활방식을 본 뜰 수 있도록 도움을 줄 수 있다.

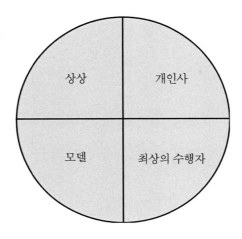

[그림 11-2] 추가 자원 개발

- **상상(as if……)**　만일에 내가 아주 잘할 수 있다면 어떻게 하면 가능한가 가상으로 연습한다.
- **최상의 수행자**　어떤 사람이 내가 원하는 것에서 최상의 결과를 얻는다면 그 다른 사람은 어떻게 그렇게 할 수 있는가를 시연해 본다.

12
메타모델과 밀튼모델

1. 메타모델

1) 메타모델의 개념

메타모델(meta model)은 '언어', 즉 말을 의미한다. 언어는 컴퓨터의 디지털 체계와 같은 것으로, 인간의 경험을 나타내는 상징적 표상이다. 이 디지털 표상체계는 말 자체를 표현할 수 있는 것과 같이 모든 다른 체계(시각·청각·촉각·미각/후각)를 대신하는 구조다. 디지털 표상체계는 이처럼 유기체의 어느 감각기관에 직접적으로 연결이 되어 있지 않으면서 인간의 이해와 커뮤니케이션의 큰 관심의 대상이며, 내면의 경험을 총괄적으로 표현하는 고유성을 지니고 있는 체계다. 즉, 인간 이해의 강력한 도구로 작용한다. NLP에서는 이것을 숫자적 표상체계(digital representational system)라고 한다. 이 언어체계는 다른 체계와 마찬가지로 사람이 자신의 세상모델을 어떠한 방법으로 창조해 내는가를 보여 줄 뿐만 아니라 그의 지각을 어떻게 제한

하고 어떻게 향상시키는가를 나타내는 데 크게 기여한다.

무엇을 어떻게 지각하느냐 하는 것은 그것을 이름 짓는 능력에 영향을 받게 된다. 북극의 에스키모들은 눈(snow)의 상태에 일흔 가지의 다른 이름을 붙일 수 있다고 한다. 이런 눈의 차이를 분별할 수 있는 능력을 지니는 이유는 눈이 그들의 생존과 직결되어 있기 때문이다. 어떤 종류의 눈이냐 하는 것은 그들이 사용하는 언어의 특정한 어휘가 그 눈의 성질을 분간하여 지적할 수 있게 되어 있다.

이것은 언어화 과정의 어떤 요소를 코딩함으로써 그에 대한 지각을 높일 수 있다는 것을 지적해 준다. 일단 어떤 특정한 경험에 언어적 의미가 부여되면, 그것은 주위 환경이나 그 경험으로부터 분리된 독자적 요인으로 작용하게 된다. 언어의 이런 강력한 영향력을 Bois(1966)는 "인간이 만든 여과체"라고 이름 짓고, 이것이 세상을 투사하여 언어로 그물을 친다고 표현하였다.

경험에 어떤 라벨을 붙이는 과정(언어화)에 관계되는 이러한 메커니즘의 가치를 이해한다면 이 라벨이 우리 지각에 미칠 영향에 더욱더 관심을 가지고 살펴보아야 한다. 또 어떤 행동에 대하여 라벨을 붙여 구체화된 판단을 내리는 것도 예외일 수는 없다. 이와 같이 라벨링을 하는 것은 그다음으로 따라와야 하는, 즉 관찰되어야 하는 행동 결과를 얻는 데 제한을 가하게 된다.

예를 들면, 환자가 미소를 띠고 웃음을 지으면 그가 행복하다는 결론을 내리고 왜 그가 행복한가에 대해 이야기를 듣고 싶어 하는 경우가 흔히 있다. 그러나 사람의 표정(analogue)의 한계점은 그것이 가진 모호성에 있다. 환자가 나타낸 모습은 즐거운 경험에서 올 수도 있지만 고통을 이기려는 데서 나타나는 것일 수도 있는 것이다. 서양에서 어깨를 으쓱하고 올리는 것은 "나는 포기한다." "나는 상관하지 않는다." 혹은 "나는 모른다." 등의 여러 가지 의미를 가지고 있다. 이런 아날로그적인 의사소통에는 언제나 해석상의 착오가 생길 수 있다. 인간의 아날로그 구조가 나타내는 메시지가 무엇을 암시하는지 정확히 알아맞힐 수 있는 사람은 없다.

인간됨의 기본인 정체 자체와 대상(외적)과의 상호작용에서 커뮤니케이션은 경험을 창출하고 진행시킨다. 경험이라는 복합적이고 복잡한 내용을 다루는 데는 지각 밖에서 일어나는 행동이 중요한 주목의 대상이다. 이 지각 밖에서 일어나는 의사소통의 형태를 조직적으로 벗김으로써 인간은 자기 자신과 외부 환경을 조정할 수 있는 감각적 초점을 맞출 수 있게 된다. 이 지각 밖에서 일어나는 행동은 비언어적 행동으로 극히 구조화된 질서를 가지고 나타날 수도 있고, 우리가 사용하는 언어의 의미나 문법체계를 가지고 표현될 수도 있다.

　모국어를 사용하여 의사소통을 하는 사람은 그 언어에 적용하는 문법이나 규칙을 의식하지 않고 매끄럽게 이야기할 수 있다. 비언어적 행동도 똑같은 방법으로 변인작용을 일으키는데, 이 역시 무의식적으로 진행된다. 이 두 가지 경우에서 결과적으로 얻어지는 결산품을 분석 연구하지 않으면 안 되는 것이다. 그 결산품은 언어와 행동이다.

　Watzlawick, Beavin과 Jackson(1967)의 연구에 따르면, 언어와 행동은 반복되는 형태를 나타내는 것으로 관찰된다. 이 반복되는 형태는 행동과 언어를 평가할 수 있고 예고할 수 있으며, 또한 영향력을 가할 수 있는 아주 훌륭하고 강력한 요소로 사용된다는 것을 말해 준다.

2) 메타모델 기능

　사람은 말을 할 때나 글을 쓸 때 일반화, 삭제, 왜곡을 함으로써 자신의 세상모델을 만들고 자신이 경험하는 것을 결정짓기 위하여 언어를 사용하게 된다. 이 언어적 도구가 메타모델이다. 사람의 언어를 보면 그 사람이 보고 싶은 것, 듣고 싶은 것, 느끼고 싶은 것만 보고, 듣고, 느낀다는 것을 알게 된다. 이런 현상을 메타모델 위반이라 하는데, 이는 언어적 표현에서 드러나게 된다. 메타모델 위반은 그 사람의 심층구조(deep structure)에서 진행되며, 표출되는 표상체계를 통해 완벽하게 그 내용을 얻게 된다.

3) 메타모델의 구조

메타모델은 자신의 현실 경험을 결정하는 현실에 대한 모델을 만들어 내기 위해 일반화나 왜곡 또는 삭제와 같은 방법으로 진행되는 언어적 도구를 지칭한다. 메타모델 현상은 사람의 심층구조[1] 내에서 진행되는데, 글과 말로 표현되는 피상구조(surface structure)[2]에서 그 내용을 얻어 낼 수 있게 된다.

Bandler와 Grinder(1975)는 이 메타모델에 대한 저술에서 특히 심리치료와 기타 장면에서 유용하게 사용될 수 있는 언어학적 도구를 기반으로 닦았다. 그리고 인간의 행동, 특히 언어적 행동은 규칙에 지배되고 있다는 것을 관찰하였다. 이것은 언어적 도구이기 때문에 모국어를 사용하는 사람의 자연적인 직관에 의존하게 된다. 어떤 상호작용이 글로 쓰였든 말로 표현되었든, 듣는 자는 말하는 자에 대한 다양한 정보를 얻게 된다. 이 피상구조는 말하는 자가 세상에 대한 의미를 어떻게 왜곡하며, 어디서 어떻게 삭제와 누락이 일어나는가를 지적해 준다. 예를 들면, 빈사(predicate)는 그 사람이 선호하여 사용하는 표상구조(시각·청각·촉각·미각/후각)를 지적해 준다. 또한 이 피상구조는 말하는 사람이 경험한 세상을 언제 조직적으로 누락시키는가를 지적하여 경험이 말해지지 않는 심층구조 혹은 왜곡된 언어적 표상에 재연결시킴으로써 말하는 자가 의식적 자기탐험을 하도록 도와줄 수 있다. 이러한 과정은 상호작용에서 일어날 수 있는 이해의 차이를 좁혀 주고, 말하는 사람이 이 과정을 통해 성장경험을 가지는 데 방해 요인을 인식하고 직면하게 한다.

---

1) 경험을 완전하게 표상하는 언어학적 모델이다.

2) 글이나 말로 나타나는 왜곡이나 일반화 및 삭제 과정으로, 심층구조에서 인출해 낸 의사소통이다.

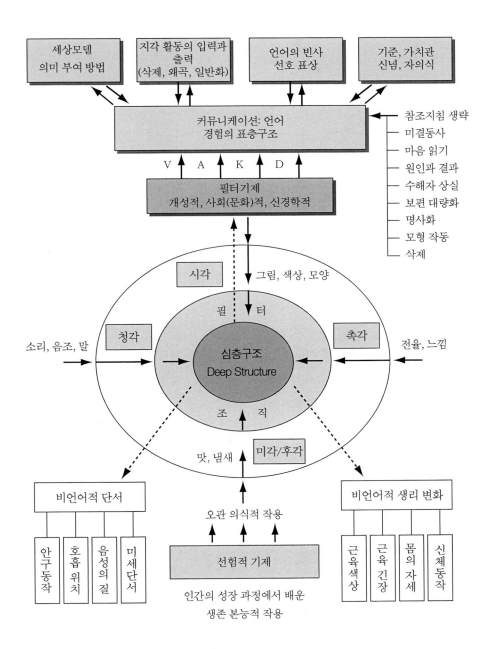

[그림 12-1] 인간 기능과 의사소통

4) 메타모델 위반

NLP의 창시자 Bandler와 Grinder는 『마술의 구조 I(*The Structure of Magic I*)』에서 인간의 모델 형성 과정에 세 가지의 공통된 언어적 체제가 있음을 소개하였다. 첫째가 일반화(generalization)이며, 그다음이 삭제(deletion), 그리고 왜곡(distortion)이다. 이것은 '우주적 인간 모델링 과정'이라고 불린다. 사람은 이 세 가지 우주적 인간 모델링을 진행시켜 자신의 세상에 대한 모델을 구축하고, 이것을 사용하여 자신의 모델을 작동시키고 있다. 이 일반화, 삭제 및 왜곡은 우리가 관심을 집중하는 과제나 계획을 통하여 학습되는 것으로 이상을 가지고 꿈을 꾸는 모든 가능성의 밑바닥에 깔려 있는 것이다. 이러한 우주적 인간 모델링이 작동되는 것은 훈련된 전문가들에 의해 관찰이 가능한데, 그 사람의 행동과 언어를 통하여 추적된다. 여기에서 발견되는 '우주적 과정'을 활용하여 변화 작업에 영향력을 발휘할 수 있게 되고, 상대방의 직관력을 강화시킬 수 있다는 중요한 사실을 발견하게 된다.

의사 전달 과정(책을 읽거나 상대방의 말을 들을 때)에서 말하는 자의 현실 경험 표상이 삭제되거나 왜곡이 있으면 듣는 자는 말해진 내용에 대한 이해를 하기 위해 추측하거나 어림짐작하게 된다. 이러한 일반화, 삭제 및 왜곡을 메타모델 위반이라고 한다. 메타모델 위반이 일관적으로 이루어지면 정보 전달이 충분히 이루어지지 않기 때문에 제한되는 정보가 많아 듣는 자에게 혼란을 준다. 그리고 듣는 자는 자기 모델에서 그 정보를 이해하기 위해 추측하거나 조작하여 확실하지 않은 정보를 메우고 첨가시킬 가능성이 있으므로 이것이 말하는 자에게 장애물로 작용하게 된다.

말하는 자의 피상구조(언어)에 누락이나 왜곡이 있다는 것을 감지하여 듣는 자는 자신의 직관을 작동시켜 메타모델 위반을 활용해 누락된 정보의 부분 부분을 임의대로 채워 넣을 필요가 없어지게 되고 말하는 자에 대한 현실 공감이 가능하게 된다.

(1) 일반화

언어를 사용하여 말을 하거나 글을 쓸 때, 어떤 특정한 한 가지의 사건 경험이 전체 혹은 모든 것을 대표하는 경험이나 사건으로 귀착되는 과정을 일반화(generalization)라고 한다.

이런 일반화는 일관된 사고패턴이 있는데, 바로 편견이다. 편견을 사용하는 사람은 지난날에 경험한 행동 단편들을 지속시키기 때문에 필요로 하는 새로운 행동을 배우려는 의욕을 방해받게 된다. 즉, 과거의 경험을 일반화하는 능력이 새 행동을 학습하는 데 요구되는 시간이나 에너지를 투자할 필요성을 없앤다. 따라서 모든 새로운 것을 학습하는 과정에 과거와 같은 방법이 진행되어 상황이 바뀌더라도 새로운 시각에서 새로운 배움을 가지고자 하는 욕구가 말살된다. 결과적으로 자신에게 제한을 가하게 되고 문고리를 걸어 닫게 된다. 예를 들면, "여자들은 다 돈이 있는 남자를 좋아해." 라고 믿는 돈이 없는 남자는 여자에게 쉽게 접근하지 못할 것이다. "남자는 여자를 귀찮게 하는 존재다." "어른들은 엉큼해." 등도 마찬가지다.

그래서 결국 자신의 행동에 제약을 걸게 되고, 원하는 것을 이루지 못하게 되는 상황을 조성하게 된다.

(2) 삭제

삭제(deletion)는 어떤 사고 과정 혹은 언어적 표현이나 감정적 경험에 대하여 부분적인 것을 누락시키는 것을 의미한다. 신경과학자들은 인간의 중추신경이 초당 200만 개가 넘는 정보 자료를 입력시키고 있다고 말한다. 이 입력되는 모든 정보 자료에 인간의 두뇌가 다 반응해야 한다면 그에 필요한 에너지는 천문학적인 숫자가 될 것이며, 인간은 생존의 위기를 피할 수 없게 될 것이다. 하지만 인간의 중추신경 심사(screening) 체제는 효율적으로 최상의 기능을 하도록 설계되어 있어 필요하지 않은 것을 삭제할 수 있는 능력을 지니며, 이것이 생명 유지에 필수적인 것이 되었다. 이 과정은 의식과 무의식의 양면성을 가지고 있다.

예를 들면, 대화 중에 어떤 사람이 말하는 "일을 다 망쳤어요." "그런 행동을 하는 사람은 죽어야 해요." "세상은 더러워요." 등의 표현은 주어를 누락시키고 방법을 드러내지 않는 일반화와 삭제를 하여 심리적으로 자아 보존의 디지털 여과 작업이 작동된 것이다.

(3) 왜곡

왜곡(distortion)은 감각적으로 입력된 정보경험을 변화시켜서 지각을 바꾸어 놓는 것이다. 감지되고 기억되는 말을 현실 지각으로 조작하도록 허용함으로써 고유한 변인들을 만들어 내도록 하는 것이다. 이렇게 만들어지는 것은 그 사람의 현실 모델에서 이루어진 것이기 때문에 얼마든지 현실적으로 가능성이 없는 것일 수도 있다.

인간의 이러한 모델링 왜곡은 대개의 창작 활동의 기반이 되며, 우리가 즐기는 음악이나 예술 및 문학 작품들은 이렇게 해서 창작된 것이다. 또한 왜곡은 인간에게 삶에 대한 꿈을 꾸게 하고, 환상을 그리게 하며, 미래를 설계하게 하는 능력을 제공하기도 한다.

모델 형성 과정의 이러한 일반화, 삭제 및 왜곡은 양면성을 가진다. 이것들은 배움과 사고 및 창작을 위한 능력으로 중요하지만, 또한 우리에게 고통과 갈등을 만들어 낼 수도 있다. 즉, 우리의 지각을 제한시키고 행동에 제동을 걸어 온다. 어떤 방법으로 우리의 정상적인 생활과 성장을 방해하고 있는가, 그리고 어떻게 생산성을 역행하는가 등을 추적하는 것은 치료자의 중요한 과제가 아닐 수 없다. 이러한 작동은 그것이 설계된 바로 그 기능을 수행하면서 동시에 이런 결과물을 부산물로 생산하게 되는 것이다.

5) 메타모델 반응

메타모델 반응의 역할은 메타모델 위반이 일어나는 말에 의미와 구문론적 장면을 분명하게 해 주는 것이다. 이 역할은 특정한 메타모델 반응을 통하여 누락된 정보 자료를 보충시키고 삭제된 정보를 추가시켜 말하는 자에게 자신의 심층구조에서 일어나는 의식 밖의 작용과 재연결을 하도록 하는 데 목적이 있다. 자신의 경험에 대하여 충분한 언어적 표상을 가지도록 재연결을 시키는 것은 그에게 자신이 어떻게 일반화, 왜곡 및 삭제를 작동시켜 자신의 선택과 지각에 제약을 가하고 있으며, 고통과 갈등을 야기시켰는가를 이해하도록 도와주게 된다. 궁극적으로 성장과 변화의 길을 잡아 주게 되는 것이다.

　Lewis와 Pucelik(1982)에 따르면, 메타모델 반응은 세 가지 범주의 언어학적 분류로 세분될 수 있다. 그 첫째는 정보 수집이다. 이것은 말하는 자의 피상구조(언어)에서 누락되거나 왜곡된 형태로 표현된 경험의 특정 부분을 탐지하는 과정에서 시작된다.

　두 번째 범주는 제한 확대로, 이는 언어로 자신의 경험을 표현하기 위해 자기 자신의 세상모델의 한계와 제한을 나타낼 때 그 제한선을 확장하도록 돕는 것이다. 자기탐험을 하도록 하여 말하는 자기 자신의 행동과 지각에 더 많은 선택을 가지도록 돕게 된다.

　마지막 범주는 의미 변화다. 이것은 말하는 자기 자신에 대한 이해와 주위 사람 또는 자기 세계와 어떻게 관계를 맺고 있는가 탐험하게 하여 내적 성장을 계속하는 것이다.

　메타모델을 학습하기 위해 우선적으로 해야 할 것은 모델의 논리와 일반적 기능에 대한 감각을 가지기 위해 다음에 오는 세 가지 범주를 반복하는 것이다. 이때는 한 가지 범주로 시작하여 그 위반이 나타날 때마다 메타모델 반응을 제시하면서 그것에 익숙해지도록 자기 자신에게 조율 작업을 해야 한다. 일주일쯤 연습하여 훈련이 된 후에 그다음 범주로 넘어가 그 기능적 습성을 익힌다. 각각의 범주에 익숙해지면 비상한 의사소통 도구로서 메타모델 반응을 쉽고 빠르게 활용할 수 있게 될 것이다. 이 세 가지 범주를 구체적으로 살펴보면 다음과 같다.

(1) 정보 수집

• 참조 색인

말이나 글에서 동사로 표현되는 행동을 하거나 행동을 받는 사람 또는 물건을 참조 색인(referential index)이라고 한다. 메타모델에서 이러한 명사는 말하는 사람이 심층구조에서 정보를 일반화 또는 삭제시키거나 왜곡된 정보를 외부로 나타내는 피상구조(언어)의 표상이기 때문에 중요하다. 참조 색인에는 네 가지 메타모델 위반, 즉 삭제된 참조 색인, 미결된 참조 색인, 일반화된 참조 색인 그리고 역전된 참조 색인이 있는데, 명사화 그리고 미결 동사 등이 세분화된 특정 범주에 속한다.

- 삭제된 참조 색인: 말하는 자가 참조인을 문장에서 누락시킨 것이다. 예를 들면, "꿈이 산산이 부서졌다."라는 문장에서 '부서졌다'는 동사의 주체가 빠진 것이다. 이런 표현에는 정보가 더 필요하다. 누가 그 꿈을 깨뜨렸는가, 무엇이 구체적으로 깨졌는가가 명시되어야 한다. 우리는 종종 문장에서 정보가 누락되거나 삭제되어 오해를 불러일으키는 경험을 한다. 다음 대화를 살펴보자.

  여자: 나는 사랑을 받지 못해.
  남자: 내가 너를 사랑하는데 왜 그래.
  여자: 너는 내가 말하는 것을 전혀 모르고 있어.
  남자: 나는 너를 전혀 이해할 수 없단 말이야.
  여자: 아니야, 내 말은 내 가족이 그렇다고.
  남자: 그렇다면 그 사람들에게 그렇게 말하지 그래.

남자가 여자의 말에 반응을 하려면 정보가 필요하다. "누가 너를 사랑하지 않는다는 거야?"라고 질문을 했다면 그것은 그녀에게 자신의 의식에서 상실되었던 특정 경험을 확인하는 계기가 되었을 것이다. 심층구조의 경험에 재연결시키는 이런 질문은 듣는 자에게 누락된 정보를 제공할 뿐 아니라 말하는 자의 의식적 감각을 확대시켜 그가 어떻게 행동하고 느끼는가에 대한 선택을 가지게 하고 경험을 하게 하는 기회를 마련해 준다.

또 다른 반응을 살펴보자. 이것은 누락된 정보를 보충시키는 반응이다.

대화자: 나는 도움이 필요해요.
반 응: 무슨 도움이 필요하지요? 어떻게 도움을 받아야 합니까?

대화자: 나는 이렇게 궁지에 말려들었어요.
반 응: 누가 당신을 궁지에 밀어 넣었지요?

대화자: 그는 존경을 못받아요.
반 응: 누가 누구에게 존경을 못받는다는 것입니까?

이런 반응은 심층구조에서 일어나는 것을 직면하게 해 줌으로써 누락된 대상에 대한 불쾌감에 대하여 작업하도록 도와준다.

– 미결된 참조 색인: 특정 사람이나 물건의 이름이 명사나 명사절에서 명시되지 않은 것이다. 이런 단어는 ‘이것’ ‘저것’ ‘그것’ 등으로 미결된 참조 색인이다. 어떤 여자가 말하기를 “나는 이것에 대해 화가 나요.”라고 하였다. 그런데 이것은 오해받을 소지가 있다. 이런 오해는 문장에서 중요한 요소를 명시하지 않을 때 일어난다. 이 여자의 감정 반응은 남편에 대한 것이 아닐 수도 있지만, 듣고 있는 남편은 감정적으로 받아들여 거창하게 다음 행동을 할 수도 있을 것이다. 다음 문장은 참조 색인이 명시되지 않을 때 그것을 명확하게 하는 반응이다.

대화자: 그 일은 안 될 거예요.
반 응: 무엇이 특별히 안 되지요?

대화자: 이것은 중요한 거예요.

반   응: 무엇이 중요하지요?

대화자: 그것에 대해 나는 말하고 싶지 않아요.

반   응: 무엇에 대해서 말하고 싶지 않나요?

메타모델을 분류하는 데는 두 가지 목적이 있다. 그 하나는 누락된 정보에 대해 질문을 하여 대화자의 입장을 더 잘 이해하는 것이며, 다른 하나는 대화자의 피상구조에서 누락된 정보가 그의 의식에서 작용하는 것인지 아닌지 점검하는 것이다. 만일에 "잘 모르겠다."라는 대답이 나왔을 때는 원래의 자극이 그 사람의 의식 밖에서 희미한 감각으로 이루어져 있어 그 사람의 조정 범위에서 벗어난 것임을 알 수 있다. 이것이 의식에서 발견되면 대화자는 자신의 세상모델(느끼는 감정, 생각)의 구성 요소를 결정하는 데 중요한 역할을 하게 된다. 메타모델 반응을 통하여 상실된 심층구조에 재연결시킴으로써 대화자의 깨달음을 일깨워 줄 수 있다.

이 메타모델 위반은 청각과 언어 표상을 가지고 작동하는 대화자가 흔히 하는 위반이다. 자신이 이야기하는 것에 대하여 구체적으로 지정하지 않으므로 반발과 저항을 제거하려는 상황을 말과 어조로 만드는 것이다. 결과적으로 사고에 대하여 도전을 피하려는 의도에서 일어나게 된다. 메타모델 위반에 적절한 반응은 라포를 형성할 수 있어 대화자의 세상모델 심층을 깊이 자극할 수 있는 강력한 언어적 도전이 된다. 이에 따라 대화자는 자신의 지각을 넓히고 주위 세상에 반응하는 폭넓은 선택을 하게 된다.

- 일반화된 참조 색인: 특정하지 않은 어떤 범주를 지칭하는 명사나 대명사를 사용하는 것이다. 즉, 예를 들면, "남자는 울지 않아." "여자는 소견이 좁아." 등이다. 즐겁지 않은 어떤 상황에서 그 행동에 책임이 있는 특정인을 명시하지 않음으로써 직접 대결하는 가능성의 위험을 피하는 것이

다. "이런 일을 하는 사람은 배려가 없는 사람이다." "이런 일로 화내는 사람은 미성숙한 사람이야."라고 할 때 이런 일이 어떤 일이며, 누가 그런 일을 하는가에 대한 한 가지 특정 상황으로 규정함으로써 그 한 가지 경험에 도전할 수 있게 된다. 한 가지가 종합된 전체와 관계를 맺어 그 개인의 체계가 움직이는 것이다. 왜냐하면 특정한 상황을 지정하지 않고 체계의 전체를 흔든다는 것은 불가능하기 때문이다. 이 지칭에는 '그들' '모든 사람' '남자' '여자' '아무도' '사람들' 혹은 형용사 '모든(all)' '다(every)' 또는 복합명사 등이 있다. 예를 들면 다음과 같다.

대화자: 이젠 모든 사람이 다 알아요.
반　응: 특별히 누가 아는 건가요?

대화자: 사람들은 무정해요.
반　응: 특히 누가 그렇게 무정하다는 건가요?

- 역전된 참조 색인: 이것은 대화자가 동사로 표현된 행동을 하는 것보다 그 행동을 받을 때 일어난다. 대화자가 그 행동을 맡아서 하는 입장에서 자기 자신을 이동시켜 어떤 다른 사람이 그 행동을 담당할 권리를 가지게 하는 것이다. 그렇게 함으로써 자신은 그것을 담당하는 사람이 아니라 무력한 피해자가 되는 것이다. Lewis와 Pucelik(1982)는 이런 사람은 촉각적 표상 조직에서 움직이는 패턴을 지닌다고 하였다. 자신을 무력한 자로 볼 뿐만 아니라 그 자신이 불평하는 바로 그 일을 자신이 하고 있다는 것을 인식하는 데 실패한 사람이다. Perls는 이런 언어적 패턴을 '투사'라고 하였다. 우리가 다른 사람, 혹은 크게는 세상에서 이러저러하다고 믿는 것이 우리 눈에 보이는 것은 틀림없는 '투사'다. 어떤 사람이 흠보는 것을 가십의 대상으로 삼는다면 그는 가십의 투사 소유자라는 것을 증명하는 것이다.

내담자에게 위치를 역전시켜 그 문장에서 활동자가 되도록 요구함으로써 내담자가 자신의 삶의 과정을 자신이 떠맡아 담당하게 만들 수 있다. 이렇게 함으로써 내담자는 모델 구축 행동에서 놀라운 직관을 통한 지각적 전환을 일으키게 된다. 다음의 대화를 살펴보자.

> 대화자: 그는 내게 아무 소용없는 사람입니다.
> 반   응: '나는 그에게 아무 소용없는 사람입니다.' 라고 말해 보세요. 그리고 그 경험을 내게 이야기하세요.

> 대화자: 모든 사람이 나를 다 미워해요.
> 반   응: '나는 모든 사람을 미워해요.' 라고 말해 보세요.

> 대화자: 나를 사랑하는 사람은 아무도 없어요.
> 반   응: '나는 아무도 사랑하지 않아요.' 라고 말할 수 있어요? 그리고 그 느낌이 어떤 것인가 이야기해 보세요.

Lewis와 Pucelik(1982)에 따르면, 시각적으로 의사소통을 작동시키는 사람은 경험을 조직하는 데 접촉감을 멀리하는 경향이 있어 그것이 언어적 표현에서 역전된 참조 색인으로 형성된다. 다음의 대화를 살펴보자.

> 대화자: 그는 나를 결코 이해하지 못하는 것으로 보여요.
> 반   응: '나는 그를 결코 이해하지 못하는 것으로 보여요.' 라고 말할 수 있겠습니까?

> 대화자: 그 여자는 언제나 우리를 이 혼란 속에 빠뜨리는 장본인인 것 같이 보여요.
> 반   응: '나는 언제나 우리를 혼란으로 빠뜨리는 사람입니다.' 라고 말할 수 있습니까? 어떤 경험을 하게 되지요?

• 명사화

　명사화(nominalization)는 언어학적으로 심층구조에서 진행되는 것을 피상구조(언어)의 사건으로 변화시키는 것이다. 다시 말하면, 활동을 표현하는 동사를 때에 따라 변화시키지 않고 고정된 명사로 바꾸는 것이다. 동사는 진행 단어이기 때문에 어떤 요인에 의한 참여 활동을 암시하는 반면, 명사는 정지와 불변을 제시하여 참여 활동이 없는 것이다. 이 명사화라 불리는 추상적 명사는 진행 과정에 대해 무수히 왜곡하는 예가 될 수 있다.

　우리는 어릴 때부터 교육과정에서 추상적 단어를 만들도록 교육을 받아 왔다. 즉, 우정(friendship)이나 관계(relationship), 전략(strategy) 등의 고등개념 단어를 학습하고 형태화하도록 교육받아 왔다. 이런 서술어를 비명사화하도록 배우는 일은 거의 없다. 복잡하고 기능 위주인 사회에서 이러한 단어를 사용한다는 것은 중요한 일이지만, 이렇게 함으로써 우리는 자신의 삶을 조절하는 감각을 제한시킬 수도 있다는 것을 간과하고 있다. 미미한 분류 차이가 얼마나 큰 영향을 가지는가를 다음 대화를 통해 살펴보자.

　　남편: 나는 어떻게 이 관계(relationship)를 다루어야 할지 모르겠어.
　　아내: 내게서 무엇을 원하세요?
　　남편: 상황을 조정할 수 있는 범위를 넘었어.
　　아내: 내가 할 수 있는 것은 아무것도 없나요?
　　남편: 이 모든 책임이 나를 짓눌렀어.

　여기서 관계는 명사화다. 이 관계는 추상적 명사라 불리는 동사에서 변형되고 왜곡된 형태다. 이러한 단어는 관계하다(relate)라는 진행 단어를 고정시킨 것이다. 사랑하다(love), 두렵다(fear), 존경하다(respect) 등의 단어를 명사화된 단어로 조직적으로 사용하면 이것은 그가 자신의 삶을 조절하지 못하거나 자신에게는 어떠한 선택도 없다는 지각을 하고 있다는 것을 보여주는 좋은 예가 된다.

명사화가 일어날 때, 대화자가 경험하는 것에 재연결시켜 진행 과정과 관계된 그의 역할을 인식하도록 도와주는 것은 매우 중요하다. 즉, 명사를 다시 동사로 만들어 참여 요인을 활발하게 바꾸어 줌으로써 대화자가 활발한 참여자로 그의 역할을 이해하도록 도와야 한다. 이렇게 함으로써 대화자는 그가 활약할 수 있는 선택을 가지고 자기 조정을 최대한 쉽게 할 수 있게 된다. 명사화를 하는 내담자를 다룰 때는 다음을 참고하여 융통성 있게 활용할 수 있다.

대화자: 나의 의무감을 생각하지 않고는 나는 아무것도 할 수 없어요.
반 응: 누구에게 무슨 의무가 있다는 거지요?

대화자: 그것이 얼마나 고통스러운지 당신은 모르는 거예요.
반 응: 당신은 고통을 어떻게 경험하지요?
(대화자는 명사화된 고통을 진행 동사로 바꾸어야 한다.)

대화자: 우리 관계에 어려움이 생겼어요.
반 응: 당신이 관련된 방법이 어떻게 당신에게 작동을 하지 않나요?

• 미결 동사

모든 동사는 경험이나 과정을 상징할 뿐이다. 다음의 문장을 보자. "어떤 여인이 벤치에 앉아 눈물을 닦으면서 '왜 남편은 언제나 나에게 상처만 줄까.' 하며 울었다." 상처를 준다는 것은 미결 동사(unspecified verb)의 좋은 예다. 이 말을 들은 우리는 내면으로 들어가 정보를 만들어 내거나 직접 물어 볼 수 있을 것이다. 만일 질문을 한다면 왜곡할 가능성은 아주 감소될 것이지만, 누락된 정보 자료를 만들어 내려고만 한다면 그것은 그녀가 남편에게 구타를 당했다는 '억지'로 나타날 수도 있다. 아니면 남편이 아내에게 무례하게 굴어 감정이 상해서 그렇게 말한 것이라고 추측할 수도 있을 것이다. 어떻든 본인에게 물어보지 않는다면 오해를 하거나 추측을 하게 된다. 미결된 의

사소통 패턴은 부정적인 영향을 가져올 가능성이 크다. 다음 대화의 도전을
살펴보자.

> 대화자: 나는 기분이 나빠요.
> 반   응: 무엇에 대해 기분이 나쁘지요?
>
> 대화자: 그녀는 나를 애먹여요.
> 반   응: 어떻게 그녀가 당신을 애먹이지요?
>
> 대화자: 그가 관심을 보여 줄 수도 있잖아요.
> 반   응: 어떤 방법으로 관심을 보여 줄 수 있지요?

　이 메타모델 위반은 촉각적 범주에서 움직이는 사람에 의해 많이 일어난
다. 이들은 자신이 의미하는 것을 나타내기 위해 표상조직 빈사에 '상처를
입다' '느끼다' '감동하다' '뒤감겼다' 등의 표현을 쓴다는 것을 스스로 알
고 있다. 그래서 다른 사람도 그의 언어를 안다고 가정하게 된다. 이것에 혼
란과 오해를 일으키는 누락된 정보가 있기 때문에 대화자의 세상모델에 대
하여 더 알아내고, 그 진술한 말을 완전히 이해하는 데 필요한 정보를 획득하
는 것이 메타모델 도전이 된다. 이런 위반이 나타나는 것을 발견하고 반응을
같이 하면 훌륭한 의사소통으로 전체 변화 과정을 촉진시킬 수 있다.
　메타모델 정보 수집을 종합적으로 정리하면 다음과 같다. 정보가 대화자
의 피상구조에서 누락되거나 특정지어지지 않고 일반화가 일어났을 때는 누
가, 무엇을, 어디서, 언제, 어떻게, 구체적으로 등의 언어를 사용하여 도전을
한다. 다음을 살펴보자.

> 대화자: 나는 우울해요.
> 반   응: 무엇에 대해 우울합니까? 우울하게 만드는 것이 무엇입니까?

대화자: 모든 사람이 나를 미워해요.
반　응: 누가 특별히 당신을 미워합니까?

또 다른 방법은 "당신 자신의 감정으로 돌려서 말할 수 있나요?" 하고 다른 사람에 대한 감정을 자신에게 적용시키도록 하는 방법이다.
다음을 살펴보자.

대화자: 그 사람은 나를 결코 이해하지 못해요.
반　응: '나는 결코 그 사람을 이해하지 못해.' 라고 말할 수 있습니까?

대화자: 내 상사는 나를 미워해요.
반　응: '내가 내 상사를 미워해.' 라고 말할 수 있습니까?

(2) 제한 확대

다음의 분류는 대화자의 세상모델을 확장시키는 과정을 보조하는 수단이므로 중요한 의미가 있다. 사람이 생각하고 느끼는 방법을 선택할 수 있다면 불편하고 고통스러운 상황에서의 행동과 반응을 조정하는 능력을 가질 수 있다.

언어학적으로 모델 작동자는 '양식 작동자'를 의미한다. 양식을 작동시키는 사람은 자기의 세상모델의 경계선을 넘는 것 자체가 자신이 조정할 수 없는 파멸적 위험을 불러일으키는 일이라고 믿는다. 이런 감정을 의식으로 끌어들임으로써 대화자가 그것을 시험해 보고 그 타당성을 평가할 수 있게 한다. 그가 제한하는 것에 타당성이 없다는 것을 발견하면 그 경계선을 자신의 세상모델에서 제거할 수 있게 될 것이다. 이러한 과정은 대화자의 사고와 느낌에 더 많은 선택을 가질 수 있게 하고, 의식을 확대하여 유사한 환경에서 다양한 반응을 할 수 있는 행동 대안을 개발하게 한다.

• 필요성의 양식 작동

이는 '해야 한다(should)' '하지 않아야 한다(should not)'와 같은 명령형으로 드러난다. 예를 들면, 어떤 사람이 "나도 이 나이에 더 예뻐야 하는데."라고 말했다면, 적절한 메타모델 반응은 "만일 네가 더 예쁘지 않다면……."이라고 질문을 하는 것이다. 이런 양식의 질문은 대화자가 자신이 말한 밑바탕에 깔려 있는 파멸적 위기감을 확대시켜 의식으로 가져오게 한다. 그 양식 작동이 타당하다는 결정이 나면 그 선택한 제한을 유지하게 될 것이며, 성장이나 행동에 방해가 된다면 그 기능적 요소를 탐색하여 새로운 선택을 가지게 하므로 버리게 될 것이다.

여기에서 대화자는 두 가지의 경우를 같이 생각하지 못하기 때문에 자신이 바라는 것이 무엇이라는 것을 알게 되어 놀라는 경우가 많다. 그의 선택 결핍성을 암시하거나, 느낌과 행동에서 자신의 참여와 책임 의식 상실을 지적하는 영어의 단어들은 '해야 한다(must, have to, ought to)' '하지 말아야 한다(should not, must not)'와 같은 것이다. 예문을 보자.

대화자: 나는 이런 것을 말하지 않아야 해요.
반　응: 당신이 그 말을 한다면 무슨 일이 일어날 것 같나요?

대화자: 나는 내 허점을 나타내서는 안 돼요.
반　응: 당신이 허점을 나타내면 무슨 일이 일어날 것이라고 믿나요?

대화자: 사람은 신뢰성이 있어야 해요.
반　응: 신뢰성이 무슨 일을 일어나게 한다고 믿나요?

'해야 한다(should)'라는 말은 원망할 때 들을 수 있는 말이다. 스트레스를 받을 때 시각적인 모델로 작동되는 패턴으로 자신의 좌절감이 시각 모델로 나타나게 되거나, 다른 사람에게 또는 어떤 상황에 화를 내는 언어로 외형화하여 그 상황에 대한 자신의 책임은 배제되는 형태로 쓰인다.

• 가능성의 양식 작동

이것은 사람의 세상모델에 반대 결과를 초래하는 제한점을 지적하는 것이다. "나는 할 수 없어."라는 말을 할 때 그는 마치 자신의 능력이나 영향력이 미치지 못하는 데서 일이 일어나는 것으로 지각하여 말을 한다. 가능성의 양식을 작동하는 것이 드러날 때는 그 대화자의 세상모델의 한계를 탐험하는 좋은 기회로 만들 수 있다. "나는 그것을 할 수 없어요."라고 말하는 내담자에게 치료자는 "무엇이 그것을 할 수 없게 합니까?" "할 수 있다면 무슨 일이 일어날 것 같습니까?"라고 하여 그 한계와 그것이 그에게 어떻게 기능을 하며, 어떻게 역기능적으로 행해지는가의 영향을 결정짓는 데 도움을 주게 된다. 이러한 질문은 처리되는 과정에서 무의식적 위협감을 지각하도록 한다. 다음의 대화를 살펴보자.

대화자: 나는 그렇게 말할 수 없을 거예요.
반   응: 무엇이 그렇게 못하도록 만들었나요?

대화자: 나는 그것을 할 수 없어요.
반   응: 만일에 그렇게 한다면 무슨 일이 일어날 것 같나요?

대화자: 나는 더 이상 사랑을 할 가능성이 없어요.
반   응: 무엇이 사랑하는 것을 방해하나요?

Lewis와 Pucelik(1982)에 따르면, 촉각 범주에 속하는 사람이 스트레스 상황을 조정할 수 없다고 생각할 때, 자신의 위치를 이와 같이 지각한다. 이런 언어 형태를 사용하여 그들의 내적 표상을 상황에 맞추기 때문이다.

• 우주적 대량화

대화자의 현실 지각은 절대상태를 함축하는 단어에서 나타난다. 이것은 자신의 삶에서 일어나는 특정 경험을 일반화시키는 표상을 지적해 주는 말이다. "모든 남자는 여자의 약점을 이용한다."라고 말한 여자는 특정 상황에서 일어난 자신의 불쾌한 한 가지 혹은 몇 가지의 경험을 모든 남자에게 일반화하여 적용한 것이다. 이 위반에 도전하는 것은 자신의 세상모델이 자신의 세상 경험을 제한하고 있다는 것을 알게 해 준다. "나는 결코 올바르게 하는 일이 없어."라고 말할 때, 여기서 '결코(never)'는 '우주적 대량화'로 일반화된 것이다. 이것은 현실적 사실을 바탕으로 한 지각이 아니다. 그는 올바르게 하는 것도 있을 것이다. 단지 자신이 못 볼 뿐이다.

　이런 방법으로 자신을 제한시키는 지각 때문에 불필요한 고통을 겪는 사람의 세계를 확장시키고 변화시키는 과정이 필요하다. 이와 같은 메타모델 위반에 도전할 때는 그 대화자의 진술을 음성의 어조로 과장하고 반복하여 그 불합리성이나 불가능성을 부각시켜 준다. 이렇게 제한시키는 단어는 언제나(always), 결코(never), 모든(all), 다(every), 모든 사람(everybody), 아무것(nothing) 등의 피상구조(언어)에서 나타난다. 예를 들면 다음과 같다.

　　대화자: 나는 결코(never) 기회를 얻지 못할 거예요.
　　반　응: 언제 한 번이라도 당신에게 어떠한 기회가 있었던 때를 생각할 수
　　　　　　있나요?

　　대화자: 모든(all) 사람은 나를 적대시해요.
　　반　응: 당신이 아는 모든 세상 사람이 당신을 적대시해요. 심지어는 당신
　　　　　　의 제일 친한 친구도, 어머니도…….

　　대화자: 내게는 결코(never) 특별히 좋은 일이 안 생겨요.
　　반　응: 어떤 특별한 좋은 일이 생긴 때가 한 번도 없어요.

메타모델 제한 확대를 정리하면 다음과 같다.

대화자의 대화 속에 "나는 ……을 할 수 없어." 혹은 "나는 ……을 해야만 해."가 나타날 때는 "무엇이 못하게 합니까?" 혹은 "그것을 했다면 무슨 일

이 일어납니까?"라고 질문한다. 예를 들면, "나는 사랑할 수 없어요."라고 한다면 "무엇이 사랑하는 것을 방해합니까?"라고 하며, "나는 이해심이 있어야 합니다."라고 하면 "이해심이 없었다면 무슨 일이 일어납니까?"라고 질문한다.

대화자가 예외가 없는 것으로 신념을 드러냈을 때는 "한 번도 그렇지 않은 때를 생각할 수 없습니까?"라고 반응한다. 예를 들면, "나는 언제나 바보 취급을 받아요."라고 했다면 "당신이 바보 취급을 받지 않을 때는 단 한 번도 없습니까? 내게 이야기해 보세요"라고 한다. 그리고 "나는 언제나 늦어요."라고 한다면 "늦지 않았을 때를 단 한 번이라도 생각할 수 있습니까?"라고 반응한다.

(3) 의미 변화

이 마지막 메타모델은 대화자의 말의 논리적 의미에 관계되어 있다. 이 위반에는 논리적으로 미완성되거나 불가능한 특성이 공통적으로 들어 있다. 이러한 것은 그 사람의 세상모델을 탐험하고 확장하는 데 유리한 조건으로 활용될 수 있다.

• 마음읽기

마음읽기(mind reading)는 하는 사람으로 하여금 다른 사람의 느낌이나 생각을 확인하지도 않고 알 수 있다고 확신하는 내적 경험을 만든다. 이와 같이 다른 사람의 마음에서 비밀리에 일어나는 것을 알고 있다고 전제하는 사람은 오해의 소지를 가지고 있기 때문에 마음읽기는 자신의 목적 달성에 방해가 될 수 있다.

남편이 자신을 싫어한다고 생각하는 아내는 확인하지도 않고 어떻게 남편의 내부에서 일어나는 감정의 진심을 알 수 있겠는가? 이 아내는 자신이 원하는 것을 얻기 전에 포기할 사람이다. 다른 사람의 감정상태나 생각을 안다고 진술할 때는 상대방의 진의를 파악하도록 메타모델 반응을 보여야 한다.

자신이 지각한 것이 정확하지 않다면 자신의 느낌과 생각을 상대방에게 정확하게 이야기함으로써 그의 대답을 통해 더욱 분명하게 이해할 수 있을 것이다. 이러한 경우 "어떻게 당신이 그것을 압니까?"라고 단순한 질문을 하여 메타모델 반응을 할 수 있다. 그 사람의 반응은 장황하고, 주변에 대한 관찰 정보가 많을 것이며, 그 정보를 통해 현실모델 형성 방법과 그것을 유지하는 모형들이 쏟아져 나올 것이다.

모임에 늦게 온 사람이 "당신들은 내가 늦게 와서 실망을 했지요? 나에게 실망하고 나를 더 이상 믿지 않고 싫어하지요? 나는 여러분의 미움의 대상이 되었어요. 여러분은 내 말을 인정하지 않으려 하지만 나는 말할 수 있습니다."라고 했다면, 그는 다른 사람의 머릿속에 들어가서 근거 없는 사건을 가지고 자신이 추측한 예감으로 자기의 세상모델을 드러내는 것이다. 치료자는 "무엇이 당신에게 실망하고, 당신을 싫어한다는 결론을 내리게 했습니까?"라고 물어볼 수 있을 것이다.

마음읽기는 두 가지 방법으로 함정 작용을 한다. 그 하나가 "나는 당신의 생각을 알고 있어."이며, 다른 하나는 "상대방은 내 감정과 느낌을 알아야만 한다."고 믿는 것이다. 이 패턴은 자신의 마음읽기를 다른 사람에게 투사하고 역전시키는 데 사용하는 것이다.

이와 같은 형태의 마음읽기에 도전하여 의미 변화를 시도하는 것은 정신치료에 중요한 부분을 차지한다. 다음의 대화를 살펴보자.

대화자: 그에게 무엇이 좋은지 나는 알아요.
반 응: 그것이 그에게 좋다는 것을 어떻게 알게 되었지요?

대화자: 그는 좀 더 잘 알았어야 해요.
반 응: 그렇게 하지 않았다는 것을 어떻게 알 수 있었지요?

대화자: 나는 그녀가 나를 좋아하지 않는다는 것을 말할 수 있어요.
반 응: 어떻게 그녀가 당신을 싫어하는 것을 알 수 있지요?

Lewis와 Pucelik(1982)에 따르면, 마음읽기도 시각적으로 의사소통을 하는 사람이 잘 작동할 수 있는 방법이다. 앞의 예에서 마음읽기를 보면, 대화자는 완전한 지식을 가지고 환경을 조정하고 있다는 것을 언어적으로 암시하고 있다. 또한 "내가 당신에게 다 말할 필요는 없다."라는 식으로 의사소통을 한다. '네 마음대로' 생각하도록 하는 것은 일을 얽히게 하고 고통을 자초하도록 하는 원인이 된다.

• 원인과 결과

원인과 결과는 고통을 만들어 내는 극히 보편화된 메타모델 위반으로, 언어나 얼굴표정만으로 다른 사람의 마음속에 어떤 결정적인 감정을 경험하게할 수 있다는 신념을 말한다. 이런 신념으로 반응하는 사람은 어떻게 반응하여야 하는가에 대해서 선택이 없는 사람이다. "너는 나를 미치게 해."라고 말하는 것은 달리 어떻게 반응할 가능성이 없다는 것을 암시한다. 마치 말하는 사람이 자신의 감정상태를 만들어 낼 때 자신의 모든 책임을 삭제시키는 것과 같다.

원인과 결과의 전제에서 잘못된 것은 한 사람에 의한 어떤 행동이 다른 사람의 반응을 완전히 좌우한다고 믿는 데서 나타난다. 이것 역시 이중 모순으로 고통을 초래하게 된다.

첫째, 자기 감정을 다른 어떤 사람이 만들어 낸다는 생각은 자기 자신이 자기의 감정과 생각을 조절할 수 없다는 것을 암시하는 것이다. 자기 조절력을 포기한 이런 사람은 편안한 내적 경험을 가질 수 없을 뿐만 아니라 다른 사람이 자기 자신의 내면에 좋은 감정을 창조하도록 그 사람에게 의존하고 매달려 있게 된다.

둘째, 다른 사람이 즐거운 감정을 경험하도록 만들 수 있다고 믿는다는 것은 그가 고통과 슬픔을 경험하도록 만들 수 있는 능력도 있다는 것이다. 이러한 힘은 자신에게 원인 인자로서 책임에 대한 의미를 가지게 한다. 내가 누구를 슬프게 만들었다면 나는 죄의식을 느끼게 되고, 그 사람이 그 느낌을 어떻게 극복할 수 있는가를 알아내려고 노력할 것이다. 우리는 이러한 신념체계를 바탕으로 원하는 결과를 다르게 할 수 없다는 것을 발견하게 되고, 또한 어떤 사람도 다른 사람의 감정 인자로서 책임을 질 수 없다고 믿게 된다.

나는 내 감정을 만들어 내는 사람이다. 신념구조가 비생산적이거나 불필요한 고통이 된다면, 그 사람으로 하여금 세상을 어떻게 느끼고 작동시킬 것인가에 대한 선택을 가지도록 도와주어야 한다. 원인과 결과로서 메타모델 위반은 다음의 방법으로 도전이 될 수 있다. 어떻게 상대방이 두 번째는 다른 사람의 기분을 좌우할 수 있었는가에 대해 구체적으로 이야기하게 하는 것이다. 이 질문은 그가 세상에 대한 의미를 어떻게 부여하며, 어떻게 다른 사람과의 관계를 의식하고 있는가에 대하여 많은 정보를 제공하게 될 것이다. 여기서 얻은 정보는 앞으로 진행될 변화 과정에 지대한 영향을 줄 것이다.

이런 사람은 촉각적으로 세상을 처리하는 경향이 있다. "네가 그렇게 말을 하니 내 마음이 상한다."라고 하는 것은 "나는 내 감정을 조절할 수 없어."라는 표현이다. "내가 네 마음을 상하게 해서 미안해."는 "내가 그렇게 할 권리가 없는데 그렇게 해서 죄의식을 느낀다."라는 말이 될 수 있다. 다음의 대화를 통해 이러한 위반에 도전해 보자.

대화자: 그들의 웃음소리가 나를 미치게 해요.
반　응: 그들의 웃음이 어떻게 미치게 하지요?

대화자: 그가 내 기분을 망쳤어요.
반　응: 그가 당신의 기분을 망치게 할 때 당신은 자신을 위해 무엇을 했나요?

대화자: 나는 그 여자를 울게 해서 기분이 나빠요.
반　응: 당신이 그녀를 울게 했다고 믿을 만한 무슨 일을 했지요?

원인과 결과 개념을 적용하면 대개의 경우 책임 있는 행동을 하는 사람은 다른 사람과 관계없이 자신이 원하는 것을 한다고 생각하지만 실상은 자신의 행동에 다른 사람이 어떻게 반응할 것인가를 충분히 인식하고 행동한다. 대개의 사람은 자신이 즐겁지 않게 느끼는 행동을 하는 사람과는 함께 시간 보내는 것을 싫어한다. 따라서 자신이 원하는 것을 얻을 수 있는 행동이 무엇이라는 것을 어릴 때 배워서 그 행동을 세상모델에 통합을 시키고 현재에서 실행한다.

- 수행자 상실

수행자 상실은 말하는 사람의 피상구조에서 어떤 판단이나 기준을 세우는 사람이 밝혀지지 않고 그 판단이나 기준이 서술되는 것을 의미한다. 이런 진술들은 세상에 대한 일반화 과정에서 나타나는 말하는 사람과는 아무런 연관이 없다. 자신을 판단하고 평가하는 주체로부터 언어적으로 제외시킴으로써 그것이 자기 자신의 욕구에서 비롯된 것이라고 인식하지 못하고 자신의 세상모델의 한계를 드러내는 것이다. 대화자에게 "누가 이 '가치판단'을 하는가?" 하는 식의 질문을 하여 그가 자신의 세상모델의 법칙이나 한계를 직면할 수 있게 도울 수 있을 것이다. 그들은 일단 자신의 '모델'이라는 것이 밝혀지면 도전을 받게 된다. 특히 그것이 자신의 삶의 경험을 풍요롭게 하는 데 방해가 되면 도전은 더욱 효과가 크다. 다음의 대화를 통해 이러한 도전을 살펴보자.

> 대화자: 그렇게 하는 것은 바보짓이에요.
> 반　응: 누구에 따르면 그것이 바보짓인가요?

> 대화자: 어쨌든 그것은 중요하지 않아요.
> 반　응: 누구에게 중요하지 않다는 것이지요?

대화자에게 '내'가 그렇게 생각하거나, '내'가 그렇게 믿는다는 말을 하게 함으로써 그런 생각이나 판단의 행위자가 자신임을 알게 할 수 있다. 이런 지각을 가지게 하지 않는 한, 그 사람의 신념체계에 도전한다는 것은 무의미해질 것이다. 자기 자신을 어떤 비평이나 도전을 당할 위치에서 멀리 옮겨 놓는 것은 어조나 언어를 명사화시키는 패턴으로 나타나는 경우가 많다. 이렇게 일반화해 버리는 것은 자신이 그것을 만들어 낸 사람으로서 결코 알고 싶지 않고, 믿고 싶지 않은 진리를 숨기려는 의도에서다.

종합적인 측면에서 메타모델의 의미 변화를 예를 들어 정리하면 다음과 같다.

대화자: 그녀가 나를 사랑하지 않는다는 것을 나는 알아요.
반   응: 어떻게 그것을 알게 되었지요?

대화자: 그녀가 나를 화나게 했어요.
반   응: 어떻게 그녀가 당신을 화나게 만들지요?

대화자: 그녀를 불행하게 해서 기분이 나빠요.
반   응: 당신이 그녀를 화나게 했다고 믿을 만한 어떤 일을 했습니까?

대화자: 우유부단함이 나를 괴롭혀요.
반   응: 누가 당신을 우유부단하다고 믿습니까?

6) 메타모델 반응 통합

(1) 정보 수집

• 삭제된 참조 색인
  그렇게 되었단 말이야. → 누가 무엇을 그렇게 했다는 거지?

• 지정된 참조 색인
  그들에게 책임이 있어. → 특별히 누가 책임이 있다는 거지?

- 일반화된 참조 색인

  어른들은 엉큼해. → 어떤 어른들이 특별히 엉큼하다는 거야?

- 역전된 참조 색인

  엄마는 나를 미워해. → 엄마가 너를 어떻게 미워하지?

- 명사화 도전

  이 결혼생활은 문제가 많아요. → 당신에게 문제가 되는 결혼생활이 어떤 것입니까?

- 미결 동사

  나는 내 아이들을 사랑합니다. → 당신이 아이들을 사랑한다는 것을 어떻게 보여 주시나요?

(2) 제한 확대

- 필요성의 양식 작동

  나는 일을 해야만 합니다. → 일을 하지 않는다면 무슨 일이 발생합니까?

- 가능성의 양식 작동

  나는 그것을 할 수 없어요. → 무엇이 하지 못하게 방해합니까?

- 우주적 대량화

  아무도 나를 좋아하지 않습니다. → 좋아하는 사람을 단 한 명이라도 생각할 수 있습니까?

(3) 의미 변화

- 마음읽기

  그는 내가 그를 미워하도록 만들었습니다. → 그의 어떤 행동 때문에 당신이 그를 미워하게 되었습니까?

- 원인과 결과

  내 남편은 나를 더 이상 사랑하지 않아요. → 그가 당신을 사랑하지 않는다는 것을 어떻게 알지요?

- 투사된 마음읽기

    남편은 내가 자신을 미워하는 줄 알고 있어요. → 그가 어떻게 그것을 알지요?

- 연기자 상실

    인생은 험해요. → 누구에 의하면 인생이 험하죠?

〈표 12-1〉 메타모델 표기법

삭제(deletion)	D	연기자 상실(lost performance)	LP
명사화(nominalizaion)	N	삭제된 참조 색인(lost referential index)	LRI
마음읽기(mind reading)	MR	원인과 결과(cause/effect)	CE
미결동사(unspecified verbe)	UV	모형 작동자(model operator)	MO
우주적 대량화(universal quantifier)	UQ	일반화(generalization)	G

연습 1

내담자가 다음 문장을 말했을 때 어떻게 도전할 수 있는가 반응을 하고 〈표 12-1〉의 메타모델 표기법대로 명시하시오.

1. 나는 할 수 없어요.

    반응: _____

2. 일을 해야만 한다.

    반응: _____

3. 나를 좋아하는 사람은 아무도 없다.

    반응: _____

4. 그가 나를 미치게 했어.

반응: _____

5. 그는 나를 싫어해.

반응: _____

6. 인생은 험악한 거예요.

반응: _____

7. 그 아이가 망쳤어.

반응: _____

8. 어른들은 다 틀렸어.

반응: _____

9. 엄마는 나를 미워해요.

반응: _____

10. 나는 내 아이를 사랑해요.

반응: _____

11. 기분이 나빴어요.

반응: _____

12. 내 딸은 골칫거리예요.

반응: _____

13. 내 남편은 내게 관심이 없어요.

　　반응: _____

14. 나는 참을성이 많아야 해요.

　　반응: _____

15. 세상은 괴로운 거예요.

　　반응: _____

16. 그 남자가 나를 미워하는 걸 알죠.

　　반응: _____

17. 그가 나를 미치게 해요.

　　반응: _____

연습 2

　　다음 문장을 읽고 가장 적절한 역전된 표상구조에 ○표를 하고 반응을 고쳐서 이해시켜 보시오.

1. 당신은 정말 열이 오른 기분이지요?

　　a. 당신의 기분은 신선합니다. 그렇지요?

　　b. 당신은 흥분되었군요. 그렇잖아요?

　　c. 당신의 눈이 환하게 나타납니다.

　　예) 당신은 그림이 그려지지 않는다는 말이지요. _____

2. 나는 흐트러진 느낌이 들어요.

  a. 그 여자는 사건에 손을 댈 수 없게 되었어요.

  b. 그 여자는 초점을 맞춰야 할 것을 잃은 거지요.

  c. 그 여자는 혼란스러워졌지요.

  _____

3. 주위가 쓸쓸하게 보여요.

  a. 그에게는 지금이 암울한 때다.

  b. 그에게는 인생이 단조로운 것이다.

  c. 내게는 그녀가 웅덩이에 빠진 것 같이 들려요.

  _____

4. 사람들이 내 어깨에 더 많은 책임을 얹어 놓아요.

  a. 그가 정말 힘에 겨워한다. 당신은 그것을 이해할 수 있다.

  b. 그가 그 책임을 처리할 수 없는 것처럼 보인다.

  c. 그는 자신의 책임에 대한 견해가 막힌 것처럼 보인다.

  _____

5. 내가 귀가하면 아이들은 떠들고 아내는 아이들에게 소리를 질러서 나는 내 생각을 들을 수 없어 참을 수 없어요. 내가 원하는 것은 평화와 조용함입니다.

  a. 모든 것을 포기하고 죽고 싶은 기분을 느끼지 않습니까?

  b. 그들을 한 번 보세요. 그들은 당신을 미치광이로 보는 것이 분명해요.

  c. 당신은 자신이 숨 쉴 수 없을 정도로 원하는 것과 접촉할 수 없다고 느낍니까?

연습 3

상대방의 말에 맞추어 같은 표상 조직을 사용하여 반응을 하고, 상대방의 표상 조직을 바꾸어서 같은 아이디어를 번역하여 진술하시오.

1. 진술: 이 연속되는 슬럼프에서 속히 빠져나갈 수 없는 것처럼 보여.

   반응: _____

   재진술: _____

2. 진술: 나도 내 손 끝까지 직관력이 울리기를 바란다.

   반응: _____

   재진술: _____

3. 진술: 이 일은 제일 하기 싫은 일이야. 그것이 전체 프로젝트를 망쳐 놨어.

   반응: _____

   재진술: _____

4. 진술: 일이 될 대로 되는 것처럼 보였어.

   반응: _____

   재진술: _____

5. 진술: 전망이 밝아지면서 모든 것이 자동적으로 작용을 하게 된다.

   반응: _____

   재진술: _____

6. 진술: 그녀는 그의 강렬한 정열을 억제시키면서도 유지되도록 한다.

    반응: _____

    재진술: _____

7. 진술: 하루에 몇 초만이라도 조용하다면 세상의 풍요로움이 뚜렷해질 것이다.

    반응: _____

    재진술: _____

8. 진술: 내 친구는 아무런 해결책이 없는 어려운 문제를 여러 가지 방법으로 찾고 있다.

    반응: _____

    재진술: _____

연습 4

다음 각 문장은 한 가지 혹은 그 이상의 메타모델이 위반되어 있다. 가장 의미 깊은 메타모델 위반에 적절한 도전을 하고, 그 도전이 무슨 정보를 얻게 하는가에 대해 예언을 한 후, 〈표 12-1〉의 메타모델 표기법으로 메타모델 위반을 명시하시오.

1. 나는 당신이 이것을 즐길 거라 믿습니다.

    도전: _____

    예언: _____

2. 그 판매원은 진공청소기를 잘 시범해 보였어.

    도전: _____

    예언: _____

3. 영수는 오늘 저녁 공연하기 전에 혼자 있는 것을 원해.

　도전: _____

　예언: _____

4. 우리 쌍둥이는 내 관심을 받으려 언제나 경쟁을 해요.

　도전: _____

　예언: _____

5. 순이는 우리가 이곳에 즐겁게 머물도록 노력을 많이 하고 있어.

　도전: _____

　예언: _____

＊1~5의 문장에 나타난 공통된 위반을 쓰시오.

공통 위반: _____

나의 진술: _____

6. 나는 언제나 빗나가는 쪽이야.

　도전: _____

　예언: _____

7. 그가 올 때마다 나는 즐거워.

　도전: _____

　예언: _____

8. 영수는 나의 노력을 절대 고맙게 생각하지 않아.

　도전: _____

　예언: _____

9. 모든 사람은 사실을 알아야 할 필요가 있어.

    도전: _____

    예언: _____

10. 바둑을 해서 그를 이길 사람은 없어요.

    도전: _____

    예언: _____

＊6～10의 문장에 나타난 공통된 위반을 쓰시오.

공통 위반: _____

나의 진술: _____

11. 간호사들은 참을성이 있다.

    도전: _____

    예언: _____

12. 나는 자극적인 상황을 즐겨요.

    도전: _____

    예언: _____

13. 어떤 사람들은 매일 극장 구경을 해요.

    도전: _____

    예언: _____

14. 그들이 지원받을 만한 상황이 못 된다.

    도전: _____

    예언: _____

15. 나이 들어 은퇴하는 것은 어려운 일이다.

     도전: _____

     예언: _____

＊11~15의 문장에 나타난 공통된 위반을 쓰시오.

공통 위반: _____

나의 진술: _____

16. 이 사람의 완벽성은 찬사를 받을 만하다.

     도전: _____

     예언: _____

17. 나는 너의 대답에 만족해.

     도전: _____

     예언: _____

18. 현실은 선택이다.

     도전: _____

     예언: _____

19. 새로 태어난다는 것은 엄청난 고통일 것이다.

     도전: _____

     예언: _____

20. 그는 순희의 유머에 계속 매력을 느끼고 있다.

     도전: _____

     예언: _____

＊16～20의 문장에 나타난 공통된 위반을 쓰시오.

공통 위반: _____

나의 진술: _____

21. 다음 월요일에 모든 사람이 선거하는 것은 꼭 필요하다.

   도전: _____

   예언: _____

22. 당신은 이 시험이 쉽다고 생각하지 말아야 해.

   도전: _____

   예언: _____

23. 영호는 진철이를 항상 믿어서는 안 돼요.

   도전: _____

   예언: _____

24. 그는 그의 모든 문제를 해결할 수는 없어요.

   도전: _____

   예언: _____

25. 명수는 아침까지 집에 와 있어야 해.

   도전: _____

   예언: _____

＊21～25의 문장에 나타난 공통된 위반을 쓰시오.

공통 위반: _____

나의 진술: _____

26. 그녀가 해칠 의사는 없다는 것을 나도 확신해.

　　도전: _____

　　예언: _____

27. 나는 무엇이 그를 자극하는지 알아.

　　도전: _____

　　예언: _____

28. 당신은 내가 어떻게 느낀다는 것을 알 거야.

　　도전: _____

　　예언: _____

29. 당신이 내 감정에 신경 쓰지 않는다는 것을 나는 말할 수 있어.

　　도전: _____

　　예언: _____

30. 재인이가 대접을 받을 것이라 나도 확신해요.

　　도전: _____

　　예언: _____

＊26~30의 문장에 나타난 공통된 위반을 쓰시오.

공통 위반: _____

나의 진술: _____

31. 돌고래는 사람처럼 영리해.

　　도전: _____

　　예언: _____

32. 모든 정신분석학자들은 안락의자를 가져야 해.

　　도전: ＿＿＿＿＿＿＿＿＿＿＿＿＿＿＿＿＿＿＿＿＿

　　예언: ＿＿＿＿＿＿＿＿＿＿＿＿＿＿＿＿＿＿＿＿＿

33. 사랑을 할 때는 불을 켜 놓고 하는 것이 더 좋아.

　　도전: ＿＿＿＿＿＿＿＿＿＿＿＿＿＿＿＿＿＿＿＿＿

　　예언: ＿＿＿＿＿＿＿＿＿＿＿＿＿＿＿＿＿＿＿＿＿

34. 경찰은 무자비한 폭력가들이야.

　　도전: ＿＿＿＿＿＿＿＿＿＿＿＿＿＿＿＿＿＿＿＿＿

　　예언: ＿＿＿＿＿＿＿＿＿＿＿＿＿＿＿＿＿＿＿＿＿

35. 감각을 잘 사용하는 사람은 가장 멋있는 사랑을 할 수 있어.

　　도전: ＿＿＿＿＿＿＿＿＿＿＿＿＿＿＿＿＿＿＿＿＿

　　예언: ＿＿＿＿＿＿＿＿＿＿＿＿＿＿＿＿＿＿＿＿＿

＊31～35의 문장에 나타난 공통된 위반을 쓰시오.

공통 위반: ＿＿＿＿＿＿＿＿＿＿＿＿＿＿＿＿＿＿＿＿＿

나의 진술: ＿＿＿＿＿＿＿＿＿＿＿＿＿＿＿＿＿＿＿＿＿

36. 이때가 공헌을 할 때다.

　　도전: ＿＿＿＿＿＿＿＿＿＿＿＿＿＿＿＿＿＿＿＿＿

　　예언: ＿＿＿＿＿＿＿＿＿＿＿＿＿＿＿＿＿＿＿＿＿

37. 영수는 겁을 먹었어.

　　도전: ＿＿＿＿＿＿＿＿＿＿＿＿＿＿＿＿＿＿＿＿＿

　　예언: ＿＿＿＿＿＿＿＿＿＿＿＿＿＿＿＿＿＿＿＿＿

38. 우리도 금방 알아냈어.

  도전: _____

  예언: _____

39. 그는 두 시간이나 늦었어.

  도전: _____

  예언: _____

40. 정수를 초청해서 놀자.

  도전: _____

  예언: _____

＊36∼40의 문장에 나타난 공통된 위반을 쓰시오.

공통 위반: _____

나의 진술: _____

2. 밀튼모델

　밀튼모델(Milton model)은 다른 사람의 내적 경험에 영향을 주거나 안내하기 위해 디자인된 언어적 모형이다. 밀튼모델의 핵심은 메타모델(구체적 정보 확충)의 반대다. 밀튼모델은 예술적으로 모호하게 말을 하여 다른 사람의 경험을 맞추지 못하는 경우가 없게 함으로써 대개의 발화가 내담자 보정(pacing)을 하게 하는 것이다. 목적은 내담자에게 충분한 보정을 하여 그가 원하는 경험을 스스로 선택하도록 유인하는 것이다.

　NLP 기술을 익힌 상담자는 내담자가 언제 구체적 정보를 세밀하게 체득하

Milton Erickson

고, 언제 일반적으로 말을 해야 하는지 알고 있다. 밀튼모델 사용의 유리한 점은 프로그래머(상담자)가 내담자에게 유익하게 하기 위해 내담자가 그 구체적 단어의 의미를 알아야 할 필요는 없다는 점이다. 예를 들어, 내담자는 자유로움에 대한 정의를 모르고도 "당신은 다음날을 생각하며 자유로움을 경험할 수 있을 것이다."라는 말을 듣고 자신이 그 정의를 내리고 자신에게 적절하게 적용할 수 있다.

1) 보정

밀튼모델의 특성은 상대를 충분히 보정하여 그가 원하는 경험으로 이끌기 위해 만들어진 언어패턴이라는 것이다. 밀튼모델은 메타모델 위반을 감행한다. 모든 문장에는 구조적으로 전제를 가지고 암시하는 내용이 내포되어 있다. 직접 명령이나 질문이 아닌 언어패턴으로 힘을 가함으로써 듣는 자가 자신에게 알맞게 효과를 거두게 한다.

2) 메타모델 위반

밀튼모델은 메타모델(삭제, 색인 생략, 미결동사, 명사화, 우주적 대량화, 모형작동자, 마음읽기, 수행자 상실, 원인과 결과) 위반을 하고 있다.
다음은 밀튼모델 언어 사용자의 예문이다.

- 삭제
  - 너의 미소가 그것을 다 말해 줘.
  - 나는 네가 기쁘다는 것을 알아.

- 색인 생략(대명사가 누구인지 빠뜨림)
  - 그는 내가 할 수 있다고 했어.
  - 그 사람들과 이야기하는 것은 아주 보람이 있어.
- 미결동사(구체적 진행을 빠뜨림)
  - 나는 나의 자유를 즐긴다.
  - 우리 관계는 팽팽해.
- 우주적 대량화(과도한 일반적 단어, 즉 모든, 누구나, 항상 등)
  - 자, 지금 당신은 상을 타기 위해 전력을 다할 수 있어.
  - 당신이 가진 모든 생각은 당신을 더 가깝게 만든다.
- 모형 작동자(선택이 없는 단어, 즉 해야 한다(must, should, have to), 할 수 없다(can't) 등)
  - 너는 속독을 할 때도 단어를 지각해야 해.
  - 결과를 보는 것이 당신에게 쉬워야 한다.
- 마음읽기(다른 사람의 마음속에 있는 것을 아는 것처럼 행동)
  - 당신은 이것을 배우는 데 흥미 있어 할 거야.
  - 당신은 이 문제를 빨리 해결할 수 있을 거야.
- 수행자 상실(문장에서 평가자 없는 평가 진술)
  - 맞았어.
  - 거기 앉아서 쉬는 것은 아주 좋아.
- 원인과 결과(원인과 결과는 내담자의 자원 상태를 보정하고 유도하기 위해서 사용됨, 어떤 행동을 묘사하여 발생하기 원하는 행동에 연결을 시킴)
  - 당신은 내 음성을 듣고 화답하여…….
  - 당신은 어떤 정보를 진행시키면서 조용해졌다.
  - 당신은 거기에 앉아서 미소를 지으며 이해하기 시작할 수 있어.
  - 당신은 기억을 찾기 전 의자에 등을 기대고 앉을 수 있다.
  - 당신은 들이마시는 호흡을 더 충분히 하는 것이 필요해.

연습 5

연습 A

1. 3명이 짝을 지어 C가 메타모델의 아홉 가지 유형 중 한 가지를 지적하면, A와 B는 그 유형에 적합한 문장 하나를 만들어서 말을 한다.
2. C는 지적한 구체적인 유형을 A가 만들어 내는지 확인하고, 못했을 때는 다른 유형으로 문장을 만들도록 요구한다.
3. B는 A의 유형을 지정하고, C는 그것을 확인한다. C는 B에게 A가 만든 문장에 대해 그다음 유형을 만들어 낸다.
4. 이 연습의 난이도를 강화하기 위해 A가 밀튼 모델을 만들고, B는 밀튼모델을 확인하고, C는 메타모델 도전을 제시한다.

연습 B

1. A의 어떤 힘겨운 이야기를 듣는다.
2. 집단의 구성원은 예술적으로 모호한 밀튼모델을 활용한다.
3. 전제가 있는 직접명령이나 질문이 아닌 언어로 한마디의 말을 만들어 A에게 들려준다.
4. 빔어를 관찰하며, 직관과 통찰이 생기는가 확인한다.
5. 역할을 바꾸어 가면서 시행한다.

3) 전제

전제 문장구조 속에서 전제는 그 문장을 이해하거나 그 대안을 진행하기 위해 사료되는 것들로 구성되어 있다. 예를 들어 "문을 열어요."라고 했다면, 이 문장에서 전제는 문이 존재하고, 현재 열려 있지 않고, 듣는 자는 문을 열 수 있는 능력이 있다는 것을 전제한다.

전제는 일반적으로 직접명령이 아니기 때문에 가장 힘이 있다. 어떤 문장에서나 전제하는 것을 배제(반대, 역전)해도 그것이 여전히 사실로 간주되는 것이 이 때문이다. "문을 열지 마세요."라고 해도 문은 있고, 그것은 현재 열려 있지 않고, 듣는 자는 문을 열 능력이 있다는 것을 전제한다.

이런 언어 형태는 내담자와의 의사소통을 유효하게 하여 전제를 구조화하는 특징이 있다. Milton Erickson은 "당신이 원하는 변화를 얼마나 빨리 일으키려는지 나는 모르지만……."이라는 전제는 당신이 변화되기는 하는데 단순히 얼마나 빨리 하느냐가 문제라는 것이라고 하였다. 몇 가지 전제의 예를 살펴보자.

- 당신은 당신의 무의식이 얼마나 도움을 줄 수 있는지 인식하지 못해요.
- 마음이 어떻게 그 많은 문제를 그렇게 빨리 해결하는지 이해하는 것은 어렵지요.
- 결정을 내리면서 뒤로 등을 기대고 앉아 있을 수 있죠.
- 이완을 할 수 있어서 당신은 아주 많은 것을 배우게 되지요.
- 얼마나 빨리 당신의 목적을 달성하기 원하나요.
- 그것을 진행시키는 데 얼마나 깊이 헌신을 하느냐에 달렸지요.
- 당신은 이것을 빨리 배우기를 원하나요, 혹은 천천히 배우기를 원하나요.

4) 대화 기법

- 행동적 전제 타인이 행동시연을 이끄는 활동이다. 위쪽을 쳐다보는 것은 다른 사람에게도 위쪽을 쳐다보게 한다. 의자를 가리키는 것은 다른 사람에게 앉으라고 권하는 것이다.

- **삽입명령** 어떤 문장의 구조 속이나 긴 이야기 속에 직설적으로 삽입된 명령이다. Erickson은 한 농부에게 토마토 씨를 땅에 심는 자는 토마토 줄기가 자라서 그 열매로 만족감을 가지게 되기를 희망할 것이라는 내용을 암시하는 이야기를 하였다. 이때 이야기의 내용(의식)과 듣는 자의 반응(무의식)에 간접적 제안으로 말의 이중적 역할을 강조하였다.
  - 얼마나 빨리 네가 완쾌될지 나는 알 수 없어도…….
  - 나는 네가 즉시 이완하기를 요구하려 한다.
- **아날로그 부호화(표지)** 삽입된 명령을 만들어 내는 데 사용된다. 어조, 말의 크기, 몸짓, 접촉 등을 통해 어떤 단어에 힘을 주는 것이다.
  - <u>얼마나</u> 여기 체류하기를 원하지?
  - 얼마나 <u>여기</u> 체류하기를 원하지?
  - 얼마나 여기 체류하는 <u>것을</u> 원하지?
  - 얼마나 <u>너는</u> 여기 체류하기를 <u>원하지?</u>
- **부정적 명령** 긍정적 명령과 비슷하게 우리는 부정적 명령을 자주 진행시킨다. 예를 들면, "기분 나쁘게 생각하지 마."라는 말을 듣는 사람은 직설적인 의미를 이해하기 위해 기분 나쁜 것을 생각하게 된다. "울지 마." "싸움을 그쳐." "거리를 뛰어다니지 마." 등은 부모로부터 자주 듣는 말이다. 우리 뇌는 어떻게 할 것인지를 결정하기 전에 명령의 표상을 만들기 때문에 부정적인 것보다 긍정적인 제시를 하는 것이 하면 안 되는 것 대신에 해야 되는 것을 알게 되어 효능이 더 크다. "조용히 해." "내 옆에 앉아 있어." 등은 분명하고 구체적인 반응을 제시하게 된다. 그러나 부정적인 명령은 내담자에게 적절한 반응을 조장하기 위해 힘 있게 활용될 수도 있다.
  - 너무 지나치게 완전히 이완하지 않게 해.
  - 이것을 너무 빨리 배우지 마.
- **삽입 질문** 직접적인 정보를 얻거나 내담자가 어떤 상태를 접하게 도와주는 데 아주 효과적이다. 삽입 질문은 진술적 형태를 사용하고 단어를

지각하여 질문을 미리 대면하는 데 사용된다. 묻는 질문은 그것을 미리 가정하여 하는 사람에게 자신의 정신 과정에 직접적으로 초점을 맞추게 한다. 따라서 사람들은 직접 질문으로 반응하게 된다.

– NLP 훈련에서 무엇을 얻기 원하는지 알고 싶은 호기심이 있어.

– 나는 네가 언제 변화를 경험하기 원하는가 궁금해진다.

• 대화적 가정(요구) 문자적 대답보다 '예' '아니요' 반응을 이끌어 내는 질문이다. 예를 들어, 거리에서 "시간이 어떻게 됐죠?"라 물으면 대답하는 사람은 대개 '예' '아니요'로 대답을 하지 않고 몇 시라는 것을 말해 줄 것이다. "오늘 TV에 무슨 프로그램이 방송되는지 알아?"라고 했을 때 프로그램을 말하는 것이 통상적 반응이며, '예' '아니요'로 답하지 않는다. 대화적 가정을 할 때는 먼저 얻고 싶은 반응을 생각해야 한다. 그리고 '예' '아니요' 질문 속으로 결과를 전환시킨다.

– 전화 좀 받을 수 있어?

– 그 책 나한테 좀 주겠니?

• 인용 어떤 사람이 다른 시기에 다른 장소에서 말한 것을 인용하여 보고하는 형식으로, 다른 사람에게 말하고 싶을 때 사용할 수 있다. 그 메시지에 대해서는 책임감을 갖지 않고 전달하는 데 사용할 수 있다. 다른 때 다른 사람이 말한 것을 이야기하기 때문에 듣는 사람은 반응을 하지만, 그 반응은 그 메시지가 누구에게 책임이 있는지 의식하지 않고 나타나게 된다. Erickson은 그의 제자들이 무엇인가를 안다고 했을 때 "작은 것이라도 하나를 실습하고 경험하기 전에는 실제 아는 것은 없다."라고 대답했다.

– 내 눈을 빤히 쳐다보며, "아는 것이 힘이다."라고 했다.

– 그는 슬퍼하는 나를 보고 "오늘의 슬픔은 내일의 행운이야."라고 말했다.

• 가정 질문 문장의 끝에서 그것을 부정하거나 전환시키는 것이다. 가정 질문은 아주 훌륭한 모호성을 창출한다. 만일 듣는 사람이 '예' '아니

요' 로 대답한다면 가정문의 대답이거나 원질문의 대답이 될 수 있다. 가정 질문은 '예' '그러나' 와 같은 극적 반응을 무력화하는 데 사용한다. 이유는 듣는 자가 동시에 인정을 하거나 부정을 할 수 있게 허용되어 있지 않기 때문이다.

– 많은 것을 배우고 있지, 그렇지 않니?

– 편안하게 학습하기를 원하지, 그렇지 않니?

〈표 12-2〉는 밀튼모델과 메타모델 언어를 비교·종합한 것이다.

〈표 12-2〉 밀튼모델에 대한 메타모델 도전

밀튼모델 사용	메타모델 분류	메타모델 반응
너는 새로운 이해를 할 수 있어.	삭제	어떤 구체적 이해를 할 수 있는가?
네가 사람 보는 방법을 바꾸는 것은 괜찮아.	색인 생략	구체적으로 누구를 보는 방법인가?
너는 이완상태로 더 깊이 들어갈 수 있어.	미결동사	더 깊이 어떻게 구체적으로 하는가?
너는 자유를 경험할 수 있어.	명사화	어떻게 구체적으로 자유를 경험하는가?
너는 너의 자원을 언제나 유지할 수 있어.	우주적 대량화	언제나?
이 경험을 너는 쉽게 즐길 것이 틀림없어.	필요성의 모형 작동	쉽지 않다면 어떤 일이 일어나는가?
눈을 감으면 이완하는 데 도움이 될 거야.	원인과 결과	눈을 감는 것이 어떻게 도움이 되는가?
네가 이 문제를 극복할 수 있다는 것을 나는 알고 있어.	마음읽기	어떻게 알았는가?
하루하루 이완을 하고 즐기는 일은 좋은 일이야.	수행자 상실	누구의 판단에 의하면 좋은가?

3. 에릭슨의 변화전략: 음성학적 변인

음성은 내면 몰입 작업을 하기 위한 결정적 요소다. Erickson의 마술적 치료 효과는 그 능력이 음성학적 기술에서 얻어진 것이기 때문이다.

Gilligan은 Erickson의 오랜 제자인데, 내담자에게 내면 몰입을 유도하는 것은 성대 음성, 음의 성질, 장단과 고저, 몸짓, 자세, 감정상태로서 90%가 비언어적이라고 말하였다.

무의식에서 일어나는 작용을 의식화하는 과정은 의식적 사고나 인식의 분석 또는 정리가 이루어지는 이성의 차원과 다른 마음상태를 요구한다. 무의식을 의식하게 되는, 내면으로 몰입된 상태에서 내담자는 상담자의 지시에 민감하게 반응하여 자신이 하려고 하는 것에 충실히 몰두할 수 있게 된다.

이렇게 내면 집중을 이끄는 데는 언어의 음성이 중요한 역할을 하게 된다. Erickson이 진행한 간단한 치료 문헌들에서도 음성의 융통성이 상당한 양을 차지하고 있다. Erickson은 내면 몰입을 유도하여 어떤 깊은 성찰을 내담자에게 가지게 하고 싶을 때와 의식적 두뇌 사고를 진행시키려고 할 때 상황에 따라 다른 언어 톤을 사용하는 것으로 결과의 차이를 얻어낼 수 있다고 하였다.

- 이완 유도(Kinesthetic)   어린아이들이 태어나면서부터 호흡하는 것이 자연스럽고, 본능적으로 큰 소리로 울고 악을 쓰는 것은 의식적 생각 없이 폐를 사용하기 때문이다. 어른이 되면서 그런 호흡과 몸의 연결이 없어지고 깊은 호흡 대신에 얕은 호흡을 하며 복부보다 폐의 윗부분만 사용하는 것은 생각을 급속히 언어화시키는 것이 원인이라고 한다.

호흡 없이는 말도 없다. 먼저 상담자는 내담자를 이완시키고 내면으로 몰입할 수 있게 장려한 후 안전감을 가지게 하기 위해 잔잔한 호흡을 하면서 내담자의 호흡패턴과 맞추어 점점 깊은 호흡을 하도록 이끌어 간다. 음성과 호흡은 내담자를 의식적 생각에서 체감적 인식과 잠재의식에 접할 수 있도록 이끌게 된다. 이 체감적 마음상태는 내담자의 경험을 강화시키는 데 중요한 역할을 한다.

잔잔한 호수는 밑바닥을 들여다볼 수 있다. 몸도 차분히 잔잔해지면 마음은 고요히 자신의 내면을 들여다 볼 수 있게 한다. 몸과 마음이 하나가 되면 내적 탐험과 자아정렬(alignment) 작업이 쉬워진다.

마음은 몸이 조용해졌을 때 차분하게 내면 몰입을 할 수 있고 잠재된 무의식으로의 접속이 가능해진다. 결과적으로 몸을 다스리는 사람이 마음도 다스릴 수 있게 된다. 몸과 마음은 하나의 체계다.

- **음성 또는 음색 조절** 내담자의 정서경험을 주도하기 위한 의식적 뇌 작업과 내면 몰입으로 전이를 작동시킬 음성의 톤이 달라진다.

- **정보의 구획 표식** 내담자에게 어떤 제안을 할 때, 무의식적 관여를 제시할 때, 숨은 또는 자명한 명령을 할 때 그것에 요구되는 특정한 단어를 사용한다. 예를 들면, "너에게 유익한 것이 무엇인가?" "아주 잘 배우려면 이 페이지를 조심성 있게 읽는 것이 유익하다는 것을 알게 될 것이다." 등이다.

- **복합적 제안과 암시(Description)** 다리를 모으고 양손을 무릎에 편안히 얹고 앉아 있으면 조용히 평정을 가지고 몰입된 상태로 들어갈 준비가 될 것이다.

- **명령과 질문** 질문 형태의 문장으로 비지시적 명령이 이루어진다. 음성의 높이는 질문을 할 때는 올라가고 명령을 할 때는 내려간다. 의도적으로 이를 섞어서 진행한다.

- **호흡을 활용한 이완의 심도 강화** 가벼운 음성으로 들이쉬는 호흡에는 몸이 붕 뜨는 느낌, 내쉬는 호흡에는 깊은 이완이 일어난다는 것을 유도한다. 그 후 강한 톤으로 하다가 속삭이는 톤으로 낮추고, 또 다시 강한 톤으로 하면서 두 가지 모두 전이 작업을 완수할 수 있다. 숨을 내쉴 때 말을 한다.

- **라포 형성** 내담자와 접속을 강화하기 위해서는 시작부터 내담자의 음성

에 충분히 맞추어야 한다. 음성을 통해 연결이 가능하기 때문에 접속이 되는 음성이 주요 수단이다.

- **무의식에 접속 연결**　내담자에게 깊은 내면 집중을 유도하여 의식되는 생각으로 머리가 가득 차 있지 않도록 하고, 몸을 느낌과 이해로 이끌기 위해 몸속 깊은 곳에서 음성을 증폭시키도록 도와 준다.
- **음성을 통한 자기 표현**　음성의 질적인 부분이 기술적 능력에서 오는 것은 아니라는 것이 중요하다. Erickson은 그의 음성에 어떤 표현을 넣는 것이 아니라 그를 나타내는 그 소리는 그의 상태에서 나온 것이라고 하였다. 그가 큰 명성을 얻을 수 있었던 중심에는 그의 음성이 있었다.

Gilligan은 음성을 상담자의 공명감각으로 흘러나오는 상담자와 내담자의 동시접속(simultaneous)이라고 하였다. 상담자는 내담자와 같이 하는 살아 있는 숨결(pulse)에 따라 어떤 형태로 감응되어 울리는 악기와 같다. 상담자의 깊은 마음이 자연스럽게 표현되는 음성으로 내담자의 깊은 마음과 연결되는 것이다.

음성은 깊은 몸속으로부터 흘러나오는 내적 느낌을 가지고 있다. 심리치료사인 크리스틴 링크렛은 이런 음성은 나타내는 묘사가 아니라 "직설적으로 자동적인 감정과 생각의 내적 충동이다."라고 하였다. 그는 음성을 '투명체'라고 불렀으며, 우리는 그 사람의 음성을 듣는 것이 아니라 그 사람을 듣는다고 말하였다. 이러한 연결은 음성 속에 있는 울림을 몸속에서 느끼는 것이다.

13. 종속모형

1. 종속모형의 개념

종속모형(submodality)은 인간이 경험할 수 있는 경험의 종속구조, 즉 하위구조를 말한다. 이것은 마음속에서 일어나는 기억이나 어떠한 생각, 감정의 형태로서 표상체계에 그 하위 작용과 구조를 내포하고 있는 체계다.

예를 들면, 미래 자신의 성공한 모습을 떠올릴 때 종속모형은 시각적으로, 혹은 청각적 또는 촉각적으로 신체생리적 자극을 일으킨다. 이 내적인 경험(V, A, K; 표상체계)의 구체적 상태인 시각적인 색상이나 모양, 위치, 움직임 또는 청각적인 목소리의 어조, 리듬, 높낮이, 촉각적인 느낌인 몸의 전율, 감지되는 신체적 변화(가슴이 답답한, 몸의 균형을 잃은, 어깨와 목에 힘이 드는 등) 등이 종속모형의 형태다.

2. 종속모형의 활용

이미 언급하였듯이, 모형이라는 것은 표상체계로서 시각 · 청각 · 촉각 · 미각/후각의 오감을 사용하여 외계의 정보를 받아들이고 그 정보를 처리하며 진행 작업을 수행하는데, 이를 통해 그림을 보고, 소리를 듣고, 내적으로 느낌을 가지게 된다.

NLP의 인간 경험에 대한 초기 연구에서는 인간이 정보를 처리하고 진행시키는 데 사용하는 표상체계가 특정하게 연결됨에 따라 경험의 의미구조가 형성되는 방법을 발견하게 되었다. 이 표상체계의 연결을 '전략'이라고 한다. 그 후 NLP는 그 의미의 강도가 종속모형과 직접 관계를 가지고 있거나 아니면 주어진 표상체계의 구성 요소와 관련되어 있다는 것을 발견하게 되었다. 예를 들면, 즐거운 경험을 기억하였을 때 그 즐거움의 정도는 마음의 눈이 경험한 시각적 이미지의 색상, 크기, 화려함, 간격의 거리와 직접적으로 관계되어 있다는 것이다. 사람이 경험하는 표상체계(보고, 듣고, 느끼는)의 하위 구조로서 질적이고 세부적인 부분을 구축하고 분간하는 가장 작은 사고 감정의 기초감각 활동을 종속모형이라고 한다.

이 감각적 기억의 영상을 마음에 그릴 때 시각적으로 나타나는 그림의 세부 정보, 즉 그림의 색상, 크기, 움직임, 위치(경험의 최소 단위) 등 표상체계(시각 · 청각 · 촉각 · 미각/후각)의 하위 모형으로서 사람의 경험의 질과 양을 달리해 주는 내용이 종속모형이다. 예를 들면, 내면적 경험을 떠올릴 때 시각적 그림이 보인다면 그 그림의 위치나 색상, 모양 같은 것이 종속모형이며, 소리가 들린다면 그 어조나 높낮이 및 위치 같은 것이 종속모형이다.

사람은 경험을 표현할 때, 특정 표상구조인 빈사(동사, 부사, 형용사)를 사용한다. "그녀가 나를 빗나가게 했어." 혹은 "나는 다른 선택을 볼 수 없었어." 혹은 "나도 문제를 잡으려고 노력하고 있어."라고 말하는 것이 이에 해당된다. 사람이 사용하는 언어를 직접 들으면 더욱더 정확해진다. 상대방이

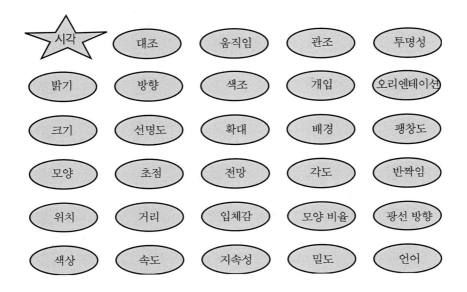

[그림 13-1] 시각적 종속모형

경험을 묘사할 때 사용하는 언어를 문자 그대로 들을 수 있다는 것은 종속모형을 파악하기 위한 아주 중요한 시발점이 될 수 있다. "어떤 일을 조망하여 심사숙고하는 것은 모든 사람에게 꼭 필요하다."라고 말하는 사람은, 그 문제로부터 어느 정도의 간격을 두고 싶어 한다고 할 수 있을 것이다. 여기서 '거리를 두고 조망한다'는 종속모형의 묘사는 그 사람이 단순히 그림이나 느낌을 이용하여 문제를 식별하고 분류한다는 사실만이 아니라, 그에게 영향을 끼치고 있는 것이 무엇인지를 더 잘 말해 주고 있는 것이다.

　종속모형은 우리의 생활에서 걸림돌(limitation)로 작용하는 감정을 제거하는 데 사용된다. 긍정적인 감정의 종속모형과 부정적인 감정의 종속모형은 사람에 따라 다르며, 이 두 가지는 차이가 있다. 이 다른 것을 대치시킴으로써 주관적으로 경험하는 종속모형의 질적 변화를 유도하여 원하는 감정을 가지고 원하는 것을 얻을 수 있도록 인도한다.

　종속모형이 어떻게 작용하는가를 알기 위한 첫 단계는 그것이 진정 존재

[그림 13-2] 청각적 종속모형

한다는 것을 배우는 것이다. 이를 위한 가장 효과적인 방법은 어떤 기억의 영상을 마음에서 그릴 때 종속모형을 조금씩 변화시켜 서서히 순서대로 경험하게 하는 것이다. 이때는 다른 사람과 함께 연습하는 기회를 만들어서 자기자신에게 직접 적용하는 것을 배워야 한다. 자신에게 이 방법을 적용하는 것은 매우 중요한 일이다. 다른 사람과 연습한다는 것은 자신의 경험을 관조(dissociation)하는 것이기 때문에 학습이 더욱 쉽게 잘 이루어질 수 있다.

NLP는 어떤 기술의 집합이 아니라 방법론이다. 특정한 방법에 따라서 경험을 하는 것이 중요하다. 따라서 리프레이밍(reframing)은 NLP가 아니라 그것의 부산물이다. 왜냐하면 NLP는 모델을 창출하는데, 리프레이밍은 그 모델의 하나일 뿐이기 때문이다. NLP의 방법론은 서서히 이것에 대한 차이점을 비교해 보는 것이다. 연습을 할 때는 그 방법론에 정신을 집중해야 한다.

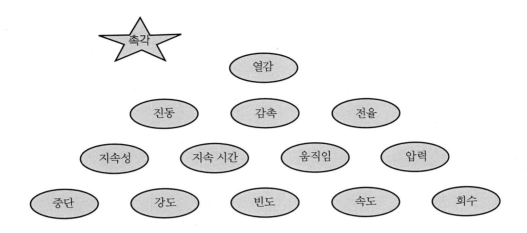

[그림 13-3] 촉각적 종속모형

특정한 어떤 기술은 연습의 결과로 나중에 따라오게 되는 것이지만, 처음에는 방법이 결정적으로 중요하게 작용하여 과정인 방법에서 특정 기술이 인출된다. 작동을 시도하는 인도자는 자신이 요구하는 경험을 경험자가 그대로 경험했는가를 발견해 내는 것이 중요하다. 경험자에게 어떤 경험을 요구했을 때 얼마나 내면몰입을 하였으며, 자신의 지시가 부정확하여 경험자가 어떤 잘못된 결론을 내리게 되었는가를 찾아낼 수 있어야 한다. 이것을 위해서는 경험을 시키는 인도자가 스스로 경험을 해 본 사람이라야 가능하다. 자신의 두뇌 활동을 이끌어갈 때나 아니면 다른 사람의 두뇌 활동을 이끌 때는 되도록 추상적인 묘사가 없어야 한다. Dilts(1984)는 뇌가 문자적 작용을 한다고 논하였다.

이런 수준의 작업을 하려면 뇌의 정보 진행 과정의 가장 근본적인 구성 요소에 손을 대야 한다. 이 시점에서 우리가 알고 있는 뇌의 기본 구성 요소는 종속모형이다. 이 종속모형을 연습할 때, 경험의 변화를 가능하게 하기 위해서는 주관적 경험 구조면의 아주 작은 변화에 증감폭을 더해 가야 한다.

서서히 제시되는 방법론에 의거하여 시작하는 것은 역시 종속모형을 분별하는 과정이며, 이 과정을 통해 자신의 뇌 속에서 변화가 일어나는 것을 이해하게 된다.

 연습 1

1. 자신이 가장 행복하고 편안했던 과거 경험을 한 가지 생각한다.

2. 그 기억의 시각적 요소를 찾아 기억 속의 그때 그림을 본다. 이미지가 흑색인가, 움직이는가, 정체된 그림인가, 틀에 든 그림인가, 멀리 있는가, 가까이 있는 그림인가, 위치가 있는가? 등등 더 많은 특성을 찾아낼 수 있다.

3. 이 이미지를 가지고 놀이를 하여 변화를 줄 수 있다. 그 이미지를 밝게 해 본다. 다시 어둡게 해 본다. 이때 느낌의 차이가 생기는지 확인한다.
그 이미지를 멀리 보낼 때와 가까이 이끌어 올 때, 옆으로 위로, 아래로 움직여 위치가 달라질 때 느낌이 어떻게 달라지는가를 확인한다.

4. 청각적 기억의 요소인 소리의 크기나 고저를 경험하는 것의 차이점은 느낌에 영향을 미친다.

5. 그때 느낌으로 몸의 전율이 어디서 강렬하게 일어났는가, 초점이 모아졌는가 흩어졌는가, 이미지를 이리저리 옮겨 보고 그 강도가 어떻게 달라졌는가를 확인한다.

〈표 13-1〉 종속모형 분류

시각적 표상	청각적 표상	촉각적 표상	청각 디지털 표상
개입-관조	스테레오-모노	계속-중도 중단	감각 기반-평가
움직임-정지	소리의 위치: 아래-위	전율의 위치: 강-약	자신-남
개관-틀	크기: 시끄러움-부드러움	넓은-좁은	현재-과거-미래
앞면-뒷면	톤: 베이스-테너	거친-부드러운	소리의 위치: 위-아래
가로-세로	피치: 괴성-저음	마른-젖은	말의 볼륨
흐린-밝은	템포: 빠른-느린	뜨거운-차가운	피치
흑백-색조	리듬: 멜로디	무거운-가벼운	단순-복합
빠른-느린, 서서히	멜로디	정지-움직임	
멀리-가까이	부드러운-거친	규칙적-불규칙적	
선명한-희미한	소리의 질	집중된	
입체적-평면적	음악, 음성, 누구의 소리		

3. 종속모형을 이용한 치료 기법 I: 시각과 청각

두 명이 짝을 이루어 한 사람은 인도자, 다른 사람은 피험자가 된다.

- 1단계 피험자는 과거의 아주 즐거웠던 사건 한 가지를 기억해 낸다. 그 내용은 말하지 않아도 되므로 안심하고 자기만 아는 적당한 경험을 선택하여 기억해 낸다.
- 2단계 피험자는 그 경험을 기억하고, 인도자는 이 책에서 기술한 종속모형을 사용하여 경험한 기억의 종속모형을 하나하나 바꾸어 변화시키도록 지시한다. 그다음 종속모형이 변화로 옮겨 가기 전에 그 모형을 원래의 모형으로 돌아가도록 재인식시킨다.
- 3단계 피험자는 기억의 종속모형을 서서히 변화시킨다. 어느 종속모형

이 경험에 가장 큰 변화를 일으키고, 어느 것이 가장 작은 영향을 주는가 발견하며, 어느 것이 더 즐거운 경험을 가져오고, 어느 것이 덜 즐거운 영향을 주는가를 찾아낸다. 이런 변화를 진행시키면서 한 가지 종속모형의 변화가 동시에 자동적으로 다른 체계나 같은 체계 안에 어떤 변화를 일으키는가를 의식한다. 이것을 응급(critical) 종속모형이라 부르는데(빔어를 찾음), 기억에 가장 중요한 박차를 가하게 하는 것이다. 치료자는 경험하고 있는 피험자의 변화를 주시해야 한다(빔어 확인).

- 4단계   역할을 바꾸어 같은 방법으로 경험을 시행한다.
- 5단계   또다시 역할을 바꾸어 이번에는 즐겁지 않은, 즉 좌절했거나 화났던 경험을 기억에 떠올린다(그러나 심한 충격을 받은 사건이나 충격적 경험을 떠올릴 필요는 없다).
- 6단계   처음 떠오른 하나의 종속모형 변화를 교차시키며 반복하여 두 가지의 기억을 비교해 보게 한다. 이 기억의 종속모형 변화를 강력하게 또는 희미하게 하여 어떤 변화가 있는지 감지하게 한다. 그리고 역할을 바꾸어 서로 경험해 보게 한다.

휴식을 가진 후에는 청각 종속모형을 사용하여 연습을 반복한다. 그리고 나서 촉각적 종속모형을 다룬다. 여기서 촉각은 점검 체계로서 유용하다.

각각의 모형을 변화시켜 본 후에 어느 것이 더 즐거운 것이며, 어느 것이 덜 즐거운 것인지를 질문을 통해 점검한다. 대개의 상황에서, 경험하는 이미지가 밝아지면 반응의 강도도 강해진다. 같은 방법으로, 대개의 상황에서 사람은 소리가 커지면 감정의 강도도 강해진다. 물론 상황 변인의 영향도 있다. 예를 들면, 로맨틱한 촛불을 밝혀 놓은 만찬에서 촛불이 아닌 전등불을 켠다면 그 로맨틱한 분위기나 기분이 사라지게 된다. 그리고 어둡고 무서운 지하실에 갇혀 있다고 생각할 때 불을 환하게 밝히면 공포가 사라진다. 중요한 것은 어떤 한 가지의 주어진 경험이 있으면 그것을 다르게 만드는 것도 있다는 것이다. 종속모형의 조정은 원래의 상황이 다른 반응을 초래하는 역할을 맡도록 하는 것이다.

대개의 사람들은 반응이라는 것이 자동적이라고 믿고, 그것을 변화시키기 위하여 의도적으로 머리를 쓰지 않는다. 어떤 좋지 않은 기억은 한 번만 떠오르는 것이 아니라 머릿속에서 되풀이되어 끊임없이 떠오른다.

예를 들어 다툼이 있었다고 하자. 그 상황에서는 벗어났지만 마음은 계속해서 다투는 것을 느낀다. 서너 시간이 지나도 계속 혼자서 같은 말다툼을 한다. 극장에 가서 공포영화를 보고 집으로 돌아오면, 극장에서의 무시무시한 느낌을 계속 느끼게 된다. 기억 속에 다시 그 장면이 살아서 활동하며, 마치 그 과거에 자신이 살고 있는 것처럼 경험하는 것이 일반적이다.

다른 자동적 반응의 예를 들면, 사람은 속으로 자기 자신을 비평할 때 기분이 나쁘게 된다. 이것이 교류분석(transactional analysis)에서 말하는 '비판적인 부모' 다. 누가 누구를 비평하며 누가 거기에 있는가? 그 반응을 변화시키는 것은 그리 어려운 일이 아니다. 음성을 듣고, 말의 어조를 의식하고, 높낮이와 리듬을 듣는다. 또한 그런 방법으로 자기 자신에게 말할 때 어떻게 느끼게 되는지 관심을 기울인다.

어떤 사람이 자기에게 무언가 말할 때 특별히 좋은 기분을 가졌다면 그것을 기억하자. 마음속으로 그 소리를 듣고 나서 그 소리와 내용을 바꾸어 비평적인 것으로 자신에게 말해 본다. 그것이 자기의 기분을 나쁘게 만들었다면, 다음에는 즐겁고 기쁜 어조로 같은 말을 해 본다. 이렇게 함으로써 똑같은 비평적인 말이 어떻게 다른 반응을 나타낼 수 있는가 관심을 가진다.

모든 행동은 학습된 반응의 결과라고 하는데, 이 개념에는 함축된 의미가 있다. 주어진 자극에 반응하는 것은 자동적일 수 있지만, 이렇게 학습된 반응은 다른 무엇에 대해 더 유용한 방법으로 반응하는 것을 학습할 수 있다.

자살을 하라고 재촉하는 소리를 20년 동안 들으면서 살아온 한 여성이 그 소리에 반응하는 행동은 하지 않았지만, 그 소리가 자신을 공포에 휩싸이게 하며 언젠가 자신이 그것을 행동으로 옮길 것 같은 두려움을 느끼고 있었다. 치료자는 그녀에게 그 소리를 듣고 그것이 어떠했는가 확인을 하라고 요구하였다. 그녀는 그 소리를 심각하게 들어야 한다는 것을 알게 되었는데, 중요한 것은 그 소리가 강요하는 방법이었다. 그녀는 20년 동안 그 소리를 그림으로 그려 보려고 노력했지만 성공하지 못했다. 그녀는 청각적 경험을 삭제하고, 재빨리 그 소리가 강요하는 방법을 바꿀 수 있었다. 그녀는 그 소리를 녹음테이프를 빨리 돌리듯이 빠른 속도로 돌려서도 들어 보고 볼륨을 높여서도 들어 보고 난 후 애니메이션〈도널드 덕〉처럼 멍청한 느낌의 소리가 될 때까지 매우 느리게 해서도 들어 보았다. 그러자 전체가 아주 우스꽝스러워지고, 그녀는 그 소리에 웃을 수 있었다. 다음에 그녀는 그 소리를 원래의 어조로 듣게 되었어도 전과 같이 두려워하지 않았다. 일단 그러한 과정을 진행시키고 조정할 수 있다는 것을 발견한 후, 그녀의 공포증은 더 이상 자동적으로 일어나지 않게 되었다(Mac-Donald et al., 1988).

또 다음의 예를 살펴보자. 세 살 난 딸이 놀라서 지른 소리에 아버지가 무슨 일이 일어났는가 달려가 확인해 보았다. 그 딸은 자기 방에 괴물이 있다고 소리치며 침대에 앉아 울고 있었다. 아버지가 그 괴물을 발견할 수 없다고 말하자, 딸은 아버지가 방에 들어왔을 때 그 괴물이 겁을 먹고 침대 밑에 숨었다고 말했다. 아버지는 방바닥에 무릎을 꿇고 손을 휘저으며 찾아보았다. 곧 아버지는 그것이 딸이 만들어 낸 자신만의 괴물이라는 것을 재확인하였다. 아버지는 딸에게 그것이 그녀 스스로 만든 괴물이기 때문에 자신이 원하는 크기로 만들 수 있다고 말해 주었다. 즉, 괴물을 더 크게 만들 수도 있고, 더 무섭게도 만들 수 있고, 또 더 작게도 할 수 있고, 즐겁게도 할 수 있고, 편안하게 장난감 크기로 줄일 수도 있다고 말해 주었다. 그 날 저녁 식구들이 외식을 하러 나갈 때 딸은 그 괴물을 같이 데리고 나갔다. 집으로 돌아오는 길에 차 뒷자리에서 딸은 식당에서 괴물을 잃어버리고 왔다면서 눈물을 흘렸다. 옆자리에 앉아 있던 여섯 살 난 오빠가 "괜찮아, 그 괴물을 내가 주머니에 넣고 왔어."라고 말해 주었다. 이와 같이 사람의 경험은 인식의 차이에서 오는 것이다.

만약 행동이 배운 반응의 결과라면, 그 자리에는 배운 다른 무엇이 필요하게 된다. 단순히 어떤 새로운 것을 배운다는 것은 그리 충분한 것이 아니다. 변화를 만들 가능성이 있다면 무엇이든 새로 배워 얻은 것은 구습 형태와 같이 응용되어야 한다. 예를 들면, 자주 반복되는 기분 나쁜 기억을 떠올려 그 당시에 들은 것을 듣고, 본 것을 보자. 기억은 소리가 있고 영상과 느낌이 있기 때문에 자동차 사고처럼 직접 자신이 경험해 보지 않은 것을 보는 것은 어렵다. 자동차 사고를 당했던 사람은 그 사건의 공포심을 없애기 위해 보호 메커니즘을 작동시켜 자동적으로 자신을 그 상황에서 분리시킨다.

사고에 대한 기억이 사람의 기분을 나쁘게 하는 것은 분명한 사실이다. 기분이 나쁘다는 것을 알고 그 기억을 끝까지 상상에서 진행시키고 난 다음 다시 반대로 끝에서부터 되돌아가는 연습을 반복하여 실시한다. 이 경험을 잠깐 동안 생각하고 아직도 그 당시에 가졌던 느낌을 지니고 있는지 알아낸다. 여기서 경험의 순서를 반대 방향으로 전환시키는 것은 불쾌한 기억의 강도를 변화시키는 한 방법이다. 메커니즘은 같지만 사건의 부분들을 재연결함으로써 다른 방법으로 응용하는 것이다.

1) 공황증 치유

공황중 환자는 어떤 사건에 공포심을 느끼는 사람이다. 승강기를 타는 것에 공포를 느끼는 사람은 승강기에 걸어 들어가는 순간 겁에 질리는 것이 아니라 먼저 공황중(panic) 구조를 내면에서 작동시키는 것이다. 이 사람은 승강기가 자기 자신을 위하여 할 수 있는 일의 특정 의미를 찾을 수 없게 되고, 너무 겁에 질려서 자신이 공포를 느끼는 경험을 하고 있다는 것조차 느낄 수 없게 된다.

자신이 심하게 공포를 느끼게 되면 기억을 반대로 돌릴 수 없게 된다. 그래서 물에 빠져 사고를 당했던 사람은 그 결과로 물에 대한 공포중이 생기지만 그 사건은 기억에 없는 경우가 많다. 그 사건을 상세하게 기억에 떠올리기 위하여 그 상황을 다시 보고 듣고 재생시키는 것이 두려운 일이기 때문이다. 이

[그림 13-4] 진퇴양난의 공황증

러한 경험이 그의 마음을 정복하게 된다. 그렇다면 이 엄청난 기억에 잠복해 있는 경험을 변화시키는 데 공포기제를 어떻게 응용할 수 있느냐 하는 것이 문제가 된다.

공황증을 다스리기 위하여 첫 번째로 해야 할 일은 시간틀(frame)을 바꾸는 것이다. 공황증을 일으켰던 경험을 회상하는 공황증 환자는 위험에 처한 사람이어서 그 일이 일어나기 바로 전, 즉 안정된 상태에 있었던 때의 기억을 되찾는 일이 중요하다. 공황증 환자는 그 경험이 무서웠더라도 그 고통을 견뎌 넘으로써 안정을 되찾았을 때로 돌아갈 수 있다. 이렇게 하는 것이 충격적인 상처를 준 큰 경험을 더 큰 도형으로 바꾸어 놓을 수 있게 한다. 기억 속에서 그 사건을 통과시키면서 안정된 상황에서 또 다른 안정된 상황으로 옮겨 가도록 할 수 있다. 상황 전환으로 그 기억을 통과하는 것은 충분하지 못하나 이렇게 하는 것이 전체 과정의 첫 번째 단계다.

두 번째 단계는 공황증 환자를 기억에서 관조시키는 것이다. 자기 자신의 모습을 시간과 공간을 달리해서 보게 하는 것은 실제를 기억하는 것보다 정

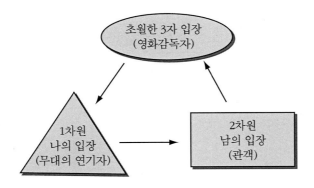

[그림 13-5] 차원을 달리하는 지각적 입장

서적으로 다른 의미를 가지게 한다. 롤러코스터를 탈 때의 경험을 떠올려 보자. 롤러코스터가 높은 곳에 오르다가 밑으로 깊이 떨어질 때 그곳에 앉아서 자신이 듣는 것을 듣고 보는 것을 보자. 그 움직임이 다 끝나고 자기 자신의 집착에서 벗어나 자신이 롤러코스터에 앉아 있는 것을 보자. 또다시 움직임이 시작되면 당신은 그 자리에 앉아서 롤러코스터가 오르락내리락하면서 깊이 떨어지는 것을 바라본다. 롤러코스터를 타고 앉아 있을 때와 느낌이 달라질 것이다.

　이렇게 분리하여 관조시키는 방법은 충격적인 사건을 비교적 위협감 없이 기억하게 해 준다. 무서운 경험을 더 편안히 기억하게 하기 위해서는 그 이미지를 앞에 있는 벽이나 스크린 위에 그림으로 떠올리게 하여 그것과 약간의 거리를 두고 바라보게 한다.[1]

　3차원 분리를 만들기 위해서 그 자신이 극장 영사실에서 관람석에 앉아 있는 자신을 바라보는 것처럼 현재의 자신을 볼 수 있게 하는 것이다. 즉, 극장에 앉아서 자신에게 어느 때, 어느 장소에서 일어난 사건을 스크린 위에 비춰 놓고 그러한 자신을 관람하는 것이다. 경험을 가진 본인은 자신이 사건에 개

---

1) 자신의 행동이나 일어난 사건을 완전히 분리시켜서 주관적인 개입이나 경험에서 벗어나 사건을 분석함으로써 새로운 학습과 성찰에서 오는 이득을 가질 수 있는 마음상태를 말한다.

입되기 시작하는 경험을 나타낼 때, 이 3차원 분리의 앵커를 정착시켜서 개입된 감정에서 벗어나도록 한다. 우선 그 사건이 발생하기 전 자신이 안정 상태에 있는 영상을 보게 함으로써 시작한다. 그림이 없어지면 그다음으로 두 번째 안정 상태인, 사건이 끝나고 스스로 견뎌 낼 수 있었다는 것을 알리는 자신을 보게 한다.

이것은 그 기억의 처음과 끝을 그 사람에게 알리는 것으로, 다시 그 사건이 일어나기 전의 처음 안정 상태로 돌아가는 것이다. 즉, 상대방에게 벽의 화면에 투영되는 자신의 영상을 확인하게 한 후 (범어를 읽음으로써) 특정한 시간과 장소에 있는 자신을 '지금 여기(now and here)'에 앉아 현재 속에서 볼 수 있게 한다. 그리고 이 3차원 분리에 앵커를 하여 그가 가진 이미지에 어떤 활동을 첨가하도록 한다.

그가 두 번째 안정된 장소에 도달할 때까지 모든 기억을 내적으로 진행시키도록 한 다음에 움직임을 중단한다. 그 후 몸을 다시 환기시켜서 두 번째 안정을 찾은 그림에 영상을 집중시켜 그 사건이 끝난 후 보고 들은 것을 떠올리게 한다. 그리고 난 다음 그 경험의 순서를 반대 방향으로 돌려 보게 한다. 마치 영사기의 필름을 반대 방향으로 돌리듯, 속도를 빨리하여 처음 안정된 그림으로 돌아올 때까지 한다. 거꾸로 돌아가는 반대 회전을 제외하고는 이렇게 개입(association)시키는 것은 완전한 오감 경험이어야 한다. 이렇게 함으로써 옛 형태의 메커니즘을 응용하여 공황증을 없앨 수 있다. 그리고 당장 그 자리에서 행동을 시험해 보는 것은 자신이 믿고 있는 것을 변화시키는 한 방법이다.

20년 동안 공황증에 시달려 온 사람이 거기에서 쉽게 탈피한다는 것은 아주 믿기 어렵다. 필자는 협소공황증에 시달리면서 공중전화 박스에 들어가 문을 닫고 전화거는 것을 두려워하는 한 여자 내담자를 치료해 준 경험이 있다. 공황증 치유 형태를 이용한 후 그녀에게 공중전화 박스에 들어가 자신이 폐쇄공포증이 있는지 알고 있는 친구 두 명에게 전화를 하여 지금 자기가 무엇을 하고 있는지 알려 주라고 제안했다. 그녀는 웃음을 띠고 돌아와 자기가 전화박스에 들어가 문을 닫고 전화한다는 것을 친구에게 말하면서 얼마나 즐거웠는지 말로 표현할 수 없었다고 고백했다. 그것은 그녀를 협소하고 폐쇄된 공간에서 해방될 수 있게 만드는 것이 얼마나 어려운 일이었는가에 대해 많은 농담을 할 수 있었던 좋은 기회가 되었다. 이와 같은 농담을 그녀가 새로 학습한 형태에 연결을 시키고 그 학습을 강화하는 것이 되어야 한다. 이것이 새 행동을 시험하는 방법이다.

이 연습은 그녀가 공포증 형태를 그대로 가지고 있다면 할 수 없는 일이다. 행동실험이 적절하지 않다거나 가능하지 않았다면, 그녀가 공포를 느꼈던 것에 대해 이야기할 때 그녀의 반응을 체크할 수 없었을 것이다.

또 다른 방법인 미래 보정 접근 방법은 만일 이 형태가 작동한다면 과거에 할 수 없었던 어떤 일을 지금은 할 수 있다고 생각하는가를 물어보는 것이다. 일단 그 행동을 한 가지 떠올린다면 그 행동을 하고 있다고 상상하게 하여 그 활동을 즐기게 한다. 과거에 겁을 먹고 공포를 느꼈던 활동을 즐겁게 경험할 수 있게 되었다는 것은 고차원적인 변화다. 즐거움과 웃음은 어떤 변화 작업을 행하는 데에서 중요한 요인이 되기 때문이다. 실제로 유머감각을 가지고 있지 않으면 NLP는 할 수 없다.

Bandler는 뱀을 무서워하는 아홉 살 난 세 소년과 상담을 한 일이 있다. 이 소년은 헛간 짚더미 속에서 놀다가 한 움큼 짚을 손에 잡았을 때 그 속에 뱀이 들어 있는 것을 알았다. 이 사건으로 그 소년은 그 후 9개월 동안 잠을 제대로 잘 수 없었다. Bandler는 소년에게 "그 뱀이 지금 네 생각 어디에 있다고 생각되니?"하고 물었다. 소년이 대답하기 전에 Bandler는 자기 질문에 자기가 대답을 했다.

"아마 뱀 구멍 속에 숨어 있을 것이 틀림없어. 그런데 엄마 뱀이 '넌 왜 헛간에 가서 놀지 않고 돌아왔니?' 하고 물었을 때 그 뱀이 뭐라고 말했는지 아니? 그 뱀은 말이야, '한 소년이 자기를 잡아 들어올려 가지고 이리저리 휘저으면서 야단을 치는 바람에 도망쳐 왔어요.' 하고 겁먹은 목소리로 말했단다." 라고 소년에게 말해 주었다.

그 소년은 Bandler의 이야기에 그 뱀이 아주 우스꽝스럽게 생각되어 정말 크게 웃어대면서 "정말 재미있다"고 하였다. 그러고 나서 Bandler는 앞서 언급한 소녀의 괴물 이야기를 들려주었다.

뱀의 입장에서 사건을 이야기하는 것은 그 소년에게 새로운 조망을 가지게 했다. Bandler는 "누가 더 놀랐을까, 너일까, 그 뱀이었을까?" 하고 그 소년과 농담을 나누었다. 만일 뱀이 그와 같은 실수를 할 수 있다면 그 소년도 그럴 수 있다. 괴물 이야기는 그 소년에게 공포를 느끼는 과정을 스스로가 조성할 수 있다는 아이디어를 제공하게 되었다. "만약에 세 살짜리 소녀가 확실히 그렇게 할 수 있었다면 아홉 살짜리 소년도 분명히 할 수 있는 일이야."라고 하였다. 뱀에 대한 이야기와 그 이야기에 대한 웃음은 그다음에 따라오는 일을 쉽게 만들어 소년은 밤새 뱀에 대한 나쁜 꿈을 꾸지 않고 잠을 잘 수 있게 되었다.

흔히 일어나는 일인데, 사람은 공포를 유발하는 본래의 경험을 기억해 낼 수 없을 때가 많다. 그럴 때는 다른 어떤 상황에서 같은 종류의 경험을 찾아내게 하면 된다. 제일 초기의 공포심을 원래의 경험에 응용될 수 있는 기술로 사용하여 변화시킨다. 그러고 나서 둘 다 같은 방법으로 변화시킨다. 이 방법으로 인해 일반화가 일어나 공황증에 변화가 초래된다. 공황증은 기타 경험에 일반화가 일어나게 한다.

Bandler는 교량을 두려워하는 여성이 다리 밑에 흐르는 물을 보면 공포증을 유발되는 상황을 다룬 적이 있다. 물론 그녀는 그 이유를 모르고 있었다. 교량에 대한 공포 경험이 변화하고 난 후 그녀는 다리 밑으로 물이 흘러가는 소리가 공포의 대상으로 그녀를 자극했다고 실토했다. Bandler는 그때 현기증을 느끼는 소리를 내며 작업을 했다. 그 소리에 반응하는 여인을 통해서 높은 파도 속에서 모터보트가 내는 소리를 이끌어 낼 수 있었다. 그녀는 어릴 때 배를 타고 바다에 나갔다가 폭풍우를 만난 적이 있었다. 천둥번개를 만나

배의 연료 저장실로 뛰어들었지만 배멀미로 구토를 할 때, 그리고 파도가 배 안으로 들어올 때 그녀는 아버지의 "우린 다 죽었다. 살아남을 수 없겠다."고 하는 절망의 소리를 들었다는 것이다. 그리고 이때 모터보트가 바다로 빠져 나가는 소리를 들었다. 이와 같은 상황의 기억에 변화가 생기면 전체 형태가 자유로워지고 교량에 대한 반응도 없어지게 된다.

2) 이해와 혼동 처리 기법

우리는 원치 않는 형태에 대치할 수 있는 새로운 형태를 가르치기 위해서는 옛 패턴의 메커니즘을 응용해야 한다는 것을 알고 있다. 이 원리를 가지고 효과적인 방법으로 자신의 형태에 영향을 미치도록 적용해 보자. 아주 간단한 사건을 가지고 연습해 볼 수 있다. 이해하는 데는 과정이 있으므로 그 이해에 대한 신체적 충동을 지각하게 되며 때로 혼란을 일으키기도 하는데, 어떤 일이 혼란을 일으키는가에 대해서도 알게 된다. 대개의 사람들은 어떤 것에 대한 혼란이 오면 그것에 대한 정보를 더 얻으려 한다. 그러나 그렇게 하는 것은 더욱 혼란을 가져올 수도 있다. 충분한 정보가 없기 때문에 어려운 것이 아니라, 그 정보가 효과적인 방법으로 사용될 수 있게 조직화되어 있지 않기 때문에 어려운 것이다.

다음 연습으로 정보 조직을 다루어 보기로 하자. 두 명이 짝을 이루어 한 명은 치료자, 다른 사람은 피험자를 한다.

- 1단계 피험자는 자신이 이해하는 사건을 하나 정하고 혼동하는 상황을 찾는다. 혼동과 무지를 구별해야 한다. 정한 주제에 대해 정보를 가지지 못했거나 아주 미약한 정보를 가졌다는 것은 무지를 뜻한다. 정보를 가졌으나 혼란이 오는 것은 사용 방법을 아직 찾아내지 못했을 때의 일이다. 이 경험을 복잡하게 만들지 않기 위해 NLP의 특정한 내용과 관계되는 문제를 선정하지 않아야 한다.

• 2단계   피험자가 이해한다고 생각하는 것을 이야기할 때, 치료자는 그
것이 어떤 종속모형의 특성을 가지고 있는가를 찾아내야 한다. 동시에
이 특성들을 피험자가 이해할 수 있거나 혼동하는 것과 비교하여 그 특
성이 어떻게 다른가 발견해야 한다. 무엇을 이해하고 무엇을 혼동하는
가에 대한 내용은 묻지 않는다. 이 과정의 예를 다음의 대화에서 찾아볼
수 있다.

치료자: 당신은 어떤 것에 대해서는 이해를 하고, 또 어떤 것에 대해서는 혼
동을 합니까?
피험자: 예.
치료자: 그 두 가지 종류가 어떤 그림의 형태로 나타납니까?
피험자: 예.
치료자: 이 두 개의 그림이 다 움직입니까? 그 안에 동작이 있습니까? 아니
면 고정된 그림입니까? 마치 슬라이드 같이……
피험자: 이해하는 것은 영화로 보이고, 혼란을 일으키는 것은 여러 슬라이드
가 같이 있는 것처럼 보여요.
치료자: 그 둘이 다 소리가 있습니까?
피험자: 예. 이해하는 것은 내게 무엇을 하라고 말하는 소리가 있어요. 혼동
이 생겼을 때는 나는 내 자신에게 "나는 몰라, 나는 몰라." 하고 계속
해서 말하고 있는 것을 들어요.

그런 다음 시행착오 방법을 사용한다. 이것은 앞서 제시한 종속모형을 이
용하여 이해하는 상태와 혼란한 상태의 차이점을 발견하는 것으로, 차이점
을 발견할 때마다 노트에 기록하는 것이다.

• 3단계   이해와 혼동의 종속모형을 분별하는 것이 끝난 후, 피험자에게
혼동의 종속모형을 이해의 종속모형에 맞추어 가며 혼동의 형태를 이해
의 형태로 바꾸게 한다. 그 전형적인 대화는 다음과 같다.

치료자: 혼동을 일으키는 것을 생각할 때는 연속적인 고정된 그림이 있는데 이것을 영화로 만들려면 더 많은 그림이 있어야 그 사이를 메울 수 있어요. 그 빈 공간을 메워 봅시다. 아직도 혼란이 일어나고 있나요?

피험자: 예.

치료자: 이해하는 데에서 듣는 음성의 높낮이와 어조 그리고 리듬을 들어 봅시다. 이해하는 음성이 듣는 음성과 일치될 때까지 "나는 이해가 안 돼."라고 말하는 음성으로 바꾸어 봅시다. 아직도 혼동이 생기나요?

피험자: 그런 것 같아요. 그런데 혼동의 음성이 내가 보고 있는 그림을 묘사하기 시작하는 것 같아요.

　차이점을 적으면서 더는 혼동이 없어질 때까지 혼동의 종속모형이 이해의 종속모형으로 하나씩 시간을 달리하면서 바뀌게 한다.

• 4단계　역할을 바꾸어 가며 종속모형을 유추해 내는 기회를 가진다. 경험은 종속모형의 형태를 한 가지에서 다른 것으로 적중하게 하는 데서 변화가 발생한다. 다음에 서술한 것은 Bandler(치료자)가 혼동과 이해의 종속모형에 대한 심도 있는 이해를 위해 녹음한 것을 옮겨 놓은 것이다.

치료자: 무엇을 발견했습니까? 변명할 수 없지요. 당신이 혼동한 것이 무엇이든 간에 그것의 의미를 찾아보세요. 이 연습에서 사람들은 자신이 알고 있다고 생각하는 것보다 더 많은 것을 알고 있음을 발견하게 됩니다.

피험자: 나는 혼동 상태에서는 내가 보고 들을 수 없도록 하는 아주 큰 소리를 내부에서 듣습니다.

치료자: (큰 소리로) 무어라고요?

피험자: 당신이 볼륨을 낮출 때, 나는…….

치료자: 오, 그래요? 만약 머릿속에서 큰 소음이 들리면 그것이 무엇을 할 때 어렵게 만든다는 것인가요?

피험자: 듣고 느끼게 해요.

치료자: 많은 아이들과 같이 있을 때 당신 자신이 생각한다는 것을 들을 수 없게, 자, 그럼 아주 크게 되었다면 그 볼륨이 바로 당신 자신의 내부 소리인가요?

피험자: 나는 누구의 음성이라는 것을 체크하지 않았어요.

치료자: 일반적으로 당신 자신의 소리였을 거예요. 아니면 당신의 분아의 것일 수도 있고요.

    말소리는 피험자의 것이고, 피험자는 그 소리를 여러 번 반복했다. 피험자는 혼동된 상태에서는 그림을 볼 수 없었으나, 볼륨을 낮추었을 때는 그림을 볼 수 있었다. 그림이 더 선명해지면서 이해했을 때의 그림과 같이 되었다.

치료자: 이름이 뭐지요?

피험자: 니키입니다.

치료자: 니키, 당신이 이해할 때 가진 경험을 그렇게 했을 때 가질 수 있었다는 것입니까? 당신이 말한 것을 언제 했습니까?

피험자: 아니요, 내가 한 것은 선택이었어요. 나도 그렇게 어려움을 느끼지 않았어요.

치료자: 좋아요, 그러면 그것을 변화시키므로 이해할 때와 같은 것이 되었는지요?

피험자: 나도 그것이…… 그것이 나를 더 이해하도록 이끄는 것으로 느꼈어요.

치료자: 나는 그것을 바랐어요. 나도 끝까지 가는 것을 더 원했어요.

피험자: 나도 그것이 어디로 가는 것으로 생각했어요.

치료자: 남은 것을 변화시켜 무슨 일이 있는가 발견해 보지 않겠어요?

피험자: 나는 그렇게 하는 방법을 모릅니다.

3) 분아교섭

분아(分我, parts)는 갈등이나 고통이 인간의 내부에서 통일이 이루어지지 않았을 때 일어나는 산출물이다. NLP는 통일을 이루지 못한 자기 자신의 내부에는 여러 가지 많은 자신의 분아들이 산재하며 작용하고 있다는 것을 다룬다.

> 치료자: 일단 그것을 변화시킨 후 당신이 이해하는 것과 어떤 차이가 있었나요? 이해가 되었을 때 그림이 더 밝아졌나요, 그림이 더 많아졌나요, 어떤 것은 영화이고 어떤 것은 슬라이드였나요?
>
> 피험자: 주위의 모든 소리가 더 지각이 되었어요.
>
> 치료자: 아니요. 당신이 이해하고 있을 때와 혼동이 있는 상태에 있을 때 어떤 차이점이 있었다는 것입니까? 아마도 그 상태에서 당신은 어느 정도 이해를 결과로 얻게 될 것입니다. 나는 단순히 두 가지 상태에서 그 둘 사이에 어떤 차이점이 있었는가 찾으려고 할 뿐이에요. 활동이 있는 상태가 더 좋을 수 있어요. 이해와 같이 오는 문제는 잘못 파악될 수 있다는 것이에요.

색상이나 초점, 크기 혹은 거리, 움직임, 소리의 고저와 크기, 위치 같은 종속모형을 배우는 것은 내적 상태를 조정하는 신축성을 개발하는 첫 번째 과제다. 이것은 새로운 것이며, 연습이 필요하다. 대개의 경우, 이것은 의식적 지각 밖에서 일어나는 현상이다. 그러나 이렇게 하는 것은 지각될 수 있는 과정이다. 이것을 하는 방법은 모든 것을 정지시키고, 기억의 처음으로 돌아가 사건을 재경험하는 것이다. 그 구조를 알기 위해서는 마음을 서행시켜야 한다. 특정의 어떤 사건을 기억하는 데 마음의 눈으로 먼저 그림을 보고 그 다음에 음성을 듣는가? 시각이나 청각의 종속모형은 무엇인가? 이것을 진행시킬 때 그 순서는 어떠한가? 대개의 사람들은 실제보다 더욱 복잡하게 이런 것을 만들어 내는 경향이 있다. 이렇게 하는 것에서의 어려운 점은 단순성을 추구하는 것인데, 그 이유는 어디서 할 것인가를 배워야 하기 때문이다. 즉, 환상적인 명확성 같은 종류다.

종속모형은 배우고 학습하는 것에 관계되어 있다. 어떤 사람은 그림을 그릴 수 없다고 말할 수 있다. 또 어떤 사람은 그림은 잘 그릴 수 있으나 머릿속에서 소리의 크기를 바꾸는 것을 할 줄 모른다고 한다. 어떤 이들은 그림을 잘 그릴 수는 있으나 그것의 크기나 거리를 조정할 수 없다고 하고, 또는 소리도 들을 수 없고, 머릿속에서 그 소리를 재연시키지도 못한다고 한다. 그러나 이런 사람도 "너는 꼭 네 아버지와 같다."라고 말하는 어머니의 소리는 들을 수 있는 사람이다.

이런 사람은 단순히 뇌의 메커니즘을 의도적으로 작동시켜 사용하지 않고 선택을 하지 않는 사람이다. 의도적으로 이러한 진행 과정을 조정할 능력이 있는 사람은 창조적 반응에 참여할 수 있게 되며 그 가치를 느끼게 될 것이다. 치료자(Bandler)는 다음과 같이 지도하였다.

치료자: 여러분은 어떠했습니까? 혼동의 구조를 취급할 때 무슨 일이 일어나는 것을 발견했으며, 이해하고 변화시켰을 때 어떻게 달라졌습니까?

피험자 1: 그것이 이해를 만들어 냈습니다. 여러 가지가 변하고…… 물건의 크기 등이…….

치료자: 그것을 분류해 보세요. 말하자면…….

피험자 1: 혼동된 상태에서는 고정된 그림 슬라이드가 움직이는 그림으로 변했습니다.

치료자: 더 많은 정보가 거기에 있을 텐데요…….

피험자 1: 결정적으로 사람을 움직이게 합니다.

치료자: 슬라이드를 가지고 움직이는 그림으로 만드니 당신도 움직이게 되는 것은 사실입니다. 의미 있는 말입니다.

피험자 2: 내게는 그와 반대였습니다.

치료자: 그것도 의미 있는 말입니다.

피험자 2: 내가 혼동을 느낄 때 그림이 움직이고 있었어요. 내가 이해를 했
을 때 그림은 연속적으로 고정된 것이 되어 있었습니다. 나는 내가
그것을 움직일 수 있었으나 내가 움직이는 것을 볼 수 없었기 때문
에 그것이 나를 방해했습니다.

치료자: 그것이 방해했어요?

피험자 2: 갑자기 한꺼번에 일들이 일어나고 있기 때문에……

치료자: 차이가 그것입니다. 흥미 있는 일이 일어나는 것은 당신이 혼동하
는 것에서 이해하려고 하고, 다른 사람이 하는 것과 같게 하려고 하
기 때문입니다.

피험자 2: 그 사람처럼 하려고 하는 것, 즉 그 사람은 내가 하려고 하는 것의
좋은 대상이 아닐 수 있다는 것입니다.

치료자: 오, 그와는 아주 반대입니다.

피험자 3: 더 계속 하기 전에 내가 한 것에 대한 질문이 있습니다. 내 파트너
한 가지 상황의 그림을 가졌으나 다른 상황에서는 못 가졌습니다.
그녀(파트너)는 첫 번째 것에 느낌을 가졌으나 두 번째 것에는 느낌
을 못 가졌습니다. 두 개의 상황에서 다 청각적 채널은 없는 것 같이
느껴졌습니다. 그래서 청각적 채널을 두 상황에서 다 가지도록 했
습니다. 그것이 두 개의 경험을 나눌 수 있었던 채널을 얻는 단 하나
의 방법이었습니다.

치료자: 우리가 바라는 것은 한 가지 채널로 두 가지 경험을 가지려는 것은
아니었습니다.

피험자 3: 그러나 만일 한 가지는 그림을 얻을 수 있었으나, 다른 것은 못했
을 때는……

치료자: 그때는 그림을 곧바로 만드세요.

피험자 3: 나는 고정되어 있는 그림을 만들 수가 없었습니다.

치료자: 처음 어디서 그림이 만들어졌습니까? 어떻게 그녀가 그림을 만들
어야 하는 것을 알게 되었습니까?

피험자 3: 그림은 저기에 있었습니다.

치료자: 자, 우리는 피험자가 우리에게 보고할 때 그들이 알고 있는 최선의
것을 말한다는 것을 이해해야 합니다. 거기서부터 도움을 시작해야

합니다. 이 경우 우리는 그녀에게 무엇을 그림에 첨가해야 하는가를 어떻게 알 것인가 물어보아야 합니다. 혼동을 하고 있는 그녀를 지도한다고 합시다. 당신도 그녀와 같은 방법으로 무엇에 혼동되었어야 합니다. 그녀는 혼동이 생겼을 때나 이해를 했을 때 느낌이 있었을 것입니다.

피험자 3: 그녀가 혼동이 되었을 때…….

치료자: 그녀의 혼동을 해결하려고 한다면 무슨 느낌을 가져야 한다는 것을 당신이 어떻게 알 것이며, 그녀도 혼동된 상황을 선정하여 어떤 감정을 가져야 한다는 것을 어떻게 선택했는지 알게 되었습니까?

피험자 3: 그녀는 여러 가지 그림을 가지고 있었습니다.

치료자: 그것이 그녀가 혼동했을 때입니다.

피험자 3: 알았습니다. 나는 그것을 진정시킬 수 없었어요.

치료자: (피험자 4를 보며) 거기에 당신이 이해할 수 없었던 것이 있었는데, 그리고 나서 당신은 이해했지요?

피험자 4: 맞습니다.

치료자: 어떻게 그렇게 했지요? 그 선명한 그림이 고정되어 있는가요, 아니면 영화와 같은가요?

피험자 4: 그것은 고정되어 있습니다.

치료자: 어떻게 많은 그림을 고정되게 하였습니까?

피험자 4: 모르겠습니다.

치료자: 혼동이 생겼던 것들을 생각할 수 있습니까? 그것이 고정된 것들인가요, 아니면 고정된 것의 연속이었습니까?

피험자 4: 오, 그것은 고정된 것의 연속입니다. 내가 이해하는 것을 생각했어요. 그것은 고정된 그림입니다.

치료자: 그러면 초점이 맞추어져 있습니까?

피험자 4: 그렇습니다. (그녀는 초점이 맞춰진 그림을 가지고 안정이 되었으나 어느 것인지는 잘 알지 못했다.)

치료자: 자, 혼동이 생겼던 사건의 그림 하나를 선정하여 초점을 맞추어 보세요.

피험자 4: 네, 좋습니다.

치료자: 자, 또 다른 하나의 그림을 그렇게 해 보고, 또 다른 것, 또 다른 것을…… 그 그림이 다 같은 느낌을 주지 않을 것입니다.

피험자 4: 그렇습니다.

치료자: 자, 잠깐 눈을 감고 그 다섯 개의 그림을 바라보세요. 그것을 분명하게 보세요. 이제 슬라이드가 한 개가 되었나요?

피험자 4: 그렇게 생각됩니다. 무엇에서 되었는지 모르겠어요. 나는 느낌이 달라졌으나 이제 어느 특정 그림을 보는 것인지 모르겠습니다.

치료자: 당신이 나에게 이야기해 주십시오. 분명한 하나의 슬라이드를 보는지요? 만일 선명하지 않은 슬라이드라면 선명하게 해 보세요. 시간은 상관하지 마시고…….

피험자 4: 어떻게 내가 이렇게 되었지요? (자신의 변화에 놀란다.)

치료자: 돈을 지불했지요. 생각해 보세요. 아마 당신은 그때 혼동했던 모양이지요.

피험자 4: 나는 아직도 그래요.

치료자: 이렇게 변화를 경험하게 하는 것은 여러 가지 다른 방법으로 접근할 수도 있으나 그중 하나의 방법을 사용한 것입니다. 하나의 시범을 보였을 뿐입니다. 할 수 있는 다른 방법은 선명한 슬라이드 하나를 택해서 언제 그것이 옳게 느껴지지 않는지를 주시해야 합니다. 자신의 느낌이 그림과 일치되지 않을 때 이런 감정을 가지고 꺼림칙하게 느껴지지 않을 때까지 슬라이드에 있는 그림을 조정해 봅니다. 그 안에 있는 것을 바꾸는데, 하나하나 시간을 달리해서 일치시켜 갑니다. 맞지 않는다는 느낌이 들 때는 당신 느낌이 변할 때까지 조정을 합니다. 다른 부분을 그렇게 옮겨 가며 변화를 시켜 봅니다.

이러한 방법으로 혼동을 이해의 방향으로 변화시키는 과정은 종속모형을 확충시키고, 감정을 변화시킬 수 있게 하는 것이다. 이렇게 신축성에 더욱 능력을 쌓으면 우리는 주관적 경험에 종속모형이 어떻게 기능하는가 이해할 수 있게 될 것이다.

지금까지 한 것은 경험하는 것의 내용보다는 경험의 구조를 취급한 것이다. 혼동에서 이해로 전환시키는 것은 학습 활동에서 우리 모두가 하지 않으면 안 되는 것이므로 어떤 의미에서 틀린 이름을 붙인 것이다. 여기서 지금까지 우리가 하던 것과 다른 점은 종속모형 전환을 의도적으로 동반시킨 것으로 정보 조직에서 응용되는 다른 하나의 방법으로서 학습의 다른 방법일 뿐이다. 단지 과거에는 하지 않았을 뿐이다. 이것은 융통성을 확대하는 기술을 제공해 준다.

4) 학습전략 학습

- 1단계   피험자 1은 자신이 이해하는 것 하나를 선정한다. 지난번에 사용한 것과 같은 내용을 사용할 수도 있고, 완전히 다른 것을 선택할 수도 있다.
- 2단계   피험자 2는 지난번 연습에서 기록한 것을 사용하여 피험자 1에게 이해의 종속모형을 피험자 2의 혼동으로 변화시키도록 지시한다.
- 3단계   피험자 1이 피험자 2와 같은 방법으로 혼동이 되었을 때, 피험자 2는 자신이 이해하게 되었던 같은 방법의 종속모형의 변화를 시도해 가도록 지시한다.
- 4단계   역할을 바꾸어서 1~3단계를 교대로 반복한다.

다른 사람이 혼동 상태에서 이해하는 상태로 가는 과정에 정보를 조직화하고 학습 방법을 터득할 때 무슨 일이 발생하는가? 여기서 얻은 방법을 학습 방법으로 택할 때는 효율성이 높고 영향력이 있는 사람의 전략을 선택해야 한다. 무엇을 배우고 싶을 때는 빨리 배우는 사람이 정보를 조직화하는 체계를 배워서 사용하면 된다. 무엇을 배울 때 잘 작동하지 않는 방법으로 배우게 되면 더 혼란스럽기만 하다. 잘 작동하는 방법으로 배울 때는 혼동 상태가 이해를 보장할 수 있게 되므로 이해가 계속 반복되는 과정이 이어진다.

이런 연습이 내용에 대해 무엇을 말해 주고 있는가? 내용은 이미 거기에 있다는 것이다. 다른 말로 표현하면, 이미 우리가 가지고 있는 정보를 이해할 능력이 우리에게 있다는 것이다. 때로 사람은 이해 상태에 도달하는 충분한 정보를 가지지 않을 때도 있다. 그러나 종속모형의 이동으로 정보 조직 과정을 거치면서 누락된 정보를 발견하게 된다. 그때 우리는 이해하는 데 필요한 정보를 정확하게 알게 되고, 이것이 혼동된 감정을 예방하는 방편이 아니라 이것을 통하여 더 많은 것을 알게 되는 방편의 한 가지라는 것을 발견하게 된다. 이미 알고 있는 것에서 더 많은 것을 알 수 있는 능력이 뇌에서 생기는 것이다. 해야 할 것은 정보를 구조화하는 것이다. 우리가 가지는 모든 경험은 혼동이든, 이해든, 동기든, 흥분이든 모두 구조가 있다.

이 연습의 목적은 그 구조를 더 이해하게 하는 것이다. 표상체계는 분명한 경험구조의 구별이며, 종속모형을 더욱 세분화시켜 변별감을 가지고 경험을 표시하게 하는 것이다. 종속모형은 역시 종속모형끼리 서로서로에게 영향을 끼치는 경향을 가지고 있는 조직이다. 예를 들면, 그림의 색상을 선명하게 함으로써(시각적인 변인) 청각 부분에 변화가 일어나는 것을 의식하게 되는 경우가 많다.

본질적으로 사람의 뇌는 배우는 것을 내적으로 진행시켜 행동에 적용하는 연관 관계를 맺고 있다. 걸어가는 사람의 모습(시각)으로부터 거리가 멀어지면 거기에서 나오는 볼륨(청각)은 적어지게 된다. 즐거운 경험을 생각하여 그때 보고 들은 것을 그대로 보고 듣자. 그 이미지를 멀리 이동시켜 보면 소리가 사라지는가 주의해 보자. 보통 우리가 하는 것으로 본질적 관계를 생각해 보자.

다른 것과 마찬가지로 NLP에서는 가정하는 것을 행동으로 옮기기 전에 점검한다. 특히 사람이 자신의 경험을 이야기할 때 그의 언어를 주의깊게 듣는 것은 극히 중요한 일이다. 이렇게 함으로써 디지털 체계에 반응하여 내부에서 진행시키는 것을 탐험 과정에서 의식하지 않고 사용하는 언어의 형태로 전환시킬 수 있다.

예를 들어, 이미지를 먼 거리로 이동시킴으로써 느낌이 약해진다면 이미지를 가까운 거리로 이동시켜 그것을 크게 보려고 해 보는 것이다. 그렇게 할 때, 그 이미지의 소리에 어떤 변화가 일어나는가? 그 경험하는 느낌은 어떻게 달라지는가? 자신의 느낌을 점검해 본다.

여기서 우리가 하고자 하는 것은 지금까지 학습한 어떤 것보다 더 좋은 기술을 창조할 수 있게 만들려는 것이다. 다른 사람의 이야기를 들을 때 NLP를 사고에 접목시키는 것이며, 거기에서 효과적인 기술을 사용할 수 있게 하는 것이다. 예를 들면, 이것이 리프레이밍을 기억하였다가 하나의 공식으로 적용하는 것보다 더 가치가 있는 것이다. 알아야 할 것은, 자신의 뇌를 의도적으로 사용할 줄 아는 것이 필요하다는 것이다.

5) 동기확충

다음은 종속모형을 확충(elicit)하고 초점(calibrate)을 맞추는 데 관계된 연습이다. 하고 싶어 하는 것이 있을 때 그것을 자연스럽게 할 수 있는 것을 동기화되었다고 말한다. 하고 싶어 하는 것이 있는데 그것을 하지 못하는 것은 동기가 결여된 것이다. 동기가 약하면 원하는 목적의 달성이 어려워진다. 무엇을 하도록 자신을 동기화하는 과정에는 구조가 있다. 마치 이해를 하려고 하는데 구조가 있는 것과 같은 것이다.

이제 고도로 동기화되어 있는 상태에서 무슨 일을 성취시킨 경험을 한 가지 기억에서 찾고, 또한 하고 싶기는 했지만 동기화되지 않아 할 수 없었던 것을 찾아보자. 그때 희미한 자기 자신의 그림을 바라보는 것이 어려움에 빠진 것처럼 느껴질지 모르지만, 자기 자신이 거기에 있는 것을 바라보면 전체 그림이 완전히 다르게 변화될 수도 있다. 그리고 거기서 유효한 정보를 많이 얻어낼 수 있다.

이따금 우리는 원치 않는 것을 하는 데에서 동기가 강화되는 것을 발견한다. 이런 경우에는 자신을 분리시켜서 자신이 원치 않는 것을 희미한 그림으로 바라본다. 이런 것은 여러 가지 문제에서 제외시킬 수 있다. 때로는 상황이 종속모형을 다르게 만드는 데 영향을 미친다. 예를 들면, 어떤 상황에서는 동작을 느리게 하는 것이 동기를 자극하는 데 필요할지 모르지만, 그와 다른 장면에서는 동작을 가속화시키는 것이 필요하게 될 수도 있다. 어떤 일을 하려는 사람은 자신을 동기화시키기 위하여 활동을 전적으로 중지하는 것이 요구될 수도 있다.

동기전략을 알아보려면 비교가 되는 질문을 해서 선택을 하게 함으로써 더 정확한 반응을 얻게 된다. 예를 들면, 그 그림이 흑백이냐 아니면 컬러냐? 당신은 개입이 되었느냐 아니면 그림 속에 있는 자신을 관조하고 있느냐 등, 사람이 하는 연속적인 반응에 특별한 주의를 기울여야 한다. 그렇게 하는 것이 하나의 상태에서 다른 상태로 이동시키는 것과 연관되기 때문이다. 이렇게 할 때 시행착오 방법을 이용해서 서서히 진행시켜야 한다.

"당신은 동기를 강화시킬 때 머릿속에서 무엇을 합니까?"라고 단순하게 물어보면, 그들은 아마 "나는 그것에 대해 생각하고 이런 감정을 가집니다."라고 말할 것이다. 우리가 찾고 있는 종속모형 분류는 대개의 경우 의식적인 것이 아니지만, 성찰 변화의 가능성을 주는 이유는 이 과정의 의식적 지각에 있다.

다음 대화는 치료자(Bandler)가 동기전략을 확충시키는 워크숍에서 발췌한 것이다.

치료자: 어떻게 아침에 자신을 일어나게 하지요? 잠이 깰 때 침대에서 나오도록 하는 동기가 있어야지요. 그냥 방바닥에 내려선 것을 느끼지는 않지요? 어떻게 그렇게 합니까?

피험자 1: 잠이 들었을 때 조그마한 소리가 나를 깨어나게 합니다.

치료자: "안녕?" 하는 것입니까?

피험자 1: 여러 가지가 다르게 들립니다. 어제는 그 소리가 "너는 알람 시간을 맞게 맞추어 놓지 않았어."라고 말했습니다. "알람이 울리기를 기다린다면 한 시간 늦을 거야. 그러니 일어나는 것이 좋을 거야." 하고 말했습니다.

치료자: 그래요? 일어나지 않으면 늦을 것이라는 소리가 당신의 기분을 나쁘게 하고, 잠을 깨게 하네요. 그러면 당신은 침대에 누워서 더 이상 편안하게 못 자지요. 불편함을 느끼고 거기에 누워 있는 것이 더 이상 재미가 없기 때문에 침대에서 일어나게 됩니다. 많은 사람이 그렇게 합니다. 대개 어떤 말을 하고 그것이 아주 나쁜 말이 아니면 더 나쁜 말을 하고 말입니다. 침대에 있는 것이 아주 괴로워질 때까지 위협을 하지요. 오래된 방관 기술이 있습니다. 두뇌가 그때 "네가 일어나기를 원치 않으니 동기를 가져." 하고 방관을 통해 말을 합니다.

피험자 1: 무엇이 나에게 동기를 가지도록 합니까?

치료자: 우리가 방금 해 본 것이지요. 어떻게 동기를 가지게 했지요? 당신이 그렇게 하는 그림을 봅니까? 그러고 나서 발을 거기에 들여놓고 그렇게 하는 것을 발견합니까?

피험자 1: 나를 아침에 침대에서 팍 뛰어나오게 하는 동기는 아이들이 일어나기 전에 커피 한 잔을 할 수 있고, 담배를 피우고, 그날의 일을 준비하게 할 수 있도록 만드는 것이지요.

치료자: 침대에 누워 있을 때 당신은 자신이 담배를 피우고 커피를 마시는 것을 보고 그 그림을 더 환하게 만들어서 그것을 하도록 합니까?

피험자 1: 잘 모르겠어요. 나는…….

치료자: 이런 일은 1초 사이에 일어나는 일입니다. 당신이 그렇게 하는 학습을 아주 잘했기 때문에 그렇게 할 수 있는 것이지요. 그것을 방해할 이유는 하나도 없어요. 알아보고 싶으면 뒤로 돌아가서 당신 머릿속으로 들어가 보세요. 눈을 감고 알람 소리를 듣고 있습니다. 무슨 일이 일어났지요?

피험자 1: 다른 날…….

치료자: '다른 날' 하고 당신이 말합니까? 그러고 나서 무엇이 다시 돌아가 알람을 듣게 하고, 당신 자신이 말하는 것을 듣게 하지요?

피험자 1: 나는 잘 모르겠어요. 나는 잘…….

치료자: 좋아요, 알아내려면 다시 돌아가 새로 경험하는 것이 방법입니다. 알람 소리를 듣고 또 듣고 계속해 봐요. 그리고 무슨 일이 생기나 찾아봐요. 만일 그것이 너무 빠르면 시작으로 돌아가 완전히 휴식된

상태를 느끼고 알람 소리를 들어보세요. 너무 빠른 속도로 움직이는 것은 시간 여유를 가지고 찾아내는 것이 아주 중요합니다. 무슨 일이 일어나는가 발견할 수 있도록 빨리 가면 갈수록 더 느리게 해야만 합니다.

피험자 2: 나는 일어날 때 무엇을 말하고 침대에서 어떻게 일어나야 하는가 알아요. 잠이 깨는 것은 자동적인 것 같아요. 아침 7시 15분에는 일어나기를 원한다고 말을 하고, 정확히 7시 15분에 눈이 떠집니다. 그러나 어떻게 그렇게 되는지는 모릅니다.

치료자: 모든 사람에게 그런 것은 최면 속에서 작용합니다. 우리에게는 몇 시라는 것을 아는 내부 시계가 있습니다. 당신이 하는 것은 당신을 프로그램하는 것입니다. 대개의 사람들은 "나는 8시에 일어나야 한다." 아니면 "8시."라고 말합니다. 그러고는 "내가 서둘러 준비하면 8시 30분까지 갈 수 있다."라고 자신에게 말합니다. 그렇게 되면 두 뇌는 "그래, 만일 네가 마음을 정할 수 없다면 집어치워, 알람을 쓰자. 그러고는 나는 7시 15분에 일어나야 하는 거야." 하고 말하고, "야, 이거 작동하네." 하고 말합니다. 그러나 잠자러 가기 전에 아무 말도 하지 않았다면…….

피험자 2: 예, 나는 무엇인가 말해야 해요. 아주 구체적으로…….

치료자: 만일 아무 말도 안 했다면 어떻게 되는지요?

피험자 2: 결코 일어나지 않을 수도 있지요.

치료자: 그가 말한 것을 자세히 들어보세요. 그는 "무엇인가 구체적으로 이야기해야 한다."라고 말합니다. 사람이 사용하는 언어에 주목하세요. 그것은 무슨 일이 일어나고 있다는 것을 말해 줍니다.

피험자 2: 내게는 중요한 것이 시작이었고, 그것이 내가 볼 수 있는 마지막 그림입니다.

치료자: 중요한 것이 시작이었다…….

피험자 2: 그리고 끝입니다. 그렇지 않으면 계속해서 달라집니다.

치료자: 끝이 없었다면 어떻게 그것이 지속됩니까? 중간과 끝을 어떻게 분간할 수 있습니까?

피험자 2: 내가 가진 그림은 끝이 없었습니다.

치료자: 그래서 당신은 동기를 일으키지 못했을 겁니다.

피험자 2: 그래요.

치료자: 시작하는 특정한 장소가 있고 분명히 가야 할 곳이 있으면, 당신의 동기는 자극을 받았을 겁니다. 지시가 분명하고 잘 된 것이면 당신은 그 지시를 잘 따를 수 있을 것으로 믿습니다.

피험자 2: 예.

치료자: 당신이 하려고 하는 것은 다른 사람이 동기 자극을 잘 받는 방법을 발견하는 것입니다. 다른 말로 하면, 그 사람의 동기전략입니다. 만일 당신이 그 사람의 전략을 알기로 결정했다면 그 나머지 알아야 할 것은 내용을 선정하여 그 사람으로 하여금 당신이 하라는 것을 할 수 있게 하는 것입니다. 그것이 그의 동기를 일으켰는가? 다시 말해서, 당신이 그 사람에게 상관없는 일을 하도록 동기 자극을 할 수 있었는가? 만일 그가 펜을 집어 들도록 동기를 자극하기 원한다면 나는 손가락으로 똑딱 소리를 내면서 "그림을 그려라." 하는 것으로 시작합니다. 그리고 당신이 그것을 하는 것을 보세요. 아니면 자신이 그것을 한다면 그 하는 것을 볼 수 있습니까? 어떻게 그렇게 됩니까? 그 중간에 무슨 일이 일어나는지요?

피험자 2: 나는 그것을 그림으로 시작합니다.

치료자: 당신의 이야기는 슬라이드로 시작하여 그러고는 영화로 되었다가 슬라이드로 끝이 난다는, 즉 시작이 있고 끝이 있다는 것을 의미합니까?

피험자 2: 오!

치료자: 그래요. 의미가 있는데, 그건 두 개 다 가지는 게 분명해요. 자, 중간의 영화는 소리가 있어요?

피험자 2: 예.

치료자: 그것이 당신에게 이야기를 하거나 혹은 그때 일어나는 일을 들을 수 있게 합니까?

피험자 2: 활동이 들립니다.

치료자: 활동이 들려요? 당신이 어떤 활동을 하고 있는 것을 보나요 혹은 당신이 그 활동을 하고 있다면 그 활동에서 일어나는 것들을 보게 되

는지요? 처음엔 슬라이드로 시작해 보세요. 처음 슬라이드를 가지고.

피험자 2: 나 자신은 볼 수 없습니다. 나는 내가 하는 것을 볼 뿐입니다.

치료자: 예를 들면, 당신은 손을 내밀어서 펜을 잡아 쥐는 것을 볼 수 있습니까? 그러고는 슬라이드로 거기에 멈추겠네요? 그렇게 해 봐요. 작동하지요?

피험자 2: 예.

치료자: 우리가 시작할 때 정지된 것으로 시작하지 않았는지 영화를 관람하는 입장에서 그 장면을 살펴봅시다. 예를 들어, 당신이 팔을 내밀어 펜을 집어 드는 것을 보세요. 거기서 그만두는 것이 아니에요. 자, 되돌아가 새로운 다른 방법으로 해 보세요.

피험자 2: 꼭 로봇 같아요.

치료자: 됐어요. 이번에는 당신이 새로 그 자리에 가서 펜을 잡은 이미지를 만들어 내기를 바랍니다. 시작하세요. 그 이미지를 만들어 시작에서 끝까지 가게 하세요. 그러나 펜은 잡지 마세요. 손에 느낌이 이상하지요? 그렇게 하니까 동기가 없어지지요. 저기 펜을 보고 손을 내미는 것을 볼 수 있고, 펜을 잡아 쥐는 것을 볼 수 있습니다. 좋아요. 그럼 이번에는 그렇게 하세요. (피험자 2가 펜을 쥐었다.)

피험자 1: 당신이 말하는 것을 이해하지 못하겠어요.

치료자(Bandler)가 피험자에게 그 활동의 그림을 만들라고 했을 때, 그는 펜과 자신의 손이 펜을 향해 움직여 그것을 집어 드는 것을 보았지만, 치료자가 그에게 그렇게 하라고 말하지는 않았다. 즉, 이 명령이 전략 속에는 들어 있었으나, 그에게 언제 시작하라고 말하는 청각적 요소를 부과한 것은 아니라는 말이다. 그는 어디서 시작해야 한다는 것은 알았으나 언제 시작해야 한다는 것은 알지 못했다. 그는 그저 그것을 하는 그림을 계속 만들고 있었을 것이다. 그러나 지금 시작하라는 말은 아무 데도 없었다. 그것은 연기시키거나 저항을 하려는 것과 같은 것은 아니다. 이상한 느낌을 가지고 그는 기다리고 있었다. 그가 펜을 잡기를 원한 것이 아니었으며, 그렇게 할 수도 없었고,

그의 손은 자세를 취하고 치료자가 가서 그렇게 하라고 했을 때 갈 준비가 되어 있었다.

다음은 동기전략을 확충시키고 확인하는 첫 번째 연습이다. 두 명이 짝을 지어서 피험자 1, 2를 정한다.

- 1단계 피험자 1은 자신이 어떤 일을 하는 데 동기가 강력했던 자연스럽고 쉽게 할 수 있었던 사건 하나를 택한다. 그리고 다른 하나는 자신이 하기를 원했지만 동기가 부족하여 원하는 것을 성취할 수 없었던 것을 택한다.
- 2단계 피험자 2는 종속모형 항목을 이용하여 동기가 있었던 때와 없었던 때의 두 가지 경험의 차이점을 발견한다. 절차 순서에 특별한 관심을 가지고 주시하며, 전략에 시작과 중간과 끝이 있는가 관심을 가진다.
- 3단계 피험자 2가 전략을 작동시키는 데 충분한 정보를 가졌다고 생각할 때 간편하고 상관성이 없는 과제를 정해 피험자 1이 그것을 하도록 동기 자극을 할 수 있는가 알아본다.
- 4단계 역할을 바꾸어서 각 단계를 반복한다.

동기 자극전략을 확충할 때는 피험자가 진정 강력한 동기를 가졌던 것을 선정하였는가 확인이 되어야 한다. 피험자가 생각만 해도 입가에 침이 생기는 것으로 선택해야 한다. 그것에서 확충시키는 전략은 "응, 그래." 정도의 경험보다 훨씬 더 기능적으로 우수해야 한다. 이 연습은 다른 사람이 아무런 관계가 없는 어떤 일을 마치 세상에서 가장 자연스러운 것처럼 해낼 수 있게 하는 데 의미가 있다. 쉽게 작동되지 않고 거부 반응이 생기면 새로 돌아가 거기에서 빠진 부분을 찾아야 한다.

이제 우리는 어떻게 자신의 동기를 강화시키는가를 알게 되었다. 이것은 종속모형 확충을 활용하여 시작되는 것이다. 무엇을 갖기를 원했는데 갖고 보니 그렇고 그런 것이었던 경험이 있는지? 아니면 바라고 기다렸던 어떤 계기가 있었는데, 바로 그 계기가 왔을 때 기분이 더 좋았는가? 실망은 적절한 계획이 필요하고 미리 보아야 하는 것이다.

우연히 실망하는 일은 없다. 그냥 경험을 하다 보니 그것이 최선의 것이 될 때도 있다. 어떤 의미에서 그러한 것은 부정적인 것을 함축하고 있다. 마지막으로, 어떤 때 우리는 아주 좋은 기분이어서 무슨 일이 있어도 자신이 있고, 다른 어느 때보다 더 좋은 시간을 가지는 때도 있다. 어느 상황에서는 다른 때보다 더 기쁘고, 생산적으로 삶에 참여할 수 있는 것을 경험했다. 이런 상황 하나를 기억해 내자.

어쨌든 우리가 풍요로움을 느끼는 때가 있다. 그저 그런 때보다 정말 좋다는 것을 아는 그 상황을 택한다. "좋아요."로 표현하는 것은 충분히 좋은 것이 아니다. 우리가 내적으로 윤택하고 정말 재미있다고 느끼는 그런 때이어야 한다. 즉, 도저히 믿을 수 없고 그럴 수 없는 느낌이 드는 때이어야 한다. 이런 것이 어디에 있는가 발견해 보자.

다음은 동기전략을 확충시키는 두 번째 연습이다. 이번에는 다른 사람과 짝을 이룬다.

- 1단계 피험자 1이 가장 최선으로 할 수 있는 상황의 경험을 선택한다. 그리고 좀 더 잘할 수 있었으리라 생각하는 상황의 경험을 한 가지 선택한다. 이 두 가지는 태도상으로 다른 점이 있다.
- 2단계 피험자 2가 두 가지 경험의 종속모형을 확충시킨다. 피험자 1의 전략이 재미있고 흥분된 상태임을 알았다고 생각될 때 중단시킨다.
- 3단계 피험자 1은 피험자 2가 경험을 진행시키면서 그 재미와 흥분을 현재에 가지도록 한다. 이것은 어떤 사람의 순간 경험을 변화시켜 그것이 더욱 큰 즐거움이 될 수 있는가 발견해 낼 수 있는 기회가 될 것이다.
- 4단계 역할을 바꾸어서 1~3단계를 반복한다.

이 연습은 현재 상황의 종속모형을 응용하여 피험자가 지속하는 경험에 영향을 끼치도록 설계된 것이다. 이러한 연습은 워크숍의 활동을 하거나 스터디 그룹에서 활용하여 재미있고 활기 있게 집단을 이끌어 가게 만드는 것이다. 어쨌든 삶은 계속되는 심각한 심리적 문제를 다룰 수 있도록 배워야만 하는 새로운 과제들로 등장하는데, 심각한 심리 문제 중 따분함이나 불확실성은 행동에 제약을 거는 기능으로 작용한다. 우리는 더 자신감 있고 활기차기를 바랄 때가 많다. 그러나 자기가 하고 싶은 방법으로 행동할 능력을 제한시키는 어떤 감정이 상황과 관계되어 행동이 다르게 나타난다. 모험할 생각을 하는데 느낌이 제지한다. 그러나 한 번도 모험을 해 본 일이 없는 사람은 그것이 모험이라는 것을 모르게 될 것이다.

Bandler는 오래전 '신뢰서클'이라는 모임에서 세미나를 가졌다. 한 사람을 둘러싸고 둥근 원을 만들었다. 그 안에 있는 사람은 동그라미를 그리고 있는 그들에게 등을 기대고 있고, 모든 사람은 그를 돌며 지나간다. 그 안에 있는 사람이 Bandler에게 이르렀을 때 Bandler는 뒤로 뛰쳐나왔다. 그 사람은 바닥을 치며 넘어졌다. 그는 일어나 왜 그렇게 했느냐고 소리를 쳤다. Bandler는 모험이 없이는 신뢰도 없다고 대답했다. "신뢰를 하고 모험을 하는 사람은 바깥쪽에서 놀아 주는 사람이며, 안에 있는 사람은 규칙에 따라 놀이를 하는 사람이다."라고 말했다.

다행히 위험성은 그다지 크지 않고 바닥도 그리 높지 않았다. 만일에 모험이 무엇이라는 것을 알기 원한다면, 그것은 규칙을 어기는 것이다. 대개의 경우 그것이 죽음과 삶에 관계되는 문제가 아니라는 것을 발견하게 될 것이다. 자신이 무엇이나 할 수 있는 것 같이, 행동하는 것이 자기 자신의 한계와 능력이 무엇인가 알아보는 최선의 방법이다. 몇 번 시도하여 실패하는 것은 할 수 없다는 것을 뜻하지 않는다. 할 수 없을 것이라고 염려하는 것이 있으면 그 할 수 없다고 생각하는 일을 진행시켜 해 보는 것이 최선의 방법이 될 것이다. 모든 것에 모험을 해 보는 것은 안정감을 느끼게 하는 것이다.

모든 것이 우리의 경험에 달려 있다. 우리가 어떤 일을 할 때는 그것이 다 논리적으로 들리기 때문에 하는 것이다. 그래서 모험이라는 것을 대면하고 그 일을 하게 된다. 자기가 못하는 것은 하지 않게 되고 자기가 할 수 있는 것만 하게 되면 자기 안에 조그마한 괴물이 자신의 용기를 사로잡아서 몸을 굳어지게 만들 것이다. 이런 것이 여러 가지 상황에서 사람들이 느끼는 감정들이다. 우리는 이런 감정은 좋지 않다는 것을 알고 있다.

6) 개인사 변화

이것은 치유의 한계점을 느끼는 상황에서 다른 반응을 할 수 있게 감정을 변화시키는 연습이다.

- 1단계　피험자 1은 한계를 느끼게 하는 어떤 감정을 찾아낸다. 그 감정은 자신의 행동을 제한하고 융통성 없게 하는, 고치고 싶은 것으로 정한다.
- 2단계　피험자 2는 피험자 1이 세 가지 다른 상황을 찾도록 도와준다. 완전히 두 가지의 다른 환경에서 똑같은 느낌을 가졌던 상황을 선택한다.
  피험자 1이 불쾌한 느낌을 가졌던 때를 생각하는 '생활사 변형'에서와 똑같은 순서로 진행시킨다. 그때 그 자리에서 본 것을 보고, 들은 것을 듣게 한다. 피험자 2는 그 감정을 앵커하고 그 행동의 형태를 방해하며, 피험자 1이 자기의 기억을 진행시키는 동안 앵커를 유지하고 있다. 피험자 2는 피험자 1의 얼굴을 주시하며 피험자 1이 자기의 기억 속에서 사건을 정리하는 동안 느낌이 계속 유지되도록 잡고 있다. 이때 연령퇴화(age regression)와 같은 방법이 허용될 수 있다.
- 3단계　일단 사건이 정해지면 자각의 공통된 종속모형을 찾는다. 지금까지 짝지어진 상대적인 이해와 혼동의 종속모형을 비교했는데, 이것은 이 두 개의 다른 점을 찾아내려고 하는 것이다. 이 연습에서는 어떤 종속모형이 서로 같은 경험을 가지게 하는가 발견해야 한다. 촉각은 같은 감

정반응에서 오는 것인데, 종속모형으로서는 시각과 청각 같은 것이 될 수 있다.

- 4단계　이러한 경험의 서로 공통된 종속모형은 감정반응의 내향적 부분이다. 피험자 2는 피험자 1을 도와서 지난 연습에서 피험자 1이 발견한 종속모형으로 바꾸도록 한다. 지난 연습에서 얻은 것은 어떤 일을 과거 어느 때보다 더 좋은 것으로 만드는 것이었다.
- 5단계　피험자 1은 과거에 있었던 감정이 자신을 제한시킬 수 있는 아직 일어나지 않은 어떤 상황을 찾는다. 이 상황을 경험하며 그가 원하지 않았던 옛 느낌에 관계된 종속모형을 변화시킴으로써 감정을 더 좋게 만드는 종속모형으로 바꾸도록 한다. 아직 발생하지 않았으나 일어날 가능성이 있는 상황 몇 개를 더 생각하여 상상 속에서 이런 방법을 적용하여 어떤 변화가 일어나는가 발견해 보자.
- 6단계　역할을 바꾸어 각 단계를 반복한다.

[그림 13-6] 길 안내

다음은 치료자(Bandler)가 이 과정의 연습을 집단에게 실시한 것이다.

치료자: 어떻게 했지요?

피험자 1: 기억 속의 시각적 구성 요소처럼 보였어요. 동시에 내가 가진 시각적인 것이 다른 것이 되었어요.

치료자: 사실입니다. 그런 것이지요.

피험자 1: 기억이 나는데……. 그 경험의 어떤 부분이 변하는 것 같았습니다. 그때 그 경험을 가졌다는 것이 어떻게 관계되는 것이며, 내가 비슷한 상황에 들어갈 수 있는 것인지. 내가 그 기억을 확대하고 그것에 연관을 지을 수 있는지요?

치료자: 되돌아가 생각을 해 보면 당신은 그 당시에 일어났던 것과 같은 것을 보게 됩니다. 그것이 어떤 감정을 일어나게 합니까?

피험자1: 예, 그것이 작동했습니다. 나도 다른…….

치료자: 지금 그 일이 일어난다고 가정하고 그때로 돌아가 당신이 볼 수 있었던 것을 보십시오. 좋아요, 질문에 대답이 되었습니까?

피험자 1: 내가 그 상황에 있었다면 나는 지금 무엇을 다르게 했을 것이라고 그 장면이 내게 말해 줍니다.

치료자: 눈을 감고 한 가지 구상을 하세요. 새로운 것 한 가지를 생각해 내세요. 당신이 불쾌했던 감정을 일으킬 것 같은 상황 하나를 상상하세요. 새로운 것으로 만들어 보세요. 실제와 같이할 수 있는 한 마음속에서 그것을 마음껏 사실로 만드세요. 무슨 일이 일어나는가 찾아보세요.

피험자 2: 좋아요.

치료자: 지금…… 당신의 느낌이 어떻습니까? 질문이 있습니까?

피험자 2: 나는 내 파트너가 자기가 보았던 과거 속에서 경험을 하며 즐기는 데 도움을 주었다고 확신합니다. 그러나 나도 그녀가 실제 상황에 다시 접할 때 그런 감정이 일어나리라고 확신할 수는 없습니다.

치료자: 서둘러 앞질러 가요. 우리는 다음에 계속될 것을 미리 추적하고 있습니다. 기억에 대한 지각을 변화시킬 수 있다면 언제 현실 세상으로 나오느냐가 질문이며, 어떻게 같은 것으로 감정을 달리할 수 있

게 하느냐가 문제입니다. 변화시키는 종속모형은 그것을 재미있게 하는 느낌을 변화시켜 주는 것입니다. 알다시피, 모험에 대한 개념은 놓칠 수 없는 기회로 보일 수 있는 것입니다. 당신은 그것을 모험이라 부를 수 있는데, 두 가지의 다른 태도의 문제입니다. 그것을 매혹적으로 만드는 것이 첫 단계였지요.

7) 종합적 종속모형의 언어 형태

사람은 이야기를 할 때 의식적으로 표상체계를 명시하는 빈사(동사, 부사, 형용사)를 사용하는 경향이 있다. 이것은 그가 만들어 내는 종속모형의 차이점을 분별하는 데 정보를 제공하게 된다.

다음의 예문을 살펴보자.

(1) 언어에 나타난 표상의 종속모형

• 시각 표상
 - 일이 의외로 커졌다.
 - 내 일이 지나치게 무겁게 보여.
 - 삶은 아주 미미해.
 - 나는 그것에서 약간의 거리가 필요해.
 - 그는 화려한 과거를 가졌어.
 - 그것이 그 일을 약간 더 빛나게 해.
 - 모든 것이 희미해져.
 - 그것이 마냥 번쩍이기만 해.
 - 네가 그렇게 말했을 때 나는 붉은색을 보았어.
 - 그것이 나의 하루를 빛나게 했어.
 - 나는 전망을 더 밝게 가져야 해.
 - 그것은 미미하며 의미가 없게 나타나.

- 우리가 눈과 눈을 마주보니 즐겁다.
- 모든 것이 돌고 돌아 나는 한 가지에 집중이 안 되는 것 같다.
- 그것을 고려하기에는 너무 희미해.
- 그것은 왼쪽 필드의 벽을 치고 비켜 갔어.
- 그 이미지는 나의 기억에서 없어졌어.
- 내가 그것을 할 수 있다고 보이지 않아.
- 그가 나의 팔을 올리게 했어.
- 그녀가 그 남자를 조각냈어.
- 나는 정상 방향을 향해 가.
- 나는 그 일을 대면할 수 없어.
- 세상은 검고 흰 것이 아니야.
- 이것이 최우선이야.
- 큰 그림을 바라보자.

• 청각 표상
  - 내게 큰 소리를 지르는 것이었어.
  - 그녀가 내게 너무 정적인 접착감을 주었어.
  - 그것은 속삭임일 뿐이야.
  - 내가 나 자신을 괴롭히는 소리야.
  - 우리의 관계는 너무 멀어.
  - 나는 쥐어짜는 나의 소리가 싫어.
  - 명확하고 크게 알아들었어.
  - 우리도 우리 휴가를 위해 화음을 맞추어야 할 필요가 있어.
  - 그것은 야단스러운 아우성이 됐어.
  - 나는 자신에게 "너는 아무것도 옳게 할 수 없어." 라고 말해.
  - 그것은 지나치게 옆길로 튕겨.

- 촉각 표상
  - 그 느낌이 너무 약했어.
  - 그는 뜨거웠다.
  - 그녀는 언 생선이야.
  - 그 말을 들을 때마다 내 위장이 뒤집혀.
  - 중압감을 벗었어.
  - 모든 것이 내 마음을 무겁게 했다.
  - 모든 것이 기울어져 나는 중심을 잡을 수 없다.
  - 나도 이것저것 균형을 잡으려 노력한다.
  - 정말 그런 느낌이 들어.

이와 같은 문장은 우리가 매일 사용하는 언어에서 종속모형 묘사를 선정한 것이다. 이것을 시작으로 하여 자신의 언어 형태나 혹은 자신이 접촉하고 있는 다른 사람의 언어를 보충하여 학습을 강화시킬 수 있다.

(2) 종속모형 유추 질문

- 시각 확충
  - 색상: 그것이 유채색인가? 흑백인가? 색상이 전면을 덮었는가? 색깔이 선명한가 아니면 희미한가?
  - 명도: 보통보다 밝은가? 어두운가?
  - 대조: 색상의 대조가 분명한가, 희미한가?
  - 초점: 그 영상의 초점이 잘 맞았는가, 흐릿하게 맞았는가?
  - 감촉: 그 영상이 부드러운가, 꺼칠꺼칠한가?
  - 세부: 배경이나 전면이 세부적인가, 전체의 부분으로서 세부를 보는가, 혹은 초점을 바꾸어야 그것들이 보이는가?
  - 크기: 그 그림이 얼마나 큰가? (구체적으로 대략의 크기를 질문한다.)
  - 거리: 그 영상이 얼마나 멀리 있는가? (구체적으로 대략의 거리를 질문

한다.)

- 모양: 그 그림의 모양이 어떠한가, 네모인가, 세모인가 혹은 둥근 모양
 인가?

- 가장자리: 그 주위에 가장자리도 있었는가, 아니면 끝부분이 희미했는
 가? 가장자리에 색상이 있는가? 얼마나 두꺼웠는가?

- 위치: 그 모양이 어디에 자리잡고 있는가? 그 그림이 어디에서 보이는
 가? (두 손으로 지적하게 한다.)

- 동작: 그림 속의 동작이 있는가? 그림이 영화 같은가, 아니면 정지되어
 있는가? 얼마나 빨리 움직이는가, 보통보다 느린가, 아니면 빠
 른가?

- 그림: 그 그림이 안정(고정)되어 있는가? 어느 방향으로 움직이고 있는
 가? 얼마나 빨리 움직이고 있는가?

- 방향: 그 그림이 기울어졌는가?

- 개입/관조: 그 그림 속에서 당신의 모습을 볼 수 있는가? 아니면 당신
 이 거기에 있는 것처럼 보이는가?

- 전망: 어떤 조망에서 그것을 보는가? (만일 관조상태가 되었으면) 당신은
 당신 자신을 우측에서 보는가, 좌측에서 보는가, 뒤에서 보는가,
 혹은 전면에서 보는가?

- 비중: 그림 속의 사람이나 물건들이 서로 비중이 맞는가, 아니면 실제
 크기보다 어떤 것은 더 크고 어떤 것은 더 작은가?

- 규모: 그림이 평평한가, 아니면 입체감이 있는가? 그림이 당신을 둘러
 싸고 있는가?

- 단수/복수: 이미지가 하나인가, 그 이상인가? 한 가지를 보고 난 후에
 다른 것이 나타나는가, 아니면 동시에 보이는가?

• 청각 확충
- 위치: 그 소리를 밖에서 듣는가, 아니면 내부에서 듣는가? 어디서 그

소리가 일어나기 시작했는가?

- 높낮이: 높낮이가 (보통보다) 높은가, 낮은가?

- 어조: 어조가 콧소리인가, 풍만하고 부유한가? 가늘거나 이를 문 소리
  인가?

- 멜로디: 단조로운 소리인가, 아니면 운율이 있는가?

- 억양: 어느 부분에 강세가 붙었는가?

- 크기: 그 소리가 얼마나 컸는가?

- 속도: 빨랐는가, 느렸는가?

- 리듬: 그 소리가 비트가 있었는가, 카덴스(cadence)가 있었는가?

- 지속 시간: 그 소리가 계속되는 소리인가, 중간중간 끊어졌는가, 단음
  적인가?

- 모노/스테레오: 한쪽에서만 들렸는가, 두 군데에서 혹은 당신 주위의
  사방에서 들렸는가?

• 촉각 확충

  - 질: 신체적 충동을 어떻게 묘사할 수 있는가? 간지러운 것이었는가,
    따뜻하거나 찬 것이었는가, 긴장되고 분산되거나 따끔한 것이
    었는가?

  - 강도: 그 충동이 얼마나 강력했는가?

  - 위치: 몸 어느 부위에서 느꼈는가?

  - 동작: 충동의 움직임이 있었는가? 그 움직임이 계속되었는가, 아니면
    어떤 흐름이 있는 상태로 왔는가?

  - 방향: 어디에서 그 충동이 시작되었는가? 그것이 시작한 곳에서 가장
    많이 의식하는 곳으로 어떻게 움직였는가?

  - 기간: 그것이 계속되는 것이었는가, 중간중간 중단되었는가?

(3) 유동성의 역학

지금까지 연습한 것은 이해와 혼동의 두 가지 종속모형을 대조적으로 분석한 것이다. 하나의 종속모형을 구분하는 방법이나 연쇄에 관심을 두지 않고 완전히 다른 것으로 바꾸었다. 어쨌든 그 과정에서 우연한 변화가 일어났다. 여기에서 문제가 되는 것은 종속모형의 변화를 영구적인 변화로 만드는 것에 어떻게 응용할 수 있을까 하는 것이다.

기억 형태는 장기적인 행동 변화가 어떻게 형성되는가에 대한 실마리를 제공한다. 우리가 굉장히 힘겨운 느낌을 가졌다고 묘사하는 경험의 이미지는 아주 크고 눈앞에 가깝게 있다는 것을 기억한다. 어쨌든 연습을 통해 종속모형의 특정 양상을 있는 그대로 기억하는 것을 배웠다. 크기나 거리에 대한 종속모형 특성 이외에도 고려하여야 할 다른 종속모형도 있지만, 단순화시키는 목적에서 이 두 가지에만 집중하여 다루어 보기로 하자.

경험하는 사건의 강도나 그 사건이 일어날 때 내적 심상의 순서를 얼마나 여러 번 반복했느냐 하는 것은 그 사건을 재연할 수 있는 방법을 두뇌에 가르쳐 주는 요소가 되었다.

오빠가 뱀을 손에 들고 "내가 너를 잡을 거야." 하고 소리치면서 뒤를 따라왔을 때 소녀가 도망가는 경험을 했다고 생각해 보자. 그 소녀는 여러 가지 다른 것에 집중할 생각이 없었을 것이다. 오빠의 얼굴과 겁을 주는 말, 그리고 오빠의 손에 있는 뱀 외에는 아무것도 생각할 수 없었을 것이다. 그 소녀는 무시무시한 뱀에 정신이 집중되고, 눈에는 뱀밖에 보이지 않았을 것이다. 자신의 옷 속을 파고들어 오는 뱀을 투시하면 그 이미지가 신체적 느낌을 강화할 것이다. 자신이 어디로 달리고 있는지 주시하지 않으면 안 되었기 때문에 그 연쇄도 내적·외적으로 황급해질 것이다. 집중하는 것이 제한되어 있기 때문에 마음속의 이미지는 그녀의 시야 전체를 덮으며 확장될 것이다.

그녀가 겁을 먹고 정원을 돌고 도는 동안 수백 번 그 감정이 반복되었을 것이다. 이 학습된 경험이 반복되어 모든 것이 지금까지의 형태를 강화시켰으며, 어른이 되기까지 그것에 대한 내적인 이미지와 느낌은 생각만 해도 그대로 재연될 것이다. 뇌는 자기가 좋아하는 느낌과 싫어하는 느낌을 분간하지 못하고 어떤 일반적인 느낌과 연관짓는 것만을 학습하게 된다.

뱀이 해치지 않으며 해칠 수 없다는 것을 알게 되어도 뱀과 관계되어 있는 소녀의 느낌을 없애는 데는 충분하지 못하게 된다. 그때 그 뱀의 크기와 뱀과의 거리는 중요하게 작용하여 뱀을 볼 때마다 뱀에 대한 이미지는 커지고 더 가까워지게 된다. 그 사건에 대한 기억이 너무 강렬한 것이어서 이런 내적 진행을 통해 그 사건을 기억해 내는 능력을 상실하게 되지만 공포증만큼은 남아서 작용하게 된다.

우리는 공황증 치료에서 사람이 과거 경험을 재경험하는 것을 보게 된다. 그것에 대한 견해를 변화시킴으로써 뱀에 대한 협소해진 초점(뱀이 커지고 가까워지는 느낌)을 제어할 수 있고, 시야를 확대하여 유지시킬 수 있는 것을 관찰할 수 있다. 이런 방법으로 전체 사건을 재구조화하는 것은 경험하는 사람들의 의식을 가로막고 있던 어떤 것에 대한 정보를 제공하게 된다.

미국 보훈병원에 입원했던 베트남전쟁 참전 상이용사들 중에는 논과 밭에 누워 있는, 자기가 죽였다고 믿고 있는 어린아이들의 시체가 기억 속에서 계속 떠올라 괴로움을 당하는 사람이 많다. 그 이미지에서 용사들을 관조상태로 이끌어 그 사건의 시간과 공간을 다르게 해서 경험하게 했을 때, 용사들은 자신들의 부대가 마을로 들어가자 네 사람이 논밭을 건너 집에서 뛰어나오는 것을 보았으며, 자신이 그들에게 발포를 했고, 그곳으로 걸어 들어가 그들이 사망했음을 확인하는 자신을 볼 수 있었다고 한다. 그들이 뒤집어서 확인한 것은 바로 어린아이들의 시체였다. 그러나 그가 총을 쏘던 그 당시에는 그 사람이 어린아이라는 것을 몰랐다는 새로운 조망을 받게 되었다. 그의 전체 시야를 뒤덮었던 죽은 어린아이의 이미지가 개입된 감정이 너무 충격적이어서 그 사건 자체가 그의 기억의 외계로 떨어져 나갔던 것이다.

여기서 분류된 종속모형과 소녀의 뱀에 대한 느낌은 유추 분류다. 변화를 영구적으로 야기하기 위해서는 이 방법을 사용하기 전에 유추 종속모형과 디지털 종속모형 간의 차이점을 분류하는 능력이 요구된다.

유추 분별은 변화가 서서히 일어나거나 연속적으로 급히 일어날 수 있다. 예를 들면, 뱀의 이미지가 변화 없이 하나로 더 크게 혹은 더 작게 만들어질 수 있다. 디지털 분류는 서로 배타적이다. 한 가지를 경험하면 동시에 다른 것은 경험이 불가능하다. 개입과 관조는 디지털 분류다.

어떤 기억 속에서 자기 자신을 보는 것이나 그때 그 상황에 들어가 있는 자기를 보는 것으로 사건을 기억할 수 있다. 이것저것을 순간적으로 바꿀 수 있으나 동시에 두 가지를 구분할 수는 없다. 유추는 전등의 빛의 강도를 바꾸어 가면서 만들어질 수 있는 것이고, 디지털 분류는 전기 스위치를 켰다 껐다 하는 것과 같은 것이다. 유추 분류는 전기의 조절기와 같아서 전기 스위치를 돌리는 순간 어두운 곳에서 빛이 순조롭게 더 밝아지게 된다.

사람이 감성을 가지고 작업을 할 때는 같은 구조 혹은 구조와 구조 사이에 동시에 영향을 주는 응급 종속모형(critical sub modality)[2]에 특별한 관심을 기울여야 한다. 어떤 사람에게는 거리 감각이나 크기나 명도가 색상에 영향을 주게 된다. 이미지를 멀어지게 움직이면 그것은 더 작아지고 더 희미하게 된다. 또한 이것이 개입한 데서 관조상태로 되어 전환이 일어날 수도 있다. 이미지를 더 멀어지게 하면 어떤 시점에서 이미지가 분리되어 떠오르게 된다. 또한 거리감이 청각구조의 소리 크기나 어조에 영향을 줄 수도 있다.

응급 종속모형의 아주 미세하게 증가되는 변화라 할지라도 그것에 따라 변하는 것이 많기 때문에 긍정적 경험을 가지게 하는 변화에 큰 영향을 끼칠 수 있다.

8) 연쇄 종속모형

이 연습은 종속모형의 작동을 유도하는 앵커를 가지고 연쇄 연결을 시도하는 것이다. 예를 들면, 자기가 가졌던 즐거운 경험을 생각해 보자. 그 이미

---

2) 여러 가지 표상구조의 다양한 종속모형 변화가 동시에 변화를 일으키는 것이다.

지를 밝고 환하게 하면서 가장 즐거움을 경험할 수 있는 최상의 명도를 유지
할 때까지 서서히 밝히는 작업을 계속한다.

이 기억의 최상의 시점에서 앵커를 하고, 그 최상의 밝음이 머릿속에서 진
행되는 결정 과정에 깊숙히 관여하면서 그 기억을 다르게 느끼기 시작할 것
이다. 이 시점에서 중단하고, 이번에는 그 환하고 밝은 영상을 가장 편안한
수준까지 희미하게 해 본다. 흥미로운 것은 즐거운 기억과 즐겁지 않은 기억
이 뇌에 어떻게 다르게 코딩되는가 알 수 있게 된다는 점이다. 처음에 실시한
것처럼 즐거운 기억을 생각하여 앵커를 작동시키고, 어떤 변화가 그 이미지
에 생기는가 주의해 보자. 그것이 밝아지는가? 그 밝아지는 과정에 어떤 느
낌이 들었는가? 다음은 두 명이 짝을 지어서 시행하는 연쇄 종속모형의 단계
를 설명한 것이다.

- 1단계   피험자 1은 재미있고 하고 싶어 하는 어떤 행동이 있을 때, 그 활
  동에 참여하는 것을 방해하는 다소 기분 나쁜 어떤 감정을 찾아낸다. 그
  것이 무엇이든 자신이 그 행동을 해 보지 않았기 때문에 어렵게 생각될

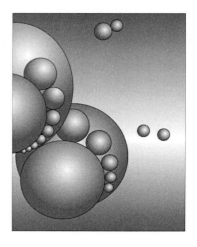

[그림 13-7] 종속모형의 동시역동성

수도 있지만 자신이 한다고 생각하고 재미있는 일이라고 생각하면 힘이 들고 어렵게 느껴지더라도 재미있는 그런 종류의 것이다. 그러나 "나 같은 사람은 결코 그런 행동을 할 수 없을 것이다."라고 자신에게 계속 말하는 행동이다.

- 2단계　화가 나고 기분 나쁜 그 지정한 행동에 개입하는 것을 중단하고, 그런 감정을 동시에 없애고 변형시키는 최소한 두 개의 유추 분류의 응급 종속모형을 찾아낸다. 그 종속모형은 느낌을 변화시키는 데 사용하는 것이 아니라 느낌을 제거하는 데 사용할 뿐이다. 이 연습에서는 세 개의 앵커를 사용하게 된다. 간단한 방법으로서 상대방의 손가락을 사용해서 앵커가 잘 분리가 되게 하고, 쉽게 연쇄작용을 할 수 있도록 해야 한다.

- 3단계　피험자 1은 신나는 행동에 필요한 자원을 찾는다. 이것은 갑자기 그 행동에 개입하는 것을 의미하지 않는다. 그 가능성을 만들어 내는 연습이다. 이 행동은 더욱 매력적으로 되어 어떤 필요한 상황에서 활용될 수 있는 가능성으로 작용하게 된다. 이것이 앵커 1이다.

- 4단계　피험자 1은 그 당시 본 것을 보고, 들은 것을 듣는 어떤 자원에 접근하는 하나의 순간을 기억해 낸다. 피험자 2는 이 자원상태를 앵커하므로 이것이 앵커로 작용하게 된다. 이것이 앵커 2가 된다.

- 5단계　그 자원상태의 느낌을 강화시키는 응급 종속모형을 찾는다. 피험자 1이 응급 종속모형을 강화시키면, 그때 앵커하는 것이 앵커 3이 된다.

- 6단계　이 앵커를 시험해서 내적 표상의 외적 표출을 확충시킨다. 각각의 앵커가 서로 분리되고 느낌이 강력해지도록 확인시킨다. 만일 앵커가 잘 되지 않았다는 의문이 생기면 피험자 1과 체크를 하고, 필요하다면 되돌아가 한두 개의 앵커를 다시 착상시킨다.

- 7단계　연쇄를 형성하여 내적 상태가 절정에 도달하기 바로 전에 앵커 1을 발사하고, 그다음 앵커 2를 발사하여 앵커 1을 놓아 준다. 앵커 1을

다시 발사하여 시험을 해 본다. 앵커 2로 전이되는 자원상태의 빔어를 주시한다. 만일 순조롭게 전이가 이루어지면, 앵커 2와 앵커 3을 반복하여 진행시킨다. 앵커 1을 발사하여 시험해 보고, 내적 상태가 절정 앵커에 이르기 전에 놓아 주어야 한다.

- 8단계 그 연쇄가 완성되고 피험자 2가 만족스럽게 생각했을 때, 피험자 1에게 제재를 가했던 기분 나쁜 1단계의 감정을 생각하도록 요구한다. 절정 감정을 가지기 바로 전에 앵커 1을 발사하여 연쇄작용이 자동적으로 따라오게 한다. 피험자 1에게 제재를 받던 감정을 또다시 가지도록 하여 시험한다. 이 과정을 연쇄반응으로 이끌어서 완성되게 한다.
- 9단계 피험자 1로 하여금 아직 일어나지 않았으나 그 제재를 가했던 감정이 일어날 수 있는 미래 상황 한 가지를 찾아서 학습된 감정의 변화를 시도하게 하여 미래 보정을 한다. 상상 속에서 이 경험을 느끼게 하여 그것이 예상했던 것과 어떻게 다른가 주의를 기울인다. 이 미래 보정은 연쇄작용을 일반화시키는 데 필요한 실습이 된다.
- 10단계 역할을 바꾸어 1~9단계를 반복한다.

종속모형은 사람의 행동을 제한시키거나 방해하는 감정을 제거하는 데 사용된다. 그러한 감정이 없어진 상태는 자원상태와 연합된 감정으로 대치된다. 자원상태의 감정은 이와 같은 방법으로 강화된다. 장래에 자신을 방해했던 감정을 일으키는 상황에 부딪쳤을 때 이 감정은 연쇄작용을 일으켜 자원을 강화시키도록 전환하게 될 것이다. 이것은 일반화의 경향이 가능하도록 작동되어 변화가 한 가지의 사건이나 상황에 제한되는 것이 아니라 모든 행동에 파급된다. 다음의 스위시 형태도 연쇄반응과 같은 형태로 같은 목적을 달성하지만 정확성과 경제성이 더 있는 것이다.

9) 스위시 기법[3]

다음 시범은 치료자(Bandler)가 보여 준 스위시 모형(swish pattern)의 한 예다. 이 형태는 대개의 경우 활용될 수 있는 모델로 제시된다. 이것은 크기, 명도 및 개입과 관조 등 안전 상태를 조성하는 세 가지의 매개 변수에서 동시 변화가 발생하게 되는 모형이다.

> 치료자: 변화하고 싶은 행동 한 가지를 생각해 내세요. 이것은 당신이 원치 않는 방법으로 행동하지 않으면 안 되는, 보고 듣고 느낌을 가질 수 있는 감정이 들어 있는 행동입니다. 당신이 그런 감정을 가지지 않 았더라면 그 행동을 하지 않았을 것이어야 합니다. 예를 들면, 어떤 사람에게 초콜릿 케이크를 보였다면 틀림없이 자제를 못하고 먹을 것입니다. 그가 자신의 느낌을 조정할 수 있었다면 케이크를 그렇게 많이 먹지 않았을 것입니다. 이는 초콜릿 케이크에 대한 감정이 좋 고 나쁘다는 것에 문제가 있습니다. 사람은 자기 감정을 조정하지 못하는 것을 싫어합니다. 자신이 원치 않는 방향으로 행동하게 되는 강압적인 충동을 가지는 때가 종종 있는 것이 사실이지요. 그렇게 하는 것은 성숙한 자신의 이미지에 일관성이 없게 만드는 것이고, 부합되지 않는 행동이기 때문에 원치 않을 것입니다.
> 눈을 감고 자신이 실제로 그때 그 자리에 있는 것을 봅니다. 이렇게 하는 것이 그때 그 느낌을 줍니까?
> 피험자: 예. 느낌이 꼭…… 오…….
> 치료자: 작동을 한다는 말이지요? 겁에 질리는 공황 증세가 자주 발생하는 일이 아니라는 것을 제가 아는 방법이 있지요. 소리를 치고 의자에 서 떨어지는 일이 없으니까요. 자, 그것이 무엇이든 간에 그것을 크 고 밝게 하여 그때 그 자리에 있어 보세요. 거기서 무엇을 볼 수 있 다면 보이는 것으로 사각형의 이미지를 만드세요. 테두리가 있게

---

3) 문제가 되는 이미지를 원하는 이미지로 전환시키는 가속 영상법이다.

만드세요. 아주 밝게 하여 그것이 더 강렬하고 집약적으로 되는가 주시하세요.

피험자: (고개를 끄덕인다.)

치료자: 그녀는 여기에서 기분이 엉망이 되어 있었습니다. 이 실습은 사람이 무엇이나 할 수 있도록 하기 위하여 연습하고 시범하는 것입니다. 하루의 고통은 하루로 충분하지요. 이제는 그 감정에서 벗어나서 지금 여기에서 따라 움직여 봅시다. 이제는 마치 원하고 있는 변화를 이미 가졌다는 느낌을 가지고, 그 변화된 자신을 들여다보는 이미지를 가져 보세요. 이미 자신이 원하는 변화를 가졌다고 생각하고 바라봄으로써 그 느낌이 어떤지 생각해 봅시다. 그 느낌이 더 바람직한 것입니까?

피험자: 예.

치료자: 그래요? 정말입니까?

피험자: 결정적이에요.

치료자: 완전해야 하는 것은 아니지요. 문제는 당신이 그것을 더 좋아하느냐 싫어하느냐 하는 것입니다. 다시 돌아가 자신을 한 번 더 그렇게 바라보세요. 됐어요. 그것을 원합니까? 이번에는 당신이 귀를 기울이고 들어 보세요. 눈을 뜨세요. 이번에는 내가 지시를 할텐데, 지시를 하는 동안 행동을 하지 마세요. 첫 이미지에서 과거 그 사건이 일어날 때 본 것을 그대로 하세요. 두 번째 이미지는 자신이 좋아하는 다른 방법으로 행동을 하는 것을 보세요.

다시 말하면, 첫 이미지는 당신이 실제로 그 경험을 하는 것처럼 그 광경을 보는 것이다. 당신이 좋아하지 않는 감정은 그 이미지에 부착되어 있다. 두 번째 이미지는 당신이 원하는 방법대로 당신이 행동하는 것을 보는 것이다. 당신이 좋아하는 감정 이미지가 부착되어 있는 그림을 작고 어두운 그림이 될 때까지 작게 축소시켜 본다. 그러고 나서 싫어하는 감정을 가지게 하는 처음 이미지의 그림을 가장자리에 틀이 끼어 있는 사진틀 같이 만들어서 자신이 좋아하는 어두운 그림을 아래 구석에 자리잡게 한다. 큰 것을 아주 밝게 하여 어두운 구석에 있는 검은 점을 환하고 밝게 그리고 크게 만들기 위해 서서히 퍼져 나가게 한다. 그런 다음 그 큰 것이 서서히 어두워지면서 아래쪽에 작은 점이 점점 커져 가고 밝아져 틀에 낀 사진을 완전히 다 덮어 버릴 때까지 확대시킨다. 처음 그림이 어두워져 없어지고 두 번째 그림만이 보이도록 한다. 그러고는 그림 만드는 것을 멈추고 눈을 뜨고 스크린을 지운다. 또 좋지 않은 느낌이 부착되어 있는 그림을 가지고 다시 시작한다. 그 그림이 어두워지고 코너에 있는 작은 그림이 확대되면서 환하게 밝아져 완전히 처음 이미지를 덮게 한다. 이것을 5회 반복한다. 점점 **빠르게** 한다.

피험자: 확실하지 않아요.

치료자: 당신은 구석에 있는 어두운 작은 그림 속에서 당신 자신의 모습을 보고, 크고 밝은 사진틀에 들어 있는 그림에 당신의 나쁜 기분을 동일시하여 상상하도록 합니다. 밝은 것이 어두워지고 코너의 작은 것이 커지고 밝아집니다. 이렇게 하는 것을 다섯 번 하세요.

피험자: 됐어요.

치료자: 하나, 됐어요. 또 해 봐요. 빨리, 한 번 더, 두 번, 세 번……, 또 한 번 더, 다섯 번만. 자, 당신이 지금 여기에 앉아 있으면서 그 이미지를 바라보고, 당신이 좋게 느끼지 않았던 그것을 보세요. 지금 곧 바로 보세요. 그것이 어떤 느낌을 만드나요?

피험자: 나는 그 기분을 더 이상 느끼지 않아요.

치료자: 느낌이 그렇게 없다고요? 자, 또 한 번 바라보세요.

피험자: 확실하지 않아요. 볼 수 없어요. 그저 거기 없어요.

치료자: 나도 그렇게 믿습니다. 그럼 어떤 비슷한 감정을 가졌던 다른 때를 생각할 수 있는지요? 그런 것들이 마음을 괴롭혔다면 한 번만은 아니었을 겁니다.

피험자: 예.

치료자: 저기를 보세요. 저것이 당신 기분을 어떻게 합니까?

피험자: 기분이 괜찮아요.

치료자: 실제 세상에서 살아가는 데 이런 일은 얼마든지 다시 일어나게 되는

일입니다. 눈을 감고 이 일이 또 일어나려고 하면 당신의 마음의 눈이 보게 될 것이라 여겨지는 일들을 보세요. 무슨 일이 일어나는가 찾아보세요. 음…… 쉬…….

피험자: 같은 일이 일어났어요. 내가 보던 그림은 사라지고 내가 좋아하는 행동을 하는 것을 봤습니다.

치료자: 실제 삶에서 이런 일에 직면할 때 외적 이미지는 없어지지 않지만, 두 번째 방법으로 느낌을 다르게 하는 것은 중요한 일입니다.

스위시 모형은 정신적으로 힘든 작업일지라도 일단 한 번 연습을 하고 나면 두뇌가 프로그래밍된다. 기분 나쁘게 만드는 이미지에 잠기게 될 때는 우리는 엉뚱한 다른 방향으로 끌려가는 어떤 힘을 느끼게 된다. 그러한 작용의 변화를 일으키면 속도가 중요한 원인이 된다.

일단 이런 세력에 끌리는 과정이 시작되면, 옛 상황이 자리를 잡지 못하게 하기 위하여 그것을 움직이도록 한다. 옛 느낌은 처음 이미지를 가지고 시작하여 그 그림이 없어질 때 동시에 사라지게 되고, 자원적 이미지와 연합된 느낌이 강화되어 처음 것을 완전히 대치하게 된다. 이것은 크기와 명도의 유추 분류가 관조와 개입의 언어적 분류에 연합되어 안정상태가 동시에 일어난 것이다.

연쇄앵커 연습에서도 실습한 것이다. 스위시 모형은 쉽고 빨라서 아주 정확하다. 마지막으로 스위시는 형태로 반복 장치가 이루어져 자동적으로 일어나게 된다. 어떤 한 사건이 옛 감정을 자극할 때 새 형태가 그것을 정복하여 느낌이 달라지고, 다른 방법으로 반응할 수 있게 한다. 스위시 모형의 기본적 요소 중 중요한 한 가지는 기억되는 어떤 사건의 상황 속에서 자신이 원하는 행동을 하는 자신을 보는 것이다. 자신이 개입과 관조를 할 때 기억되는 사건의 여러 가지 종류의 영향력을 잠깐 생각해 보자.

기억되는 사건에 개입되는 것은 원치 않는 감정이 관계된 이미지들이다. 스위시 형태는 처음 이미지를 흐리게 하면서 이런 감정을 소멸시킨다. 만일 그 사람이 두 번째 이미지에 개입되면 그는 원치 않는 감정에 다시 접근할 것이지만, 이 두 번째 분리된 이미지는 자원상태의 감정을 접하게 하며, 이를 통해 객관적인 학습이 일어나는 경험이 가능해진다.

또한 자신이 원하는 방법에서 관조된다는 것은 그 변화와 관계되어 메타 위치에 설 수 있게 만든다. 자신의 변화된 모습을 보게 할 뿐만 아니라 좋은 기분을 가지게 할 수 있다. 이것은 자신이 어떻게 행동하기를 원하는가에 대한 이미지의 추진력을 결정하는 메타위치이며, 그것을 성취시키는 방향으로 움직일 수 있는, 전체적으로 새로운 행동 방향을 세워 가게 되는 것이다.

스위시 모형을 효과적으로 사용하는 응급 요소는 자원상태의 감정으로 전환시키는 구조이다. 표본모델에서 Bandler는 강도를 원하지 않는 감정을 제거하는 데 사용하고, 원하는 감정을 동시에 강화하도록 하는 데 사용했다. 동시에 개입된 이미지는 흐려지고, 분리된 이미지는 밝아져서 그 감정이 강화된다. 전환구조는 이러한 방법으로 작용하게 된다.

어둠의 골짜기에서 불쾌한 경험을 겪는 사람이라면 분리된 이미지를 밝게 하여 자원상태의 감정을 강화시킬 수 있다. 어쨌든 나쁜 감정에 개입된 이미지를 어둡게 할 때, 그 공포 감정이 강화되어 골짜기가 더 어두워지며 공포도 더 심해지는 것이다. 이런 경우 강도는 원하는 전환 작업에 영향을 줄 수 없게 된다.

거리감은 원치 않는 감정을 제거하고, 원하는 감정을 동시에 강화시키는 메커니즘을 제공하고 있다. 처음 개입된 이미지가 멀리 이동하면 그에 따른 느낌은 사라지게 되고, 두 번째 이미지는 동시성을 가지고 자원의 감정을 강화시켜 가까워지게 된다. 처음 이미지가 사라지면 두 번째 이미지는 그것이 도형에 꽉 차도록 더 가까워지고 더 커지게 된다.

다음 연습은 스위시 형태를 응용한 유추 종속모형이 두 가지 측면에서 같이 작용하는 것을 확인하기 위한 실습이다. 다른 말로 하면, 강도를 증가시킴으로써 개입되거나 혹은 분리된 이미지 두 가지의 느낌이 다 강렬해지는 것이다.

10) 앵커 중첩

세 명이 짝을 이루어 피험자 1, 2와 조언자 역할을 한다.

- 1단계 피험자 1에게 변하고 싶은 행동을 찾는다. 어떤 일이 일어날 때 자신이 행동하기를 원하지 않는 행동을 하여 원하지 않는 감정을 가지게 하는 것이어야 한다.

- 2단계 피험자 1에게 눈을 감고 사건이 있었던 그 장소에 있는 자신을 스크린 속에서 볼 수 있게 한다. 그가 당시의 감정을 일으키는가 주시한다. 만일 그렇게 하지 않으면 다른 사람을 선정한다. 그 감정을 만들 수 있으면, 피험자 1은 스크린의 그림을 없앨 수 있게 그 형태를 차단하여 방해한다.

- 3단계 피험자 2는 피험자 1이 그 일이 있었던 과거에 자신이 있는 것을 볼 수 있는 그림을 크고 밝은 네모의 그림으로 만들도록 지시한다. 피험자 1은 그 그림의 둘레에 가장자리 선이 있는가 확인한다. 피험자 2는 피험자 1에게 그림을 밝게 만들도록 지시하고, 그 이미지를 지시한 대로 가짐으로써 감정 경험이 어떻게 강화되는가 찾아낸다. 만일 강화가 되면 불편했던 느낌을 제거하기 위해 그 형태를 중단시키고 방해한다.

- 4단계 피험자 2는 피험자 1에게 원하는 변화를 이미 완성한 것처럼 자기 자신을 보는 그림을 만들도록 지시한다. 피험자 1에게 그가 만든 이미지에 따라오는 느낌을 좋아하는가 아닌가를 질문하고, 피험자 2와 조언자는 피험자 1의 반응을 확충시킨다.

- 5단계 피험자 1은 조언자에게서 눈을 뜨고 전환이 이루어져야 하는 것에 대한 지시를 받는다. 처음 이미지에서 과거 그 사건이 일어날 때 본 것을 본다. 두 번째 이미지에서는 자신이 좋아하는 행동을 하는 자신의 모습을 본다. 자신이 좋아하는 행동을 하고 있는 그림을 어두운 작은 그림이 될 때까지 작아지게 축소시켜 처음 이미지(주위에 둘레가 있는) 코너

에 갖다 놓는다. 그 큰 그림은 작아졌고, 작은 그림은 어둡다. 큰 그림이 서서히 어두워지면서 작은 것이 커지고 밝아져 다른 이미지를 완전히 덮을 때까지 계속한다. 처음 그림은 아주 어두워져 없어지고 볼 수 있는 것은 두 번째 그림뿐이다. 그런 다음 그림 만들기를 중단하고 눈을 떠 스크린을 지워 버린다. 이것을 1회 한다.

- 6단계   피험자 1이 지시한 것을 이해하고 진행시킬 수 있는가 확인한다.
- 7단계   피험자 2와 조언자는 피험자 1이 이 스위시 형태를 빨리 5회 반복하게 하고 정밀하게 관찰한다. 빨리 하되, 변화하는 '쉬……' 하는 소리보다 더 길어서도 안 된다.

  피험자 2와 조언자는 피험자 1의 반응이 4단계에서 가졌던 자원의 강도를 달성하는가 알아내기 위해 관찰하고 초점 맞추기를 한다.
- 8단계   형태를 정리하고, 피험자 1이 변화를 하겠다고 결심한 감정을 만들도록 하여 그 이미지를 바라보도록 한다.
- 9단계   피험자 1에게 눈을 감게 하고 이런 일이 또다시 일어난다면 자신이 볼 수 있는 그림을 보도록 지시하고 미래 보정을 한다.
- 10단계   역할을 바꾸어 반복하여 각자가 다른 기능을 경험할 기회를 가진다.

종속모형은 기억과 연관된 느낌을 변화시키므로 행동 변화에 활발하게 사용되고 있다. 이것은 또한 현재 경험을 변화시키는 데도 사용된다. 우리는 재미있는 일을 할 때가 많이 있다. 그러나 즐거운 감정을 이끌어 내고 그것을 더욱 강화시키는 기술을 가졌다면, 인생은 풍요롭고 즐거운 장소와 같을 것이다.

이 연습에서는 우리가 단순히 종속모형의 한 세트를 다른 것으로 대치해 본 것뿐이다. 이번에는 스위시 형태와 유사한 메커니즘을 응용하여 앵커를 산적하는 기능을 추가해 보고 반복할 때마다 느낌을 강화한다.

11) 앵커 중첩 종속모형

다음의 단계를 혼자 진행한다.

- 1단계　눈을 감고 보이는 상태의 속을 들여다본다. 자신이 처한 현재 상황을 기억으로 창조하는 것이다. 여러 번 이 과정을 반복하는데, 눈을 뜨고 할 수도 있고, 눈을 감고 할 수도 있다. 현재 상황의 이미지를 가질 때까지 한다.
- 2단계　그 이미지 중심에 아주 작은 그림을 놓는다. 이 작은 그림은 내가 지금 이 자리에서 아주 즐거워하면서 앉아 있는 모습을 내가 보는 것이다.
- 3단계　그리고 '쉬……' 하고 그 한가운데 있는 작은 그림을 연다. 텔레비전에서 어떤 특수 장면이 열리는 것처럼 한복판에서 하나의 새로운 그림이 열리고, 그것이 처음 화면을 완전히 덮어 대치하게 한다.
- 4단계　그 그림 속으로 발을 딛고 걸어 들어가 실제로 거기에 있는 것을 보게 한다.
- 5단계　발을 들여놓자마자 새로운 다른 그림이 중심에서 열리는데, 자신이 그 안에 앉아서 더 큰 재미를 보고 있는 것을 본다. 이런 방법을 10회 반복하는 것을 차차 빠르게 하고, 계속해서 더 빨리한다.

　재미를 느낀다는 것은 어려운 일이 아니다. 우리는 어떤 자원상태를 강화하기 위해 같은 방법을 사용할 수 있다. 결코 지루하고 따분함을 느끼지 않을 것이다. 호기심만 잘 떠올려 시작해 볼 수 있다. 중심에서부터 열리는 각각의 그림의 앵글이 시각적으로 바뀐다면, 어떤 변화가 있을까 하는 것에 호기심을 가져 본다. 견해를 달리해 보는 것은 한 가지의 같은 견해를 반복하여 사용하는 것보다 자원상태를 더욱더 강화시켜 주기 때문이다.

12) 신념형성과 신념변화 종속모형

지금까지 우리는 경험했던 어떤 특정 기억과 그것에 관계되어 있는 느낌을 취급했다. 기억하는 어떤 행동은 많은 부분이 자신에 대한 또는 우리가 살고 있는 세상에 대한 우리의 신념에서 유래된 것이다.

우리는 그것에 대해 많은 생각을 해 본 일이 없으며, 그것을 어떻게 규정해야 하는지 의문을 가져 본 일도 거의 없다. 그러나 신념은 우리를 이끄는 원칙이 되어 작용한다. 우리가 믿는 것은 우리 삶에 안정을 제공하거나, 계속 살아가는 데 의미를 준다. 신념은 인간으로서 우리에게 중요한 의미를 제공하기 때문에 그것을 위해서는 때로 전쟁도 감행할 수 있는 것이다. 실제로 우리의 많은 행동은 우리의 신념을 유지하고, 그것을 지탱하기 위해서 공헌을 하고 있는 것이다.

신념이 얼마나 중요한 것이냐에 관계없이 우리는 믿을 수 없는 신념을 가지고 살아왔다. 다른 종교로 개종을 하고, 지지하는 정당을 바꾸고, 결혼을 하고 이혼을 하는 것 등 모든 것은 사람이 가지는 신념의 변화에서 오는 것이다.

이러한 논리는 신념을 무가치하게 만들려는 것은 아니다. 그러나 실제로 그것의 견고성을 약화시켜 보려는 의도는 있다. 신념은 변화되고, 변하는 것이다. 그러나 우리가 믿는 것은 구조가 있어 그 구조의 방법에 따라 우리가 믿고 행한다.

잠깐 시간을 가지고 자신의 행동에 어떤 제재를 가하는 신념 하나를 찾아보자. 그 신념은 자기가 더 즐겁고 흥분되고 도전적인 것이라 생각하는 일을 하는 데 제재를 가하는 것들이다. 이것은 사실상 자기의 인생을 파티장과 같은 것으로 느끼지 못하게 하는 신념들이다. 우리가 가져서 유리하고 가치가 있는 신념들은 수도 없이 많다. 자기가 자신에 대해 믿고 있는 것에 변화를 원하는 것이 있으면 조심성 있게 그것을 선정해 보자.

다음은 자신을 변화시키기를 원하는 어떤 신념을 찾아내는 연습에 대해

Bandler가 녹음한 것을 옮겨 적은 것이다(MacDonald et al., 1988).

> 치료자: 당신은 이 범주에 부합되는 당신 자신에 대한 신념이 있습니까?
>
> 피험자: 제재를 가하는 신념 말입니까?
>
> 치료자: 내가 의미하는 것은, 당신이 지금 믿지 않는 그런 신념 말입니다. 있습니까? 있다면 어떻게 있다는 것을 압니까? 한 가지 신념만이 아니고 다른 무엇도 있다는 말이지요? 그 두 가지의 신념이 분리되도록 할 수 있어야 한다는 것입니다.
>
> 피험자: 제한을 하라는 말입니까?
>
> 치료자: 그런데 어느 신념을 가져야 하는지 어떻게 알 수 있습니까?
>
> 피험자: 음…… 내게는 그림이 보입니다.
>
> 치료자: 우리에게 그 그림에 무엇이 있다는 것을 말할 필요는 없습니다. 우리는 당신이 가진 그 내용을 알고 싶은 것이 아닙니다. 내용을 이야기하기 시작하면 그것으로 길을 잃게 됩니다. 지금 중단하고 이래도 좋고 저래도 좋은 일 하나를 생각해 내세요. 예를 들면, 당신이 오늘 집에서 저녁식사를 할 수도 있고 외식을 하러 나갈 수도 있는데, 아무래도 상관이 없습니다. 이래도 좋고 저래도 좋아요. 그런 것 중 어떤 무엇이 있습니까? 그러면 그 두 가지의 신념이 어떻게 다릅니까? 구체적으로 말하면, 그중 하나는 다른 하나와 다른 위치에 놓여 있습니까?
>
> 피험자: 예. 내가 원치 않는 신념은 저 왼쪽에 있고, 다른 하나는 바로 앞에 더 가까이 있습니다.
>
> 치료자: 하나는 소리가 납니까?
>
> 피험자: 예, 그 신념은 소리가 납니다.
>
> 치료자: 됐어요. 그 두 개가 무엇이 다릅니까? 종속모형을 기억합니까? 그 두 개가 동작이 있습니까? 하나가 더 큽니까? 두 개 다 색깔이 있습니까?
>
> 피험자: 신념은 희미한 것보다 작습니다. 그것은 더 멀리 있습니다. 신념은 움직임도 없고 두 개가 다 색깔이 있습니다.
>
> 치료자: 됐어요. 지금 어떻게 하라는 지시를 당신에게 하겠습니다. 당신은

그 강한 신념의 모든 내용과 이야기를 하고 난 다음에 멀리 밀어 내 뒤쪽으로 밀어붙임으로써 희미한 특성을 다 가지게 해 보세요. 그 위치 관계로 오랫동안 형태 방해를 하는…… 그 자리에 당신이 가지고 싶어 하는 신념이 있을 겁니다.

피험자: 예.

치료자: 일반적으로 사람들은 원하는 것과 반대되는 원치 않는 것을 할 때가 많습니다. 이렇게 되는 것은 긍정적 목적이 아니라 과정이라는 것을 확인시킵니다. 예를 들어, 당신이 스키를 배운다고 가정합시다. 자신이 훌륭한 스키어라고 생각하고 시작한다면 그 생각은 당신을 죽게 하는 행동으로 이어질 수 있습니다. 그러나 당신이 스키를 빨리 쉽게 배울 수 있다는 태도와 신념을 가지고 시작한다면, 배우는 것을 즐길 수 있고 배우는 데 큰 도움이 될 것입니다. 우리가 새로운 신념을 이런 방법으로 생각할 수 있지 않겠습니까?

피험자: 예, 있지요. 그렇게 말로 표현되니까 이미 그것을 실제적으로 느끼게 되었습니다.

치료자: 서둘러 진전시키세요. 한 가지 먼저 할 것은 환경 점검입니다. 만일 당신 자신에 대해 이런 방법으로 신념을 가진다면 그것이 어떻게 당신의 삶에 영향을 줄 것 같습니까? 주위에 있는 다른 사람에게는 어떻게 영향을 끼칠 것 같습니까? 당신의 신념의 어떤 부분을 좀 더 조정하여 가족이나 직장에서 더욱 적절하게 만들 필요가 있는지 생각해 보세요. 이 신념이 당신의 가치관과는 갈등을 일으키지는 않나요?

피험자: 아니, 아니에요. 괜찮습니다.

치료자: 예, (손가락을 '딱' 치며) 그래서 당신은 그 강력했던 신념을 움직이게 하여 그것을 다른 데로 치워 버리고, 그 자리에 새 것을 갖다 놓을 수 있습니다. 그 옛 신념을 없애고 그 자리에 다른 것을 채운다는 개념입니다. 당신이 옛 신념을 희미한 데로 이동시키는 것은 당신이 다른 무엇을 가지기 때문입니다. 지금 당장 당신은 새 신념을 가지지 않았으나 희미하게 하는 것이 그것을 가능하게 할 것입니다.

피험자: 와, 나는 할 수 있어요.

치료자: 됐습니다. 자, 옛 신념을 멀리 보내세요. (손가락을 '딱' 치며) 그리고 (손가락을 '딱' 치며) 그것을 다시 가져오면 다 씻겨져 흐리게 됐지요. (손가락을 '딱' 치며) 그리고 새 것을 강한 신념이 있던 예전의 자리에 놓으세요. 당신은 그 새 신념이 강한 것이 되기 원합니다. 음악과 소리를 반주로 넣고 모든 다른 특성을 다 그것에 부착시키고 넣으세요. 자, 갑니다. 우…… 우…… 됐어요. 당신이 강했다고 느꼈던 신념이 있지요? 그것을 지금 느껴 보세요.

피험자: 아무것도 아닌데요. 문제가 없습니다.

치료자: 아무것도, 좋아요. 당신이 좋아하는 신념은 어떻게 됐습니까? 그것이 강한 신념이 됐습니까?

피험자: 예.

치료자: 그 새 신념을 더 크게, 밝게 해 보세요.

피험자: 기분이 좋아요.

믿을 수 없을 정도로 그렇게 쉽다는 것은 대개 자신에 대한 신념이 일반화된 기능이기 때문이다. 자신에 대한 범주에서 일반화된 것이 특정 사건이다. 열 번이고 스무 번이고 노력을 해 봤으나 할 수 없었던 일은 그것을 할 능력이 없다고 믿기 때문에 발생하는 것이다. 어린아이에게 바보라고 반복해서 들려준다면, 그 아이는 자신이 바보라고 믿게 되고, 그런 행동을 하게 된다. 신념은 자아감의 일부가 된다. 미운 오리새끼가 훌륭하고 아름다운 백조가 되었으나 자기가 미운 오리라고 계속 생각해 왔다는 이야기와 같은 이치다.

Dilts(1983)는 자기가 경찰이라고 믿고 있는 한 남자의 이야기를 하였다. 그 신념이 잘못되었다는 것을 증명하려던 정신과 의사는 "경찰이 피를 흘리는가?" 하고 물었다. 그 남자는 "그렇지 않다."라고 대답했다. 그렇다면 실험을 해 보자면서 그 남자의 동의를 얻어 바늘을 가지고 손가락을 찔렀다. 그러자 피가 났다. 이 남자는 나오는 피를 보고 그제야 "경찰도 피가 나는군요." 하고 자기가 잘못 알았다고 말했다. 이 남자의 신념이 고쳐졌든, 고쳐지지 않았든 이 남자는 그럴 수 있는 여건은 아직도 있으며, 그 여건은 변할 수도 있는 것이다.

변화의 구조는 스위시 형태와 유사하며, 그것은 현재 상태가 사라지고 원하는 상태가 강화되는 것이다. 종속모형을 사용하지 않고 이 변화를 야기시키는 메커니즘은 신념을 흐리게 하는 방법을 통해 두 방향을 가능하게 할 수 있다. 이것은 약한 신념이 아니라 이렇게 해도 좋고 저렇게 해도 좋은 것이어서 우리가 별로 상관하지 않는 것이다. 그 이유는 이럴 수도 있고 저럴 수도 있어 별로 문제가 안 되는 것이기 때문이다.

사람이 가진 강한 부동적 신념과 느슨해지는 것을 원치 않는 신념을 희미한 종속모형으로 변화시킴으로써 문제가 되지 않는 것이 가능할 수 있다. 일단 재변화가 일어났으면 상관없었던 가능성이 형성되기 시작한다. 사람이 원하기는 하지만 자신이 가지지 않은 신념은 희미한 종속모형의 변화를 통하여 그것을 갖는 것이 가능해진다. 앞서 제시한 시범에서는 피험자가 변화를 일으켰을 때 "와, 나는 할 수 있어요."라고 소리를 쳤다. 원하는 상태의 느낌이 이미 자신에게 드러나기 시작한 것이다. 신념 변화는 스위시 형태에서처럼 형태가 동시성 변화라기보다는 연쇄가 있으나 속도가 절대적으로 유지되는 변화다.

Bandler는 그 변화의 속도를 이끌어 가는 데, "쉬……."하면서 손가락으로 '딱' 소리를 냈다. 오래된 신념은 새 신념이 자리 잡을 때까지 유지됐다. 이미지의 공간적 위치와 소리는 신념 변화에 강력한 영향력을 발휘하여 일단 공간 변형이 이루어지면, 그 공간 변형을 수반하는 종속모형의 이미지와 소리를 옛 신념에 같이 두는 것은 불가능해진다. 그것은 위치를 안정시키는 영향을 미치고, 예전의 강력한 신념과 원하는 새 신념 두 개가 하나로 자리잡게 하는 신념 변화를 일으키는 것이다.

13) 부정적 신념 제거

세 명이 짝을 이루어 피험자 3은 메타위치를 가지고, 피험자 2에게 자원을 제공하기 위해 기록한다.

- 1단계　피험자 1은 자신에 대한 좋아하지 않는 신념 한 가지를 찾아낸다. 그 신념을 가지지 않았다면 그는 더 많은 선택을 할 수 있는 행동에 융통성을 가지게 될 것이다. 피험자 2와 피험자 3에게 자신의 신념을 알리지 않아도 된다.
- 2단계　피험자 2는 피험자 1의 강렬하고 원치 않는 신념의 종속모형을 확충시킨다.
- 3단계　피험자 1은 두 개 다 수용 가능한 어떤 선택을 한다. 그 예로 자기가 점심에 국밥을 먹든지 아니면 더 맛있어 보이는 다른 것을 메뉴에서 찾을 수도 있다는 것이다. 이것을 정하든지 저것을 정하든지 상관이 없다. 이것들은 흐리고 희미한 신념이다.
- 4단계　피험자 2는 그 희미한 종속모형을 확충한다.
- 5단계　피험자 2는 피험자 1이 원치 않는 종속모형을 진행시키도록 하여 희미한 종속모형으로 하나하나 차례로 변화시키게 한다. 하나가 끝나고 다음 것을 변화시키기 전에 최초의 형태의 종속모형으로 돌아와야 한다는 것을 잊어서는 안 된다. 어느 변화가 가장 큰 차이점을 만들어내는가 결정한다.
- 6단계　피험자 1은 옛 신념보다 더 효과가 있는 자신이 가지고 싶은 새로운 신념을 찾아낸다. 이 신념은 긍정적인 말로 된 목적이 아니라 진행으로 고려되어야 하고 환경 점검이 되어야 한다. 이 새 신념이 어떻게 다른 사람에게 영향을 주며, 자신의 직장에서는 어떠한가? 자신의 가치관과 일관성이 있는가? 자신과 가까운 사람들의 가치관과는 어떻게 되는가? 필요하면 이 여러 가지 조건을 맞추도록 새로 택한 신념을 교정한다.
- 7단계　새 신념을 희미한 종속모형으로 변경시킨다.
- 8단계　5단계의 노트를 사용하여 피험자 2는 피험자 1에게 예전에 강하게 가졌던 신념을 없애도록 지시하고 희미한 것으로 돌아오게 한다. 예

를 들어, 5단계에서 만들어진 가장 큰 변화의 종속모형이 거리에 관계된
것이었다면, 피험자 2는 피험자 1에게 옛 신념을 먼 거리로 움직이게 하
고 희미한 것이 있던 장소에 그것을 가져다놓게 한다.

- 9단계   새 신념의 소리와 그림을 옛 신념의 형태로 바꾼다.
- 10단계   시험하여 본 다음 미래 보정을 한다. 피험자 2는 피험자 1에게
  지금은 자신에 대해 믿는 것이 무엇인가 질문한다. 피험자는 이 새로 택
  한 신념을 가졌으면 "과거에 할 수 없었던 어떤 것을 할 수 있게 되었습
  니까?" 하고 물어보고 새 행동을 차례로 해 보도록 한다.

연습을 할 때는 각 단계마다 중간에 형태 차단을 한다. 이것이 각 단계의
진행을 확실하게 구별하게 한다. 그리고 그 사람이 만드는 변화의 속도는 신
념 변화에 결정적인 영향을 준다는 것을 염두에 두어야 한다.

새 신념을 긍정적인 언어로 진술하는 것은 일련의 과정으로서 스위시 형
태에서 본 것처럼 사람을 우울한 감정에서 분리시키는 기능을 한다. 새 신념
은 강렬하여 그 신념과 같이 행동하도록 그 사람을 이끈다. 스위시 형태와 같
이 신념은 순차적 변화를 일으킨다.

특정 신념에 변화가 이루어졌을지라도 그 형태는 그 사람의 새 행동을 증
진시키는 여러 가지 교차 상황에 일반화가 일어나도록 만든다. 이 새 행동은
그 사람이 자신의 가능성을 인식하도록 방향을 잡아서 이끌어가게 된다. 신
념 변화는 그 사람의 행동에 제동을 거는 것이 아니라 보다 더 확장을 시키고
선택을 가지기 위한 방향을 잡아 주게 된다.

이 새 행동이 얼마나 압도적일 수 있느냐에 따라 옛 행동 형태에서 새로운
행동 형태로 옮겨 가는 과정의 가능성을 증강시킬 수 있다. 이러한 것은 한 번
에 이루어지는 것이 아니라 한 가지 한 가지 구조적 변천이 요구된다. 어느
워크숍에서 어떤 사람이 말하기를 "나는 진심으로 새 행동을 원하고 있지만
내가 충분히 거기에 대해 알지 못하기 때문에 그것을 위해 노력하지 않고 뒤
꽁무니를 빼고 있는 셈이에요." 라고 했다. 그가 가진 느낌은 '주저한다' 는

것이다. 그는 자신을 정당화시키는 데 관계된 느낌으로 주저하는 마음을 묘사했다. '정당화'라는 것은 유효할 수도 있고 유효성이 없을 수도 있다. "나는 잘 모르겠다."라는 말에는 정당화가 들어 있다. 아주 흥미로운 진술이다. 충분히 모른다는 것은 무엇을 의미할까? 그것은 잘 안다는 것의 반대다.

4. 종속모형을 이용한 치료 기법 Ⅱ: 촉각

'Don't'라는 말은 'Doing not'이라는 것으로, 'do'에 'not'이라는 부정사를 붙인 것이다. 그래서 'not'이라는 활동에 가담한 것이다. 이런 경우, 사람은 충분히 알지 못하는 활동에 가담하게 된 것이다. 이것의 기능적인 부분은 "어떻게 그가 잘 알지 못하는가?"에 있다. 뒤로 미루고 주저한다는 것이 그가 할 수 있는 말이다.

주저하는 감정을 조작할 때는 충분히 알지 못하는 활동에 참여하지 않으면 안 된다. 이것을 취급하기 위해서는 '주저함'의 구조가 다루어져야 할 것이며, 연쇄 방법의 처음 고리로서 주저함이 사용되어야 한다.

연쇄는 사람을 한 가지의 상태에서 다른 상태로 옮겨 가게 하는 쉽고 자연스러운 전환(transition) 단계다. 이런 경우 우리는 그 사람이 주저하는 데서 전진을 하게 하는 전환 단계의 연속물을 형성하도록 해 주어야 한다. 여기서 사용할 연쇄의 형식은 다음과 같다.

- 주저
- 좌절
- 인내심 상실
- 원하는 소원
- 소원 추구

이 장의 첫 연습은 종속모형으로 강화된 촉감 앵커를 연쇄반응으로 형성시킨 것이다. 연습에서는 종속모형 한 가지만을 사용하여 연쇄반응을 정착시킨다.

1) 연쇄 종속모형 1

세 명이 짝을 이루고 피험자 3은 확충된 종속모형에 대해 상세히 적는다.

- 1단계 피험자 1은 과거에 경험했던 어떤 사건을 선정한다. 과거의 한때 어딘가에서 주저하면서 자신이 본 것을 보고, 들은 것을 듣는다.
- 2단계 피험자 2는 피험자 1이 주저하는 경험의 종속모형을 확충시킨다.
- 3단계 피험자 1은 자신이 좌절했던 경험 한 가지를 찾아서 그 당시에 보았던 것을 보고, 들었던 것을 듣는다.
- 4단계 피험자 2는 좌절의 종속모형을 확충시킨다. 피험자 3은 주저하는 것과 다른 현상을 노트에 기록한다. 여기서 중요한 것은 상태에 따라 어떻게 종속모형이 바뀌는가를 찾는 것이다.
- 5단계 다음으로 참을 수 없었던 것을 경험한 상황을 찾아서 좌절의 종속모형과 비교하여야 한다. 피험자 3은 이 두 가지 사이의 차이점을 찾아서 기록한다.
- 6단계 그리고 나서 원하는 소원과 참을 수 없는 경험의 차이점을 찾는다.
- 7단계 원하는 소원과 성취된 소원 간의 차이점을 발견한다.
- 8단계 피험자 2는 피험자 1에게 연쇄를 만들어 내기 위해 스위시 형태의 구조를 사용하도록 지시한다. 이 연쇄로 네 가지의 종속모형 변화를 만들어 낼 수 있게 된다. 주저하는 감정의 경험이 주저, 좌절, 인내심 상실, 원하는 소원, 소원 추구의 연쇄를 통하여 옮겨 가며 이동할 것이다. 주저하는 감정의 경험 내용은 지나가는 연쇄를 통과하면서 계속 유지된

다. 스위시드(swished)를 받고 있는 이미지에 그 사람은 연합되어 있고, 스위시되려는 이미지에서는 분리되어 있다. 예를 들면, 피험자 1은 자신이 주저하는 그때 모습을 보게 된다. 그 그림은 둘레에 테두리가 있는 큰 사각형 그림이다. 처음 이미지가 사라지면서 기존의 작은 그림은 더욱 더 크게 그 이미지에 들어간다. 마치 좌절 상태의 종속모형을 가지고 그 일이 일어나는 당시처럼 그 사건을 본다. 그리고 같은 장면 속에서 자신이 지닌 다른 이미지가 점점 커지고 밝아지고 있는 것을 인내심 상실의 종속모형을 가지고 보게 된다. 이와 같은 진행이 원하는 소원과 그것을 추구하는 과정에 계속된다.

- 9단계   시험해 보고 미래 보정을 한다.
- 10단계   역할을 바꾸어 가면서 경험을 한다.

이 조각들을 맞추어 나가는 것은 각 상태의 종속모형의 다른 점들을 응용하여 가능해진다. 연쇄반응 역시 방향을 잡는 데 지침이 되고 오래 지속되어서 삶의 다른 여러 분야에 일반화를 일으킨다. 앞선 연습에서는 연쇄를 형성하는 데 스위시 형태의 구조를 응용했다. 여기서도 같은 종속모형 변화를 유추 분류에 응용하여 완성해 보자.

스위시 형태의 구조와 다른 종속모형의 개입으로 일치하지 않는 감정을 없애고, 원하는 감정을 강화시키는 것은 충분히 가능하다. 원치 않는 감정을 변화시키는 것이 아니라 단순히 사라져 없어지게 하는 것이다. 발단 수준의 형태에서도 원치 않는 감정을 변화시켜 그 감정을 강화시키는 유추 분류를 갑자기 커지게 한다. 이렇게 하는 동안 원치 않는 감정이 강해지고 더 강해져 변화가 일어나게 된다.

좋아하지 않는 감정은 빨리 강화되기 때문에 이것을 빨리 취급하지 않으면 정지될 가능성도 있고, 또한 나쁜 감정에 사로잡혀 있게 된다. 예를 들어, 밝아지는 것이 원치 않는 감정을 강렬하게 하면 아주 빠르게 그 이미지를 밝게 하여 그 느낌이 변할 때까지 밝아지게 되어 그 이미지 형태나 감정은 단순히 사라지게 된다.

만일 발단 수준의 구조를 그것만으로 사용한다면, 자신을 그 경험 속에 있는 것처럼 보게 되는 이미지를 가지고 유추 변화를 하도록 하는 데 도움이 된다. 앞서 언급한, 뱀에 대한 공포증을 가진 어린 소년은 뱀의 이미지 때문에 어려움을 갖게 되었다. 그는 텔레비전에서 무시무시한 공포영화를 보면 같은 두려움을 느꼈다. 계속해서 그 두려운 것을 보기를 원하지 않았으므로 채널을 바꾸었지만 어떤 사람이 뱀의 공격을 받는 것을 또 보게 되었다. 여기에서 흥미 있는 것은 후에 그 이미지가 기억에 남는 것이 아니라 공포증을 만들어 내게 되었다는 것이다. 그 뱀의 이미지 하나를 선정해서 그것을 점점 밝게 할 때, 이 소년은 그 이미지를 흐리게 할 수 있을 것이다. 그래서 결국 무서운 느낌도 없어진다. 그리고 그는 스크린을 흐리게 하고 자기가 안정되고 편안했을 때의 종속모형을 가지고 자신의 이미지를 볼 수 있게 된다. 그래서 잠자리에서 뱀에 대한 환상을 제거할 뿐만 아니라 후에 그런 두려움이 생기더라도 이 기술을 적용할 수 있게 된다.

2) 연쇄 종속모형 2

앞의 연습에서와 같은 사람으로 세 명이 짝을 이룬다.

- 1단계　연쇄 종속모형 1 연습에서 기재된 노트에 따라 각기 다른 상태들 간에 변인이 되는 유추 분류를 한다. 연쇄를 다 변화시키는 한 유추 분류로 끝을 낼 수 있다. 또한 각자가 상이한 유추 변인을 가질 수도 있다.
- 2단계　피험자 2는 그 유추 변인을 활용하면서 피험자 1에게 그 연쇄를 경험하게 한다. 예를 들어, 만일 명도가 주저함과 좌절 사이의 유추 분류라면 피험자 1은 자신이 주저했던 경험 속에서 본 것을 보게 될 것이다. 그런 다음 유추와 디지털 분류를 하는데, 좌절의 모든 종속모형 특성을 가지고 자신이 같은 경험 속에서 자신을 볼 수 있었던 좌절감과 같은 명

도로 흐리게 한다. 그 경험을 발단수준까지 밀어내기 위해 유추를 사용하여 다음 단계로 우아하게 이동하게 한다. 피험자 2는 피험자 1로 하여금 천천히 이 연쇄를 경험하게 하여 그가 사용법을 배우게 한다.

- 3단계   피험자 2는 피험자 1이 이 연쇄를 반복하도록 하여 속도를 강화시킨다. 평안히 하는 것보다 약간 더 빠르게 진행시키도록 격려한다.

여기서는 정지상태에 있는 사람이 적절한 행동을 취하는 과정에서 연쇄기법을 사용했다. 이 연습은 주저하는 데서 얻고 싶은 것을 획득하는 과정이라 부를 수 있다. 여기에는 차단되고 움직이지 못하게 하는 여러 가지 경험상태가 관계되어 있다. 예를 들면, 작가의 막히고 차단되는 문장 묘사나 혹은 마음속에 떠오르지 않는 창작적인 구상의 차단과 같은 것들이다. 연쇄기법의 다양한 경험을 해 보고 싶으면 현재의 특정한 상태와 원하는 상태를 선택해야 한다.

따분함, 호기심, 참여나 흥분, 유머, 혼란, 창작 같은 의식 상태는 모두 응용 가치가 있다. 연쇄반응을 효력이 훌륭한 메커니즘으로 만드는 것은 사람이 한 가지의 상태에서 다른 상태로 종속모형을 전환시켜 가는 자동적 변화를 응용하는 기술이다. 방금 시행한 연습은 행동 변화에 영향을 끼치게 하기 위해 의도적으로 이 자동적 변화기제를 응용한 것이다.

스위시 형태는 일반 모델로 사용될 수 있다. 그러나 이 모델은 사람이 어떤 특정의 한계점을 넘어서는 데 자동적으로 재연되기 위해서는 수정되어야 한다. 한계를 느끼게 하는 형태의 메커니즘이 변화를 일으키기 위해 응용될 때는 그 효과가 표준 스위시보다 더욱더 강력한 것이어야 한다. 이번 연습은 작업을 하고 있는 사람의 특정 메커니즘에 맞추어 구성된 스위시 형태의 발전 구조를 보여 주는 것이다.

3) 개인 스위시 형태

두 명이 짝을 이루어 진행한다.

- 1단계 피험자 1은 자신이 변하고 싶어 하는 문제라고 생각되는 어떤 한 가지를 찾아낸다.
- 2단계 피험자 2는 피험자 1에게 문제를 어떻게 가진다는 것을 가르쳐 준다. 문제를 가졌을 때 어떻게 알게 되며, 어떻게 그 문제나 감정 상태를 만들어 내는가는 구체적이어야 한다. 이 목적을 달성하기 위한 가장 효과적인 방법 하나는 다음과 같이 물어보는 것이다. "당신은 당신 자신의 자리에서 잠깐 휴가를 가고 그날 내가 그 자리를 채운다고 할 때, 당신이 한계를 느끼는 느낌이나 행동을 내가 해야 한다면 그것을 언제 가져야 한다는 것을 어떻게 알 수 있습니까? 내가 이 문제를 가지기 위해 내 머릿속에서 나는 무엇을 해야 합니까?" 이렇게 하는 제한이 하나의 성취라는 것을 전제하고 다른 사람에게도 이것을 가르칠 수 있다는 것을 전제한다(Bandler, 1992).
- 3단계 피험자 2는 피험자 1에게 문제상태를 창출해 내는 전략을 펼침으로써 피험자 1이 그의 느낌의 강도나 질을 변화시키는 적어도 두 개의 종속모형을 찾도록 한다. 이것은 크기, 거리, 명도, 확실성, 모형, 위치, 방향, 속도와 같은 것들이다. 각각 다른 이미지를 가지고 같은 종속모형 변화의 경험을 가지도록 지시하고, 그 이미지 내용을 가지고 종속모형 변화를 가졌을 때와 연관된 피험자 1의 느낌의 변화를 주시한다.
- 4단계 일단 피험자 2가 문제상태를 끌어 내는 데 가장 중요한 두 개의 유추 차이점을 얻었으면, 피험자 1에게 자신이 원하는 변화를 이미 얻은 것처럼 자신의 모습을 보도록 지시한다. 강력한 영향을 일으키는 행동 변화를 찾아가게 하는, 즉 "아, 정말 내가 그렇게 될 수 있다는 말인가."

라고 말할 수 있는 자신을 바라보는 이미지이어야 한다. 이 두 번째 이미지에 의해서 비롯된 느낌이 강력할수록 변화의 영향은 더욱 효과적일 수 있다.

- 5단계   유추 분류를 사용한 스위시 형태를 구성하여 피험자 2는 문제상태를 만들어 가는 데 가장 중요한 것을 찾아낸다. 예를 들어, 만약 응급 종속모형이 크기나 거리라면 첫 번째 이미지는 크고 가까이에 있는 그 당시에 그가 본 것을 보는 것이 되어야 한다. 두 번째 이미지는 그녀가 마치 변화를 일으킨 것처럼 행동하는 자기 자신을 멀리에서 작게 보아야 한다. 크고 가까운 이미지는 점점 작아지며 멀리 이동해 가고, 원하는 상태의 작은 이미지는 점점 커지며 가까이 움직여 오게 된다. 피험자 2는 스위시 형태를 형성하여 피험자 1에게 종속모형 변화를 완성할 수 있도록 지시한다.
- 6단계   스위시를 5회 반복한다. 이것을 할 때 각 단계마다 영상 만드는 것을 정지하고, 문제상태 이미지를 가지고 다시 시작하기 위해 스크린을 지워 버려야 한다.
- 7단계   시험을 해 보고 미래 보정을 한다.
- 8단계   역할을 바꾸어 각 단계를 경험한다.

이 조절(재구조화)한 스위시를 강력하게 다루는 것은 이미 배운 종속모형 형태를 응용한다는 것이다. 과거에 이것은 원치 않는 상태를 만들어 내던 형태였다. "사람은 부서지고 다 망가지지 않았으며, 그들이 행하는 구조는 완전하게 작용을 한다."라는 것은 NLP에서 자주 언급되는 전제다. 여기에서 그 완전한 구조는 더욱 유용한 반응을 창출하기 위해서 사용된 것이다. 스위시는 강도 있는 이미지를 향한 움직임으로 길잡이가 되어 자기가 원하는 자신으로 완성되어 가는 노력을 계속하게 될 것이다.

여기에 제시된 실습은 단순히 가능한 것의 표본이다. 우리가 변하기를 원하는 것들 중 제한을 받는 것은 한 가지만 있는 것이 아니다. 스위시 형태는 원하는 만큼의 수많은 변화를 달성할 수 있도록 방법을 제시한다. 이 방법을 사용할수록 그 기술과 융통성은 더욱 개발될 것이다. 이 연습은 시각적 종속모형을 가지고 자동화시키는 것이 필요하다. 그 이유는 시각 조직이 두 가지 이미지를 동시에 변경시킬 수 있기 때문이다. 한 가지 시야를 지닐 때 한 가지 이상의 소리를 듣는 것은 훨씬 어렵다. 어쨌든 시각적 기능과 융통성이 개발되면 다른 체계에 이 형태를 응용할 수 있게 될 것이다.

제한받는 것을 제거하는 데에서 스위시 형태에서 사용되는 것과 같은 방법으로 신념 변화가 사용될 수 있다. 자신의 한계를 자신이 믿지 않고 반대로 사용했다면, 삶은 더욱 즐거운 것이 되고 생산적인 것이 된다. 변화되기를 원하는 것을 하나하나 적으면서 제한하거나 방해하는 신념을 다 적어 보자. 많은 사람은 자신이 실패할 것이라는 생각을 하기 때문에 노력을 하지 않는다. 만일 이루어질 수 없는 일이라면 불가능하기 때문에 그것에 대해 염려해야 할 필요가 없게 된다. 따라서 그것을 알게 됨으로써 모든 것에서 염려하는 것을 중단하게 할 것이다. 그래서 어떤 것이 사실이 아니라고 알게 되었다면, 우리는 무엇이나 다 할 수 있게 되고 할 수 있다는 것을 알게 될 것이다. 이렇게 되면 어느 누구보다 더 많은 것을 해낼 수 있게 될 것이다. '할 수 있다' 는 믿음을 가질 때, 이것을 하는 과정은 재미있게 되고 이 즐거움과 배운다는 것이 연결이 될 때 그것을 계속해서 하게 될 것이다.

많은 사람들이 어떤 상황에서 침묵을 경험한다. 침묵은 주저하는 것과 유사한 것이지만, 사람이 자기 자신에 대한 생각을 하는 방편으로도 사용된다. 주저라는 것은 "나는 그저 충분히 알지 못한다."라는 것으로 정당화될 수 있으나, 반대로 침묵은 "그렇게 하는 것이 재미있을 것 같은데 내가 그런 사람이 아니야." 하는 말로 표현된다. 침묵에서 확실한 것은 시간을 죽이는 것이다. 남편과 더 가까워지고 싶고, 더 편안하게 살고 싶고, 사람들이 있는 데에서 자연스러운 모습을 보이고 싶으며, 이전에 해 보지 못한 것을 해 보고 싶은 것이 사람이다. 그러나 이러한 것을 생각할 때마다 자신에게 "나는 결코 그럴 수 없을 거야."라고 말하는 경우가 자주 있다.

다음 연습은 우리가 되기를 원하는 종류의 사람이 되도록 하는 한 가지 방법이다.

4) 침묵 제거법

두 명이 짝을 이루어 진행한다.

- 1단계 피험자 1은 자신이 참관하기를 원하는 어떤 행동이 있지만 자신이 그것을 한다고 생각하면 침묵하는 행동을 찾는다.
- 2단계 피험자 2는 "당신은 어디에 있고 싶으며, 무엇을 하고 싶은가?"라고 피험자 1에게 묻는다. 피험자 2는 자신의 정보 수집 기술을 사용하여 피험자 1이 적절하고 효과적인 결과를 개발하는 데 조력한다.
- 3단계 피험자 2는 피험자 1이 하고 싶은 행동을 하고 있는 자신을 보기 위해 새 행동의 분명한 이미지를 만들도록 지시한다. 실제 이것은 행동의 연쇄로서 피험자 1이 자신이 원하는 활동에 참가하는 자신을 보는 작은 영화다. 피험자 1이 전체 연쇄를 볼 수 있는지를 확인한다.
- 4단계 피험자 1이 현재 하고 있는 것을 유사한 상황에서 하는 것을 본다. 이것은 개입된 이미지이며 내적 대화로 그것을 성취하는 톤으로 완성된다. 실제 그가 그 행동을 하는 것과 같은 것이다.
- 5단계 피험자 2는 비교가 되는 종속모형을 확충한다. 두 개의 개입과 분리된 집합체의 이미지 간의 차이점이 무엇인지, 크기, 명도, 위치, 거리, 확실성 같은 것의 차이점을 찾는다.
- 6단계 피험자 1은 자신이 놀이를 하고 있었던 가장 실례가 되는 유사한 상황에서 또 다른 경험을 찾는다. 피험자 2는 그 경험의 종속모형을 확충하고, 장난스러운 경험과 다른 두 개의 경험 종속모형 사이의 차이를 찾아낸다.
- 7단계 피험자 1은 원하는 상태의 이미지를 보고, 보고 싶은 부분을 보

[그림 13-8] 경이

고, 그 그림 속으로 걸어 들어가 연합된다. 그가 거기서 느낀 것이 좋은
가? 피험자 2는 이 환경에서 지금 자신이 하고 있는 것과 자신이 원하여
선택한 것을 비교하도록 요구한다. 피험자 1이 이미 가지고 있는 것을
원한다면 그것도 좋다. 만일 그가 창출하고 선택한 것을 원한다면 그 진
행은 단순한 것이다.

- 8단계　피험자 1의 신념 전략을 사용하여 피험자 2는 그를 도와 신념 변
화를 하도록 도와준다. 피험자 1이 원하는 것을 창출하여 자신이 믿는
것과 비교해 보니 "그저 그런 거다."라고 느끼면 그가 해야 할 것은 그
둘을 바꾸어 가며 그가 창출해 낸 것을 믿게 하는 것이다. 이런 경우 진
행 과정을 다양하고 더욱 흥미롭게 만들기 위해 가능성을 창출하는 방법
으로 희미한 일 대신 극적인 경험에서 유인된 종속모형을 사용한다.

5) 새 행동 생성자

어떤 환경에서든지 무슨 일이 일어나고 있는가 발견하는 것은 아주 흥미
로운 일이 된다. 특히 자신이 가능할 것이라고 전혀 예상하지 못했던 새 행동
이 일어나면, 이로 인한 놀라움과 기쁨은 아주 크다. 새 행동 창출은 이러한

흥분을 위한 것이다. 자신이 하기를 좋아하는 행동이라면 그것이 새 것이든 옛 것이든 상관없다. 그러나 더 황홀한 것으로 전환시킬 수 있고 첨가될 수 있는 것이 있다. 이것을 시즐(sizzle)이라고 한다. 재즈음악가는 이와 같은 성질을 '쾌조의 연주'로 표현한다. 여기서는 세 사람이 짝을 지어 시즐 반응을 연습한다.

- 1단계 피험자 1은 자신의 삶에서 모든 것이 극히 완전하여 손가락만 치켜들어도 불꽃이 일어날 것 같은 순간의 접착이 충만한 순간 한 가지를 찾는다. 모든 것이 완전하게 똑 소리를 내는 마술적인 순간을 생각한다. 무엇이든 상관이 없다. 산고를 겪은 후 아기를 처음 보았을 때일 수도 있고, 사랑에 빠져 있었을 때일 수도 있고, 운동선수가 몇 달의 고된 훈련 후 경기에서 이겼을 때 등등 모두 가능하다. 어떤 경험이든 그것이 마술적이어서 주위의 공기가 에너지를 자아낼 수 있게 튀는 것이면 아무것이나 상관없다.

- 2단계 피험자 2는 피험자 1의 반응을 앵커한다. 피험자 1의 반응을 확충할 때, 그것이 강렬한 집약적인 반응인가를 확인한다. 반응의 집약성은 시범을 보이는 피험자 2의 음성의 어조, 얼굴표정, 자세, 몸짓 등의 통합성에 직접적으로 관계되어 있다. 상대 피험자를 보정하고 더욱 집약적 반응으로 유인한다. 이렇게 하는 것은 앵커하는 것이 더 쉬워지고 더욱 유용하게 되기 때문이다.

피험자 2는 피험자 1이 이런 환상적인 순간에 보았던 것을 보고 들었던 것을 듣도록 지시한다. 그런 다음 종속모형을 사용하여 경험을 강화시키는 데 사용할 수 있는 것이라면, 그 색깔을 밝게, 모양을 크게, 거리는 가까이에 있도록 하라고 피험자 1에게 지시한다. 그리고 그것을 앵커한다. 이 종속모형 종목들은 사람에 따라 약간씩 변화가 생긴다. 그래서 시작할 때는 시즐 경험의 종속모형을 확충하고, 어느 종속모형 변화가 경험을 가장 확대시키는가 찾아내는 것이다.

- 3단계　피험자 2가 시즐 반응을 더 확충할 때마다 앵커를 같은 장소에서 하여 시즐앵커를 중첩시킨다.
- 4단계　피험자 1은 자신이 할 수 있는 원하는 것 세 가지를 얻어 낸다. 그런 다음 피험자 2는 피험자 1에게 다음 활동을 하나하나 차례에 따라하도록 지시한다.
  - 피험자 1은 자신이 그 활동을 하는 것을 본다. 피험자 2는 시즐앵커를 발사하여 연쇄가 끝날 때까지 잡고 있다.
  - 피험자 1은 그 경험에 개입하여 자신이 그 활동을 실제로 한다면 들을 수 있고 볼 수 있는 것을 보고 듣는다. 피험자 2는 시즐앵커를 발사하며 연쇄가 끝날 때까지 잡고 있다.
  - 피험자 1은 일어나 피험자 2와 같이 역할극으로 그 활동에 가담한다. 피험자 2는 시즐앵커를 발사하고 미래 보정이 끝날 때까지 잡고 있는다.
- 5단계　피험자 1은 그 자신의 시즐앵커를 만들어 어떤 사람이 재미있어 보이는 어떤 일을 할 때, 그것이 자신이 하고 싶어 하는 것이면 그도 그 행동에 참여할 수 있고 그것을 시즐링하여 마술적이었던 때와 같이 만들 수 있게 한다.

6) 촉감 종속모형 탐사

가장 표착하기 어려운 종속모형 체계는 촉감일 것이다. 촉감은 우리가 가장 의식할 수 있는 하나의 체계이기 때문이다. 어쨌든 촉감에 대한 의식은 주체성이 없는 경향이 있다. 우리가 주목해야 하는 것은 어떤 연쇄 자체라기보다 몸의 감각의 정점을 얻으려 노력해야 한다는 것이다. 촉감에 대한 결과물은 의식하지만 그것을 있게 하는 과정은 의식하지 못해 왔던 것이다. 이제 우리는 경험의 강도와 질의 전환으로 종속모형의 박력이 경험의 강도와 그 질을 전환시킨다는 것에 익숙해졌다.

이번에는 경험의 강도와 질에 따라 일어나는 신체 감각의 영향력을 탐험해 보자. 두 명이 짝을 지어 진행한다.

- 1단계 피험자 1은 즐거운 경험을 찾는다.
- 2단계 피험자 2는 이 책의 종속모형을 사용하여 피험자 1에게 경험의 촉감적 종속모형 변화를 지시한다. 피험자 1이 다음에 오는 종속모형을 찾기 전에 최초의 종속모형으로 되돌아가야 하는 것을 확인한다.
- 3단계 응급 종속모형을 찾는다. 어느 촉감의 변화가 시각과 청각 구조에 가장 많이 영향을 끼치는가에 주시한다. 시각과 청각 변화가 가장 어려운 것이어서 특수한 관심을 가지지 않으면 안 된다.
- 4단계 역할을 바꾸어서 연습을 계속한다.
- 5단계 1단계에서 3단계까지 즐거운 경험을 가지고 반복하고 차이가 있다면 그 차이점을 찾아낸다.

여기서 인간이 경험한 것을 함축적 묘사를 지니고 있는 언어 형태로 바꿔보자. "나는 균형을 잃은 느낌이 들어." "나는 중심을 잡아야 해." "책임이 무거워." "그 사람은 자기 세상을 돌려." "어지럽게 해." 등은 많이 듣는 말이다. 이것은 모두 촉감적인 표현이다. 신체적인 전율의 어떤 상태를 지적하는 빈사들에 주의집중하지 않으면 안 된다.

촉감적 의식을 더 강력하게 개발하는 데 아주 효력이 있는 두 가지 연습이 있다. 첫째는 감각적 의식의 게슈탈트 연습이고, 두 번째는 다양성 요건 연습이다. 이 두 가지는 전환상태를 만들어 내는 가능성을 가지고 있다. 이것은 강력한 '지금 여기'에 앵커를 정착시켜 현실로 빠르고 쉽게 걸어가게 만들고 빠르고 쉽게 현실에 돌아오는 것을 가능하게 한다.

7) 게슈탈트 신체의식

혼자서 진행한다.

- 1단계　'지금 여기'에 앵커를 지정한다.
- 2단계　편안히 눕거나 앉아서 몸의 어떤 전율을 의식하면서 "지금 나는 ~을 지각한다."라고 자신에게 말하고, 시작할 때 신체 외부의 전율에만 집중한다. 외부의 전율을 침대 위에 누워 있는 자신의 무게, 입고 있는 옷의 느낌, 호흡을 내쉴 때 입가의 느낌, 신발의 압박감, 몸의 열기, 몸의 부분으로 느낀다.
- 3단계　1단계를 계속하되, 무엇이든 내적으로 의식되는 것을 첨가한다. 복부의 긴장이나 얼굴 오른쪽의 가려움, 왼쪽 다리의 짜릿한 전율 등 무엇이나 관계없다. 동시에 자기 몸의 전체를 지각하거나, 어느 한 부분에 감각이 없는가를 주시한다. 각각의 새로운 지각을 가지고 "지금 나는 ~을 지각한다."를 반복한다. 10~15분 동안 계속한다. 만일에 딴 생각이 들거나 마음이 혼란스러워지면, 자기 자신에게 하고 있는 일을 알리고 새로 신체적 감각에 대한 지각을 계속한다.

8) 다양성의 필연성

혼자서 진행한다.

- 1단계　지금 여기에 앵커를 지정한다.
- 2단계　어떤 색상을 선택하여 그 색상을 내용물 없이 시각화한다. 예를 들면, 마치 푸른 색상에 완전히 흡입된 것과 같은 것이다.
- 3단계　그 색상을 동반하는 소리가 무엇인지 의식하기 시작한다. 내용이 없는 적절하게 크고 명확한 소리를 듣는다.

- 4단계 그 색상과 소리를 동반하는 몸의 감각을 의식한다. 그 감각에 어떤 동작이 있는가, 자신의 몸 어느 부분에서 감각을 가장 의식하는가를 주시한다.
- 5단계 다른 색상이나 모양을 선정하는 것을 반복한다. 여섯 가지 색상 변인들이 다 탐험될 때까지 계속한다.

이 연습은 여러 번 계속 할수록 분별력이 더욱더 예리해질 것이다. 이미 이런 감각의 집약적 변인으로 실험을 하여 그것이 어떻게 경험에 영향을 끼치는가를 의식하는 사람도 있을 것이다. 그 감각의 시작에 대하여 의식이 더 예민해질 수도 있으며, 어떤 신체 부분에 특별한 의식을 가지게 될 수도 있을 것이다.

무예도들은 '생명의 힘' 또는 '기' 는 배꼽에서 4인치 정도 아래 지점에서 시작된다고 한다. 그들은 '기' 는 몸의 감각으로 경험될 수 있을 뿐 아니라 강화될 수도 있고, 제거될 수도 있으며 몸 전체에 퍼지게 될 수도 있다고 한다. 무예의 많은 부분이 기를 개발하는 것에 관심을 두고, 실습을 하는 사람이 '기' 의 흐름을 조절할 수 있도록 이끌어 준다.

같은 방법으로 다양한 경험은 호흡 형태를 동반하고, 그 경험은 몸의 감각을 동반하게 된다. 그 감각의 흐름과 방향은 경험의 강도와 질에 궁극적 영향을 주게 된다.

Bandler는 사람들이 모인 곳에 가면 메스꺼움이 날 정도로 불안해지는 한 남자 내담자를 치료해 주었다. 그는 현기증이 하도 심해서 구토를 자주했으며, 사람이 많은 주점이나 식당에서 친구들과 어울리는 것에도 심한 불안감을 느꼈다. 그는 시각이나 청각적 종속모형을 의식할 수 없었고, 사람들이 북적이는 것을 상상만 해도 현기증을 일으켰다. 그가 의식하는 것을 가지고 작업을 해야 하기 때문에 그에게 메스꺼움이 일어나기 바로 전에 무엇을 의식하느냐에 대한 질문을 하기 시작하였다. 그 메스꺼움은 어지러운 느낌에 의해서 진행되었다.

다음 문장은 치료자(Bandler)와 그 피험자의 촉감적 개입을 묘사한 대화다.

치료자: 어지러움을 느낄 때 무슨 일이 발생하나요? 무엇을 느끼는 것 같아요?

피험자: 방이 돌아가는 것 같아요.

치료자: 지금 그렇게 해 보세요. 그리고 무슨 일이 생기나 주시하세요.

피험자: 나는 그렇게 하고 싶지 않아요.

치료자: 무슨 일이 생깁니까?

피험자: 나는 메스껍기 시작했어요.

치료자: 예, 당신이 그렇게 되는 것을 중단했어요. 어떻게 그렇게 했죠?

피험자: 나는 방이 돌아가는 것을 중단시켰어요.

치료자: 그래요, 당신은 조절이 가능해요. 아주 좋아요. 둘은 동반자이고 셋은 군중이지만, 여기에는 우리 둘만 있으니 당신을 메스껍게 할 수도 있어요. 자, 방이 돌기 시작했을 때, 당신은 금방 메스꺼워졌습니까, 아니면 메스껍기 시작하기 전에 그것에 속도를 가했습니까?

피험자: 곧바로 그랬다고 생각됩니다.

치료자: 그렇게 하고 알아내세요. 이번에는 아주 천천히 시작하여 메스꺼움이 느껴지기 시작할 때까지 천천히 속도를 가해 보세요. 어디에서 돌아가는 속도에 변화를 가져오는가 찾아봅시다. 언제 메스꺼운 느낌이 시작되는가 내게 알려 주세요.

피험자: 지금 막 느낍니다.

치료자: 그 느낌이 시작되는 데는 시간이 약간 걸리는데요. 다시 해 보면서 이번에는 속도를 더욱 빠르게 해 보세요. 방이 더 빨리 움직이게 해 보세요. 무슨 일이 일어납니까?

피험자: 토할 것 같아요.

치료자: 그것을 중단하세요. 지금 무슨 일이 일어납니까?

피험자: 아직도 토할 것 같은 느낌입니다.

치료자: 괜찮아요. 뱃멀미를 하는 것 같은 메스꺼운 느낌은 방이 얼마나 빨리 돌아가느냐와 관계되어 있습니다. 만일 그것이 충분히 빠르면 메스꺼움은 더 심해지고 심지어 돌리는 것을 정지시킨다고 해도 당신

은 토하고 싶게 됩니다. 한 번 더……. 그런데 시작하기 전에 어느 방향으로 방이 돌고 있습니까?

피험자: 오른쪽으로…….

치료자: 됐어요. 방은 오른쪽으로 돌고 있습니다. 메스꺼울 때까지 속도를 가속시켜 보세요.

피험자: (머리를 젓는다.)

치료자: 돌리는 것을 중단하고 이번엔 반대 방향으로 돌리기 시작하세요. 자, 무슨 일이 일어납니까?

피험자: 없어졌어요.

치료자: 무엇이 없어졌나요?

피험자: 토하고 싶은 느낌이요.

치료자: 어지러운 것은?

피험자: 그것도 없어졌어요.

치료자: 어린 시절을 기억하세요. 어지러워서 넘어질 때까지 돌지 않나요? 우리가 어렸을 때는 모두가 그랬지요. 처음으로 그렇게 하여 마음의 변화를 실험한 것이죠. 당신이 오른쪽으로 돌다 넘어지기 전에 중지하고, 반대 방향으로 돌려 균형을 빨리 잡도록 돌아와 어지러운 증상도 없어진 것을 발견하게 되었지요. 여기서는 같은 것을 하는데, 마음속으로 하는 것입니다. 다시 해 보세요. 당신이 진정 이 과정을 조절할 수 있는가 알아봅시다. 오른쪽으로 돌리고, 메스꺼워지면 중단하고 왼쪽으로 돌려 메스꺼움과 어지러움의 느낌이 없어지면 돌리는 것이 중단됩니다. 무슨 일이 생겼든 상관없이 한 가지 잘하는 것을 배우게 되는 것입니다. 이렇게 하는 것은 다른 것도 더욱 효율적으로 잘할 수 있도록 배울 수 있게 만드는 기회가 됩니다.

피험자: 제가 연습해야 할 것이 그것입니까?

치료자: 그렇습니다. 연습을 하면 조절이 따라오고, 조절은 선택에서 옵니다. 당신이 원하면 어느 때나 아플 수 있습니다. 만일 그것이 필요한 목적을 달성하는 데 도움이 된다면, 그렇게 선택하고 아파도 된다는 것입니다. 아프냐, 안 아프냐가 문제가 아니라, 중요한 것은 당신이 조절할 수 있다는 것입니다. 그렇기 때문에 지금 몇 번이고 연습을

하고 난 다음, 길 건너 식당에 가서 점심을 먹으면 됩니다.

상담을 마치고 그는 붐비고 시끄러운 길 건너 식당에서 점심을 즐길 수 있었고, 시간을 잘 보낼 수 있게 되었다. 그는 빙빙 도는 자신을 느낄 때마다 그 느낌을 반대 방향으로 돌아가게 하여 어지러운 느낌을 제거할 수 있었다.

사람이 가장 유효 적절한 행동을 선택할 수 있다는 것은 진정한 의미에서 그 사람 자신이 스스로 선택을 가진다는 것을 뜻한다. 이렇게 되면 원치 않는 행동은 몇 주 후에 멈추게 될 것이다. 그러면 피험자는 "내가 그것을 더 이상 하지 않아도 된다."라고 말한다.

중요한 문제는 그 회전이 무엇이냐 하는 것이다. 그의 접근단서는 어지럽다는 것으로, 그것은 내적 이미지의 움직임에서 야기되었다. 그러나 그것은 그 피험자의 의식 밖에서 일어났다. 가장 중요한 것은 그가 의식했던 한 가지를 변화시킴으로써 그 내용에 대한 지각없이 변화를 일으키는 것이 가능하다는 것이다.

피험자의 세상모델에서 그 피험자를 만나야 한다. 그 모델이 무엇이든 응용할 수 있는 요소는 그 사람 내부에 있는 것이다. 이번 연습은 특유한 (idiosyncratic) 앵커를 형성하는 데 유용한 것이다. 연기를 개발하는 과정에서는 극장에서 배우가 완전하고 자연스러운 연기를 무대에서 개발하도록 돕는 것과 똑같은 과정을 사용한다. 현재 상태에서 중요한 것은 그 자신이 고유하고 독특한 세상모델에 의존하고 있다는 것이다.

9) 특유한 종속 앵커

두 명이 짝을 지어 진행한다.

• 1단계 피험자 1은 자신에게 극히 자신 있었던 어떤 경험 한 가지를 선정한다. 시즐 연습을 이미 했기 때문에 모든 일이 아주 마술적으로 잘 되

었던 시기들을 많이 생각해 낼 수 있다.

- 2단계 피험자 2는 피험자 1이 그 경험에 연결되도록 촉감적 접촉을 새로 형성한다. 경험하는 것에 동반하는 신체적 감각이 무엇인가? 시각적·청각적·촉각적 종속모형이 그 순간의 느낌에 접하도록 피험자 1을 도와주어야 한다.

- 3단계 피험자 1은 그가 복사할 수 있는 독특한 촉감적 요소를 찾아낸다 (자세, 몸짓, 표정, 앉은 위치 등). 피험자 2가 그 촉감적 구성 요소를 시범 보이는 것이 유리하다.

- 4단계 피험자 2는 그 촉감적 구성 요소가 경험과 연결되었을 때 그것에 앵커한다.

- 5단계 형태를 방해하고 나서 앵커를 발사하고, 피험자 1은 신체적 변화 교차가 일어나는지를 주시한다. 만일 그렇지 못하면 앵커를 새로 정착시킨다.

- 6단계 미래 보정과 앵커를 발사한다. 그런 다음 앵커를 발사하지 않고 두 번째 미래 보정을 실시하여 미래 경험에 신체적 변화가 야기되는가 주시한다.

이 상태를 동반할 수 있는 신체적 변화는 사이클 선수가 좋은 예가 될 것이다. 사이클 선수는 바퀴를 돌릴 때 어깨를 약간 앞으로 굽히고 허리를 둥글게 만든다. 이 동작을 반복할 때 그는 힘이 그의 몸에서 밀려오는 것을 경험하고, 활기차고 건재하다는 느낌을 가지게 된다. 그의 몸은 연쇄의 적절성을 유지하여 어깨는 앞으로, 허리는 둥글게 하면서 질주한다.

앵커링을 하고 촉감에 미래 보정을 하는 것은 그에게 여러 가지 상황에서 활기찬 건재함의 느낌을 접촉할 수 있게 만들 것이다. 여러 해 동안 사이클을 타지 않은 사람이 사이클에 오르면 자세를 어떻게 해야 할지 잘 모르게 된다. 형태를 형성하는 것은 어렵지만, 일단 배우면 형태가 형성된다. 그 형태는 내부의 어떤 상태를 유지시키는 연속적인 근육 활동을 동반하는 특정 근육 긴장으로 이루어진다.

　이번에는 치과에 가서 마취 주사를 맞을 때, 감각적 연쇄를 기억해 보자. 이 경험은 모든 사람이 해 본 아주 익숙한 경험이다. 무감각적인 느낌, 약간 찡한 느낌, 혓바닥이 부은 것 같은 느낌이 든다. 그 의식의 연쇄를 조심성 있게 추적하여 지난번 마취 경험을 가졌을 때와 똑같이 느껴 본다. 세 번, 네 번 반복할 때마다 그 감각의 강도를 높이면, 감각적 기억이 작용하게 된다. 마취의 경험을 가질 때마다 그와 같은 연쇄를 몸이 경험하도록 한다. 그 연쇄를 경험할 때 몸이 그 약효의 연쇄와 연관이 되고 그 약효를 재경험하게 된다. 한 가지 약효를 볼 수 있는 약은 다른 약효도 낼 수 있다.

10) 선택 약효

혼자서 진행한다.

- 1단계　친숙한 약 한 가지를 선택한다. 그 약을 실제로 사용하지 않더라도 그 약의 효과를 복사하여 가질 수 있는 것이어야 한다. 기분을 나쁘게 하는 부작용을 일으키는 약은 선택하지 않아야 한다. 그러면 다음에 그 약을 택하게 될 것이다.
- 2단계　이 약효를 경험한 과거의 어느 순간을 생각해 낸다. 그 경험을 기억함으로써 그 약이 효과를 낸다고 알리는 첫 신체적 감각은 무엇이었는가? 그리고 그 다음의 것은 무엇이며, 또 그 다음의 감각적 증상은 무엇이었는가? 그 약으로 일어나는 신체적 감각의 정확한 연쇄를 추적한다.
- 3단계　그 감각과 연쇄가 일단 추적이 되면 그 연쇄를 반복하고 각각의 단계를 반복한다.

　대개의 사람들은 이와 같이 하는 것이 재미있는 방법이라고 생각하는데, 이 과정을 약간 다른 방법으로 응용할 수 있다. 임산부에게 산통이 시작되었을 때, 심장이 급속도로 뛰고 혈압이 오르락내리락하며 고통이 일어났다. 통증이 그친 사이에도 쉴 사이 없이 몸의 긴장이 계속되었다. 그녀는 태어날 아기에게 미칠 영향 때문에 마취를 하지 않았다. 그녀의 남편은 우리가 연습에서 배열시켰던 것과 똑같은 방법으로 모르핀의 경험을 아내에게 정확히 재경험하게 하였다. 그녀가 그 연쇄를 가질 때마다 그 느낌에 앵커를 해 주었다.

즉, 모르핀의 경험 앵커를 중첩시켰다. 그러고는 엄지손가락과 가운뎃 손가락을 같이 대고 누르게 하였다. 그렇게 할 때 그는 앵커를 발사하고, 그것을 아내의 두 손가락에 전가시켜 통증을 조절할 수 있게 하였다. 그리고 그는 같은 방법으로 두 개의 다른 앵커를 착상시켰는데, 가운뎃 손가락과 넷째 손가락을 엄지와 조화를 이루게 만들었다. 이 두 번째 앵커는 잠을 자고 깨고 하는 사이의 알파(alpha)와 세타(theta) 상태였다. 세 번째 앵커는 세 위치의 분리였는데, 자신이 분만실에 누워 산고를 겪고 있는 것을 바라보는 것이었다. 아내는 심장박동과 혈압을 측정하고 있었으므로 당장 피드백을 받을 수 있었다. 20분 내에 그녀의 혈압은 정상으로 돌아왔고 맥박도 정상이 되었다. 그녀는 진통이 신체적 작용 때문에 일어나는 것을 알고 진통이 있을 때마다 편안하게 있을 수 있게 되고, 진통이 끝난 후에도 즉시 휴식할 수 있었다. 그녀는 마취 없이 출산을 할 수 있다는 것을 확신했다(MacDonald, 1988).

몸에서 가장 충동을 느끼는 곳이 그 충동을 유발하는 곳은 아니라는 것을 이미 우리는 알고 있다. 다시 말하면, 몸의 충동이라는 것은 흘러 퍼지는 것으로서 방향이 있다고 할 수 있다. 사람은 가장 강렬한 느낌이 일어나는 지점에 신경을 집중하기 때문에 대개의 다른 신체감각적 전율을 의식하지 못하는 경향이 있다.

촉각적 종속모형을 효과적으로 응용하기 위해서는 필수적으로 신체 충동을 감지해야 한다. MacDonald(1988)는 이와 같은 가능성을 시험해 보기 위해 술에서 즐거움을 갖기로 하고 술 한 잔을 마시며 그때의 연쇄 신호를 증거로 삼았다. 나중에 그는 만일 자기 자신이 이 과정을 반대로 했다면 어떤 일이 일어났을까 의구심을 느끼기 시작하였다.

다시 말해서, 술을 마심으로써 따라오는 촉감의 동요를 발견하고 그 동요를 반대로 하는 것이다. 그는 4시간 동안 많은 양의 술을 마시고 나서 일관성 있게 몸을 가누며 잘 지탱할 수 있었다고 한다. 그 술의 양은 보통 상황에서는 그가 취하기에 충분한 양이었다. 혈관의 알코올 농도가 어떠했으리라는 생각은 하지 않았고, 다음날 아침에 아무런 불쾌한 기분이 없었다고 한다. 그것을 아들에게 얘기했을 때 아들은, "아빠, 저는요, 제 친구하고 파티에서 언제나 그래요. 방이 빙글빙글 돌기 시작하면 우리는 그 반대로 돌면서 술을 마시지 않은 것처럼 해요." 하고 대답했다.

11) 졸음 조절

이 진행 과정을 졸음을 조절하는 데 응용할 수 있다. MacDonald(1988)는 몸의 충동을 반대 방향으로 하는 방법을 자신의 졸음을 조절하는 데 사용했다. 그는 장거리 운전을 할 때 쏟아지는 졸음을 막기 위해 창문을 열고, 노래를 부르고, 얼굴을 때리고, 커피를 마시러 휴게소에 가고, 찬물로 얼굴을 씻었다. 어떤 것도 졸음을 막는 데는 특별한 효과가 있지 않았다. 그래서 그는 자기에게 잠이 오고 있다는 느낌에 동반되는 신체충동에 철저하게 관심을 집중시켰다. 그 충동은 얼굴에서 시작되었는데, 특히 그의 눈언저리와 눈 이면에서 시작되었다. 이 충동은 그의 머리를 돌아 목과 어깨와 가슴 아래로 그리고 배를 거쳐 하복부 끝에까지 움직였다. 그는 이러한 충동의 움직임을 감지하고 그 충동을 위로 올라오게 하였다. 그래서 결국 깨어 있을 수 있다.

그러나 여행 중에는 이 방법이 작용하지 않았던 경우가 있었는데, 그 경우는 그의 뱃속에서 일어난 느낌이 혼미해지고 그 혼미한 느낌이 몸 전체에 퍼졌던 때다. 그는 차를 길가에 정차시키고 한 시간 반가량 잠을 자고 깨어나니 정신이 맑아지고 휴식을 취한 상쾌한 기분이어서 그 여행을 계속할 수 있게 되었다. 놀랍게도 여행이 끝날 때까지 사고는 없었다. 그는 닷새 동안 워크숍을 지도하고, 친구집 방문도 하고, 여행도 하고 돌아왔다. 흥미로운 부분은, 그가 휴식을 가져야만 한다는 욕구보다는 잠에 수반되어 따라오는 다른 충동을 더 많이 느꼈다는 것이다.

12) 불면증

불면증을 가진 사람에게 같은 진행 방법을 사용하는 것을 생각할 수 있다. 불면증의 종속모형 접근 방법은 잠을 자려고 시도할 때 내면적 대화를 서행시키는 것이다. 그러면 그 사람은 자기 자신에게 천천히 이야기하고 더욱 조용하게 몸에서 힘을 뺀 후 깊은 잠에 빠지게 된다. 이따금 휴식을 취하고 하품도 할 수 있다. 내적 이미지도 역시 서행을 시키거나 없이 하여 잠을 청할 수 있다.

불면증에는 촉감적인 구성 요소가 포함되어 있다. 잠을 못자는 사람은 피곤을 느낄 수 있으나 동시에 깨어 있는 것을 느낄 것이다. 활짝 깨어 있는 느낌은 역시 신체적 감각을 수반한다. 활짝 깬 감각을 발생 지점에서 가장 의식

[그림 13-9] 내면의 신비

하는 지점으로 추적을 해 보자. 감각의 경로가 일단 추적되고 지도가 그려지면, 그것의 방향을 전환시키는 것이 중요하다.

밤새 잠을 잘 자도록 내적 대화를 바꾸고, 몸의 감각을 몇 번 반대 방향으로 한다. 중첩 구조의 신체적 감각은 전환상태로의 유도에 극히 효과적으로 응용될 수 있다. 전환상태에 따라오는 일반적 촉감 요소는 자율 훈련의 기초가 된다는 것을 인식한다면, 중력을 느끼거나 따스함과 움직임을 느끼는 것이 그와 같을 것이다. 전환상태를 경험하고 따라오는 종속모형의 변화를 얻어 내는 것은 더욱더 효과적이다.

13) 종속모형과 이완 트랜스

두 명이 짝을 지어 진행한다.

- 1단계 피험자 2는 피험자 1이 호흡을 내쉴 때 말을 한다. 그가 당장 알아낼 수 있는 세 가지를 의식하게 될 것이라고 말해 주며 보정한다. 예를 들면, "당신은 의자에 앉아 몸을 휴식하며 몸무게를 느끼게 될 것입니다." 또는 "당신은 깊은 휴식을 가지게 될 것입니다." 하고 추가 암시를 한다.
- 2단계 당장 느낄 수 있는 두 가지의 설명으로 연쇄를 반복하여 "당신은 더욱더 편안해지면서 깊이 휴식에 들어갈 수 있게 됩니다."라고 추가한다.
- 3단계 피험자 2는 다음과 같은 질문을 피험자 1에게 한다(질문을 하면서 호흡을 보정하지 않는다.). 즉, "당신이 여기 편안하게 앉아 휴식을 취하면서 당신 몸이 의식하는 것이 있습니까?" "어떤 다른 것도 의식합니까?"라고 묻는다.
- 4단계 피험자 2는 피험자 1의 호흡을 보정하고 당장 느낄 수 있는 감각적 설명을 한 가지 더 추가하여 트랜스 상태로 유도한다. 예를 들면, "내

가 당신에게 말을 하고 싶을 때 당신은 자신의 호흡에 대하여 더욱더 의식하게 될 것이며, 호흡을 들이쉬고 내쉬면서 당신은 깊은 트랜스 상태에 이르도록 휴식이 가능해질 것입니다."라고 말한다.

- 5단계   피험자 2는 "당신이 트랜스 상태에 편안하게 있는 동안 내가 묻는 말에 대답하게 될 것입니다."라고 암시를 추가한다.

- 6단계   피험자 2는 "1에서 10까지의 숫자로 당신의 휴식을 저울질한다면, 1은 휴식상태이고 10은 가장 깊은 전환으로 생각하여 당신은 지금 상태를 몇으로 표현할 수 있습니까? 당신이 휴식상태에서 트랜스 상태로 바뀌는 과정에서 무엇을 의식할 수 있었습니까? 당신이 트랜스 상태에 있다는 것을 알려 주는 몸의 감각은 무엇이었습니까? 그 다음으로 당신이 의식하는 것은 무엇이었습니까?"라고 질문을 한다. 의식하는 연쇄를 내적 시각과 내적·외적 청각의식을 포함하여 추적하는 것을 계속한다. 피험자 1의 트랜스 상태의 복잡한 요소를 추적하는 것이다.

- 7단계   피험자 2가 관계된 형태를 찾을 때, 피험자 1에게 그것을 반전시키도록 요구한다. 하나씩 하게 하여 피험자 1의 묘사를 반복하고 하나를 반전시키도록 요구한다. 그리고 나서 그다음 것을 또 그렇게 하게 한다. 피험자 1이 마지막에 의식한 것에서 시작하여 처음 그가 의식했던 그 연쇄를 반대로 옮겨 가게 한다. 피험자 1은 휴식상태에서 눈을 뜨게 한다.

- 8단계   피험자 1에게 트랜스 상태에 있을 때 가졌던 종속모형 변화의 연쇄를 반복하도록 요구한다. 이것은 '선택 약효'에서 한 것처럼 촉감적 의식의 연쇄를 추적하는 것이다.

- 9단계   피험자 2는 이전에 한 것처럼 1에서 10까지 자신의 트랜스를 측정하도록 요구한다. 모든 조직 내에서 추가로 일어나도록 종속모형 의식을 체크하는 것이다.

- 10단계   이 과정을 반복하여 적절히 반전시킨다. 피험자 1이 그 감각을 강화시키고 트랜스 상태에 쉽고 신속하게 입출을 하여 전환시킬 때까지 그 동작을 반복시킨다.

트랜스 정도의 차이점을 식별하는 것과 거기에 따르는 종속모형에 차별력이 생기면 성취할 수 있는 전환의 심도를 미리 결정할 수 있게 된다. 조금만 연습하면 각성상태를 전환상태의 종속모형으로 변화시키는 데 아주 익숙해질 것이다. 이것은 극히 효과적이고 신속한 자기 유도 기술이다. 다른 사람과 연습을 할 때, 앵커유도 연쇄를 손짓과 한두 가지의 핵심 구절로 사용하면 빠른 유도를 성취할 수 있다.

자기유도를 진행할 때는 종속모형을 감정상태로 돌아오게 하고 나서 반전을 시켜 더욱 심층적인 경험을 하게 하는 것이 전환을 심도 있게 만드는 데 도움이 된다. 시작할 때 자기유도 전환을 프로그램하여 이완상태나 각성상태에 있을 때, 전환의 시간 도형과 자신의 의도를 설정한다(Bandler & Grinder, 1981).

14) 내면 리듬 조절

전환상태에 촉감적 구성 요소가 있는 것이 아니라, 전환상태는 모든 인간의 반응이다. 그리고 거기에는 독특한 촉감코딩이 있다. 그것의 율동적 유형은 그 코딩에 의해 의미가 있게 된다. 율동적 유형은 그 사람의 호흡, 몸짓, 걸음걸이, 말의 리듬 그리고 내적 대화의 반영이다. 사람이 내적 리듬을 가장 의식하는 방법은 자기 자신에게 순간적으로 부르는 노래가 아니라 머릿속에서 그러한 노래를 듣는 것이다. 그때 우리는 손가락을 치거나 발을 탁 치거나 머리를 끄덕이기도 한다.

실제 우리 몸은 계속 움직이고 있다. 1~2분 동안 모든 것을 중지하고 현재의 의식상태의 내적 리듬에 관심을 집중시켜 보자. 그 리듬을 강화시키는 데 어려움이 있으면, 손가락으로 표시를 하고 리듬이 만들어지도록 여유를 가져 보자. 또 다른 방법으로는 일어나는 내적인 대화에 관심을 집중하고 그날의 리듬에 맞추어 보자.

일단 현재 상태의 내적 리듬이 포착되면 정말 흥이 나고 재미있었던 과거의 한 사건을 기억하게 된다. 그 기억나는 재미있고 흥이 난 상태의 변화에 따른 내적 리듬이 무엇이었는가? 슬펐을 때, 화가 났을 때, 두려움이 있었을 때, 아니면 사랑을 할 때 이것을 가지고 작동시킨다.

다음 단계는 그 리듬을 마음대로 변화시킬 수 있는 것을 찾아내는 것이다. 이렇게 하기 위해서는 그 속도를 늦출 수도 있고, 가속화시킬 수도 있고, 내적 이미지를 선명하게 할 수도 있고, 희미하게 할 수도 있다. 즐겁고 재미있었던 때의 내적 이미지를 빠르게 하고, 그다음에는 느리게 해서 기억에 대한 느낌이 그 변화에 따라 약간씩 혹은 집약적으로 되어 가는가를 의식하는 것이 중요하다.

어떻게 리듬의 속도가 이미지에 영향을 주는가? 변환 유도의 종속모형을 한 번 더 탐색해 보고 그 전환상태를 동반하는 리듬 변화에 특별히 관심을 가져보자. 이렇게 하는 것이 조절을 더욱 강화시키고, 의식 변화의 신축성을 의식하고 깨달음을 가지는 데 도움을 준다.

이 연습은 O'Connor와 Seymour(1990)가 내면적 리듬 변화에 활용할 수 있고, 타인의 리듬 형태의 단서를 확충하는 데 사용한 모델이다. 세 명이 짝을 이루어 지휘자, 프로그래머, 주체 순으로 나란히 자리잡고 앉는다.

• 1단계 주체는 자신의 내적 리듬을 찾아서 머리를 끄덕이거나 발을 굴러서 그 리듬을 표현해 보인다. 이것은 프로그래머와 지휘자에게 의사전달하는 방법이다.
• 2단계 지휘자는 프로그래머가 율동적인 전환에 따라오는 외적 변화를 확충시켜 조정하는 동안 주체에게 속도를 빨리하거나 늦추라는 신호를 보낸다. 지휘자는 다른 변화를 하라는 신호를 보내기 전에 프로그래머가 조정을 하도록 시간을 준다.
• 3단계 프로그래머는 자신이 율동적 단서를 조정했다고 생각될 때, 그의 리듬을 의식적으로 공개된 표현을 중지하고 있는 주체에게 알려 준다.
• 4단계 그리고 나서 프로그래머는 주체의 내적 리듬을 자신의 음성에 맞

추어 이야기해 준다. 지휘자는 더 빠르게 혹은 더 느리게 신호를 계속 보낸다. 만일 프로그래머가 변하는 리듬을 일치시키지 못하면, 지휘자는 주체에게 프로그래머가 재조정을 할 기회를 가질 때까지 드러난 표현을 반복하라고 신호를 보낸다. 프로그래머가 여섯 가지 리듬 변화를 정확하게 보정했을 때 역할을 전환한다.

다른 사람의 내적 리듬을 맞출 수 있게 되는 것은 그다지 많은 연습이 필요하지 않다. 우리는 이것을 상당히 떨어진 거리에서 할 수 있다는 것을 알 수 있다.

워크숍 참가자들에게 식당이나 공원 혹은 공공장소에 나가서 이 연습을 하게 할 수 있다. 최저 거리는 20피트였다. 그 상태를 보정한 후 워크숍 참가자들은 자신의 리듬을 변화시켜 보정을 한 사람으로부터 확인하는 반응을 받아내게 한다. 놀랍게도 결과는 전달한 것이 의식적 지각을 훨씬 넘어선 수준이었다. 율동적 일치는 라포 획득을 위해 사용해도 유리하고, 일대일의 의사소통에서 보정과 유도로 사용해도 좋다. 처음 상대방의 내적인 리듬을 보정하고 나서 자신의 리듬을 늦추기 시작하는 이 과정은 감응 기술을 충원하기 위해 보장된 방법이다.

Hall은 그루비 스위시(groovy swish)라 부르는 방법을 사용했다. 이것은 음악에 중점을 둔 내적 리듬을 응용하여 앵커를 충돌시키는 것이다. 이것이 작용하는 방법은 우리가 가지는 한계점을 생각하게 하는 느낌에 맞추어 머릿속에서 음악을 듣게 하는 것이다. 그리고 나서 음악을 바꾼다. 이 음악은 우리가 그 상황에서 느끼고 싶은 음악으로 일치시켜 듣도록 한다. 다른 사람이 그 음악의 변화에 대해 단서를 포착해 주는 것은 도움이 된다. 그 음악의 리듬은 한계를 위한 앵커가 되고, 음악 리듬의 극적 변화는 내용을 초월한 대조 앵커로 작용을 한다. 이것은 훌륭하고 재미있으며 단순한 방법이다.

이와 같이 촉감 종속모형을 응용하여 피상적 부분을 살펴보았다. 그 가능성이 무엇이든지 간에 촉감 종속모형 변화는 시각·청각 종속모형 형태를 강화하는 데 사용될 수 있다. 스위시 형태를 사용하거나, 전환 유도를 위해 종속모형을 응용하거나, 단순히 한 가지 종속모형을 바꿈으로써 다른 종속모형을 가지기 위해 몸의 감각은 내적 상태 전환에 강력한 힘을 제공한다. 강한 촉감적 감각을 가진 사람은 시각적 스위시가 어렵다. 이런 경우에는 그 사람의 시각적 경험에 접근하게 하는 수단으로 촉감을 사용하는 것이 좋다. 사람은 종종 청각적 감각을 삭제하고 이미지를 묘사하는 경우가 많다. 그러나 변화를 강화하는 데 응용되는 촉감은 언제나 동반된다.

$$14$$
은유와 메타 프로그램

1. 은 유

● 스님의 항해

인도의 한 스님이 연락선을 타고 항해에 올랐습니다. 일찍이 도착한 스님은 연락선 입구에 서서 두 손을 모으고 한 사람 한 사람 배에 오르고 있는 사람들에게 무슨 말인가 인사를 하고 있었습니다. 그 스님은 각 사람에게 같은 말을 반복했습니다. 이것은 종종 스님들이 자신에게 주목하는 사람들에게 답례를 하는 방법의 한 가지였습니다. 그 스님의 답례의 말은 "죽음이 멀리에 있을 때 죽음을 가까이 의식하십시오."라는 것이었습니다.

이 훈계에 특별한 매력을 느끼는 승객은 아무도 없었습니다. 모든 승객의 승선이 끝나고 배는 육지를 떠나 바다로 향했습니다. 그때 큰 폭풍이 불어 닥치기 시작했습니다. 선원, 승무원 할 것 없이 모두 그 배를 구해 줄 것을 하느님께 기도하며 간구하는 무릎을 꿇었습니다. 이들은 이리저리 휘몰리면서 죽음에 대한 공포를 느끼며 소리쳤습니다. 사람 살리라는 아우성이 터져 나왔습니다. 사람들은 모든 것을 포기한 채 아수라장이 된 배 안에서 구조를 바랄 뿐이었습니다. 이 와중에도 스님은 조용히 앉아 자기 주변에서 일어나는 모든 움직임과 그 장면에 반응을 보이지 않고 있었습니다.

얼마 후 바다와 하늘은 조용해지고 소란도 끝이 났습니다. 승객 중에 한 사람이 이 모든 일어나는 상황 속에서도 저 스님은 어떻게 저렇게 태연하게 평정을 유지할 수 있었을까 궁금한 생각이 들었습니다.

그가 스님에게 다가가서 "우리 모두에게 죽음이 덮쳐 오는 이 공포스러운 폭풍을 당신은 의식하지 못했습니까?" 하고 물었습니다. 그 스님은 "예, 그랬지요. 나는 바다는 언제나 그런 것이라는 것을 알고 있었지요. 그리고 평상시에 육지에서 지낼 때, 즉 죽음이 우리에게서 더 멀리에 있었을 때 죽음을 가까이 하면서 이런 일을 반영하며 살아야 했었으니까요." 하고 대답을 했습니다.

● 해가 지고 해가 뜨는

옛날옛날 교통통신 시설이 잘 마련되어 있지 않았을 때, 섬나라에서만 살았던 사람들은 해가 바다에서 뜨고 바다로 진다고 믿었습니다. 한편 해변에만 살았던 사람들은 해가 바다에서 뜨고 산으로 진다고 믿고 살았습니다. 또한 산으로 둘러 쌓인 마을에서 사는 사람들은 해는 산에서 뜨고 산으로 진다고 믿고 살았습니다.

교통이 발달하고 통신이 원활해지자 섬 사람, 해변 사람, 산 사람들이 서로 같이 모이게 되는 계기가 생겼습니다. 이들은 해가 뜨고 지는 것에 대해 열렬한 토론을 하게 되었습니다. 섬 사람들은 해가 바다에서 떴다가 바다로 진다고 주장을 하고, 해변 사람들은 해가 바다에서 떴다가 산으로 진다고 주장하고, 산 사람은 해가 산에서 떴다가 산으로 진다고 주장하였습니다. 서로 자기들의 주장이 강하여 같은 결론을 내리지 못한 채 모두가 혼란이 생기게 되었고 며칠을 이야기해도 결론을 내릴 수 없게 되었습니다.

무엇이 이 사람들의 생각을 서로 다르게 했을까요? 각자의 입장에서 가진 집착이 같은 것을 볼 수 없게 만들었습니다. 아무도 자기 입장에서는 틀린 사람이 없었습니다. 그러나 진정 해는 어디서 지고 뜨는 것일까요?

● 왕자와 그의 새

옛날에 한 왕자가 있었습니다. 새를 무척 좋아하고 사랑하여 새 한 마리를 기르면서 그 새를 자기 생명처럼 사랑하며 살았습니다. 언제나 같은 방에서 지내며, 같이 먹고, 같이 자고, 같이 놀며 어린아이 기르는 것처럼 데리고 다녔습니다.

하루는 이 왕자가 말을 타고 길고 힘든 여행을 떠나게 되었습니다. 그는 새를 데리고 떠났습니다. 어느 길고 힘든 사막지대를 지나서 깊은 계곡 골짜기를 지나는데 땀이 나고 몹시 목이 말랐으나 물통엔 물이 없었습니다.

갈증을 느낀 왕자가 말에서 내려와 앉아 쉬는데 저 옆쪽 절벽 높은 데서 물방울이 번쩍이며 떨어졌습니다. 행여나 물이 있는가 생각하며 매고 있던 빈 물통을 들고 가 봤으나 고인 물은 보이지 않았고 할 수 없이 한 방울씩 떨어지는 물을 받는 수밖에 없었습니다. 오랜 시간이 걸려 물통이 차게 되어 마시려고 하는 순간 공중을 높이 날아 다니던 사랑하는 그의 새가 어디선가 황급히 날아와 왕자의 물통을 탁 쳐서 떨어뜨렸습니다. 목이 마른 왕자는 화가 나고 그 새가 원망스럽고 미워졌습니다.

왕자는 화를 꾹 참으며 물통에 물을 다시 채워 마시려 하는데 또다시 새가 날아와 물통을 떨어뜨렸습니다. 새에 대한 증오심으로 가득찬 왕자는 총을 뽑아 그 새를 쏴 죽였습니다.

왕자는 타는 듯한 갈증을 해결하기 위해 생각을 하게 되었습니다. '물방울이 떨어지는 것은 분명 그 절벽 위에는 물이 있다는 것이다.' 왕자는 절벽을 힘들게 올라갔습니다. 생각했던 대로 절벽 꼭대기에 물웅덩이가 있었습니다. 그런데 가까이 가 보니 그 웅덩이에는 독뱀들이 가득 죽어 있었습니다.

왕자는 자신을 살리기 위한 사랑하는 새의 의도된 행동을 몰랐던 것을 깨닫게 되었습니다. 왕자는 자기가 세상에서 제일 아끼고 사랑하던 새를 죽인 것을 후회하고 슬퍼하며, 새를 집으로 안고 와서 자신의 방 옆에 묻어 주었습니다.

자기를 살리기 위해 생명을 바친 그 새의 '숨은 의도'에 대해 몰랐던 왕자는 한탄하며 평생 그 새를 그리워하며 외롭게 살았답니다.

1) 은유의 개념

치료적 은유는 내담자의 변화와 치유의 과정을 돕는 가장 우아한 도구 중하나다. 은유의 주 목적은 내담자의 변화에 필요한 자원을 접하게 하는 이야기를 전달해 줌으로써 그의 경험을 보정하고 유인하는 것이다. 은유는 듣는자의 현실을 보정하는 하나의 기본적 환상이다. 이야기의 의미나 은유는 그내용이 만들어진 패턴이나 원리에 있다. 은유의 가치는 의식적 저항을 우회하고 문제에 관해서 수렴적 사고를 하며 창작성을 자극하는 데 있다. 은유적사고는 의식과 무의식, 좌뇌와 우뇌의 진행 사이에서 관문 역할을 한다.

은유는 듣는 사람이 자신의 현실과 이야기의 관계의 깊은 구조에 초점을 맞추도록 장려한다. 은유의 치료적 가치는 피상적 주인공과 세부 내용이 아주다를지라도 문제의 심층 구조와 은유의 심층적 구조가 유사성이 있다는 것이다. 이야기와 은유는 문제를 만들어 내는 사고방식과 다른 사고하는 방법을제공한다. 치료적 은유의 중요한 특성 중의 하나는 이야기를 개방되게 종결을지음으로써 듣는 자가 해결을 위한 자신의 자원을 끌어 낼 수 있게 한다.

치료적 은유에는 두 가지 종류가 있다. 상징(symbolism)과 동질동상(isomorphism)이다. 상징은 한 가지 참조 지침을 다른 것에 대치하는 것이다.은유는 이야기의 주체가 마치 다른 상황에서 일어나는 것처럼 되어 있다. 내담자와 그의 상황이 이야기 속의 주인공처럼 비유되어 말해진다. 상징은 주인공, 대상 및 상황이 내담자의 현실의 어느 면을 지적하는 것 같이 말해진다. 이 상징은 앵커링의 유형으로 내담자의 지각과 문제 상황을 보정하고 유인하는 데 사용될 수 있다. 아주 단순한 상징적 형태는 내담자에게 간접적이거나 암시적 메시지를 주는 것이다.

　예를 들면, "한때 당신과 같은 문제를 가진 내담자가 있었는데 그와 그의 연인은 ……하게 해결했어."라는 말에는 현재의 그와 한때의 그를 연결시키는 전제가 깔려 있다. 또는 "나는 한때 애완견이 있었는데……." 혹은 "농부가 한 때 나무를 길렀는데……." "옛날에 어린 왕자가 ……." 등의 3인칭의 용어로 표현될 수 있다.

　동질동상은 그 행동과의 관계와 상황들(내담자와 상징적 인물) 간의 유사성을 형성하는 것이다. 사람은 다른 시스템의 작동을 고려함으로써 자신의 행동의 가능성을 많이 배우게 된다. 어떤 상황에서 내가 새라면, 사자가 아닌 것으로 나의 반응이 개발될 수도 있고, 제약을 받을 수도 있다. 사람의 성격적 특성이나 능력은 행동상으로 동질동상으로 이루어지는 것이 분명하다.

　새로운 환경을 대할 때 전에 그 자신이 살아왔던 상황의 유사한 습관적 행동을 하게 된다. 이런 것은 음식을 먹고, 말을 하고, 낯선 사람을 대하는 등의 방법으로 유추행동으로 나타난다. 전이(transference)는 상담 과정에서 내담자가 사랑하는 사람에게 하던 것처럼 하는 동질동상의 행동적 산물이다. 어떤 의미에서 그 내담자가 하는 것은 그가 경험하고 살았던 것을 조직화하는 방법상의 은유가 될 수 있다. Bateson(1979)은 "모든 것은 다른 모든 것에 대한 하나의 상징이다."라고 지적했다.

　Erickson은 성적 행동 때문에 부부관계가 어려워진 사람을 치료하는 데 어떻게 동질동상을 사용하는가를 잘 보여 주었다. Erickson은 음식 먹는 것

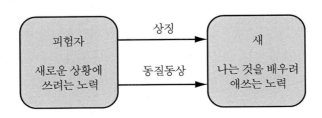

[그림 14-1] 상징과 동질동상

에 대해 이야기하면서 이들의 문제를 일으키는 성적 행동이 평행선을 가고 있다는 것을 알았다. 남편은 고기와 감자를 좋아하여 메인 코스에 금방 들어가는 것을 좋아하는데, 부인은 에피타이저와 디저트에 손을 대며 시간을 끌었다. Erickson은 두 사람이 모두 만족하도록 호두가 든 수프를 같이 준비하여 메뉴를 짜 주었다. 부부는 이 이벤트의 의미를 전혀 몰랐으나 얼마 지나서 그들의 성생활이 극적으로 발전된다는 것을 알고 놀라지 않을 수 없었다.

문제나 특정 내담자가 다루고 싶은 이슈를 이야기 속의 주인공(동물, 장미, 여왕 등)을 통해 상징하거나 동질동상을 형성함으로써 사건의 연결이 이야기 흐름이나 줄거리를 통해 이루어질 수 있다. 이에 따라 상징적 상호작용을 통해 새로운 반응이 일어나거나 제시될 수 있다. 이야기를 하는 사람은 사건의 전체적 진행을 제공할 수도 있고, 내담자가 사건이나 주인공의 반응을 채워 넣는 참여도 할 수 있다.

2) 은유의 특성

은유는 대상의 세계를 침범하지 않고, 재미를 느끼게 하며, 자연스러운 진행을 통하여 모든 연령의 사람이 즐기고 유익하게 한다는 매력을 가지고 있다. 위압적이지 않으며, 논리를 벗어난 이야기로서 우뇌 활동을 자극한다.

모든 사람의 사고나 삶은 은유라 할 수 있다. 그 이유는 너무나 자명하다. 사람이 느끼고 내면에서 일어나는 모든 일은 전부 그것을 상징하는 '언어'를 도구로 사용하여야 하기 때문이다.

은유는 유사하게 보이는 두 가지 상황의 다른 것을 많은 설명 없이 유추하는 데서 발생한다. 유추적 사고는 광범위하고 분명하게 지적하는 것이 없으므로 모순이 발생할 수도 있고, 그것에 대해 수용하지 못하는 사람들도 있다. 정확하거나 규정할 수 있는 의미를 제공해 주지 않기 때문에 자신의 수준에서 해석하게 된다. 유치원 아동은 유추 방식보다는 직설적 방법을 써서 가르쳐야 하는 것이 그 이유다. 자신의 문제를 유추하는 은유는 듣는 내담자가 해석하고 결론을 내리는 한 차원 높은 학습 방법이다.

은유적 사고는 경험할 수 있고 이해할 수 있지만 정확한 규정을 명시하는 의미가 없는 동시에 직접적 의식의 관찰을 허용하지 않는, 논리를 벗어난 특수 촉감적 감지라 할 수 있다. 일상생활은 어떤 관념을 바탕으로 하는데, 이것을 기능적 은유라 볼 수 있으며, 이것이 우리의 사소한 매일의 기능을 주관하는 현실 결정의 중심 역활을 하는 은유 체계다. 어떤 개념적 조직은 크게 은유적이라는 것을 알 수 있다. 이 은유는 분명하게 드러난 것이 아니면서 언어에 의존하고 있기 때문에 언어는 그 조직과 같이 근거 자원으로 중요한 의미를 지닌다.

- 한 가지 어떤 행동이나 사건, 생각, 감정이 다른 장소에서 유사성과 동질성을 제시하는 것이다.
- 같은 것으로 보이는 두 개의 다른 장면을 많은 설명 없이 유추하는 데에서 발생한다.
- 은유적 사고는 경험할 수 있고 이해되지만 정확하게 규정할 수 있는 의미가 없다.
- 직접적 의식의 관찰을 허용하지 않는 논리를 벗어난 특수 촉감적 감지다.
- 한 가지 사건에 대한 어떤 감정이나 생각을 다른 어떤 것에 연결시켜 암시하는 것이다.
- 지각하고 사고하고 행동하는 것을 구조화하여 원하는 상태나 목적 달성을 위해 필요하다.

은유는 사람이 경험하는 한 가지의 어떤 생각이나 감정이나 사건을 의미가 같은 다른 상황으로 연결시켜 상징하는 이야기의 표상으로서, 경험하는 것을 다른 사건에서 유추하는 과정의 언어적 표현이다. 은유적 사고는 경험할 수 있고 이해가 가능하지만 정확하게 그 뜻을 규정하지 않기 때문에 직관을 향한 여운을 깊게 남길 수 있다. 직접 의식의 관찰을 허용치 않는, 논리를 벗어난 특수 촉감적으로 느끼는 감지일 것이다.

예를 들면, "세월은 물과 같다." "산다는 것은 짐이다." "시간은 돈이다." "인생은 나그네다." 등의 표현이다. 이미 알고 경험한 어떤 것에 관계를 지어 어떤 다른 것을 이해하게 하는 힘을 가지고 있다. 사람이 어떻게 지각하고 사고하고 행동해야 할 것인지 구조화시켜 준다.

"다툼이란 전쟁이다." 다툼과 전쟁이라는 두 가지 사건에는 유사성이 있다. 상대는 적이고, 공격하는 입장에서 이기거나 질 수 있으며, 전략을 세워야 하는 다툼 속에는 전쟁 개념이 포함되어 구조를 이루고 있다. 즉, 수행 활동 구조가 전쟁과 동일하다는 것을 의미한다.

은유는 내담자의 지도의 범위를 확대하고 전환시키기 위해 사용되는데, 여기에는 의도하는 숨은 의미가 들어 있어야 한다. 내담자의 문제에 맞도록 디자인되고 개인의 경험을 만들어 낼 수 있어야 한다. 은유는 다양한 분야에서 다양한 목적에 활용할 수 있어 성공적 결과를 이어 갈 수 있다.

교육 현장에서 은유는 성취, 성공 예고, 집중력 유지, 행동 조장, 자원 찾기, 발전 과정, 상업적인 관리, 행정, 마케팅, 감독, 관계 관념 묘사, 명확한 개념, 아이디어 제공, 사고와 협동, 심신건강을 위한 저항, 해결책, 대안 의식화, 병적, 논리화 과정, 의사소통 방법, 교정 등 여러 방법으로 활용될 수 있다.

3) 은유 창작

(1) 은유의 특성
- 사람이 경험하는 것을 상징하여 그것과 매치되는 다른 상징이나 물건을 이야기의 표상으로 나타낸다.
- 한 가지 어떤 생각, 감정, 사건을 다른 생각과 감정, 사건으로 관계시켜 암시를 주는 것을 연결하도록 이끌어 간다.
- 은유는 은유적 (사건의) 과정이 진행되는 언어적 사건이다. 같은 것으로

보이는 두 개의 다른 것을 많은 설명 없이 유추하는 데 쓴다.

- 모든 사고는 어떤 면에서 은유다. 이는 느끼는 것의 종합 표상을 말로 하기 때문이다.
- 명확하지 않으며 광범위하고 유사해서 모순이 발생할 수 있다.
- 은유적 사고는 경험할 수 있고 이해가 되지만 정확하게 규정할 수 있는 정해진 의미가 없다.
- 직접적 의식의 관찰을 허용하지 않는 논리를 벗어난 특수 촉감적 감지로 직관적 의미를 가지게 한다.
- 한 가지 사건에 대한 어떤 감정이나 생각을 다른 어떤 것에 연결시켜 암시하는 메시지 역할을 한다.

(2) 상황 설정

- 상황의 구조를 그대로 보존하고 관계된 일이나 대상관계 진행도 보존해야 한다.
- 줄거리 짜기와 의사 전달을 어떻게 할 것이며, 단계별로 어떻게 조직하여 내담자의 무엇에 반응할 것인가 확인한다.
- 가치관, 틀, 진행 방법, 언어 패턴, 표상을 반응하여 원래의 상황에 재도식시킴으로써 현장에서 빔어로 확인할 수 있어야 한다.
- 문제상태와 원하는 상태를 확인한다.
- 상대방의 언어를 경청하여 표상체계를 확인한다. 언어는 VAKD로 나타낼 수 있다(시각, 청각, 촉각, 미각/후각: 표상 속에 소리, 이미지, 느낌이 많은가? 열감, 딱딱함, 무거운, 냄새 등; 반면에 디지털은 이와 같은 VAK가 아닌 상대방의 세상 모델을 언어에서 판단하고 결론, 평가, 종합, 사고하는 것이다).
- 목적 달성을 위해 더 적절한 표상이 있을 수 있다.
- 상대방의 언어에 맞추어 은유를 제작한다.
- 상대의 상태를 재연하여 보여 준다.
- 목적을 표현하는 방법으로 상황을 재연할 수 있어야 한다.

(3) 은유 구성 요령

학습하여야 하는 필수 개념을 은유로 구성하여야 할 때 기본적으로 고려
해야 할 사항이 있다.

• 현재 상태와 원하는 상태를 파악한다.
• 이야기에 개입된 의미 있는 인물을 확인한다.
• 문제를 견디기 위해 무엇을 어떻게 진행하고 있는가?
• 무엇이 방해하는가?
• 무엇이 원하는 것을 얻게 할 수 있는가?

(4) 은유 디자인

• 내담자의 문제를 확인한다. 이야기의 내용에서 명사를 모두 찾는다(문제
  속에 관계된 사람, 장소, 물건 등). 모든 과정을 확인한다(문제 속의 동사, 부
  사, 형용사).
• 은유의 내용을 선정한다. 은유의 진행 과정을 조직한다. 문제해결이나
  원하는 반응을 얻어 내기 위해 이야기 줄기를 디자인하고 개입을 깊이 시
  키고 내적 반응을 자극하여 문제해결이 가능한 유추를 활용한다.
• 내담자의 세상 틀 안에서 만나게 한다.
• 상황의 구조와 관계의 구조를 유지하고 보존(어떻게 요소들이 서로 관계되
  었는가는 그 내용보다 더 중요하다)하는 활동에 사용되는 단어나 구절이
  다른 유사한 유추를 암시하기 위하여 다른 장면을 대치하는 것이다.
• 내담자 문제의 초점을 이야기의 주인공으로 전환한다.
• 행동과 사건을 보정하고 피험자의 상황에 병행하는 이야기 주인공에 관
  계하여 동질동상을 형성하여 내담자의 문제에 보정한다.
• 이야기 상황에서 그 사람을 위한 자원에 접근하고 추정한다.
• 그 주인공이 갈등을 해소하고 원하는 결과를 얻어낼 수 있는 사건의 절
  차가 이어지는 것으로 이야기를 끝낸다(Gorden, 1978).

(5) 원하는 구체적 결과 검열

- 무엇을 의사소통하고 싶은가?
- 어떻게 의사소통 하기를 원하는가?
- 어떻게 다루기 간편한 단계로 잘라야 할 것인가?
- 피험자는 무엇에 반응할 것인가(기본표상, 동사, 시제, 시간)?
- 피험자의 가치 기준이 무엇인가?
- 피험자의 언어 패턴(어조, 속도, 몸짓)은 무엇인가?
- 피험자의 몸짓에 반영(반복적을 하는 몸짓)은 마쳤는가?

(6) 은유의 전달 방법

- 피험자 문제를 결론지을 방향으로, 그의 인생과 감정 선택에 영향을 줄 수 있어야 한다.
- 듣기에 부담이 없는 몰입 상태로 이끌 수 있는 말과 몸짓을 한다.
- 밀튼모델 언어를 사용하여 내담자를 보정한다.
- 보정과 유인을 한다.
- 이야기의 사실이 연속적으로 이어지게 한다.
- 청각적으로 앵커되어야 한다.
- 감각에 기초한 언어를 활용하여 전달한다.
- 내담자를 개입상태로 유지시키며 의식을 집중하도록 이끌어 간다.
- 이야기는 물처럼 흘러가야 한다.
- 피험자의 세상모델에 일치하는 이야기를 들려주어야 한다.

사람이 하는 모든 사고는 어떤 의미에서 전부가 은유라 할 수 있다. 그 이유는 내면에서 느끼고 생각하는 것을 종합하여 그것을 상징하는 언어로 표상하기 때문이다.

은유는 정확한 무엇을 지적하지 않으며, 결론을 내리거나 대답을 하는 것이 아니므로 유추적이어서 어떤 모순이 있을 수도 있다. 정확하게 규정을 내리는 것이 아니므로 내담자는 그 의미를 유추하기 위해 오래 그 내용을 생각한다. 따라서 변화에 대한 효력이 아주 강하다. 호수에 잔잔한 파장을 일으키는 것처럼.

 연습 1

세 명이 짝을 이루어 연습한다.

1. A가 자신의 문제나 신념, 좋아하거나 싫어하는 것, 성공이나 실패에 대해 의미 있는 간단한 이야기를 한다.

2. B와 C는 중요한 것이 무엇인가 보정을 한다. 그것이 무엇을 의미하는가? 그 경험이 무엇과 같았는가? 물어보고 같이 한 분야를 선택하여 상대방의 이야기 내용의 중요한 한 부분을 정하여 은유를 만든다(이때 A는 이야기를 하고 자리를 나간다).
   예) A가 "NLP를 배우는 것이 어렵다."라고 했으면, C는 "초등학교에 들어가 처음으로 알파벳을 배우는 것 같다는 겁니까?"를, B는 "베짱이가 커져서 그 껍질을 벗어나려고 애를 쓰며 몸부림을 치는 것 같다는 말이지요?" 등으로 준비한다.

3. 준비된 은유를 가지고 A에게 전달하기 위하여 라포를 형성한다.

4. A의 내면에서 보정이 이루어지는 비언어적 미세단서를 점검한다. 상대가 준비되었으면 A에게 "무슨 문제가 있다고 하셨지요?"라고 질문을 하여 문제를 의식하게 하고, A가 처음 문제를 재진술하면 C는 자기가 만든 은유로 A에게 전달하고, 보정이 되는가 알아보기 위해 미세단서를 확인한다.

5. 세 명이 교대로 경험을 가진다. 자신의 마음을 울리는 것인가 파악하고 경험을
   점검한다(빔어로 확인). 이 과정에서 내용과 전달의 관계가 힘을 가지게 되며,
   즉각적이고 직선적이며 본능적으로 표현되어야 한다. 이것이 불가능할 경우에
   는 그런 상태에 있는 사람을 상상하면서 전달한다.

2. 메타 프로그래밍

메타 프로그램은 사람이 외부 정보를 어떻게 받아들이고, 그 정보를 어떻
게 진행시키는지 심층적으로 이해할 수 있게 하는 요인으로서 NLP에서 중요
한 부분이다. 이것은 그 사람의 삶의 문제해결 방법이나 목적 접근 방법, 사
고의 방식과 유형을 나타내게 된다. 무엇이 사람을 서로 다르게 생각하고 행
동하며 느끼게 하는지, 또는 살아가는 유형이나, 목적 달성과 문제해결의 방
식을 다르게 하는지 알 수 있게 하는 내면의 핵심적 인지 활동을 드러내는 것
이다. NLP는 이 활동을 메타 프로그램 혹은 무의식적 필터로 설명하는데, 즉
방대한 외적 환경에 대한 감각적 정보의 차이점을 다루는 것으로 본다.

Bandler는 메타 프로그램을 우리 사고를 조직하고 어디에 주목을 하여야
하는지 결정하게 하는 기준이라고 하였다. 일반적으로 메타 프로그램은 양
극의 짝으로 나타난다. 양극단에 들어가는 한 개의 축에 속하는 것이 아니라
그 중간 어디에 속할 수도 있다(Bandler et al., 1985).

예를 들면, 어떤 사람은 비전의 큰 그림만 보고, 어떤 사람은 세부적인 것
을 보기 원하고, 또 다른 사람은 큰 그림도 보고 작은 세부적 그림도 볼 수 있
는 양극의 연장선상 어딘가에 위치할 수도 있다는 것이다. 우리는 모두가 주
도적 유형을 가지고 살고 있는 것이 확실하다.

메타 프로그램은 사람의 근본적 사고방식, 학습 방식을 분석하고 확인하
는 힘 있는 분류체계다. 그 사람 자신의 내적 지도(map)의 구조만 보여 줄 뿐

아니라 그 사람이 자신의 경험을 분류하고 조직하는 방법도 나타낸다.

메타 프로그램은 목적 성취를 위한 그 사람의 활동을 지도(guide)하는 지도(map)이며 인지 활동을 지도하는 지도다. 이것은 그 사람이 어떤 방법으로 과제나 아이디어에 접근하는지 묘사해 준다.

1) 개념

메타 프로그래밍(meta programming)은 사람의 사고 진행 방향을 나타내는 언어적 표현에서 찾을 수 있다. 생활 속에서 문제해결 방법이나 목적을 접근하는 데에서 사고의 유형이나 방향을 알려 주는 분류 원칙의 패턴이 나타난다. 추상적인 언어적 단서에서 사고 진행 방향의 표착이 가능하며, 구체적 사고 전략이 아니기 때문에 언어의 종속모형이 메타 프로그래밍의 질적인 것을 결정한다. 그 사람의 내면에서 진행되는 가치 기준을 확인할 수 있으며, 동기화, 계획과 결정의 방향성을 알게 되어 사고 과정을 보정·유인하여 그 사람의 지각 공간을 확대시킬 수 있게 된다.

무의식적으로 진행되는 유형을 자극하여 의식화시키는 과정을 질문으로 자극하여 인지적 지시로 그 답을 얻어 내게 된다. 메타 프로그래밍은 그 사람의 살아가는 기본 사고양식이나 방향을 보여 주는 성격 구조의 유형이므로 그 사람의 개성(identity)은 아니다. 메타 프로그램을 확인하여 사람의 가치 기준, 신념 등을 안다는 것은 변화작업에 강력한 효과를 가져오는 무기가 될 수 있다.

2) 메타 프로그램의 특성

다음은 메타 프로그램의 몇 가지 특성이다.

(1) 삶의 접근 방법: 주도 vs 회피

문제나 상황 처리 및 목적 달성의 방식을 나타낸다. 메타 프로그램은 각자 다를 수 있어 양극의 어느 것이 더 좋거나 나쁠 수 있는 것이 아니라, 어떤 것이 어떤 특수 상황에서 더 효과적일 수 있다. 예를 들면, 회사 직원을 모집하는데 새 프로젝트를 추진하기 위해서 찾는 사람과 재정 관리를 맡기기 위해 찾는 사람은 달라야만 한다. 전자는 메타 프로그램에 주도적인 사람이어야 하고, 후자는 조심성이 있는 보수적이고 회피(away)형의 사람으로 손실이나 난관을 감안하고 막을 수 있는 사람이어야 할 것이다. 그 외에도 메타 프로그램 인식 기술은 여러 가지 상황에 적용할 수 있는 박력을 가진, 영향력을 행사할 수 있는 전문 기술이다. 회의 장소나 프레젠테이션 준비 등에도 효과가 크다.

메타 프로그램은 그 사람의 언어적인 단서에서 확인될 수 있다. 상대방 혹은 다른 사람이나 자신에게 간단한 질문, 즉 인지적 지시를 함으로써 그 사람의 성향과 사고방식을 알 수 있게 된다 .

예를 들면, 좋은 직장을 다니고, 보수나 수행하고 있는 직무에 만족을 하고 있으나, "어떤 무엇이 너를 거기서 떠나게 할 수 있느냐?"라고 물어본다. 그의 대답이 만일 "상사가 나를 싫어하면 떠나게 된다."라고 한다면 이 사람은 부정적 일이 일어나면 그것을 피하기 위해 떠나게(away) 된다. 만일 "장래 더 좋은 발전의 기회가 있으면" 떠나게 된다는 사람이 있다면 그는 자신이 원하는 것을 향해(toward) 행동하는 적극적인 사람이다. 싫은 일을 피해 가는 사람과 원하는 것을 향해 성취를 목적으로 하고 사는 사람의 생활 패턴을 보여 주는 대답을 통해 심층의 깊은 사고유형이 드러나게 된다.

무엇인가를 향해 가는 성향이 있는 사람은 성취 성향을 가지고 미래 발전과 원하는 성과를 거두는 데 에너지를 투입하며 부정적 함정 같은 것에는 관심을 집중하지 않는다. 동기 부여도 진급이나 인센티브나 칭찬이 더 효과적으로 자극한다.

회피하는 성향이 있는 사람은 가능한 문제를 피하기 위해 무엇이 잘못될까 항상 걱정을 한다. 문제가 있을 때는 돌아서 비켜 간다. 어떤 일에 접근할 때 조심성이 지나치다. 어떤 일을 시도할 때 안 될 것, 즉 방해물을 미리보고 진행하는 것을 머뭇거리는 경향이 있다. 동기화는 부정적 일이 일어나지 않도록 하는 자극에서 발동하게 된다.

(2) 통제 중심: 내적 vs 외적

어떤 사람은 자신이 하는 활동에 대해서 다른 사람의 피드백이 필요한 반면, 어떤 이들은 자신의 판단에 의존한다. 예를 들면, 어떤 사람은 자신의 수행 활동이나 연기를 자신의 내면에서 느끼는 것으로 판단하고 알게 되지만, 남이 잘했다고 손뼉을 치며 피드백을 주어야 잘했다고 여기는 사람도 있다. 이러한 내적 통제의 핵심은 내적인 자기 자신에게 있는지 외부적 남의 결정에 있는지의 차이점을 보여 주는 것이다.

내적 유형의 사람은 내적 느낌을 자신의 성공을 평가하는 데 사용한다. 잘하고 못하는 것을 자기 내면에서 알기 때문에 남이 말해 주는 것이 많이 필요하지 않은 사람이다. 극단적인 사람은 남이 생각하는 것에 전혀 관심이 없다. 남이 피드백하는 것이 자신이 느끼는 것과 다를 때는 그것을 거부한다. 이들은 무엇을 하라고 말해 주는 것을 싫어한다.

외적 유형의 사람은 자신의 성취를 다른 사람의 피드백 같은 외부 상황에서 확인하려 한다. 이들은 남이 말해 주는 자신의 수행 평가를 중요시하여 들으려 하고, 정보를 얻으려 한다. 이들은 외적 정보 제공으로 방향을 잡으려 하고, 그것이 없으면 방향을 잃어버리는 것처럼 보이기도 한다. 이런 사람과 의사소통을 하기 위해서는 어떻게 하는 것이 최선이라는 것을 알려 주는 지표를 가지게 함으로써 크게 영향력을 행사할 수 있다.

통제 중심을 알기 위해서는 "어떤 일을 하는 것에서 내가 잘했다는 것을 어떻게 아느냐?"라는 질문을 할 수 있다.

(3) 관찰틀: 일반적 vs 구체적

어떤 사람은 숲 속을 걸을 때 큰 나무들을 보는 것을 좋아하지만, 다른 사람은 큰 나무 아래에 있는 작은 꽃, 새싹이나 각양각색의 다른 덩쿨을 보는 등 세부적인 것에 관심을 가지는 사람도 있다.

메타 프로그램에서는 구체적이고 세부적인 것에 관심을 쏟는 사람도 있고, 일반적인 큰 덩어리를 보는 사람도 있다. 사람의 사고방식도 구체적이거나 일반적인 사고 수준과 관계되어 있다. 대개의 사람은 어느 하나에서 시작하여 다른 것으로 옮겨 가는 경우가 많다. 큰 그림을 보고 세부적으로 잘라볼 수도 있고 세부적인 것을 보고 큰 것으로 종합을 하는 사람도 있다.

사람의 이런 유형을 알아낼 수 있는 가장 좋은 방법은 다음과 같다. 이야기를 하면서 많은 세부적 설명이 지루하게 이어지면 참을 수 없다는 자세를 보이는 사람이 있다. 일반 유형의 사람들이 추상적 용어를 늘어 놓으며 단계별 절차를 밟는 것에 어려움을 느끼는 것은 모든 것이 한꺼번에 진행되기 때문이다. 이들은 작은 부분의 정보를 제공하지 않으며, 중요한 세부를 빠뜨리는 경우가 많다.

구체적인 양식의 사람은 세부를 좋아한다. 이들은 숲 속을 걸으며 나무를 보지만 숲을 보지 못한다. 이들은 일을 차근차근 단계별로 다룬다. 모든 일을 시작부터 구체적으로 이야기를 하며 순차적으로 따라가서 끝을 낸다.

의사소통을 할 때 일반 유형의 사람은 최소화시키는 것을 좋아하며, 축소된 토론이나 개관을 전달하는 것을 좋아한다. 구체적 유형의 사람은 정확하고 분명한 단어를 좋아하며, 단계별로 직선적 정보를 제시한다.

(4) 분석 유형: 동질성 vs 이질성

사람은 외적 정보를 얻고 사물을 분간하는 데에서 어떻게 서로가 다르며 어떻게 같은가를 두 가지 방법으로 이해한다. 물건이나 사물의 동질성으로 분간하는 것을 매칭이라 부르며, 이질성으로 분간하는 것을 미스매칭이라고 한다.

관계를 가지고 관찰을 하고 분석을 하는 데 초점을 맞추는 것이 의식 밖에서 일어나는 주도적 행태를 알 수 있게 된다. 매칭을 잘하는 사람은 다른 사람과 라포 형성을 잘하는 경향이 있으며, 사람들 사이에 합의를 잘 이루어 내는 좋은 중계 역할을 할 수 있다. 그러나 이들은 극단적이 될 때 신중함이 없는 것 같이 보일 수도 있다.

미스매칭을 하는 사람은 빠진 것이나 잘못된 것을 찾는 듯하게 보여 다른 사람과 라포 형성을 잘 못한다는 비평적 인상을 줄 수 있다. 미스매칭을 하는 사람은 잘 못하는 것 같은 사람에게 새로운 사고방식을 조장하는 것에 관심을 가져 도전적으로 보일 수 있다.

매칭을 하는 사람을 만날 때는 효과적인 의사소통을 하기 위해 통상적이거나 동일함을 강조해야 한다. 반면에 미스매칭하는 사람과는 맞지 않는다는 것이나 다르다는 것을 강조해야 한다. 미스매칭자에게 아이디어를 제시할 때는 반대가 하나쯤 있을 거라는 것을 준비해야 한다.

목적 달성상태와 현재 상태의 다른 점을 보면서 자신의 성취 여부를 평가할 수 있다. 매칭을 하는 사람은 어떤 상황이나 물건을 볼 때 같은 점을 찾는 통일성과 일치되는 것으로 분간되는 것에 지원하는 경향이 있는가 하면, 차이점을 보는 사람은 반대 상태와 개혁을 추구하는 경향이 있다. 너무 동일점을 추구하는 사람은 다른 사람의 의견에 쉽게 흔들릴 수도 있다.

(5) 상황 처리: 업무 위주 vs 관계 위주

어떤 일이나 직무를 수행할 때 일의 진도나 목적한 바를 달성하기 위하여 업무에 집중하여 매달려 추진하는 사람이 있을 수 있으나, 함께 일을 하는 사람들과의 관계를 중요하게 생각하는 사람도 있다. 관계를 중요시하는 사람은 권력 연관적인 경향을 가질 수 있으며, 업무 위주의 사람은 문제 통솔적이라 할 수 있다.

어떤 상황을 처리하고 다스리는 데 여자가 남자보다 더욱 관계를 중요시하는 경향이 있으며, 남자는 업무에 집중하는 경향이 있다. 업무 완료에 집중하는 사람은 진행상 여러 사람의 의견이나 감정을 무시할 수 있다. 과정을 중요시하는 접근은 팀이나 집단 작업에서 두 가지의 균형을 찾는 것이 중요할 것이다. "원리대로 하자."는 것과 동시에 의견을 중요시하자는 전략은 여러 가지 변인이 관계되어 있다. 관계에 포함되어 있는 문제는 여러 측면에서 자기 자신의 견해를 내포한 다른 사람 혹은 더 큰 조직의 견지를 강조하는 접근일 수도 있다.

(6) 시간틀: 장단기 vs 과거 · 현재 · 미래

시간틀을 어떤 목적과 문제 상황에 적용한다면 장기와 단기, 그리고 과거 · 현재 · 미래로 고려할 수 있다. 예를 들어, 문제해결을 하는 데 지나치게 단기 전략에 집중한다면 장기 전략이 성공할 수 있는 일을 놓치게 될 것이다. 동시에 장기에 집착하면 현재가 위협을 받을 수 있다. 어떤 상황을 현재 해결하는 데 집중하는 사람이 있는가 하면 미래를 준비하는 데 애를 쓰는 사람도 있다. 어떤 사람은 과거를 중요시하고 고수하려고 애쓸 수 있다. 여기에서 질문을 하여 상대의 성향을 파악하려고 한다면, "갑자기 돈이 1,000만 원 생겼는데 그것을 어떻게 무엇을 하는 데 쓸 것인가?"라고 물어볼 수 있다.

그 대답은 그의 시간틀을 보여 준다. 사람의 사고방식이나 학습과 성장전략, 살아가는 방식, 세계관을 알 수 있는 방법을 학습한다는 것은 영향력을 강화시키는 핵심 기술이다.

NLP에서 이러한 것이 종합된 근본적 요소는 선호 표상체계와 메타 프로그램 유형, 신념 그리고 가치관을 이해하는 데 있다. 자신의 혹은 다른 사람의 메타 프로그램을 이해한다는 것은 그 효과가 아주 크다. 첫째, 다른 사람의 사고 유형을 알아차림으로써 그와 언어를 맞출 수 있어 의사소통이 더 효과적으로 이루어지고 라포 형성의 능력이 신장된다. 둘째, 그 사람의 사고 유형을 알아서 그가 좋아하는 방법으로 아이디어를 제공하여 변화를 일으킬 수 있는 영향력의 핵심을 잡게 되며, 협상이나 회사 직원 모집에서 직책에 알맞는 직원을 채용하는 결정을 쉽게 내릴 수 있는 도움을 준다.

3) 확인 방법

(1) 가치 기준 확인
가치 기준 확인을 위한 질문을 하게 되면 카테고리별로 메타 프로그램 패턴을 알 수 있다.

- 살아가는 데 무엇이 중요합니까? 가치를 높게 생각하는 것들은 직장, 전문 분야, 부부관계, 자녀, 친구, 동료, 돈, 명예, 건강, 집, 정신적 · 영적 분야 등일 수 있다.
- 그것이 당신을 위해서 무엇을 합니까 최고의 가치와 그것이 가져올 혜택을 확인할 수 있다.
- 좋은 직장에서 일을 할 때 어떤 일이 발생하면 그 직장을 떠나게 됩니까(동기의 방향성) 좋지 않은 일이 생기면 떠날 사람, 더 좋은 일이 생겨서 떠날 사람으로 나누어진다.

(2) 최고의 가치 확인 방법
- 어떤 집단 프로젝트에 헌신할 것을 약속하였다.
- 무엇이 그것을 깨뜨릴 수 있게 만들 것인가?
- 그럼에도 무엇이 그 처음 약속을 지키게 만들 것인가?
- 그럼에도 무엇이 그 약속을 지킬 수 있게 할 것인가?
- 그럼에도 무엇이 그것을 깨뜨릴 수 있는가?
- 그럼에도 무엇이 그것을 지킬 수 있게 할 것인가?

반복적 대답이 이어질 때까지 지킬 것과 깨뜨릴 것을 질문한다. 그 마지막 것이 그의 최고의 가치다.

4) 메타 프로그램 종합

• 메타 프로그램은 우리의 사고를 조직하고 관심의 초점을 맞추는 결정
수행을 도와주는 무의식의 여과체다.

• 메타 프로그램은 짝지어서 상황 구체적으로 일어난다.

• 향해 가는 유형의 사람은 원하는 것을 얻는 데 에너지를 집중하고, 회피
하는 유형의 사람은 문제를 피하고 벗어나기 위해 동기화된다.

• 통제 장치가 '내적'인 유형의 사람은 자신의 성공과 실패를 자신이 측정
하는 판단에 의존하지만, '외적' 유형을 가진 사람은 외부에서 증거를
찾는다.

• '타인' 위주의 유형을 가진 사람은 다른 사람을 의식하고 반응하는 반
면, '자기' 위주의 사람은 비교적 적은 비율로 남을 의식하며 자신의 느
낌을 위주로 반응한다.

• '조건부' 유형의 사람은 다양성을 좋아한다. '절차' 유형의 사람은 규
정에 안착하는 것을 좋아한다.

• 큰 그림을 좋아하는 사람은 '일반적' 유형이지만, '세부적'인 사람은
세부적인 데 관심이 많은 사람이다.

• 사람들은 두 가지 방법으로 외부적 정보를 분류하여 유사성을 찾거나
다른 점을 의식하여 이해한다. 메타 프로그램은 고정된 것이 아니라 본
인이 그것을 의식하는 데 따라 변화될 수 있다.

연습 2

　　상대방과 어떤 상황을 이야기하면서 또 질문을 하면서 그의 메타 프로그램 방향을 정도에 따라 표시해 보자.

1. 접근 방법　　　　　　향하는　　　　　　　　피하는

　　　　　　　　　　　1　　2　　3　　4　　5
　　　　　　　　　　　☐　　☐　　☐　　☐　　☐

2. 관찰틀　　　　　　　일반적　　　　　　　　세부적

　　　　　　　　　　　1　　2　　3　　4　　5
　　　　　　　　　　　☐　　☐　　☐　　☐　　☐

3. 시간틀　　　　　　　장기적　　　　　　　　단기적

　　　　　　　　　　　1　　2　　3　　4　　5
　　　　　　　　　　　☐　　☐　　☐　　☐　　☐

4. 상황 처리　　　　　관계 중심　　　　　　업무 중심

　　　　　　　　　　　1　　2　　3　　4　　5
　　　　　　　　　　　☐　　☐　　☐　　☐　　☐

5. 통제 장치　　　　　내적 참조　　　　　　외적 참조

　　　　　　　　　　　1　　2　　3　　4　　5
　　　　　　　　　　　☐　　☐　　☐　　☐　　☐

6. 분석 유형　　　　　동질성　　　　　　　이질성

　　　　　　　　　　1　　2　　3　　4　　5

　　　　　　　　　　☐　　☐　　☐　　☐　　☐

7. 인지 유형　　　　　비전　행동　논리화　감정

　　　　　　　　　　1　　2　　3　　4　　5

　　　　　　　　　　☐　　☐　　☐　　☐　　☐

*표시한 점수를 합산하여 총점을 산출한다.
출처: NLP university 훈련 교제에서 응용함

15. 신념체계와 가치관

1. 신 념

세상에 대하여, 자신에 대하여, 그리고 살아가는 제반사에 대하여 확실히 그렇다고 믿거나 혹은 이래야 한다, 그렇지 않으면 안 된다고 믿는 믿음이 신념이다. 사람은 강한 신념을 가지고 산다. 그 사람의 신념은 그를 이끄는 원칙(guiding principle)으로 작용하여 생각, 감정 그리고 행동을 지배한다.

가지지 않으면 안 되는 긍정적 신념을 가지고 사는 사람이 있다. 그런가 하면, 어떤 사람은 믿을 수 없는 신념을 가지고 살면서 그 신념이 자신의 삶의 걸림돌이 된다는 것을 알지 못한 채 힘들게 자신을 지탱하고 그 신념 때문에 어려움을 겪으며, 목적 달성을 어려워하고, 이혼도 하고, 전쟁도 한다.

신념은 세상을 해석하는 기준이 되어 지각을 여과시키고 어떤 행동을 강화시킨다. 따라서 강한 신념 때문에 경직되고, 있는 것을 그대로 인정하거나 현실을 직시하여 보고 느끼는 것이 불가능해진다.

그러나 신념은 엄격한 의미에서 선택이며 개발된 것이기 때문에 개선될 수 있는 것이다. 제동을 거는 신념, 목적 달성을 방해하며 문제를 일으키는 신념은 제거할 수 있어야 한다. 신념이 바뀌면 능력이 변화되고, 행동 변화가 일어난다. 세상을 가능성이 있는, 그리고 신축성이 있는 것으로 볼 수 있기 때문에 삶의 패러다임 전환이 일어나며, 자유롭게 세상을 탐험할 수 있는 준비가 된다.

2. 신념과 가치관

신념은 우리 삶에서 비상한 역할을 한다. 우리가 무엇을 믿으면 성취하고 싶어 하는 것이 가능해진다. 불가능하다고 믿는 것은 성취하려고 노력하지도 않을 것이며 성취할 수도 없다. 믿는 것은 심리적 장벽을 뚫고 걸음을 옮기게 밀어 주며 이루지 못하는 것이 없게 한다.

신념은 정신적 지도(map)로 우리 삶을 지휘하고, 건강과 정서와 기술과 모든 경험을 통괄한다. 신념은 우리 삶의 지도와 원리 지침으로 열정적으로 삶의 의미와 방향을 잡아 준다. 신념은 자신이나 다른 사람과 세상에 대한 전제와 가정에서 만들어진 것이다. 순수 신념은 감정이 없이 무엇을 있는 그대로 믿는 것으로서 대단한 것이 아니다. 하지만 어떤 신념은 무엇이 그래야 한다고 판단되는 가치관이라 볼 수 있는데, 이는 평가하는 것이 함축된 것이기 때문에 개인이 가장 중요하다고 생각하는 것은 이러한 개인적인 가치관이다. 가치관은 옳고 그릇되고 나쁘고 좋은 것에 대한 신념체계 중 하나다. 가치관은 자신이 살아가고 있는 삶을 추구하거나 피하는 경험을 조성하고 안내하는 원리이며, 뇌 속의 컴퍼스와 같다.

핵심 신념과 가치관은 우리가 정체감과 성격의 뼈대가 되는 기반으로 가장 귀하게 여기는 것으로, 우리의 삶의 여러 분야를 움직이고 있는 것이다. 신념은 그 사람의 지각적 필터다. 메타 프로그램과 같은 외적 세상도 광범위하게 경험하는 방법을 결정한다. 신념과 가치관은 현실의 내적 경험을 만들어 확실하게 한다.

신념은 왜곡이다. 모든 신념과 가치관은 근본적으로 자신이 만든 세상을 일반화시킨 것이며, 일반화는 근본적으로 왜곡된 것이다. 문제가 생겼을 때도 그 사건의 근원에는 왜곡된 신념과 가치관이 자리하고 있다. 의식적으로 가정을 하거나 전제를 하는 것을 알아차리면 도전을 받는 상황을 정확하고 효력 있게 만드는 문을 개방하게 된다.

신념은 중요한 동기를 가지고 있다. 신념은 일반적이고, 가치관은 특정하게 동기를 가지고 있다. 이것들은 정지된 지도(map)가 아니라 우리가 길을 찾고 여정을 계획하는 데 사용된다. 우리는 가치가 있는 것을 향해 움직이며, 가치가 없는 것은 비켜 가며, 자신에게 중요한 것에 에너지를 쏟아붓는다. 가족이 중요하면 우리는 가족을 위해 최우선권을 주게 되어 가족에게 시간과 활동을 할애하게 된다. 돈이나 성공이 가치 있는 사람은 많은 시간을 일할 수 있도록 준비할 것이다.

신념은 그 사람의 인생의 원칙으로 작용하여 어떤 능력이나 정체감, 행동, 감정, 제반사의 생각을 지배하고 세상 일을 해석하고 여과시키는 기준으로 작용하게 된다. 세상을 지각하는 지각 여과체로 그 사람의 내적 지도가 만들어지게 되고, 그곳에서 그 사람의 인성의 중요한 부분과 정서가 이루어지기 때문에 경험하는 세상 일들을 일반화시켜 움직이게 되는데, 그 내면에서 일어나는 것이 언어의 메타모델 위반에서 나타나게 된다.

다시 말하지만, 신념은 목적 달성의 수단이 될 수 있으며, 그것은 선택하는 것이기 때문에 개발될 수 있고 변화가 가능하다. 신념이 바뀌면 능력이 변한다. 그러나 강한 신념이 많으면 사람은 경직되고 활동 영역이 줄어들게 된다. 변화의 밑바닥에서 행동이나 능력, 정체감에 일반화가 이루어지면 신념은 비수의적으로 영향을 받아 삶에 대한 청사진이 되어 그 믿는 것을 유지시키고 강화하게 된다.

개인의 기준이나 가치관은 신념의 특정 카테고리로서 무엇이 중요하고 가치가 있다고 간직하는 이유가 된다. 개구리는 특정한 모습의 움직이는 것만을 먹을거리로 생각한다. 이때 신념은 개구리의 눈과 같이 작용하여 그것을 죽은 파리가 가득한 상자 속에서 굶어 죽는 신세로 만들 수 있다. 신념은 일상적 체험이기 때문에 의식이 인식하지 못하고 있는 자동화 작동을 하게 된다.

자신이 가진 신념이 자기가 원하는 것을 지원하고 있는가? 만일 자신이 목적하는 것을 방해하는 신념을 가졌다면 새 신념을 가져야만 한다. 새 신념은 새 목적을 찾는 수단이 된다. 자신이 하는 일을 믿지 않으면 이루어지는 일이 아무것도 없다.

암을 이겨 낸 환자들이 식이요법을 했든, 항암치료 혹은 정신치료를 받았든, 또는 영적 접근의 치료를 받았든 자신이 하고 있는 치료를 믿었다는 기사는 의학 보고서에서 많이 보고되고 있다. 암 세포를 격멸시킬 수 있다는 신념을 가지고 이미지를 형성하고, 단어로 말을 하고, 몸으로 느끼며, 병이 나아야 하는 목적도 중요하지만, 살아야 하는 의미와 이유를 찾겠다는 믿음을 지

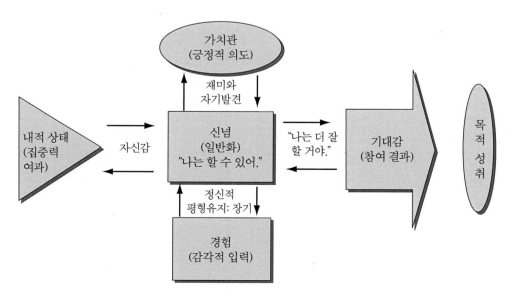

[그림 15-1] 신념 작용

닌 사람은 미션을 발견하고, 따라서 병을 극복하게 되는 결과를 가지게 된다. 암이 사람을 죽게 하는 것이 아니라 암에 걸리면 죽는다는 신념이 그 사람의 신체 반응으로 면역체계에 영향을 주어 다른 부위에 파괴를 일으켜 죽게 하는 경우가 많다. 이와 같이 자신에 대해, 혹은 병에 대해 믿을 수 없는 신념을 가지고 사는 사람들이 많이 있다.

신념이 있으면 어떻게 목적을 달성할 수 있는지, 무엇을 해야 하는지 몰라도 방법을 찾을 수 있게 되고, 그 신념이 길을 찾을 수 있게 이끌어 주게 된다. 신념은 능력으로 가는 문이다. 믿지 않으면 문이 닫히고, 믿으면 열린 문을 통해 해답을 얻게 된다.

1) 신념의 힘

신념의 힘은 여러 분야에서 입증되고 있으나, 아마 '위약효과' 가 가장 압도적일 것이다. 위약은 아무런 효력이 없는 설탕이나 녹말 혹은 유액으로 된 정(pill)이지만, 환자가 치료가 된다고 믿으면 실제 건강을 회복한다는 연구결과는 새삼스러운 일이 아니다. 위약의 효과는 여러 상황에서 실제 약효보다 1/3 이상 높다.

편도선 염증에 걸린 환자를 두 집단으로 나누어 마취를 하고 수술을 했는데, 한 집단은 편도선 절개만 하고 수술을 한 것으로 믿게 하여 회복률이 80%가 된 데 반해, 실제로 수술을 받은 사람의 회복률은 40%에 그쳤다고 한다. 신념은 결과를 결정할 수 있는 분명한 요인이 된다. 무엇을 믿는다는 것은 일어나기를 원하고 있는 마음과 몸에 전체 정신 신경 메시지를 보낸다. 사망 선고를 받은 암 환자 중 살아 남은 사람들은 모두가 자신의 치료 방법에 대한 신념이 강하게 있었던 사람들이라는 것이 증명이 되고 있다(Dilts et al., 1990).

2) 신념과 가치관 확인: 가치관 추적

사람들이 표현하는 언어에서는 그 사람의 신념과 가치관이 드러난다. 어떤 아이디어들은 토론에서 여지없이 독단적으로 나타난다. 심각해졌을 때는 흑백 논리로 입증된다. 옳고 그르고, 적절성이 있고 없고, 나쁘고 좋고, 이래야 되고 저래야 되고, 중요하고 중요하지 않은 것들은 개인의 가치를 당장 말해 주는 것이다.

 연습 1

당신이 어떤 집단과 관계를 맺고 프로젝트에 헌신하기로 했다고 가정하자. 다음 질문에 답해 보자.

1. 무엇이 당신에게 그 약속을 깨고 집단과 그 프로젝트를 떠날 수 있게 만들 것인가?
   그렇다 할지라도 무엇이 당신에게 그것을 지킬 수 있게 만들 것입니까?

2. 그럼에도 무엇이 당신으로 하여금 그것을 떠나게 할 수 있겠는가?
   그럼에도 무엇이 당신으로 하여금 그것을 지킬 수 있게 만들 것입니까?

3. 그럼에도 무엇이 당신을 그것에서 떠날 수 있게 할 수 있겠는가?
   그럼에도 무엇이 당신으로 하여금 그 약속을 지킬 수 있게 만들 것입니까?

4. '그럼에도' 대답이 없을 때까지 추적되는 대답은 그 사람의 최상의 가치관이다.

연습 2

1. 하기를 원하고 할 수 있는데 못한 것이 무엇인가?

2. 무엇이 혹은 무슨 일이 있어 그것을 못하게 하거나 하지 않게 하는가?

3. 그것이 혹은 그 일이 있음에도 그것을 하지 않게 하는 일은 어떤 것인가?

4. 만일 그것이 그러하더라도 무엇이 그것을 하도록 할 것인가?

3) 가치관의 출처

가치관이나 신념은 타고난 것이 아니다. 우리가 세상에 태어날 때 모든 것이 철저히 정리된 조직을 갖추고 나오지는 않는다. 신념은 자라면서 배우는 것이다.

- 각인된 경험 6~7세에는 의미 있는 심각한 경험이 힘 있는 신념으로 혹은 자기를 제한하는 신념으로 각인된다.
- 무의식적 본뜨기 자랄 때 우리는 주위 사람의 행동만을 본뜨는 것이 아니라 그들의 가치관과 신념도 모방한다.
- 타인으로부터 피드백 부모는 자녀에게 잘하는 것을 칭찬하는 대신 잘못하는 것을 비판한다. 이것이 그 아동의 자기 지각을 부정적으로 만들어 입력시켜 준다.
- 반복적 경험 우리가 어떤 것을 생각하거나 그것에 노출되는 것이 잦을수록 그것에 익숙해지고, 그러한 반복이 길어지면 습관으로 신념이 굳

어진다.

- 역할 모방 우리는 사랑하고 좋아하는 사람의 신념과 가치관을 닮는다. 그 사람은 내가 숭배하는 사람일 수 있다.
- 참조경험 참조경험은 가치관과 신념을 만든다. 따라서 과거 경험의 한 사건이 신념으로 각인될 수 있다. 자주 수백 명 관중 앞에서 성공적인 프레젠테이션을 하고 그것에 대한 자신감이 있으면 자신은 할 수 있는 사람이라 믿게 된다.
- 동료, 친구집단 이들은 언제나 다른 가치관과 신념에 영향을 줄 수 있다. 그들과 사귀는 것이 필요할 때 그들에 맞추어 태도를 지니는 것이 심각히 요구되기 때문이다.
- 성장문화인 가정 내 부모 부모는 자녀에게 어떻게 생각하고 행동해야 하는 것인가에 대해 크게 영향을 준다. 따라서 자녀는 부모가 즐겨 하던 것을 하고, 믿던 종교를 믿으며, 동일시하는 가치관을 가지게 된다.
- 미디어 한 문화에 살고 있는 사람들에게 신문, 라디오, 텔레비전을 통해 미디어 조경을 만들어 주면 그것은 신념과 가치관을 만들어 가는 데 작용한다.

4) 기준

기준이나 표준은 가치관을 충족시키는 데 생각해야 할 중요한 가치를 가지고 있다. 우리는 모든 하는 일에 대해 의식을 하든, 하지 않든 기준이 있다. 집을 살 때는 방이 몇 개가 있어야 하고, 위치는 어디에 있어야 하며, 정원의 크기나 수리할 일 등의 기준이 포함되어 있을 것이다. 이런 기준이 총족되어야 집을 사게 된다.

기준 총족이 되지 않았을 때는 관계되어 있는 사람과의 관계도 금이 가게 된다. 그러나 인간관계의 효율성에서는 상대방은 다른 가치관과 기준을 가지고 있다고 인식하는 것이 기본이다.

가치관은 같지만 그 가치관이 충족되었느냐 그렇지 못하느냐를 판단하는 진행 준거는 다를 수 있다. 어떤 사람은 사랑하는 관계에 대해 로맨틱한 관계라는 기준을 가지지만, 다른 사람은 자신이 느끼고 생각하는 것을 묻지 않고 알고 이해해 주는 것이 사랑이라는 기준을 가지고 있을 수 있다. '사랑'이라는 놀라운 공통 개념을 가지고 있으나, 이와 같이 다른 진행 준거는 큰 재난의 소재가 될 수도 있다.

어떤 기준은 다른 어떤 기준보다 중요하다. 어떤 사람은 가족에게 가치를 두어 가족을 위해 많은 월급을 즐겁게 쓸 수 있다. 다른 사람은 반대로 월급을 자신이 집 밖에서 즐기기 위해 쓴다. 우리가 의식적으로 어떻게 자신의 기준을 우선적으로 만드는지 알아차리지 못할지라도 그것은 우선권을 주는 그 사람의 행동에서 드러나게 된다. 이것이 기준의 위계라 할 수 있다.

5) 제한 신념

신념은 사람의 삶을 긍정적으로 끌고 가는 힘이 될 수도 있지만, 능력을 제한하거나 박탈할 수도 있다. 피아노를 처음 배울 때 잘 따라갈 수 없어 실망하여 자기는 결코 피아노를 못 배울 것이라 믿는 사람은 얼마 지나지 않아 피아노 배우는 것을 포기하게 될 것이다.

신념이 비합리적이라는 것을 인식하지 못하는 이유는 그것에 대한 자기만족이라는 것 때문이다. 무엇을 믿을 때는 그것을 유효하게 하는 방법으로 행동하게 된다. 그 신념이 긍정적이건 부정적이건 간에 사실이다. 우리가 만들어 내는 삶은 우리가 믿는 것에 의해 결정되는 경험이다. 우리가 할 수 없다고 믿을 때 우리 행동은 충분히 노력하지 않고서 자기 고의로 포기하는데서 비롯되어 실패로 이어지게 된다.

어떤 신념을 오는 대로 받을 수는 없다. 신념은 언제나 선택이다. 언제나 내가 원하는 목적을 달성하는 데 힘을 실어 주거나 도움이 되는 신념을 생각하며 그것이 임의로 이루어진 것처럼 행동하는 것이 전부다.

연습 3

1. 사랑하는 관계 한 가지를 선정한다.

2. 무엇이 사랑을 중요하게 생각하게 하는가 기준을 나열하여 적어 본다.

3. 열거한 기준 뒤에 그것이 의미하는 정의를 적는다. 예를 들어, 기준이 정직한 것이라면 '마음에 있는 대로 솔직한 것', 어떤 사람은 '사실대로 말하는 것'일 수 있다.

4. 배우고 깨달은 것을 정리하여 적어 보자.

 연습 4

1. 제한을 가하는 신념 선정(O.B)

2. 제한 신념의 종속 모형 유출과 표상 확인

3. 선택 가능한 신념 선정(B; 이럴 수도 있고 저럴 수도 있는)

4. 이 신념의 종속모형 확충(B)—표상 확인

5. O.B 신념을 B 신념의 종속 모형으로 전환, 그 차이점 발견—표상 확인

6. 원하는 신념 선정(N.B)—표상 확인

7. 새 신념(NB)을 B 신념 종속 모형으로 결합—표상 확인

8. O.B 신념 위치로 B와 NB를 스위시(동시에 OB를 스위시)

9. TOTE와 미래 보정

이제 무엇을 믿는가? 과거에 할 수 없었던 무엇을 할 수 있는가?

    O.B＝Old Belief, 구 신념

    B＝Belief, 중성 신념

    N.B＝New Belief, 새 신념

 연습 5

1. 불평 경청

2. 변화를 위한 확약 받음

3. 문제 구조 분석

4. 자원 구축

5. 자원구조 분석

6. 문제상태에서 자원상태 도출

7. 5번 항목 반복

8. 생태 점검, 미래 보정

문제 상황

I.P = 내적 진행(Internal Process)

I.S = 내적 상태(Internal State)

E.B = 외적 행동(External Behavior)

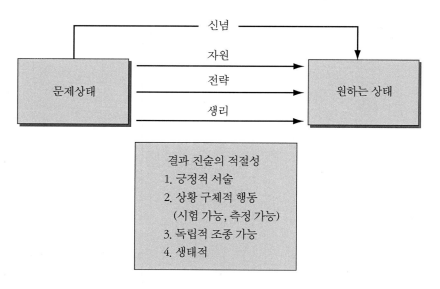

[그림 15-2] 변화전략

연습 6

당신이 어떤 집단 관계를 가지고 그 집단의 의미 있는 프로젝트에 동참하여 헌신하기로 결심을 했다고 가정하자. 다음 질문에 답해 보자.

상향 자르기

1. 무엇이 그 약속을 깨고 집단과 그 프로젝트를 떠날 수 있게 만들 것입니까?

_____

2. 그렇다 할지라도 무엇이 당신으로 하여금 그 약속을 지킬 수 있게 만들겠습니까?

_____

3. 그럼에도 무엇이 당신을 거기서 떠나게 만들 수 있겠습니까?

_____

4. 그럼에도 무엇이 당신으로 하여금 그 약속을 지킬 수 있게 할까요?

_____

5. 그럼에도 무엇이 당신을 그것에서 떠날 수 있게 할 수 있습니까?

_____

6. 그럼에도 무엇이 당신으로 하여금 그것을 지킬 수 있게 만들 수 있습니까?

_____

이 간단한 질문은 우리가 지니고 있는 최상의 가치관이 무엇이라는 것을 알게 해주는 질문이다. 자신의 혹은 상대방의 최상의 가치관을 안다는 것은 이를 이용하여 변화 작업이나 동기화의 효과를 최대화할 수 있는 도구가 될 것이다.

하향 자르기

1. 하기를 원하고 할 수 있는데 못한 것이 무엇이 있습니까?
_____

2. 무엇이 혹은 무슨 일이 있어 그것을 못하게 하거나 하지 않게 했습니까?
_____

3. 그 일이 있음에도 그것을 하지 않고는 안 되게 하는 일이 있습니까?
_____

4. 만일 그렇다 하더라도 무엇이 그것을 못하도록 할 것입니까?
_____

5. 그럼에도 그것을 할 수 있게 하는 것이 있습니까?
_____

간단한 질문으로 자신의 모든 행동과 매사의 가치관 질문을 한다면 자기운영에서 최상의 결과를 얻을 수 있을 것이다. 다음에서 몇 가지 질문을 예시한다.

1. 당신 삶에서 중요한 것이 무엇입니까?
_____

2. 당신 자신에게 바라는 것이 무엇입니까?

_____

3. 당신이 하는 일의 무엇이 중요합니까?

_____

4. 부부관계에서 중요한 것이 무엇입니까?

_____

5. 친구관계에서 중요한 것이 무엇입니까?

_____

16
전략적 기술

1. 시간선

인간의 뇌는 기억을 코딩해서 저장하는 고유한 방법이 있다. 뇌는 이 시간을 조직하고 경험을 보유하는데, 이는 경험된 사건을 배열하는 뇌 속의 정보분간 능력에 의해서 일어난다. NLP에서는 이를 '시간선(timeline)'이라고 한다. 이 분간 능력은 생존에 필수적이며, 실제 사건(현재)과 기억되는 사건(과거), 만들어 낸 사건(미래)을 잘 분간하여 행동함으로써 치매 현상과의 분간이 이루어진다. 두뇌 속에서 분류되고 조직되는 시간은 언어 패턴에 표현되어 일반적으로 선형(linear)으로 나타나는데, 사람에 따라 그리고 어떻게 저장하느냐에 따라 우수한 의사소통이 가능해진다.

연습 1

1. 자신의 시간선을 확인한다.

2. 시공선을 날아올라간다.

3. 시공선을 점검한다. (현재, 미래, 과거) 종속모형의 차이점을 점검한다.

4. 과거로 가서 시공선의 부정적 경험을 확인한다.

5. 배운 것을 보존 · 유지한다.

6. 기억에서 삭제(흡입기, 필름을 거꾸로)한다.

7. 그 기억을 스위시 패턴의 원하는 상태로 전환한다.

8. 4~6번을 반복하여 원치 않는 기억(감정, 행동, 기억)을 처리한다.

9. 다시 나타나지 않게 한다.

연습 2

다음 문구를 읽고 적용되는 항목에 ✓ 표를 하시오.

1. 나는 다음과 같은 이야기를 좋아하는 경향이 있다.

_____ a. 역사적 사건

_____ b. 시사 사건

_____ c. 미래 가능성

2. 나는

_____ a. 지각을 잘하는 경향이 있다.

_____ b. 자발적인 경향이 있다.

_____ c. 상상력이 풍부한 경향이 있다.

3. 나는

_____ a. 돈을 안전한 곳에 두는 경향이 있다.

_____ b. 돈을 현재 사용의 기회로 추구하는 경향이 있다.

_____ c. 결정적이고 경제적인 계획을 세운다.

4. 잘못이 일어나면

_____ a. 내가 만든 잘못에 대해 걱정 · 염려를 한다.

_____ b. 잘못되는 것을 고치려 재빨리 행동한다.

_____ c. 문제가 일어나는 것을 예방한다.

5. 어떤 선택을 해야 할 때

_____ a. 나는 내가 경험한 것을 믿는다.

_____ b. 나의 자발적 반응을 믿는다.

_____ c. 나의 미래에 대한 느낌이 선택을 하는 데 영향을 미친다.

6. 내 인생에 대해 생각할 때

_____ a. 과거에 경험한 일들이 나를 괴롭힌다.

_____ b. 나는 그저 오늘을 살아간다.

_____ c. 나는 미래를 열심히 생각하고 참여한다.

7. 나는 내 인생을 생각할 때

_____ a. 과거에 대한 추억을 간직하는 경향이 있다.

_____ b. 현재 순간에 살고 있는 경향이 있다.

_____ c. 내 미래를 생각하며 시간을 보내는 경향이 있다.

8. 나를 아는 사람들은 내가

_____ a. 지나간 일에 감상적이라고 묘사한다.

_____ b. 지금 여기에 있다고 묘사한다.

_____ c. 언제나 앞을 향해 가고 있다고 말한다.

9. 나는 다음 문장에 동의한다.

_____ a. 역사로부터 배우지 못하는 사람은 배우지 못한 것을 반복하여 가진다.

_____ b. 90%의 인생은 자기 과시다.

_____ c. 나의 미래는 너무 밝아서 나는 그것을 그림자로 덮어야 한다.

총점			
9			
8			
7			
6			
5			
4			
3			
2			
1			
0			
	과거(a)	현재(b)	미래(c)

＊ 각 문항에서 3표한 것을 보고 표에 표시한다. a는 과거, b는 현재, c는 미래를 의미한다.

2. 새 행동 생성

1) 새 행동 생성의 의미

'새 행동 생성'이라는 것은 원하는 행동에 익숙해지도록 우아하고 효과적으로 설계된 단계적인 과정을 말한다. 이것은 상상으로 연습을 하는 것으로서 내적 진행의 요소를 포함하는, 즉 운동 소질이 있는 운동가 혹은 무언가를 빨리 배우는 사람들이 활용하는 기법이다. 새 행동 생성에는 자기가 원하는 행동이 완충성이 있는지, 그리고 언제 사용할 수 있는지를 알려 주고 확인해 주는 단계도 포함되어 있다.

이 전략은 행동에 대한 연습을 내면적으로 경험할 수 있게 해 준다. 그것이 생활에서 시행되기 전에 이미 이루어진 것 같은 경험을 하게 하는 것이다. 모험없이 그 참조 경험을 창조하기 위한 연습을 미리 할 수 있어 지금까지 할 수 없다고 생각했거나 과거에 피해 왔던 행동에 참여하는 새로운 선택을 하게 해 준다. 이 전략은 그 행동에 적응하게 하는 기회를 만들어 줌으로써 독특한 자신의 행동이 되게 해 준다.

새 행동 생성전략을 활용하는 것은 세상에서 인간의 행동이 가능한 범위에서만 가능하다. 자기가 우러러보고 자기가 그럴 수 있기를 바라는 사람의 행동 세계가 자기의 자산이 될 수 있다. 그 자산은 언제든지 자기가 쓰고 싶을 때 쓸 수 있다. 이렇게 행동과 활동의 목록을 확장하는 것은 대개의 모든 상황에서 큰 융통성과 능력을 가지고 있음을 의미한다.

2) 새 행동 생성의 역할

(1) 타인에게 끼칠 영향력

우리는 자주 주위에 있는 사람에게 영향을 끼치는 것을 원하고, 또 그것이 필요한 때가 많지만 그 욕망을 충족시키는 데에서 능력이 부족하다는 것을 느낀다. 예를 들면, 어떤 여자가 한 남자에게 데이트를 신청하고 싶으나 자신이 창피를 당하지 않으려고 데이트 신청을 할 수 없다고 생각한다. 그러나 '새 행동 생성'을 사용하여 그녀는 여자친구를 불러내어 그 여자친구가 자기 남자친구를 불러내는 행동을 관찰하는 데서 '방법(how)'을 배울 수 있다. 그녀는 여자친구가 자기 남자친구에게 프러포즈하는 것을 듣고 볼 수 있어 그 행동을 자신의 방식으로 바꾸는 방법을 배울 수 있게 된 것이다.

한 교사는 동료 교사가 학생들과 의사소통을 효과적으로 한다고 인식할 때 그 동료 교사의 힘 있는 언변이나 의미를 강화시키기 위한 행동, 그리고 개개인 학생에 대한 빈틈없는 관심 집중과 같은 것을 의식하고 학생들에게 영향을 발휘하는 모범 교사의 능력을 가능하게 하는 행동을 알게 되었다.

직장에서도 동료가 아주 영향력 있게 어떤 고유한 어조로 프레젠테이션을 하거나, 중요한 사람들과 긍정적이고 직접적인 방법으로 대화를 하고, 예의 바르게 모든 사람을 대하는 것을 볼 수 있다.

새 행동 생성은 이와 같은 행동을 자신에게 적용할 수 있어 타인에게 여러 모로 영향을 끼칠 수 있게 한다.

(2) 통일성 있는 자아

새 행동 생성은 자기가 원하는 영향력을 가지도록 하는 행동을 접할 수 있게 하고 영향력보다 더 중요한, 행동을 할 때 요구되는 융통성을 위한 인격적 통일성(congruency)을 제공한다. 내가 다른 사람에게 알려지는 것은 나의 행동을 통해서 일어난다. 때로는 우리의 내면에 있는 자기를 외부로 드러내는 것이 가능하지 않을 때도 많다. 그러한 결과는 우리의 내면세계와 현실을 살고 있는 세계 간의 통일성이 없기 때문이다. 예를 들면, 어떤 여인은 언제나 검정색의 보수적인 겉옷을 택하는 것에 비해 속옷은 무척 화려하게 입는데 이를 드러낼 수 없었다. 어떤 사람이 그 검정 드레스가 구식이고 촌스러워 그녀를 세련미 없는 사람이라고 여겼다고 하자. 이 사람은 그녀의 이야기를 듣지 않고서는 다르게 생각할 수 없다. 그 이상의 것을 볼 수 없기 때문이다. 그녀의 의상 선택 방법이나 사고를 더욱 새로운 관점에서 볼 수 있게 되었을 때, 그녀가 있는 그대로를 통일성 있게 드러내기 위해 그런 의상을 선택했다는 것을 알게 될 것이다.

자신의 내면 그대로를 통일성 있게 표현하는 행동이 불가능하다는 것은 불편할 뿐 아니라 큰 손실이 된다. 이러한 통일성이 없이는 다른 사람이 진실로 자기를 알 기회도 없어진다. 동시에 자신도 진정한 자기 자신으로 사는 방법이 무엇이라는 것을 알 기회를 놓치게 된다.

3) 새 행동 생성 기법

모든 NLP 기법과 마찬가지로, 이 방법은 이미 그 능력을 가진 사람들에게서 배울 수 있다. 새 행동 생성은 새로운 행동을 자연스럽게 잘 배우고 익히는 사람에게서 모델링을 한다. 모든 사람은 새 행동 생성에 있는 단계를 밟아 배울 수 있다. 자기가 하기를 원하는 것을 다른 사람이 하고 있다는 것을 의식한다는 것은 이미 이 전략을 효과적으로 활용하고 있다는 것을 나타낸다.

이 새 행동 생성은 자신을 자기에게서 분리시키는 것으로 시작된다. 자신의 행동을 평가하기 위해 자신을 다른 사람으로 보는 것에 실제 참여하는 것이다. 새 행동을 원하는 어떤 상황에 있을 때 자기는 이미 주관적 경험으로 그 원하는 행동에 참관하게 된다. 실제 상황에서 이 행동을 표현하는 것이 더 쉬운 이유는 환경의 영향 때문이다. 실제로 그 참조 경험은 자기로 하여금 그 방법으로 행동하게 한다. 이 과정은 다음과 같은 종속 단계로 나뉜다.

4) 새 행동 생성 단계

- 1단계-원하는 행동 선정
  - 원하는 행동 지정: 하기를 원하는 행동을 선택(전에 해 본 적이 없거나

지금보다 더 잘하고 싶은 것)한다.

- 상황 규정: 언제 어디서 이 행동을 할 수 있기를 원하는가 지정한다. 이 단계에서는 '언제나' 혹은 '자기가 원하고 필요로 할 때마다' 라고 대답하는 것을 그대로 받아들이면 안 된다. 모든 상황에 적절한 행동이라는 것은 없기 때문이다. 자신이 원하는 행동을 하는 것이 언제 적절하고 유리하다는 것을 아는 것은 한 가지의 행동 양식이 다른 상황에서 다 적절한 것만은 아니라는 것으로 여겨 함부로 행동을 하지 않게 할 것이다.

- 역할모델 지정: 자기가 원하는 행동을 잘 하는 한 사람을 생각한다. 그 사람은 자기가 아는 사람일 수도 있고, 연극인일 수도 있고, 어떤 가상의 인물일 수도 있다. 이 사람을 아느냐 모르느냐는 문제되지 않으며, 자기가 자기 자신에게 원하는 행동의 표상만 가지면 된다.

- 역할모델 평가: 그 역할모델이 선택한 행동을 하는 이미지를 만들어 본다. 자기의 이미지는 자기의 역할모델이 나타내는 형태로 상황에 적절해야 하고, 자기가 선정한 행동에 적절성이 있어야 한다. 그의 유형과 얼굴표정 및 자세, 그가 사용하는 언어, 어조나 말하는 속도, 목소리의 크기에 관심을 집중하자. 다른 사람으로부터 초점이 맞추어지는 반응에 관심을 집중하자. 그 행동에 대한 느낌이 어떠한가? 그것을 가까이에서 세밀히 보고 난 후 아직도 그렇게 하는 것을 원하는지 알아본다. 만일 대답이 '아니요' 라면 약간 조정할 필요가 있다. 그 역할모델이 표현하는 행동이 만족스럽지 않다면 다른 사람을 다시 찾아서 역할모델로 사용해야 한다. 만일 지금 원하지 않는 행동이라면 이 연습의 처음 단계로 돌아가 다른 더 적절한 행동을 가지고 시작한다. 만일 대답이 '예' 라면 다음 단계로 넘어간다.

• 2단계－자신을 역할모델로 대치 평가(관조상태)

자기가 역할모델과 같은 행동을 한다. 그 행동이 자신이 원하는 그림이 될 때까지 자기가 만드는 영화를 변화시킨다. 영화 스크린의 역할모델 대신 자기 자신을 보는 것처럼 바라본다. 바로 앞에 있는 스크린에서 그 표본과 같은 행동을 하고 있는 자신을 본다. 자기가 만드는 움직임, 자세, 얼굴표정을 바라보라. 자신의 말의 어조, 속도, 크기를 들어라. 스크린에서 자기의 주위에 있는 사람에게 확충되고 있는 반응에 관심을 집중하자.

이 단계는 서둘러서는 안 된다. 자신이 이 영화에 몰두하도록, 또한 이 과정을 통과하면서 조절하거나 발전시켜야 할 것을 찾도록 충분한 시간을 가지게 한다.

이 영화를 보고 들으면서 '어떻게 느끼는가? 더 조절해야 할 것이 있는가 아니면 자기가 원하는 그대로인가?'를 생각한다. 만일 아니라면 필요로 하는 모든 것을 재조절한다. 영화를 자기가 만족할 때까지 조절하기 전에 더 진행시키지 않는다.

만족하면 다음 단계로 넘어갈 수 있다.

• 3단계- 표현행동에 개입(개입상태)

자신이 하고 있는 것을 보고 좋아하면 그 그림 안에 들어가 자신이 선택한 행동을 실제로 행하고 있는 것을 상상한다. 실제 느끼는 것을 느끼고, 보이는 것을 보고, 들리는 것을 들으며, 자신의 음성을 듣는다. 자신이 이 새 행동을 이끌어 가는 것처럼 몸으로 느끼는 것을 확인한다. 필요로 하는 시간을 가지고 시간을 달리하여 하나하나의 감각체계에 집중하다가 그다음에 모든 것을 함께한다. 이렇게 하여 생성된 행동에 들어가는 경험이 즐거운 것인가 아니면 자기가 원하는 것인가 알아본다.

만일 '아니요'라면 그 행동 표현을 필요한 대로 조정하여 전 단계로 돌아가 다른 표본모델을 발견한다. 만일 전혀 자신이 원하는 것이 아니라면 1단계로 돌아가 다른 행동을 선택할 수 있다.

만일 '예'라면 다음 단계로 넘어간다.

• 4단계-미래 보정과 생태 검증

가까운 장래에 이 행동을 하는 것이 적절하고 바람직한 한 가지 상황을 찾는다. 그 상황에서 자신이 원했던 새 행동을 하고 있는 것을 본다. 자신의 내부에서 자신의 행동에 만족할 때 그 이미지에 걸어 들어가 그 상황에서 그러한 방법으로 행동하는 것이 어떤 것과 같은지 직접 경험한다. 자신의 수행을 개선하기 위해서 어떤 조절이라도 하여 경험을 강화한다. 이 새 행동을 필요로 하고 하기를 원하는 장래의 다른 한 가지 상황을 선정하여 거기에 가 있는 것을 상상한다. 그래서 새 행동 선택을 생성시킨다.

5) 새 행동 생성 평가

설계된 이 전략을 자신의 것으로 받아들여 행동해 보기 전에 그 행동을 철저히 관찰하고 평가할 기회를 가질 수 있어야 한다. 그 행동에 발을 옮겨 들어갈 때까지 자신을 경험하는 데서 분리시켜 놓는다.

그래서 이 전략의 가장 중요한 것은 각각의 단계가 끝날 때 가지는 느낌을 점검하는 것이다. 결국 마지막에 그 행동을 자신의 행동으로 받아들이게 된다. 이렇게 하는 데에서 만약 자신에게 맞게 조절되어 있지 않으면, 그 행동을 하지 않게 될 것이다. 그래서 각 단계가 끝나면 계속 그 행동이 매력적인가 발견해 내는 것을 잊어서는 안 된다. 이것은 자기가 어떻게 느끼느냐에 따라 판단되는 것이다. 만일 그렇지 못할 때는 음성을 달리하거나 언어의 내용을 바꾸어 어떤 변화를 시도할 수 있다. 그것은 그저 자기가 일상적으로 하는 몸짓을 약간 바꾸는 것일 수도 있다. 그것이 편안하게 느껴질 때까지 행동을 약간씩 달리하여 조절하는 것을 실험해 볼 수도 있다.

만일 조절을 하고도 편안하지 않으면 그 행동이 진정 자기가 원하는 것인지 고려해 본다. 원치 않는 것이라면 다른 행동을 선택하여 다시 할 수 있다.

6) 새 행동 생성 단계 종합

- 가치 있다고 생각하는 행동 선정
  - 원하는 행동 선정
  - 상황 규정
  - 역할모델 선정
  - 역할모델 평가
- 자신에게 역할모델을 배치하여 평가
- 그 행동을 하는 데 개입
- 미래 보정과 검증

3. 개인사 변화

개인사 변화는 Bandler와 Grinder(1975)에 의해 개발된, 개인이 과거에 경험한 느낌과 지각이 현재에 부정적 영향을 끼치는 감정 변화를 시도하는 기술이다. 이는 이미 일어났던 과거에 대해 현재 가지고 있는 부정적 느낌에 대한 의미를 변화시켜서 앵커를 통하여 자원을 구축하고 그 자원을 이용하여 과거에 자원이 필요했던 어떤 문제 시점으로 귀환시키는 방법으로 가능하다. 이것은 근본적으로 기억을 되돌려 추적하여 의식적·무의식적으로 현재 감정이나 행동에 관계된 과거의 참조경험을 찾아 연관시키는 것이다. 이렇게 과거를 추적하는 것은 시간선의 수단으로 성취가 가능하다.

연습 3

1. 원하지 않는 비자원적 가정 문제(단순한 사건)를 찾는다.

2. 자주 일어나는 최근 느낌에 개입하여, 몸 어디에서 감지되는지, 어떤 느낌인지를 확인한다.

3. 그 느낌을 상징하는 앵커를 신체 부위, 어깨나 손목에 접촉한다.

4. 앵커를 잡고, 이런 유사한 느낌을 가졌던 과거를 추적하여 유사 감정의 장애를 받은 시기와 상황의 차례를 확인하여 몇 가지의 앵커링을 한다.

5. 이 느낌을 제일 처음 배우게 된 장면을 접하게 한다. 이 느낌을 앵커한다(언제, 어디서, 누가, 무엇 때문에 배웠는가).

6. 앵커를 풀어 주고 현재로 돌아온다.

7. 그 장면에 어떤 자원이 필요했는지 질문한다(자원은 본인이 찾는다).

8. 이런 감정에 반대되는, 필요한 자원 경험을 했을 때가 과거에 있었는지 확인하여 그때 그 자원에 개입시켜 앵커를 설정한다(자원은 부정적 느낌을 이길 수 있도록 강화되어야 한다).

9. 상태 단절을 한다.

10. 부정적 경험을 다시 떠올려 최근의 경험 앵커를 발사하고 자원 앵커를 동시

에 발사하여 4번과 5번에 설정해 놓은 앵커를 차례로 짚어 올라간다.

11. 자원 앵커가 현재 느낌을 대면하게 하여 과거에 앵커된 부정적 경험을 거슬러 올라가 제일 처음 이 느낌을 배우게 된 장면까지 추적한다.

12. 눈을 뜨고 현재로 돌아오게 하여 상태 단절을 한다.

13. 과거 기억이 어떠한가 질문을 하고 변화 테스트를 한다.

14. 미래 보정을 한다. 미래에 유사한 상황이 발생하면 어떻게 달라질 것인가 확인 연습을 하고 질문한다.

4. 리프레이밍

1) 내용 리프레이밍

(1) 리프레이밍의 개념

많은 경우 사람은 원하는 것은 하지 않고 원치 않는 행동을 하고 나서 후회하고 괴로워한다. 이러한 반응은 즐거운 것이든 불쾌한 것이든, 유용한 것이든 불필요한 것이든 간에 자동적 반응으로 일어나는 행동이다. 왜 그런 것인지 알지도 못하고 그렇게 하고 싶지도 않은데 계속하여 그것을 반복하게 된다. 이런 일들은 우리의 생활에 익숙한 것으로 느껴지며, 이런 예들은 얼마든지 찾을 수 있다. 하지 않으려고 많이 노력하였지만 잘 작동되지 않아 살아가는 데 제동을 걸고 자동적 작동을 하게 된다. 이처럼 고치려고 노력하지만 작동이 안 되는 것은 사람 행동의 중요한 면을 무시하는 데서 오는 결과다

(Bandler & Grinder, 1975). 중요한 것은 의도(intention)다.

사람의 행동(신체적 증상 혹은 의사소통)은 그것이 내적이거나 외적이거나 어떤 결과 또는 어떤 목적을 성취하려는 것이다. 자신이 현재 하고 있는 행동은 무작위로 선택된 것이 아니라 어떤 상황이나 경험의 결과로 얻어진 것이다. 이러한 행동은 자신을 여러 가지 상황과 경험에서 성공적으로 적응하고 살아남게 하려는 것이며, 학습된 행동이다.

행동은 목적을 달성하기 위한 수단이다. 그런데 그 행동을 변화시키려 하는 과정에서 행동이 성취되도록 도와준 목적을 무시하는 경향이 많다. 구체적으로 말하면, 모든 행동은 의도가 있다. 더 나아가서 우리는 행동에는 언제나 '긍정적 의도'가 있다는 것을 발견하게 된다. 그 의도는 의미가 있는 것이다.

예를 들면, 어떤 일을 하겠다고 공언을 하지 않는 것은 자유시간을 가지겠다거나, 혹은 실망을 경험하지 않겠다는 긍정적 의도가 될 수 있다. 어떠한 행동의 변화든 간에 그것을 성공적으로 이루기 위해서는 그 행동의 긍정적 의도가 포함되어야 한다. 우리가 지향해야 할 것은 그 의도를 성취시키는 것이다.

예를 들어, 어떤 어머니가 아이들에게 자주 소리를 크게 지른다. 아이들은 어머니의 그 짜증스러운 소리를 싫어하고, 어머니 자신도 그렇게 하는 것을 싫어한다. 마음도 편치 않고 가정에 평온함이 없어지기 때문이다. 어머니는 그러면서도 자녀를 자랑스럽게 생각하고 사랑한다. 소리를 지르는 어머니의 의도는 아이들이 잘 자라도록 하기 위한 것이었다. 아이들은 그 의도를 이해할 수 없다. 그들은 자기 자신을 나쁜 아이로 인식하게 되고, 어머니를 미워하게 된다. 좋은 어머니가 되어 아이들을 잘 키우려고 했던 것이 의도였으나 큰소리로 야단을 치고 짜증을 내는 것이 결과로 나타났기 때문에 어머니의 긍정적 의도를 아무도 모른다. 그 결과를 얻는 데 기여한 행동은 부적합했으며, 파괴적이었다. 그녀가 보인 행동의 의도는 긍정적이었으나, 달성하려는 긍정적 의도는 즐겁거나 효과가 있는 것이 아니었다. 따라서 이 긍정적 의도를 충족시키는 데 다양한 행동을 선택하도록 함으로써 리프레이밍을 하게 된다.

리프레이밍(reframing)은 자기 자신과 의사소통을 형성하는 아주 특별한 기술이다. 모든 행동의 긍정적 의도에 초점을 두고 의도와 행동을 분리시키는 기술이다. 긍정적 의도를 특정지어 새롭고 더욱 적절한 행동을 선택하여 그 특정 긍정적 의도를 더욱 만족스럽게 성취하도록 하는 것이다. 리프레이밍 기술의 의미는 진정 자신이 원하는 것을 할 수 있게 하는 것이다. 그것은 자신이 싫어하는 것을 중단하려고 하는 것이 아니라, 자신이 원하는 것을 얻기 위하여 무엇을 해야 하는가를 정확하게 이끌어 내기 위한 것이다. 원하는 새로운 행동이 이용 가치가 없는 고착된 고정행동의 대안으로 선택되어 계속적으로 대치된다는 것이 리프레이밍의 가장 드러나는 결과다.

(2) 리프레이밍의 전제

리프레이밍을 이해하고 사용하는 데에는 세 가지 필수적인 전제가 있다.

첫째, 사람은 변화에 필요한 모든 자원을 가지고 있다. 연발적으로 일어나는 문제가 자신에게서 발견될 때, 우리는 필요로 하는 능력이나 어떤 특성을 가지지 못했기 때문에 이러한 결과가 발생한 것이라 생각하게 된다. 우리는 변화에 필요한 모든 가능한 자료를 이미 우리 내부에 가지고 있으며, 그것은 실용화하도록 되어 있다. 실제 이 가정이 사실이 아닐지라도, 중요한 것은 이렇게 믿고 사실인 것처럼 작동하면 자신이 불완전하고 망가진 것처럼 느끼는 것보다 더욱더 희망을 가지게 되고, 그럴 만한 능력을 가지기 위해 노력하게 된다. 이 전제는 긍정적 변화를 쉽게 완성하는 데 효과적이다.

둘째, 의사교류는 의식과 무의식의 사이에서 형성된다. 의식이라는 것은 우리 내부에서 일어나는 것에서 아주 작은 부분을 차지한다. 우리가 느끼고 생각하고 말하고 행동하는 것의 대부분은 무의식적 마음의 진행 결과다. 우리의 자원이 발견되는 장소도 같은 곳이다. 의사교류의 중재가 적절히 이루어지면, 무의식의 마음과 소통을 할 수 있고, 또한 필요로 하는 자원에 접할 수 있게 된다.

셋째, 분아(分我)[1]들이 포함되어 있는 것이 사람이다. 의식과 무의식의 마음 간에 의사교환을 형성하기 위해서 우리는 무의식이라는 것이 분아들로 이루어져 있다고 가정하여 이 각각의 분아들이 어떤 행동 영역을 만들어 내는 데 책임이 있다고 추정한다. 예를 들면, 사람은 교활한 부분, 수줍어하는 부분, 사려 깊은 부분, 재미있는 것을 즐기는 부분, 호기심을 가지는 부분 등으로 이루어져 있다. 부분은 앞에서 언급한 긍정적 의도와 동의어다. 즉, 부분은 의도다. 필자는 이 부분을 '분아'라고 부른다. 예를 들면, 앞에서 아이들에게 소리쳐 꾸중을 하는 어머니의 분아는 '좋은 어머니'가 되려고 했던 것으로 드러나는 것이다. 자신의 자녀가 올바르고 책임감 있고 자신감 있는 아이로 자라게 하려는 것이었다. 그러면 의사소통을 한 분아는 좋은 어머니가 되려고 하는 것이다.

우리는 여기에서 묘사하는 분아들이 우리 안에 실제로 존재하지 않는다는 것을 알고 있다. 그러나 분아들의 개념은 우리의 내적 경험을 조직하는 단순한 방법으로 내적 의사소통이 더욱더 효력을 발휘하여 개인이 내적 자원을 쉽게 접하려고 하는 데 목적이 있다. 분아들은 개인적 자원을 활용하고 최대화하기 위해 관조 기법을 활용한다.

(3) 리프레이밍 기법

리프레이밍은 원하지 않는 행동을 원하는 행동으로 대치하기 위한 기술이다. 그 효능은 내적 세계를 효율적으로 조직하는 것으로, 다루어져야 하는 긍정적 의도를 전제로 한다. 조직 효능은 분아들의 은유를 사용하여 완성될 수 있다. 그 은유는 한 가지 자산으로서 그 사람의 성격, 내적 진행 과정의 복잡한 형태와 상호작용을 가능하게 해 준다. 이것은 여러 개 회사의 모든 직원을 다루기보다는 각 회사의 이사장을 다루는 것과 같은 것이다.

즉, 긍정적 의도를 찾는 의미로 진행시킬 중요한 결과를 당장 설정하려는

---

1) 쪼개진 내적 자아를 의미한다.

데 있다. 어떤 변화를 시도할 때 우리는 원치 않는 것을 피하려는 노력을 하거나, 어떤 행동을 하는 것을 중지하거나, 그것을 피해 도망을 치는 식으로 원치 않는 것을 피하려고 한다. 이렇게 하는 것은 원치 않는 것을 일시적으로 피하도록 해 주지만, 무엇을 향해 간다는 것에 대해서는 아무 말도 해 주지 않는다(제10장 결과를 참조). 긍정적 의도의 전제는 결과를 명시해 줄 뿐 아니라 동기를 고도로 자극하는 가치 높은 결과를 전수한다.

긍정적 의도와 분아들은 리프레이밍 기술의 효율성을 내포하는 제3의 요소를 위한 무대장치다. 그 제3의 요소는 그 사람이 창출해 내는 어떤 새로운 행동 선택으로서, 그에게서 나오는 것이다. 이 행동은 그에게서 통일성 있게 나타나게 될 것이기 때문에 다른 사람이 제공하는 선택보다 더욱더 적절할 수 있다.

리프레이밍은 여섯 가지 단계로 구성되어 있다. 다음에서는 여섯 가지 단계를 세분하여 단계별로 접근해 본다.

(4) 6단계 리프레이밍

• 1단계-원치 않는 행동이나 증상을 지정(이 분아를 X라 명명)

리프레이밍은 행동에만 효과가 있는 것이 아니라 신체적 증상(피로감이나 반복되는 두통 등)에도 효과가 있다. 자기가 변화되기 원하는 것이 무엇인가 찾는다.

• 2단계-원치 않는 행동을 일으키는 분아와 의사교환 성립(이 분아를 'X2' 라 명명)

이 단계는 의식과 무의식의 진행 사이에 교량을 구축하는 데서 시작된다. 자신의 내적 대화로 시작하여 원치 않는 행동을 일으키는 분아들에게 자기와 대화를 원하는가를 물어본다. 그런 다음 그 어떤 반응(내적 소리, 그림, 단어, 느낌 등)에 예민하게 주의를 집중시킨다. 얻어지는 반응은 그 분아들이 자기와 의사 교환을 하는 방법이 된다.

우리는 자기 자신과 대화를 하는 것에 익숙해져 있으므로, 그 분아로부터 반응을 얻어 내는 데 내적 대화를 사용한다면 그 분아의 반응을 원하는 것으로 받아들일 수 있다. 이런 이유로 모호성이 없는 비언어적인 분아의 '예' '아니요' 라는 반응을 신호로 간주할 수 있다. 그래서 그 분아에게 '예' 반응은 강화를 시키고, '아니요' 반응은 약화시킨다. 만약 그 반응되는 것이 그림이라면, 그림이 선명해지면 '예' 일 수 있고, 어두워지면 '아니요' 일 수 있다. 같은 방법으로 소리는 커지고 부드러워질 수 있고, 느낌이라면 강해질 수도 있고 약해질 수도 있다. 만일에 증상을 가지고 작업을 할 때는 증상 자체를 의사 교환 매개로 사용하는 것이 가장 효과적이다. 증상이 통증이라면 그것을 '예'로 온 몸에 퍼지게 하고, '아니요'로 약화시켜 줄여 본다.

- 3단계-원치 않는 행동을 그것의 긍정적 의도와 분리시킴(이 긍정적 의도를 Y라 명명)

일단 의사교환이 성립되었으면 행동이나 증상의 이면에 있는 긍정적 의도를 찾아서 그 자신의 Y에게 "네가 나를 이런 방법으로 행동하게 하여 이루려고 하는 목적이 무엇인가?" 라고 질문한다. 여기서도 그 대답이 그림으로 혹은 소리로 또는 단어, 느낌 등으로 나올 수 있다.

종종 Y는 "나는 너를 아프게 하기를 원하고, 혹은 너를 괴롭히고 상처주기를 원한다."고 부정적 의도로 대답할 수 있다. 그러나 그것은 단순한 부정일 뿐이다. 여기서 중단을 한다면 변화의 이득은 없어지게 된다. 그때 이 의도의 이면에는 숨어 있는 긍정적 의도가 포함되어 있다는 것을 상상하여 "네가 나를 괴롭히고 상처를 주어 내게 무엇을 하려고 하느냐?" 라고 질문을 하면 밑바닥에 자리 잡고 있는 긍정적 의도가 드러나게 된다. 예를 들면, "나는 네가 위험에 빠지지 않게 보호하고, 창피를 당하지 않게 되기를 원한다."고 대답할 수 있다.

- 4단계-창작적 분아를 찾아서 긍정적 의도를 충족시킬 세 가지의 새로운 방법을 창출(창작적 분아를 'Z'라 명명)

헤아릴 수 없는 자원 중의 하나가 인간의 창작적 부분이다. 그 Z에 접하여 긍정적 의도를 충족시키는 데 더 좋은 세 가지 방법을 찾을 수 있게 한다. 한 가지의 선택을 가진다는 것은 선택이 전혀 없다는 것이다. 적어도 세 가지의 선택을 가진다는 것은 대개의 여러 가지 상황에 대응하는 데 다양성 있는 행동이 가능해지고 여유가 생기게 된다는 것이다. 이 분아의 이름을 창작적 분아 (creative part)라 부르는 사람도 있지만, 발명적 분아(inventive part) 혹은 생성분아(generative part)라고도 한다. 어떤 경험자들은 새 행동을 떠올리는 모험적 분아(adventurous part)라 부르며, 효율성이 높을 뿐 아니라 흥미를 자극하는 대단한 분아라 부르기도 한다. 그러나 그 이름 자체는 아무런 관계가 없다.

자신의 내면으로 들어가 Z와 접촉하여 대화를 나누자고 요청한다. 그러고 나서 Z가 자신을 알리는 채널이 될 수 있는 내적 이미지와 소리, 대화나 느낌에 관심을 집중한다. 일단 접속이 이루어지면 Z에게 긍정적 의도를 충족시킬 세 가지의 더 좋은 새로운 방법을 찾도록 요청한다. 이 새 선택을 하는 것을 알릴 때까지 기다리는데, 그것은 그림을 통해서 또는 소리와 내적 대화로 혹은 느낌을 통해 나타난다.

- 5단계-X2에게 새로 창출된 행동을 수용하여 필요할 때 생성 작용에 책임을 지도록 요청

원치 않는 행동에 대해 책임 있는 X2에게 세 가지의 새로 창출된 행동이 적어도 원치 않는 원래의 의도 충족을 위한 행동만큼 효과가 있다는 것에 동의하는가 알아본다. 만일에 그 대답이 '아니요'라면 Z에게 접근하여 더 좋은 선택을 찾아내도록 요구한다.

만일에 대답이 '예'였다면 필요시에 그 분아에게 새 행동을 생성시키는 데 책임질 것을 자원하는가 물어서 확인한다(만일에 책임을 지지 않겠다면 다른 분아에게 책임을 지게 한다).

• 6단계-생태 점검과 미래 보정

생태라는 것은 자기의 내면세계와 상호 관계되고 상호 의존적인 다양한 분야와의 연관성을 가리킨다. 동의된 새 선택을 반대하는 것이 내면에 있는지 물어본다. 이것은 새로 선택된 모든, 혹은 어떤 행동이 다른 부분에 침투해 들어오면 그 다른 부분이 지금까지 형성해 놓은 변화를 침식시킬 수도 있기 때문이다. 예를 들면, 창작적 분야가 자신의 결혼을 강화하기 위한 긍정적 의도를 더 잘 성취하기 위한 새로운 행동으로 심층의 생각을 서로 나누도록 할 수 있으나 개인의 사생활을 위한 의도의 어떤 분야가 그러한 새 선택을 반대할 수도 있다.

반대나 저항은 자원이다. 반대나 저항이 있을 때 그것이 순환 과정을 거쳐서 하나 이상의 결과를 만족시키는 새 행동을 가져오게 할 수 있다. 그 다중적 결과를 충족시키는 행동이 오랫동안 유지되면 효과가 더욱더 있을 것이다.

반대를 하는 분야가 있으면 1단계를 재활시켜 그 반대하는 것이 무엇인가 찾아내어 그 분야의 긍정적 의도를 반대에서 분리시킨다. 그런 다음 그 반대하는 분야가 새로 선택한 행동을 허용하면서 그것의 의도를 달성할 수 있는 여러 가지 방법을 창출할 때까지 진행시킨다. 반대하는 분야가 없을 때는 과정이 완료된 것이다. 반대는 그림이나 소리, 말이나 느낌으로 자신의 정체를 알게 한다.

성공 여부를 충분히 보장하고 작업된 것을 검증하기 위해서 미래 보정을 하는 것은 중요한 일이다. 이렇게 하기 위해서는 가까운 미래의 그 원치 않는 행동이 일어나는 어느 한때를 생각하게 하여 상황을 만들어서 찾아낸 새 행동을 가지고 그 미래에 갔을 때 어떻게 그 상황이 달라지는지를 발견하는 것이다.

미래 보정을 하는 것은 이중적 목적이 있다. 첫 번째 목적은 지금까지 한 작업의 효과를 점검한다는 의미에서 정신적 연습을 하여 그 새 행동이 진정한 의미에서 창출이 되었는가, 또는 필요시에 작동을 하도록 되어 있는가를 알아내게 하는 것이다. 총 연습을 하는 데에서 이 새 행동 경험과 유사한 실제 상황이 닥쳤을 때 새 방법으로 자신감 있게 능력 발휘를 할 수 있게 된다.

　두 번째 목적은 당장 그 자리에서 만들어진 어떤 변화이든 그것이 남은 일생 동안 지속될 것을 확인하는 것이다. 근본적으로 미래 보정은 자기의 행동 변화가 정신적 연습을 통하여 자연발생적 상황으로 앵커를 받게 하는 앵커링 작업이다.

　(5) 적용

　지금까지 얻은 정보를 바탕으로 리프레이밍 기술을 자기 자신에게 적용시켜 진행하도록 해 보자. 이것을 적용할 때는 단계별로 한 번에 한 단계를 시도한다. 첫 번째를 읽고 자신의 내면으로 들어가 그것을 실시해 보고 돌아나와 지시대로 했는지를 지시 사항을 다시 읽고 확인한다. 그러고 나서 다음 단계에 옮겨 가는 것을 계속하여 끝날 때까지 같은 방법으로 모든 단계를 완료한다.

　변화시킬 내용으로는 자신이 원하지 않는, 해서는 안 된다고 생각하는 어떤 행동을 생각해 낸다. 약물 사용, 흡연이나 알코올 문제 같은 것은 다른 기술을 요하기 때문에 여기서 사용하지 않는 것이 좋다. 손톱을 물어뜯는 것이나 상습적인 두통, 시댁 손님이 오는 날의 구토증이나 강박적인 소비성, 혹은 사람들 앞에 나가면 굳어지거나 불안할 때 음성이 커지는 등 자신이 중단하기를 원하는 행동을 다른 행동으로 대치하면 된다. 확인해야 할 것은 의사소통으로 일어나는 비언어적 신호를 얻어 내는 데 모든 노력을 다해야 한다는 것이다. 이 신호는 어떤 감각조직에서든지 일어날 수 있다. 이것은 대답을 무엇이어야 한다고 생각하는 자신의 대답으로 대체하는 것이다. 만약에 의도가 부정적이면 그 책임이 있는 분아에게 "그렇게 하는 것이 자기에게 무엇을 해 주는가?"라는 질문을 긍정적 반응이 나타날 때까지 한다. 어디엔가 긍정적 의도가 있으므로 끈질기게 추궁해야 한다. 반대가 있으면 그것이 언어적인 것이든 유추한 것이든 관심을 기울여야 한다. 어떤 반대일지라도 재도식하여 그 새 행동이 완충성 있게 만족하도록 해야 한다.

리프레이밍은 무제한의 가능성을 가진 풍요로운 것이다. 일단 기본 양식을 습득하면 필요에 따라 더욱더 정확한 진행을 시도할 수 있게 되고, 그 기술을 가지고 더욱 발명적이고 창작적으로 될 수 있다. 예를 들면, 리프레이밍을 자신에게 많이 적용해 본 사람은 반복을 함으로써 이 진행을 자신의 무의식에 심게 된다. 여러 번 연습을 한 다음, 무의식의 분아가 이에 적응되어 자신을 내면으로 이끌어 그 과정을 배운 분아와 접촉을 할 수 있게 되면, 이는 자신의 삶에 생성적 영향을 끼치게 된다. 자신이 새로운 행동을 무의식적으로 생성하도록 하는 체계가 형성되면 자기 자신의 삶의 모든 분야에 원치 않는 행동 대신 더욱 효과적인 행동이 자리잡게 된다.

2) 상황 리프레이밍

상황(context) 리프레이밍은 같은 내용의 행동이라도 상황에 따라 적절성이 있기 때문에 버리지 않아도 되는 것이 있으므로 그 상황을 새로이 규정하여 새 의미를 부여하는 것이다.

앞서 언급한 리프레이밍의 6단계의 핵심은 모든 원치 않는 행동의 이면에 성취하려는 긍정적 의도가 있다는 것이다. 그렇다면 원치 않는 행동에는 무슨 일이 일어나는가? 그 원치 않는 행동은 모두 쓰레기통으로 들어가야 하는가? 아니다. 그렇지 않다.

한 변호사는 아내와 이야기를 할 때마다 법정에서 대질심문을 하는 것처럼 대화를 하여 결혼생활에 문제를 가져왔다. 그는 아내를 법정에 선 반대편으로 생각하고 취급한다는 인상을 아내에게 주었던 것이다. 이런 행동은 법정 상황에서는 적절한 것이며 반드시 필요한 행동과 태도다. 리프레이밍은 원치 않는 행동을 생성하는 그 분아에게 그 행동이 적절한 어떤 특정 상황을 찾도록 질문을 하는 부가적 절차를 밟아야 한다. 만일 그 분아가 적절한 상황을 찾아내는 데 어려움이 있다면, 창작적 분아에게 도움을 구할 수 있다. 일단 그것이 결정되면 그 분아가 이 특정 상황에서만 그 행동을 생성하도록 한다. 이렇게 하는 과정을 상황 리프레이밍이라고 한다.

마지막으로, 리프레이밍한 행동이 계속 나타난다면 그것은 새로 생성된 행동이 어떤 요구를 충족시킬 수 없기 때문에 다시 돌아가 리프레이밍을 하라는 신호다. 이때 새 행동에 대해 반대하는 분아들 간에 일어나는 것에는 그것이 무엇이든 관심을 기울여야 한다. 이 반대는 행동을 찾을 수 있게 이끌어 주며, 자신의 평안과 복지를 그 새 행동이 지도하도록 확인해 준다.

3) 리프레이밍 종합

아무리 마음에 걸리고 원치 않는 행동이라 할지라도 그것이 성취하려는 긍정적 의도가 그 이면에 숨어 있기 때문에 그 행동을 뿌리째 뽑아 버리려 노력하는 것은 적절한 방법이 아니다. 그 대신 긍정적 의도 속에 표현된 욕망은 다루지 않으면 안 되는 중요한 요소다. 사람은 자신이 원하는 변화를 만들어 내는 데 요구되는 자원을 자기 안에 가지고 있다. 이 자원을 효과적으로 활용하도록 하는 분아 간의 의사소통은 의식과 무의식의 마음 사이에서 형성되는 것이다.

 연습 4

1. 원치 않는 행동이나 증상을 찾아낸다.

2. 원치 않는 행동을 만드는 분아와 의사소통을 형성한다.

3. 원치 않는 행동으로부터 그 긍정적 의도를 분리시킨다.

4. 창작적 분야에 접촉하여 그 긍정적 의도를 충족시킬 새로운 세 가지 대안을 생성한다.

  - _____
  - _____
  - _____

5. 책임 있는 분야에게 새 대안을 수용하여 필요시에 그것을 활용하여 긍정적 의도를 충족시키는 책임을 지도록 다짐을 받는다.

6. 생태 점검을 한다.

5. 재각인

각인은 신경학적으로 과거 어느 시기에 형성되어 현재 생활에 정서적·감정적 영향으로 제약을 가하게 되는 것이다. 트라우마적인 에피소드가 그 시기를 지난 다음 자신의 신념으로 각인되고 인성과 지성에 영향을 주어 정서적 밀착과 사회적 역할, 심미 감각, 정서나 의식 진행을 결정하게 됨으로써 제약을 받아 원하는 것을 하지 못하게 된다. 그러나 그런 감정은 어디서 어떻게 얻어진 것인지 의식하지 못하고 과거의 기억을 재기시켜 봐도 중요하지 않고 의식조차 없는 고통으로서의 그 사람의 독자성(identity)으로 나타나는 것이다.

과거 성장기에 각인된 이러한 핵심 감정에 적절한 조건 형성을 가하여 자원을 불러와 그 각인 내용에 접근하도록 함으로써 재각인을 하는 프로그래밍을 하는 것이다.

연습 5

1. 제동을 가하는 구체적인 감정을 발견하게 한다.

2. 관조상태에서 자원을 추적한다.
   - 어린 자신(younger self)을 위안
   - 전능자의 개입
     a. 부모로 하여금 어린 나의 평생을 관찰하게 함, 전능자와 부모의 대화
        청취
     b. 부모의 긍정적 의도를 그의 행동에서 분리
     c. 부모의 생애사를 창출하는 표상
   - 부모의 생애사에 자원 투입

3. 재생한 그때 상황을 재경험하게 한다.
   - 부모 입장
   - 당시 어린 자아 입장

4. 시간을 거슬러 자원의 일반화를 한다.
   - 개선된 부모와 같이
   - 본래의 부모와 같이

5. 미래 보정 및 점검을 한다.

6. 핵심전환

1) 핵심전환의 개념

핵심전환은 C. Andreas와 T. Andreas(1994)가 개발한 것으로, 영성 개발 (spinitual development)과 정서적 치유(emotional healing)의 가교를 잇고 내면의 심층을 뚫고 들어가 사람이 느끼는 한계(limitation)를 녹이며 삶의 굴곡을 깨뜨리고 내면세계의 통일과 융합을 통해 평화와 안정을 지탱시키는 과정이다. Andreas와 Andreas는 내면의 핵심을 찾아가는 통로를 제시해 주고 있다.

그들은 모든 사람이 원하는 마음의 상태, 이 내면의 세계의 핵심 센터를 쉽게 찾아가는 데 필요한 지도(map)가 없다면 평생을 찾아 헤매도 가질 수 없는, 그 풍요로움을 찾지 못하게 될 것이라고 말하고 있다. 그들은 "우리의 내면의 보물(treasure)"을 찾아가는 10단계의 지도를 제시하였다.

이 10단계 과정은 우리 안의 한계나 제한을 받고 있는 지각적 감정을 우주적으로 확장시켜 삶의 단순한 갈등이나 중요한 이슈들을 상쇄시킬 수 있는 작업에 활용되고 있다. 이 과정은 불안증, 우울, 울화, 학대, 수치심, 학습부진, 체중 조절, 흡연, 자학 등 다양한 상황에 적용되고 있다.

이 모델은 자신의 행동과 느낌과 사고와 반응에 대한 자각이 일어나며 내면 심층의 탐험이 강화되어 평상심으로 내적 치유와 확인 작업을 일으키는 모델이다. 자신의 내면 중심부에 의식하지 못했던 최강의 핵심적 상태가 발견되고 중심부 핵심의 영적인 본질적 감각의 변화가 일어나게 하는 방법이다.

문제와 갈등을 이해는 차원이 아니라 문제가 변화를 일으키는 자신의 안으로 들어가게 하는, 안에서부터 밖으로의 변화를 유인하는 내면의 우물 줄기를 발견하여 원치 않은 갈등, 행동, 느낌, 생각을 변화시키는 것이다. 핵심전환은 힘들 때나 평상시에 자아감, 안녕감, 전체성, 심지어는 우리 자신을 넘어선 어떤 더 큰 무엇과의 접속을 유지시킬 수 있게 한다.

　핵심전환의 경험은 '핵심자아'를 접하게 한다. Andreas와 Andreas(1994)는 그 핵심자아의 상태를 다음과 같이 설명하고 있다.

- 우리 내면의 본질, 실체(Essence)
- 우리의 전체 가능성(Full potential)
- 자기실현(Self actualigation)
- 우리의 참자아(True self)
- 우리의 더 높은 자아(Higher self)
- 내면의 신(The god within)
- 영혼(The soul)

2) 핵심자아의 기능

　핵심전환은 주요한 문제에 직면했을 때 자기패배적 행동이나 느낌, 생각과 반응을 막을 수 있으면 자동적으로 우리의 깊은 자아감각으로 한계점을 넘어설 수 있게 한다. Andreas와 Andreas(1994)는 이 핵심적 변화를 개인적으로 경험하고 확인할 수 있는 상태를 다음과 같이 서술하였다.

- 내적 통일, 내적 평화, 안녕감, 사랑, 생동감을 경험하게 된다.
- 내 몸 안에 정초와 중심이 잡히는 느낌이다.
- 내가 나의 몸과 느낌을 충분히 의식하게 된다.
- 세상을 분명히 지각하게 된다.
- 내가 원하는 것을 분명히 알게 된다.
- 나의 가치관이 정렬되어 행동하게 된다.
- 내가 다른 사람을 존경하면서 나의 최선의 이익을 쉽게 취할 수 있게 된다.

- 내가 나의 자아에 대한 긍정적 지각을 가지게 된다.
- 내가 무엇을 하고, 어떻게 느끼고, 무엇을 가졌다는 것이 아닌 자신의 존재를 깨닫게 된다.
- 내가 어떻게 느끼고 무엇을 하는가에 대한 선택을 가지고 많은 자원이 솟아난다.

다음 연습은 간략한 기법을 응용한 것으로 NLP에 연륜이 있는 전문가들을 위한 실습 도구가 되기를 바라며 정리한 것이다.

 ## 연습 6

1. 제동을 거는 경험, 적절치 못한 느낌이나 갈등 행동을 확인한다(분아 1). 무엇이 나를 힘들게 하는가 질문한다.

2. 그 제동을 거는 경험의 긍정적 의도를 발견한다(분아 2). 그 분아 1이 나에게 원하는 것이 무엇인가 질문한다.

3. 그 긍정적 의도가 완전히 충족이 되었다면 그것(분아 2)이 내게 무엇을 원하고 있는가 질문한다.

4. 분아 2가 원하는 것이 완전히 충족이 되었다면 이 분아가 내게 원하는 것이 무엇인가(분아 3) 질문한다. 그것이 또 완전히 충족되었다면 분아 4로 지정한다. (이 질문들의 대답을 찾는 것은 지적 · 정신적 활동이 아니라 느낌 상태의 직관으로 이루어지는 심층의 소리가 될 수 있다.)

5. 분아 4가 그보다 더 중요한 무엇을 더 원하는지 진행시켜 그 원하는 것이 충족

이 되었다면 그것은 분아 5가 된다.

6. 그보다 더 중요한 무엇을 더 원하는가 알아서 분아 6으로 설정한다.

7. 그 분아의 원하는 것이 충족되면 분아 7로 설정하고, 분아 7이 원하는 것이 충족이 되면 그보다 더 중요한 원하는 것이 무엇인가 질문한다. 충족이 완전히 이루어지고 더 이상 원하는 것이 없이 유사한 동질의 대답이 반복된다면 그 상태의 경험에 개입된 상태에서 앵커를 강화시킨다.

8. 이 상태를 우리가 의식적으로 노력하는 것이 아닌 삶의 상태(Being의 상태)로 강화를 시킨다.

9. 생태 점검을 한다. 내 안에 어느 다른 분아가 나의 핵심상태를 반대하는가 점검한다.

10. 전환을 심화 · 확대시켜 과거 문제와 현재와 일어날 미래의 유사 상황을 보정한다.

부록

NLP 학습 문제

* 다음 질문에 대한 답을 서술하시오.

1. NLP에서 지도자와 피험자 간의 관계 형성은 어떻게 하며 무엇을 의미하는가?

2. 접근단서는 무엇을 하는가?

3. 경험자 유도(leading)가 잘 이루어지지 않을 때 어떻게 해야 하는가?

4. 표상체계(representational system)란 무엇인가?

5. 사람은 내적인 경험을 어떤 방법으로 드러내는가?

6. NLP에서 빈사(predicate)란 무엇인가?

7. 의사소통 과정에서 디지털 표상(digital representation)은 무엇을 말하는가?

8. 다음과 같은 메타모델 위반이 일어날 때에 대한 적절한 도전을 하시오.

- 나는 살아야 할 가치를 잃었어요.

- 내 아이들을 사랑해요.

- 나는 참을 수 없어요.

- 그가 나를 미치게 했어요.

9. 상대방의 안구의 방향이 말해 주는 정보를 읽으시오.

- 우하향

- 좌하향

- 우상향

- 좌상향

10. 변화 확약을 어떻게 받을 수 있는지 설명하시오.

* 다음 문제 중 맞은 것 하나를 선택하여 ✓ 표시를 하시오.

11. NLP에서 경험자와의 관계 형성이라는 것은 무엇인가?

     _____ 잘 듣는 것　　　　　_____ 친구와 같이 되는 것

     _____ 행동을 매치하는 것　　_____ 위엄을 지키는 것

12. 보정(pacing)을 하는 목적은 무엇인가?

     _____ 피험자를 알기 위해　　　　_____ 상담자의 태도이기 때문에

     _____ 동정심을 표현하기 위해　　_____ 유도(leading)를 하기 위해

13. 표상체계에는 무엇이 있는가?

     _____ 수족　　　　　　　_____ 뇌와 심장

     _____ 내분비 순환문　　　_____ 시각 · 청각 · 촉각 · 후각/미각

14. 경험자 유도가 잘 이루어지지 않을 때 어떻게 해야 하는가?

     _____ 말을 더 잘 알아듣게 할 것　　　　_____ 질문을 많이 할 것

     _____ 경험자가 말을 많이 하게 할 것　　_____ 보정을 새로이 할 것

15. 사람은 내적으로 경험하는 것을 어떻게 파악할 수 있는가?

     _____ 짐작으로

     _____ 진술만으로

_____ 라포 행동으로

_____ 몸의 행동, 호흡, 눈 움직임, 피부색, 음성의 질로

16. "나는 선생님이 내 이름만 불러도 기분이 나빠서 그날 잠을 못자요."라고 말하는 학생은 주로 어떤 표상조직 경험을 하고 있는가?

_____ 시각　　　_____ 청각　　　_____ 촉각　　　_____ 디지털

17. 의사소통이란 음성 언어로만 하는 것이 아니다. 가장 민감한 한 가지 단서는 무엇인가?

_____ 음성의 질　　　　　_____ 몸의 행동

_____ 안구의 움직임　　　_____ 호흡 횟수

18. "공부가 재미 없어요."라는 말의 메타모델 위반에 도전하여 경험자의 제한된 세계를 확장시키려면 다음 문장에서 어느 것이 가장 도전을 받게 되는가?

_____ 왜 재미를 잃었지?

_____ 무슨 고민이 있어서 공부가 중요하지 않는가?

_____ 모두가 다 한 번씩 느끼는 것이 아닐까?

_____ 어떻게 공부하는 재미를 잃게 되었니?

19. 경험자에게 변화를 시도할 때 저항을 받지 않고 효과를 거둘 수 있는 중요한 것은 무엇인가?

_____ 언어적 구사에 능통함

_____ 신체적 표현에 익숙함

_____ 치료자의 다양성과 변화의 신축성
_____ 질적인 대인관계

20. NLP에서 원하는 목표 설정의 원칙은 무엇인가?

21. 앵커링이란 무엇인가?
_____ 내적 행동으로 표현되는 경험에 특수 강화 단서를 부착하는 것
_____ 유도의 결과로 일어나는 경험자의 내적 경험
_____ 수행자 상실 문구에서 찾아볼 수 있는 자기 보호
_____ 표상체계로 빈사와 같은 것

22. 메타모델 위반에서 왜곡은 무엇을 의미하는가?
_____ 삭제로 의미가 변화하는 것
_____ 원인과 결과의 의미를 흐리게 하는 것
_____ 지칭 생략
_____ 지각이나 기억경험을 변경시켜 왜곡시켜 놓은 것

23. 메타상태를 설명하시오.

24. NLP 전략에 대해 간략히 서술하시오.

25. 자원 개발을 요약하여 설명하시오.

26. 종속모형에 대해 서술하시오.

27. 지각적 입장에 대해 서술하시오.

28. 메타 프로그래밍에 대해 서술하시오.

29. 메타 아웃컴에 대해 요약하여 설명하시오.

NLP 용어 해설

TOTE: Miller와 Galanter 및 Pribram에 의해 개발된 것으로서, 보는 행동을 지도하는 데 사용되는 기초 피드백 환선으로 검증(test)—작동(operate)—검증(test)—탈출(exit)의 연쇄성을 나타내는 술어다.

4축(4 tuples): 어떤 한 순간에서의 시각, 청각, 촉각, 미각/후각 경험의 네 개의 지표를 통칭하여 부르는데, V, A, K, O/G로 쓰인다.

개인적 억압(individual constraint): 개인의 집합이다. 우리가 경험한 것을 저장·기억하는 완전한 조직으로, 이것을 통해 우리 내부에서 일어나고 있는 경험을 여과시킨다.

공감각(synesthesia): 어떤 두 개의 감각 모형이 동시에 연쇄적으로 일어나는 것을 말한다. 보고 듣는 환선 현상에서 특성을 이루는 표상체 조직 간에 겹치는 것으로서 사람이 보고 느낌을 가지는 환선과 듣고 느낌을 가지는 환선이 있다.

능동감: 행동의 전체적 종류를 충분히 익힌, 어떤 일을 할 줄 아는 행동을 선택하고 조직하는 것을 허용하는 정신적 지도(map)의 발달에서 오는 것이다. NLP에서는 정신적 지도의 인지적 전략 형태를 취하는 것을 의미한다.

라포(rapport): 효율적 의사소통이 이루어질 때 보정(pacing)이라 불리는 의사교환 행동을 통해 이루어지는 관계다. 이러한 피드백의 간접적인 숨은 양상이 자신을 좋아하고 신뢰할 수 있는 의사교환자라는 것을 상대방에게 감지하게 만드는 것이다. 라포에 영향을 끼치는 두 가지 방법이 있는데, 하나는 그 사람의 선호빈사에 매칭하는 것이고, 다른 하나는 그의 자세, 몸짓, 호흡을 반영하는 것이다.

리프레이밍(reframing): 사람의 행동에 책임을 가진 내적 프로그램이나, 분아의 긍정적 의도에서 문제가 될 수 있는 행동을 분리시키는 과정에 사용되는 모델이다. 새 행동의 선택이 처음에 시도한 긍정적 의도를 만족시킬 수 있고, 옛 행동의 책임을 담당했던 그 분아가 같은 의도를 가진 다른 행동을 투입시키는 데 불만 없이 책임을 가지도록 고안하는 것이다.

마음읽기(mind reading): 다른 사람의 생각이나 느낌에 대해 아무런 피드백 없이 자신이 알고 있다고 생각하는 자기의 의사나 아이디어를 주장하는 메타모델 위반이다.

메타(meta): Bandler와 Grinder가 개발한 모델로서 문제성이 있는 모호한 언어 형태의 범주를 찾아낼 수 있다. 어떤 것의 논리적 수준을 달리하여 존재하는 것으로, 희랍어의 위(over)와 넘어서(beyond)의 뜻에서 유래된 것이다.

메타모델(meta model): 언어적 도구로서 사람의 말이나 글에서 사람이 경험하는 세상모델을 일반화하고, 삭제하고, 왜곡하는 것을 결정짓는 것이다. 메타모델 반응과 위반이 있는데, 이것은 사람의 심층구조(deep structure)를 통한 더 완전한 표상조직에 대한 정보를 얻는 데 도움이 된다. 어떤 특수 반응을 통해서 말하는 사람과 같은 구조를 재연결시켜 지각을 확장시키고, 또 어떻게 느끼고 행동해야 하는가에 대해 더욱 많은 선택을 가지게 하는 것이다.

메타 전망(meta perspective): 의사소통 과정이나 그 내용에 관계되는 형태에 대한 깨달음을 말한다.

명사화(nominalization): 메타모델 위반에서 추상적 단어와 같은 단어를 가지고 언어적으로 왜곡하여 명사를 만들어 내는 과정에서 의미를 변형시키는 것이다. 명사화는 순수명사인 사람 이름이나 장소, 물건과 다르다.

모델(model): 여러 가지 다양한 상황을 어떻게 표상화하고 작동할 것인가를 이해하고 예언하는 데 도구로 사용되는 일이나 과정을 대표하는 것이다. 모델은 그것이 대표하는 일반화, 왜곡, 삭제하는 것의 복사판이다.

모형 작동자(model operator): 자신의 세상모델이 제한되어 있다는 메타모델 위반이다. 필요에 의한 모형 작동자는 해야만 하는 명령법의 조동사(should, must, have to 등)로 표시되고, 가능성의 모형 작동은 가능성에 대해 부정하는 'can not' 같은 단어로 표시된다.

미결 동사(unspecified verb): 사람이 말을 하거나 글을 쓸 때 언제, 어디서, 어떻게 그 활동이 일어났다거나, 장소 혹은 기간 또는 강도 등 질적인 것을 삭제시키는 동사를 사용하는 메타모델 위반이다.

미래 보정(future pacing): 어떤 장래에 소원하는 행동이 자연스럽게 자동적으로 일어나도록 확인시키는, 도움을 주는 정신적 연습 과정을 의미한다.

반영(mirroring): 라포 참조.

분아(part): 행동의 독립적 프로그램이나 전략에 대한 유사 방법을 쓰는 것을 말한다. 사람이 동일시하고 있는 의도나 갈등 같은 것을 종속된 자기 모습으로서의 하나의 행동하는 분아로 만들어 내는 것이다.

빈사(predicate): 사람이 어떤 주체를 설명하는 과정에서 선택하는 동사, 부사, 형용사와 같은 단어를 말한다. NLP에서는 사람이 정보 진행에 사용하는 표상구조를 알리는 데 사용되는 단어를 빈사라 한다.

빔어(BMIR): 내적으로 경험하는 정보가 의식 밖에서 생리적 변화를 야기시키는 내적 경험의 외적 표출 표상이다.

삭제(deletion): 경험이나 지각을 방해하거나 장벽을 치는 인간의 보편적 모델 과정을 말한다. 대개의 감각 자극을 여과시킴으로써 해야 하는 여러 가지 활동에 방해를 받지 않고 참여할 수 있게 되는 것이 사람의 뇌와 중추신경 조직의 근본 기능이다. 언어적인 삭제는 심층구조의 표상을 단순화시키는 과정으로 그것을 피상구조에 맡기는 것을 의미한다.

상태(state): 사람이 활동하면서 유지하는 정신적·감정적·신체적 상태의 전부다.

상황(context): 특정 사건을 둘러싼 틀 구조다. 이 틀 구조는 특정 경험이나 사건을 해석하는 데 결정적 요인이 된다.

선호 표상체계(preferred representational system): 사람이 자신과 그의 환경을 분별하는 데 가장 면밀한 조직이다. 습관적으로 한 가지 조직을 다른 조직보다 더 사용하여 자신의 경험을 분류하고 의미를 분류시키는 데 사용하는 것을 말한다.

선호빈사(predicate preference): 습관적으로 동사, 형용사, 부사 중 어떤 것을 선호하여 습관적으로 사용하여 자신의 생각을 표현하는 표상조직으로 그 하나를 사용하는 것을 의미한다. 빈사는 그 사람이 선호하는 표상조직을 알아내는 지침이다.

세상모델(model of world): 세상경험의 지각적 표상을 의미한다. 현실에 대한 개인의 지각표상은 그 개인의 신경적 꾸밈이나 사회적·개인적 경험에 따라서 다르다.

수행자 상실(lost perfomative): 메타모델 위반으로서 사람이 가치판단을 하거나 신념을 표현할 때, 그 판단이나 신념의 대상자를 삭제하는 것을 말한다.

신경언어학적 프로그래밍(Neuro-Linguistic Programming): 1975년 Bandler와 Grinder에 의해 창안된 면밀한 기술과 기능의 세트 및 행동모형이다. 인간의 주관적인 경험구조를 연구하는 과학으로 정의되고 있다. NLP는 인간의 우수성 배후에서 일어나는 과정을 이해하기 위해서 효율적이고 비효율적인 행동을 만들어 내는 뇌(neuro)와 언어(linguistic)와 몸의 상호작용에 의해 창출되는 패턴과 프로그래밍을 연구하는 것이다. 서로 다른 분야의 기능과 기술을 지닌 심리치료와 상업·법률·교육·최면 등을 포함한 정보교환의 전문가들이 우수성을 관찰하고 분석하여 유추한 것이다.

신경적 억제(neurological constraint): 뇌와 감각기관의 여과(filter)다. 사람의 세상모델에 차이가 있어 그 차이에 따라 다양한 자극에 민감성도 다르게 나타난다.

심층구조(deep structure): 사람의 경험 중 가장 완전한 언어학적 표상을 말한다.

앵커링(anchoring): 사람의 내적인 행위나 경험에 특수 단서를 부착하여 그 단서가 어떤 다른 경험으로 전환이 될 수 있도록 연관을 지을 수 있게 하는 자극을 형성하는 것이다.

억압(constraint): 모델 형성 과정에서의 여과작용을 말한다. 일반화, 왜곡 및 삭제를 시켜 세상을 경험하는, 세상모델링에 영향을 주는 신경학적·사회적·개인적 여과다.

왜곡(distortion): 공통적 인간 모델링 과정에 지각과 기억되는 경험들을 조작하는 것을 말하며, 이렇게 함으로써 우리의 세상모델에 더욱 맞도록 경험을 변화시키고, 환상과 계획 및 작업을 즐기는 창작적인 과정으로 만들게 된다.

우주적 대량화(universal quantifier): 일반화가 극히 심하여 자신이 말하는것에 예외가 있다는 것을 지각하지 못하게 되는 메타모델 위반이다. 이런 말들은 영어의 'every'와 'never' 같은 것이 있다.

응용(utilization): 특정 전략적 연계로 행동 형태가 보정을 하고 매치되어 상대방의 반응에 영향을 주는 기술이다.

이차적 소득: 외관상으로 부정적이고 문제성 있는 행동이 어떤 다른 수준에서는 긍정적 기능을 수행할 수 있다. 예를 들면, 흡연을 하는 것이 어떤 사람에게는 편안함을 주는 역할을 하기도 한다.

일반화(generalization): 인간 모델링에서 보편적 과정을 말하는데, 이것은 유사한 새로운 경험에 대하여 이해하고 판단하고 예고하는 것을 통속적으로 경험하도록 이끌어 가는 활동이다.

잠재적 단서(subliminal cue): 초점 맞추는 의사소통 참조.

전략(strategy): 특수 결과를 형성하기 위하여 일어나는 정신적·행동적·단계적 도구를 지칭한다.

전환(translating): 한 가지 표상체 조직을 다른 표상체 조직으로 빈사를 바꾸어 구상하는 과정이다.

접근단서(accessing cue): 어떤 표상체 조직을 생각하는 데 사용되는 촉진자 역할을 하고 그것을 지적해 주는 데 도움이 되는 미세한 행동이다. 정형적인 단서 활용으로는 움직임, 음성의 고저와 음률, 신체 자세와 몸짓, 호흡 형태를 들 수 있다.

정보 인출 행동(information retrieval behavior): 저장되고 기억된 정보를 인출하는 데 관계된 뇌 진행의 증상적인 작용과 몸짓이다. 안구의 활동이나 호흡 형태 및 몸 자세 등을 포함하고 있다.

조각내기(chunking): 어떤 경험을 더 크게 또는 더 작게 조직화하거나 자르는 것을 말한다. ‘chunking up’은 정보 수준을 더 크게 하거나 더 추상적으로 만드는 작동이고, ‘chunking down’은 더 구체적으로 특정 정보로 움직여 가는 것을 내포하고 있다. ‘chunking laterally’는 같은 수준의 정보를 다른 예에서 발견해 내는 것을 의미한다.

조감(mapping): 사람이 사용하는 단서의 도식이나 선호하는 표상 조직 혹은 그 계급을 결정하고 알아낼 수 있는 과정이다.

종속모형(submodality): 감각기관이 제각각 지각하는 특수 감각의 질적인 것을 말한다. 예를 들면, 시각적 종속모형은 색상 · 모형 · 움직임 · 밝음 · 거리 등이 있고, 청각적 종속모형은 음폭 · 장단 · 고저 등이 있으며, 촉각은 압력 · 체온 · 위치 · 구조 감지 등이 있다.

참조 색인(referential index): 문장에서 사람이나 사건 혹은 사물이 행동을 받거나 행동을 하게 되는 동사를 누락시키거나, 확정시키지 않거나, 일반화하거나, 역전시키는 메타모델 위반을 의미한다.

청각: 듣는 것과 관계되거나 듣는 감각을 말한다.

촉감(kinesthetic): 몸 감각을 일으키는 모든 종류의 외부 촉각, 내부 순환 그리고 정서적인 것을 포함한 모든 종류의 감정을 총괄해서 지칭한다.

표상구조의 수위권(primacy): 사람이 자신의 경험을 진행시키고 구상하는 데 다른 감각보다 감각기능을 조직적으로 더 쓰는 것을 말한다. 근본 표상 조직은 여러 가지 성격적 특성과 학습의 능동감이나 가능성을 결정짓게 된다.

표상체계(representational system): 문자 그대로 경험의 표상을 지칭한다. 시각 조직, 청각 조직, 촉각 조직, 디지털 조직, 후각/미각 조직을 포함하고 있다.

피상구조(surface structure): 심층구조에서 인출해 낸 의사소통의 말이나 글을 일반화와 왜곡 및 삭제의 과정을 사용하여 표현하는 부분을 의미한다.

잘 형성된 조건(well formedness condition): 효과적이고 환경적으로 걸맞는 결과를 산출하기 위해 만족스러운 조건을 형성하는 것이다. NLP에서 특정 목적이 조화가 잘 이루어지기 위해서는 긍정적인 말로 서술되어야 한다.

NLP 용어 복습

※ 다음 용어를 설명하시오.

1. 표상체계(representational system)

2. 라포(rapport)

3. 유인(leading)

4. 4축(4-tuples)

5. 접근단서(accessing cue)

6. 앵커(anchor)

7. 메타모델(meta model)

8. 빈사(predicate)

9. 빔어(BMIR)

10. 삭제(deletion)

11. 일반화(generalization)

12. 마음읽기(mind reading)

13. 심층구조(deep structure)

14. 초점 맞추기(calibration)

15. 종속모형(submodality)

16. 조각내기(chunking)

17. 보정(pacing)

18. 청각 초점 맞추기(auditory calibration)

19. 반영(mirroring)

20. 교차 반영(crossover mirroring)

21. 메타모델 위반(meta-model violation)

22. 결과틀(outcome frame)

23. 메타위치(meta-position)

24. 리프레이밍(reframing)

25. 감각정보(sensory data)

26. 마음상태(state of mind)

27. 분아(part)

28. 형태 방해(pattern interruption)

29. 전략(strategy)

30. 형태(pattern)

31. 미세단서(minimal cue)

32. 모델링(modeling)

33. 개입(association)

34. 관조(dissociation)

35. 유추(analogue)

36. 통합(congruence)

37. 기준(criteria)

38. 디지털 표상(digital representation)

39. 미래 보정(future pacing)

40. 긍정적 의도(positive intention)

41. 현실지도(map of reality)

42. 메타인지(meta-cognition)

43. 자원(resource)

44. 잘 형성된 결과(well-formed outcome)

45. 미결 동사(unspecified verb)

46. 신경언어프로그램(Neuro-Linguistic Programming)

참고문헌

전경숙(1993). 마음의 세계: 심리생리. 서울: 중앙적성출판사.

전경숙(1994). NLP 연수교재. 상담심리치료학회.

전경숙(1996). 새심리치료: Neuro-Linguistic Programming. 서울: 하나의학사.

전경숙(2003a). 정신신체 치유심리: Mind-Body connection. 서울: 민지사.

전경숙(2003b). NLP 심리치료 원리와 실제. 서울: 학지사.

전경숙 역(2006). 신념의 기적. 서울: 학지사.

Andreas, C. (1980). *Heart of the Mind.* Real People Press.

Andreas, C., & Andrea, S. (1987). *Change your Mind and Keep the Change.* Real People Press.

Andreas, C., & Andreas, S. (1989). *Heart of the Mind: Engaging your Inner Power to Change with Neuro-Linguistic Programming.* Moab Utah: Real Perople Press.

Andreas, C., & Andreas, T. (1994). *Core Transformation.* Real People Press.

Arbuckle, Cody, & Thomason. (1980). Test of Eye movement Hvpothesis of NLP. *Perceptual and motor Skills, Vol. 41,* p. 230.

Ashby, W. (1959). *Introduction to Cybernetics.* London U. Press.

Bandler, R. (1975a). *Patterns of Hypnotic Techniques of Milton Erickson.* Meta Publication.

Bandler, R. (1975b). *The Structure of Magic I.* Science and Behavior Book.

Bandler, R. (1975c). *Tranceformation.* Real People Press.

Bandler, R. (1979). *Frogs Into Princes.* Real People Press.

Bandler, R. (1985). *Using your Brain for a Change: Neuro-Linguistic Programming.* Real People Press.

Bandler, R. (1992). *Magic in Action.* Meta Publication.

Bandler, R., & Grinder, J. (1975). *The Structure of Magic.* Palo Alto. Calif Science and Behavior Books.

Bandler, R., & Grinder, J. (1976). Frogs into princes. *Neuro-Linguistic programming.* Moab Utah.

Bandler, R., & Grinder, J. (1985). *Reframing: Neuro-Linguistic Programing.* Real People Press.

Bandler, R., & MacDonald, W. (1988). *Insiders Guide to Submodality.* Meta Publication.

Bandler, R., DeLozier, J., & Grinder, J., (1975/1976). P*atterns of the Hypnotic Techniques of Milton H. Erickson. M. D. vol.* I *and* II. Meta Publication.

Bateson, G. (1972). *Steps to an Ecology of Mind.* Ballautine Book.

Bateson, G. (1979). *Mind and Nature.* Ep. Dutton.

Cameron-Bandler, L. (1985). *Solution.* Future Pace.

Cameron-Bandler, L. et al. (1985a). *Know How.* Future Pace.

Cameron-Bandler, L. et al. (1985b). *The Emprint ethod.* Future Pace.

Chalmers, D. (1997). The Puzzle of Conscious Experience. *Scientific America Special Issue,* 30-39.

Crick, F., & Koch, C. (1977). The Problem of Consciousness. *Scientific America Special Issue.*

Delozier, J., & Grinder, J. (1977). *Turtle all the way down.* Grinder Associate.

Dilts, R. (1976). *Root of NLP.* Meta Publication.

Dilts, R. (1977). *EEG and Representational Systems.* NLP University.

Dilts, R. (1978/1979). *NLP: A new Psychotherapy.* Reality Conference Presentation Papers San Francisco. Co.

Dilts, R. (1983a). *Application of Neuro-Linguistic Programming.* Meta Publication.

Dilts, R. (1983b). *Roots of Neuro-Linguistic Programming.* Meta Publication.

Dilts, R. (1990). *Changing Belief System with NLP*. Meta Publication.

Dilts, R. (1993). *Skills for the Future*. Meta Publication.

Dilts, R. (1994). *Effective Presentation Skills*. Meta Publication.

Dilts, R. (1995). *EEG and Representational System*. Meta Publication.

Dilts, R. (1995). *NLP and Self Organization Theory Anchor Point, 6*.

Dilts, R. (1995). *Strategies of Genius, Vol. I, II, III*. Meta Publication.

Dilts, R. (1996). *Visionary Leadership Skill*. Meta Publication.

Dilts, R. (1997). Neuro-linguistic programming: A New Psychotherapy. unpublished manuscript.

Dilts, R. (1997). *Time Line: Anchor Poin*. Saltlake. city wt.

Dilts, R., & Delozier, D. (2000). *Encyclopedia of Systemic NLP and NLP new coding*. NLP university.

Dilts, R., & Delozier, J. (2010). *NLP: The next generation*. Meta publication.

Dilts, R., & Epstein, T. (1991). *Tools for Dreamers*. Meta Publication.

Dilts, R., & Epstein, T. (1995). *Dynamic Learning*. Meta Publication.

Dilts, R., & Gilligan, D. (2009). T*he Heros Gourney: Avoyage of Self-discovery*. Crown House.

Dilts, R., Delozier, J., & Dilits, R. (2005~2011). *NLP University Trainers Training Material*.

Dilts, R., Grinder, J., Bandler, R., & Delozier, J. (1980). *Neuro-Linguistic Programming: The Study of the Structure of Subjective Experience, Vol. I*. Meta Publication.

Dilts, R., Hallbom, T., & Smith, S. (1990). *Beliefs*. Metamorphous Press.

Galin, D., & Ornstein, R. (1974). *Individual Differences in Cognitive Style-reflective Eye Movements, Neuropsychologia*.

Gaster, D. (1998). NLP-A Practical Technology for a Trainers. *Training Officer, I*.

Gilligan, S. (1997). *The Courage to Love: Principles and Praction of Self-Relations Psychotherapy*. W. W. Norton.

Gilligan, S. (1997). *Therapeutic Trance*. Brunner/Mazel.

Gilligan, S., & Bower, H. (1984). Cognitive Consequences of Emotional Arousal. In C. E. Izard, J. Kagan, & R. Zagonc (Eds.), *Emotions, Cognition, and Behavior*. Cambridge Press.

Gilligan, S., & Price, R. (Eds.). (1993). *Therapeutic Conversation.* W. W. Norton.

Gilligan, S., & Zeig, J. (1990). *Brief Therapy.* Brunner/Mazel.

Grinder, J. (1995). *Guide to transformational Grammar.* Holt Rinehart.

Grinder, J., & Bandler, R. (1975). *Patterns of the Hypnotic Techniques of Milton H. Erickson, M.D. Volume 1.* Meta Publication.

Grinder, J., & Bandler, R. (1976). *The Structure of Magic II.* Palo Alto Calif. Science and Behavior Books.

Haley, J. (1963). *Strategies of Psychotherapy.* Grunner/Stratlon.

Haley, J. (1967). *Advanced Techniques of Hypnosis and Therapy.* W. W. Norton Inc.

Haley, J. (1984). *Ordeal Therapy.* Jossey-Bass.

Haley, J. (1985). *Conversation of Milton Erickson I, II.* Triangle Press.

Hall, E. (1973). *The Siltent Language.* Doubleday Co.

Hall, E. (1976). *Beyond Culture.* Doubleday Co.

Hall, E. (1979). Learning the Arab' s Silent Language. *Psychology Today, 13*(3), Aug, 45-54.

Hall, M. (1994). *Linguistic-Semantic Resourcefulness, 4,* 7-20.

Hall, M. (1995). *Meta State: A new Domain of Logical Level.* Self-reflectiveness in Human state of consciousness Grand Junkson.

Hall, M. (1996). *Spirit of NLP.* The Anglo Am, Book Co.

Hall, M. (1997). *Developing Triangle of Excellence: Managing consciousness, 2,* 3-12.

Hall, M. (1997a). Gestalting states pattern. *Metamorphous Journal, I,* 11-28.

Hall, M. (1997b). The creativity Pattern. *Metamorphous Journal, 3,* 3-20.

Hooper, J., & Teresi, D. (1989). *The 3-Pound Universe: The Brain.* Dell Publishing Co.

Jacobson, S. (1986). *Meta Caton, Vol. II: New Improved Formulas for Thinking about Thinking.* Meta Publication Press.

James, T., & Woodsmall, W. (1988). *Time Line Therapy.* Meta Publication press.

John, E. R. (1975). A Model of Consciousness, unpublished material.

John, E. R. (1976). *The Power within You.* Mandeville Press. Los Angeles.

Jung, C. G. (1954). *Symbols of Transformation.* Princeton University.

Jung, C. G. (1964). *Man and his Symbols.* Garden City, New York: Doubleday.

Kinsbourne, M. (1972). Eye and Head Turning Indicates Cerebral Lateralization. *Science, 179,* 539-541.

Kleim, R. (1983–1994). Study Guide for NLP Practitioner. Unpublished Training Manual.

Kocel et al. (1972). Lateral Eye Movement and Cognitive Mode. *Psychon Sci, 27,* 223–224.

Lankton, S. (1980). *Practical Magic.* Meta Publication Press.

Lankton, S., & Lankton, C. (1983). *The Answer within A Framework for Erickson Hypnotherapy.* Brunner/Mazel.

Lce, S. (1990). *The Excellence Principle.* Metamorphous.

Lewis, B., & Pucelik, K. (1982). *Magic Demystified: A Pragmatic Guide to Communication and Change.* Metamorphous Press.

MacDonald, W., & Bandler, R. (1988). *An Insider's Guide to Sub-modalities.* Meta Publication.

Mehrabian, A. (1971). *Silent Massage.* Wadsworth.

Miller, G. (1957). The Magical Number Seven, Plus or minus Two. *Psych Review, 83,* 81–97.

Miller, G. (1960). *Plans and the Structure of Behavior.* Henry Holt Co.

Miller, G. et al. (1996). *Plans and the structure of Behavior.* Henry Holt Co.

Milliner, C. (1970). *Leave before the wind.* Metamorphouse Press.

Milner, P. (1976). *In Physiological Psychology.*

Morrel, F. et al. (1996). Electroencephalography. *Clinical Psychology, Vol. 23.*

Morvell-Mell, L. (1989). *Basic Techniques I.* Metamorphous Press.

O' connor, J., & Seymour, J. (1990). *Introducing Neuro-Linguistic Programming: The new Psychology of Personal Excellence.* Harper Collins Publishers.

O' Harlon, M., & Davis, M. (1989). *In Search of Solution.* W. W. Norton.

Owens, F. (1977). *Eye Movement and Representational Systems.*

Pribram, K. (1971). *The language of the brain.* Prentice-Hall.

Pribram, K. (1976a). *Hyprotic Reality.* Irvington Press.

Pribram, K. (1976b). *Language of the Brain.* Prentice-Hall.

Pribram, K. (1979). *Problems concerning the structure of consciousness.* consciousness and the brain.

Pribram, K. (1985). *Collected Paper of Milton. H. Erickson I, III.* Irvington Press.

Pribram, K. (1997). The Cerebral Hemispheres in Analytical Psychology. *Journal of*

Analytical Psychology, 22, 32–51.

Richardson, J. (1981). *The magic of Rapport*. Harbor.

Rossi, E. (1986). *Mind and Body Healing*. W. W. Norton.

Roy-Joh, E. (1976). *Statistical Brain Psychology Today, 5*, 48–52.

Ruben, D. (1988). *Communication and Human Behavior* (2nd ed.). New York: Macmillan.

Samuelos, M. (1975). *Seening with the Minds Eye*. Random House.

Satir, V. (1976). *Making Contact*. Berkeley California: Celestial Arts.

Satir, V. (1988). *The New peoplemaking*. Mountain View. California Science and Behavior Books Inc.

Shelleuberger, R., & Green, J. (1986). *From the Host in the Box*. Health Psychology Publication.

Stemberg, E., & Gold, P. (1997). The Mind-Body Disease. *Scientific American Special Issue*, pp. 8–15.

Thomason, T., Arbuckle, T., & Cody, D. (1980). Test of the Eye Movement Hypothesis of Neuro-Linguistic Progamming, *Perceptual and Motor Skills, Vol.41,* 230.

Varela, J., Thompson, E., & Rosch, E. (1993). *The Embodied Mind Cognitive Science and Human Experience*. MIT Press.

Watzlawick, P., Bavelas, J., & Jackson D. (1967). *Pragmatics of human communication: A study of interactional patterns*. Pathologies and Pardoxes. NY. W.W. Niorton.

Wilber, K. (1995). *Sex, ecology, spirituality*. shambhala.

Woodsmall, W. (1988a). *Anchoring NLP Intellectual concept*. S. Malesial.

Woodsmall, W. (1988b). Cybernetic Epistemology. unpublished.

Woodsmall, W. (1988c). Metaprograms. Unpublished training manuals.

Woodsmall, W. (1989a). Beyond Self Awarness: An Interaction of Neuro-Linguistic Programming and spirituality. Unpublished training manuals.

Woodsmall, W. (1989b). Strategies. Unpublished material.

Woodsmall, W. (1989c). The Science of Advanced Behavioral Modeling. Unpublished.

Wright, C. (1989). *Basic Techniques Book II*. Metamorphous Press.

Zoja, L. (1989). *Drugs, Addiction and Initiation: The mordern Search for Ritual*. Sigo.

저자 소개

전경숙 Ph.D.

우리나라에 NLP를 최초로 소개한 전경숙 박사는 미국 임상심리전문가이며 한국 심리상담 전문가 수련·감독자다. 상담심리학 초기부터 이 분야에 관심을 갖고 여러 세대를 거쳐 미국과 한국에서 전문가를 길러내며, 사람의 갈등과 아픔을 함께하는 전문가다.

1961년 미국 프린스턴 대학교와 뉴욕 대학교에서 석사학위를, 윌든 대학교에서 심리상담 박사학위를 받았다. 미국 국립스프링그로브 정신병원에서 인턴과정을 이수하였고, 가족치료 창시자인 Great Washington D.C. Family Therapy Institute의 J. Haley 박사와 Family Therapy Institute Of Georgetown University의 M. Bowen 박사에게 사사한 가족치료전 문가다. 그 후 하버드 대학교 의과대학 Benson 교수 지도하에 스트레스 바이오피드백 박사 후 수련을 마쳐 스트레스 의료상담 전문자격을 취득하였다. Erikson Institute와 Midlantic Institute of NLP 신경언어프로그래밍 트레이너 국제공인 자격을 가지고 창시자인 Dilts, Delozier와 9년 연속 NLP 훈련 Affilate 교육을 하고 있다. 미국 케이턴스빌 대학교에서 17 년간 재직하며 미국 정부 소수민족 자문위원, 교육자문위원, 정신건강협회 상임이사 활동을 거치며 미국명사전(Who is who among Human Service Professionals)에 선정되었고, 미국 교육청의 우수 교육상도 받은 바 있다.

샌프란시스코 신학대학 초빙교수로 '신학과 심리치료'를 강의하였고, 귀국하여 숭실대학교 방문교수, 한국 정부 청소년상담원 부원장을 역임하였으며, 현재는 한일장신대학교 교수로 재직 중이다. 한국NLP아카데미를 개원하여 한국NLP상담학회 창설 회장으로, NLP아카데미 원장으로 활동하고 있다. 후진들을 양성해 오늘날 한국 NLP의 기반을 닦은 선각자로 2000년도에 창립한 한국NLP전문가협회 회장으로도 활동하고 있다.

주요 저·역서

『신념의 기적』(공역, 학지사, 2006), 『WORLD CLASS 리더를 위한 비전실현 리더십 스킬』(공역, 한국생산성본부, 2006), 『NLP심리치료: 원리와 실제』(학지사, 2003), 『정신 신체 치유심리』(민지사, 2003), 『새심리치료개론』(역, 하나의학사, 1996), 『좋은 정서경험이 올바른 인생을 만든다』(민지사, 1993), 『마음의 세계』(중앙적성출판사, 1991)

NLP 기본과 원리

- NLP 심리 기법 -

2012년 11월 5일 1판 1쇄 발행
2022년 9월 20일 1판 6쇄 발행

지은이 • 전 경 숙
펴낸이 • 김 진 환
펴낸곳 • (주) **학지사**

04031 서울특별시 마포구 양화로 15길 20 마인드월드빌딩 5층

대표전화 • 02) 330-5114   팩스 • 02) 324-2345

등록번호 • 제313-2006-000265호

홈페이지 • http://www.hakjisa.co.kr
페이스북 • https://www.facebook.com/hakjisabook

ISBN 978-89-6330-402-1 93180

정가 **17,000원**

출판미디어기업 **학지사**

간호보건의학출판 **학지사메디컬** www.hakjisamd.co.kr
심리검사연구소 **인싸이트** www.inpsyt.co.kr
학술논문서비스 **뉴논문** www.newnonmun.com
원격교육연수원 **카운피아** www.counpia.com

NLP는 인간 마음의 기능을 심층적으로 투시하여 뇌 활동의 무한한 신비의 베일을 벗기며 그 얻어지는 결과를 가지고 사람을 변화시키고 능력을 개발하여, 천재적 탁월성을 기반으로 개인과 조직과 사회를 더 살기 좋게 발전시키는 기술과 자질을 체득하게 훈련/지도하는 실용심리과학(Technology of practical psychology) 기술과 도구(tool)입니다.

저희 한국 심리전략 연구원에서는
◆ NLP 국제공인 전문가를 양성하고 있습니다.
◆ 전문 심리 상담전문가 수련 감독을 실시합니다.
◆ 심리치료 클리닉에서는 개인적 심리적 한계를 돕고 있습니다.
◆ 스트레스 테라피: 스트레스 신체질병을 다스리고 있습니다.
◆ 리더십 및 산업교육자 교육을 실시합니다.
◆ 각종 심리검사 및 전자측정으로 몸과 마음상태를 피드백하는 글로벌 치료를 실시합니다.
◆ 외국인 및 가족문제 상담을 하고 있습니다.

특히 한국 NLP 모체, 본 연구원은 국제적 박력으로 세계를 끌고 있는 NLP 메카, 미국 NLP University의 공식지부로 수준 높은 교육 프로그램을 같이하고 있으며, 한국 정부기관이 인정하는 NLP 전문가 사단 법인입니다.

Learning state that occurs from within
Cultivating higher state of consciousness for purpose of improved
Health, Happiness, Healing and Helpful to others